CONSTITUIÇÃO E
PROCESSO ELEITORAL

CELIA REGINA DE LIMA PINHEIRO
JOSÉ EDVALDO PEREIRA SALES
JULIANA RODRIGUES FREITAS
Coordenadores

CONSTITUIÇÃO E PROCESSO ELEITORAL

Belo Horizonte

2018

© 2018 Editora Fórum Ltda.

É proibida a reprodução total ou parcial desta obra, por qualquer meio eletrônico, inclusive por processos xerográficos, sem autorização expressa do Editor.

Conselho Editorial

Adilson Abreu Dallari
Alécia Paolucci Nogueira Bicalho
Alexandre Coutinho Pagliarini
André Ramos Tavares
Carlos Ayres Britto
Carlos Mário da Silva Velloso
Cármen Lúcia Antunes Rocha
Cesar Augusto Guimarães Pereira
Clovis Beznos
Cristiana Fortini
Dinorá Adelaide Musetti Grotti
Diogo de Figueiredo Moreira Neto
Egon Bockmann Moreira
Emerson Gabardo
Fabrício Motta
Fernando Rossi
Flávio Henrique Unes Pereira

Floriano de Azevedo Marques Neto
Gustavo Justino de Oliveira
Inês Virgínia Prado Soares
Jorge Ulisses Jacoby Fernandes
Juarez Freitas
Luciano Ferraz
Lúcio Delfino
Marcia Carla Pereira Ribeiro
Márcio Cammarosano
Marcos Ehrhardt Jr.
Maria Sylvia Zanella Di Pietro
Ney José de Freitas
Oswaldo Othon de Pontes Saraiva Filho
Paulo Modesto
Romeu Felipe Bacellar Filho
Sérgio Guerra
Walber de Moura Agra

FÓRUM

Luís Cláudio Rodrigues Ferreira
Presidente e Editor

Coordenação editorial: Leonardo Eustáquio Siqueira Araújo

Av. Afonso Pena, 2770 – 15º andar – Savassi – CEP 30130-012
Belo Horizonte – Minas Gerais – Tel.: (31) 2121.4900 / 2121.4949
www.editoraforum.com.br – editoraforum@editoraforum.com.br

Dados Internacionais de Catalogação na Publicação (CIP) de acordo com a AACR2

C756	Constituição e processo eleitoral / Celia Regina de Lima Pinheiro, José Edvaldo Pereira Sales, Juliana Rodrigues Freitas (Coord.). – Belo Horizonte : Fórum, 2018. 406p.; 14,5 cm x 21,5 cm ISBN: 978-85-450-0571-1 1. Direito Eleitoral. 2. Direito Constitucional. I. Pinheiro, Celia Regina de Lima. II. Sales, José Edvaldo Pereira. III. Freitas, Juliana Rodrigues. III. Título. CDD 341.82 CDU 342.8

Elaborado por Daniela Lopes Duarte – CRB-6/3500

Informação bibliográfica deste livro, conforme a NBR 6023:2002 da Associação Brasileira de Normas Técnicas (ABNT):

PINHEIRO, Celia Regina de Lima; SALES, José Edvaldo Pereira; FREITAS, Juliana Rodrigues (Coord.). *Constituição e processo eleitoral*. Belo Horizonte: Fórum, 2018. 406p. ISBN 978-85-450-0571-1.

SUMÁRIO

APRESENTAÇÃO.. 11

O DIREITO ELEITORAL SOB A LENTE DA CONSTITUIÇÃO:
PRINCÍPIOS CONSTITUCIONAIS ELEITORAIS E SUA BAIXA
EFETIVIDADE NO CAMPO DA LEGISLAÇÃO E DA JURISDIÇÃO
ELEITORAL
Eneida Desiree Salgado.. 13
1   Os princípios por princípio.. 13
2   O princípio da autenticidade eleitoral.................................... 15
3   O princípio da liberdade para o exercício do mandato............ 19
4   O princípio da necessária participação das minorias do
debate público e nas instituições políticas.............................. 21
5   O princípio da máxima igualdade na disputa eleitoral............ 23
6   O princípio da estrita legalidade em matéria eleitoral............ 25
7   A defesa dos fundamentos.. 27
    Referências.. 27

JUSTIÇA ELEITORAL EM TRÊS MOMENTOS: PASSADO,
PRESENTE E FUTURO
Rafael Morgental Soares.. 29
1   Introdução.. 29
2   Primeiro ato: fundação... 30
3   Segundo ato: afirmação.. 38
4   Função contenciosa.. 40
5   Função normativa... 49
6   Terceiro ato: consolidação.. 63
7   Conclusões.. 77
    Referências.. 79

DEMOCRACIA E DIREITOS POLÍTICOS: OS DIREITOS
POLÍTICOS COMO CONDIÇÕES DE POSSIBILIDADE PARA O
REGIME DEMOCRÁTICO E O DIREITO COMPARADO
Anderson Alarcon, Guilherme Barcelos...................................... 83
    Introdução.. 83
1   O que é isto, a democracia?.. 84
2   Democracia e soberania popular: como se materializa a
soberania do povo?... 88

3	Democracia e direitos políticos: os direitos políticos como condições de possibilidade para o regime democrático	94
4	Os direitos políticos no mundo – Algumas lições de direito comparado: a jurisprudência da Corte Interamericana de Direitos Humanos	98
	Conclusão	114
	Referências	117

DEMOCRACIA REPRESENTATIVA E PARIDADE
Diana Patrícia Lopes Câmara 119

1	O papel dos partidos políticos na consolidação da democracia	120
2	Políticas paritárias: mudanças em relação às mulheres	122
3	Paridade e necessidade de tratar de forma diferente os desiguais a fim de oportunizar a igualdade	124
4	Ações afirmativas para alcançar a paridade: estabelecimento de quotas, reserva de sexo e reserva de verbas do fundo partidário	126
5	Necessidade de democratizar o acesso das minorias e vulneráveis aos espaços de poder e fortalecer os partidos políticos	131

EMPODERAMENTO FEMININO: POR QUÊ? PARA QUÊ? QUE DIFERENÇA FARIAM MAIS MULHERES NOS ESPAÇOS DE PODER?
Geórgia Ferreira Martins Nunes, Margarete de Castro Coelho 135

1	Introdução	135
2	Empoderamento: da etimologia ao feminino	136
3	Políticas afirmativas de empoderamento feminino no Brasil e no mundo	139
3.1	Desafios da inclusão e permanência: caminhos para mudar o quadro de sub-representação feminina na política	145
3.2	A mudança de cenário na cúpula do Poder Judiciário brasileiro	148
3.3	O universo machista das empresas e as medidas de promoção feminina aos cargos de liderança	151
4	Que diferença fariam mais mulheres nos espaços de poder?	154
5	Conclusão	156
	Referências	158

COMPLIANCE DE PARTIDOS E CAMPANHAS: UM MECANISMO DE TRANSPARÊNCIA, PUBLICIDADE E DEMOCRACIA INTRAPARTIDÁRIA
Paula Bernardelli 161

1	Os partidos políticos	161
2	Tratamento constitucional dos partidos políticos	162

3	Natureza jurídica dos partidos políticos	169
4	Transparência, democracia interna e controle social dos partidos políticos	171
5	A aplicabilidade do *compliance* aos partidos políticos e às campanhas eleitorais	174
	Referências	177

O EXERCÍCIO DE MANDATO ELETIVO NO PROCESSO DEMOCRÁTICO A PARTIR DE CANDIDATURAS AVULSAS: UMA BREVE ANÁLISE SOBRE SUA (IN)CONSTITUCIONALIDADE
Orlando Moisés Fischer Pessuti, Rafaele Balbinotte Wincardt 179

1	Introdução	179
2	Convenção Americana de Direitos Humanos: a exigência da filiação partidária pode ser flexibilizada?	181
3	A fundamentalidade decorrente do art. 14, §3º, V e a impossibilidade das candidaturas sem partido	187
4	As implicações e consequências: uma análise crítica	191
5	Conclusão	195
	Referências	196

SISTEMA PROPORCIONAL BRASILEIRO E LEI Nº 13.488/2017: UMA ANÁLISE DA MODIFICAÇÃO DO ART. 109, §2º, DO CÓDIGO ELEITORAL
Polianna Pereira dos Santos, Júlia Rocha de Barcelos, Nicole Gondim Porcaro 199

1	Introdução	199
2	Sistemas eleitorais	201
2.1	Distribuição das vagas no sistema proporcional brasileiro	203
3	Reforma de 2017: a Lei nº 13.488/2017 e o PL nº 8.612/2017	208
3.1	Quociente eleitoral e cláusula de barreira	213
4	Aplicação da nova redação do §2º do art. 109, do CE ao resultado das eleições de 2014: análise de dados	216
4.1	Metodologia	216
4.2	Votação nominal mínima	217
4.3	Distribuição de vagas remanescentes	219
5	Considerações finais	224
	Referências	227

ELEIÇÕES 2.0: A CONEXÃO ENTRE PROCESSO ELEITORAL E TECNOLOGIA
Diogo Rais 231

	Introdução	231
1	Antes da eleição	232
2	Na eleição	233
3	Na campanha eleitoral	236

3.1	*Big data*	241
3.2	*Fake news*	244
4	Na fiscalização	248
	Conclusão	249
	Referências	250

A TUTELA PREVENTIVA COMO INSTRUMENTO CAPAZ DE GARANTIR O DEVIDO PROCESSO ELEITORAL: DO CARÁTER NÃO ABSOLUTO DA LIBERDADE À INFORMAÇÃO AO CONTROLE DO CONTEÚDO DAS *FAKE NEWS*
Juliana Rodrigues Freitas, Luiz Fernando Casagrande Pereira 253

1	Introdução	253
2	A liberdade de informação e a sua indispensabilidade para o devido processo eleitoral	254
3	A responsabilidade política como responsabilidade coletiva: um olhar sob a perspectiva de Hannah Arendt	263
4	A tutela preventiva como mecanismo de proteção da disseminação das *fake news* e instrumento de garantia do devido processo eleitoral	266
5	Conclusão	270
	Referências	271

O PROTAGONISMO DO PODER JUDICIÁRIO NO ÂMBITO DA AIME E DA AIJE
Andréa Ribeiro de Gouvêa 273

1	Introdução	273
2	Objetivo do presente trabalho	275
3	Da atuação do Poder Judiciário no âmbito da AIME	277
3.1	Do rito, da legitimidade ativa, da natureza da sanção	277
3.2	Das hipóteses de cabimento	278
3.3	Dos efeitos da procedência	280
4	As causas de pedir da AIJE e a jurisprudência eleitoral	283
5	Conclusão	287
	Referências	287

DO RECURSO CONTRA A EXPEDIÇÃO DE DIPLOMA
Ludgero Liberato 289

1	Introdução	289
2	O papel do RCED no sistema processual eleitoral ao longo da história	289
3	Natureza jurídica	299
4	Legitimados	300
5	Causa de pedir (cabimento)	306
5.1	Inelegibilidade superveniente	306
5.2	Inelegibilidades constitucionais	308

5.3	Ausência de condição de elegibilidade	308
6	Prazo	310
7	Competência	310
8	Procedimento	312
9	Efeitos da decisão	312
10	Recurso	316
	Referências	316

UM BREVE ENSAIO SOBRE A REPRESENTAÇÃO POR EXCESSO DE DOAÇÃO ELEITORAL
Ana Claudia Santano, Kamile Moreira Castro 319

1	Introdução	319
2	Doações de pessoas físicas: o que mudou nas últimas reformas?	321
3	A identificação da doação irregular – A questão do sigilo	324
4	A multa e o seu efeito (pseudo) dissuasório	326
5	A conturbada questão da competência	332
6	O excesso de doação na jurisprudência – Outras situações diversas	335
7	Considerações finais	338
	Referências	339

A AÇÃO PENAL ELEITORAL E SEUS CONTEXTOS
José Edvaldo Pereira Sales 343

	Introdução	343
1	O ponto de partida da ação penal eleitoral: os crimes eleitorais	344
2	A fase preliminar da ação penal eleitoral: a investigação dos crimes eleitorais	345
2.1	O procedimento investigatório criminal a cargo do Ministério Público e os crimes eleitorais	348
3	A prisão em flagrante e a audiência de custódia em casos de crimes eleitorais	350
4	A ação penal eleitoral e suas feições	351
4.1	Aspectos gerais e peculiaridades	351
4.2	Ação penal eleitoral: seus lugares e modos de propositura	356
4.3	Ação penal eleitoral e os casos de corrupção eleitoral ativa e passiva	360
5	As reformas no Código de Processo Penal e o Novo Código de Processo Civil e seus reflexos no processo penal eleitoral	361
6	A urgente necessidade de revisão/racionalização (redução) dos crimes eleitorais e seus consequentes efeitos na investigação policial e nas ações penais eleitorais	364
	Conclusão	366
	Referências	367

PESQUISAS DE INTENÇÃO DE VOTO: EFEITOS SOBRE O COMPORTAMENTO ELEITORAL E HIPÓTESES DE CONTROLE JUDICIAL MEDIANTE O INSTRUMENTO DA REPRESENTAÇÃO
Frederico Franco Alvim, Alexandre Basílio Coura, Murilo Salmito Nolêto 369

1	Introdução	369
2	Os efeitos das pesquisas de intenção de votos sobre o comportamento eleitoral	370
2.1	Efeito de variação estratégica	372
2.2	Efeito de desmobilização	374
2.3	Efeito de engajamento	375
2.4	Efeito de contágio (*bandwagon effect*)	375
2.5	Efeito de solidariedade com a rejeição (*underdog effect*) ...	376
2.6	A extensão concreta dos impactos produzidos pelas pesquisas eleitorais	377
3	Falibilidade e confiabilidade das pesquisas de intenção de voto	381
4	O controle judicial sobre as pesquisas de intenção de voto	384
4.1	Introdução	384
5	Impugnações e representações à pesquisa eleitoral	386
5.1	Acesso aos dados internos de controle	386
5.2	Impugnação ao registro ou à divulgação de pesquisa	388
5.3	Impugnação à divulgação de pesquisa sem as informações obrigatórias	391
5.4	Divulgação de enquetes eleitorais	393
5.4.1	Enquetes e as mídias sociais	396
6	Suspensão de pesquisas eleitorais no exercício de poder de polícia do juiz	397
7	Conclusão	398
	Referências	399

SOBRE OS AUTORES 403

APRESENTAÇÃO

Este livro é fruto de um esforço conjunto entre a Escola Judiciária Eleitoral do Tribunal Regional Eleitoral do Pará e a Editora Fórum, as quais, com a prestimosa e essencial dedicação dos(as) autores(as), trazem ao público mais uma obra sobre Direito Eleitoral. A primeira foi *Comentários à Lei das Eleições – Lei nº 9.504/1997*, que alcançou grande êxito na sua aceitação pelos interessados na matéria.

Talvez, mais do que qualquer outro ramo do direito, o Direito Eleitoral exige a periódica publicação, a cada eleição, de obras dessa natureza em razão, sobretudo, das modificações constantes pelas quais passam a legislação e a jurisprudência da Justiça Eleitoral, o que é claramente perceptível nas diversas alterações legislativas ocorridas desde 1997, ano de publicação da Lei nº 9.504/97, como é o caso da Emenda Constitucional nº 97, de 4.10.2017 e das leis nº 13.487 e nº 13.488, ambas de 6.10.2017.

O objetivo desta obra é promover essa atualização necessária, a fim de que o público tenha em mãos reflexões doutrinárias as mais distintas trazidas por seus(suas) autores(as), experimentados(as) que são no Direito Eleitoral e provenientes das mais diversas regiões do Brasil e carreiras jurídicas, como membros do Poder Judiciário e do Ministério Público, advogados e acadêmicos.

Entretanto, além disso, procuramos produzir uma obra que tenha assento em dois grandes eixos principais: temas importantes de natureza político-eleitoral, a partir da perspectiva constitucional, e outros relacionados mais especificamente ao processo eleitoral.

É sob essa partição que a obra deve ser lida, com pretensões múltiplas e, por isso mesmo, ousadas.

O resultado que ora apresentamos somente foi possível pela parceria da Editora Fórum e pelo esforço hercúleo dos(as) autores(as), que em meio a seus muitos afazeres e com um prazo exíguo atenderam ao convite, aceitaram o desafio e produziram o que segue integrando este livro. A todos os nossos mais sinceros agradecimentos.

Celia Regina de Lima Pinheiro
Juliana Rodrigues Freitas
José Edvaldo Pereira Sales
Coordenadores

O DIREITO ELEITORAL SOB A LENTE DA CONSTITUIÇÃO: PRINCÍPIOS CONSTITUCIONAIS ELEITORAIS E SUA BAIXA EFETIVIDADE NO CAMPO DA LEGISLAÇÃO E DA JURISDIÇÃO ELEITORAL

Eneida Desiree Salgado

1 Os princípios por princípio

A fundamentação do direito eleitoral brasileiro sobre a base de um conjunto de princípios constitucionais setoriais estruturantes foi a minha tese de doutorado, desenvolvida entre julho de 2006 e dezembro de 2009 e defendida em fevereiro de 2010. A pesquisa, que inicialmente foi pensada para defender a adoção do instituto da revocatória de mandato eletivo, modificou-se profundamente em sua trajetória. Como a ideia era trabalhar a partir da Constituição – e não de uma visão perfeccionista de um modelo abstrato –, percebi que algumas decisões constituintes recusavam a possibilidade de afastar, a partir de uma decisão popular, o representante eleito. O controle do eleitorado sobre a representação se daria, pelo desenho constitucional, apenas quando da apresentação de nova candidatura ou da indicação de um sucessor pelo mesmo grupo político.

A hipótese que substituiu a ideia inicial era – inacreditavelmente – original. Com a noção de constitucionalismo e a exigência normativa de fundamento constitucional de todos os ramos do direito, os subsistemas jurídicos deveriam se basear em um conjunto de princípios constantes, expressa ou implicitamente, na Constituição. Em alguns casos, os princípios estão organizados de maneira clara no texto; assim, por exemplo, os princípios da Administração Pública dispostos no *caput* do art. 37, ou, ainda, os princípios da ordem econômica no *caput* e nos incisos do art. 170. Em outros casos, os fundamentos basilares estão mais espalhados, como acontece com o direito penal (legalidade específica, irretroatividade, proibição de analogia, proporcionalidade e humanidade das penas, responsabilidade penal pessoal, aplicação da lei mais favorável, todos incisos do art. 5º, e, implicitamente, intervenção mínima e necessidade da reação penal) e com o direito tributário, com o princípio da capacidade contributiva (art. 145, §1º) e com o princípio da anterioridade tributária (art. 150, III, "b"), por exemplo.

Em relação ao direito eleitoral, essencial para a concretização de um Estado democrático, os princípios constitucionais não estão explícitos no texto. Sequer eram comuns nos manuais e nos cursos da até então pouco profusa doutrina eleitoralista. A menção a princípios se dava em relação aos fundamentos da propaganda eleitoral e ao tempo dos atos eleitorais, sem conexão de derivação com as decisões constituintes. Por isso tratar de princípios constitucionais estruturantes do direito eleitoral brasileiro era uma tese na primeira década do século XXI. E a ambiciosa proposta defendia que de cinco princípios constitucionais eleitorais deveria ser deduzida a legitimidade do subsistema jurídico-eleitoral, servindo o conjunto principiológico como teste para a elaboração de novas regras, constitucionais ou legais, e para a aplicação das normas jurídicas.

Possivelmente seja óbvio que ao tratar de princípios estruturantes se saiba a noção de princípio utilizada. Como "mandamentos nucleares"[1] do sistema, como "chave e essência"[2] do direito eleitoral, esses princípios constitucionais que dão o caráter de sistema a tal ramo do direito não são ponderáveis, nem mandados de otimização, não se submetem ao sopesamento e à regra da proporcionalidade.[3] Não apenas não podem ceder a outros princípios ou valores constitucionais, como devem

---

[1] BANDEIRA DE MELLO, Celso Antônio. Considerações em torno dos princípios hermenêuticos. *Revista de Direito Público*, São Paulo, n. 21, p. 141-147, jul./set. 1972.

[2] ATALIBA, Geraldo. Mudança da Constituição. *Revista de Direito Público*, São Paulo, n. 86, p. 181 – 186, abr./jun. 1988.

[3] A doutrina de Robert Alexy, bastante referida mas nem tanto usada no Brasil, traz essas categorias, ao compreender os direitos fundamentais como normas-princípios e, partindo de um amplo suporte fático que lhe garanta o máximo âmbito de proteção, exigindo que as restrições aos direitos fundamentais sejam realizadas apenas quando diante de outro direito fundamental ou valor constitucional e obedecida a regra de proporcionalidade. O desenvolvimento deste raciocínio, relacionado à teoria externa dos direitos fundamentais, serviria para impor ao Estado (administrador, legislador e juiz) um ônus argumentativo para restringir ou regular um direito fundamental e também para permitir o controle racional das decisões. Seu (mau) uso no Brasil, no entanto, teve um efeito contrário: em nome da

ser interpretados conjuntamente e – o que é bastante relevante para o raciocínio a ser construído aqui – são imunes ao poder de reforma da Constituição. Como princípios estruturantes, refletem as decisões políticas fundamentais e constituem o núcleo duro da Constituição.

Teoricamente, a partir da tese desenvolvida, o direito eleitoral brasileiro se fundamenta em cinco princípios constitucionais estruturantes, inalcançáveis por emendas constitucionais, e que servem de base para o desenvolvimento da legislação eleitoral e para as decisões judiciais: o princípio constitucional da autenticidade eleitoral; o princípio constitucional da liberdade para o exercício do mandato; o princípio constitucional da necessária participação das minorias no debate público e nas instituições políticas; o princípio constitucional da máxima igualdade na disputa eleitoral; e o princípio constitucional da legalidade específica em matéria eleitoral.

Na prática, no entanto, os princípios constitucionais eleitorais ainda não alcançaram o respeito devido pelos poderes públicos e até por parte da doutrina. Talvez seja um mau momento para toda a Constituição, na realidade. Sequer os direitos sociais estão protegidos[4] e cada vez mais a liberdade de expressão está ameaçada. Os princípios relativos ao direito penal, conquistas civilizatórias, cedem diariamente sob os olhos de todos. Devido processo, contraditório e ampla defesa são fórmulas vazias. Por enquanto, apenas os princípios que se relacionam à proteção da propriedade restam incólumes. Ainda assim, por acreditar que o constitucionalismo serve – ou pode servir – para a proteção dos cidadãos contra o arbítrio, insistirei nisso e defenderei que a racionalidade do sistema político e eleitoral e sua coerência com a Constituição dependem do respeito aos seus fundamentos e que as decisões – administrativas, legislativas ou judiciais – que os contrariem devem ser obstadas.

2   O princípio da autenticidade eleitoral

Para que um Estado seja considerado democrático é necessário (mas não suficiente) que haja eleições periódicas, livres, autênticas e competitivas. O corpo eleitoral deve ser o mais amplo possível e não deve

---

proporcionalidade e da ponderação, as decisões – principalmente judiciais – ficaram livres das regras postas.

[4] A Emenda Constitucional nº 95/2016 prevê o "Novo Regime Fiscal no âmbito dos Orçamentos Fiscal e da Seguridade Social da União" por 20 anos, estabelecendo limites para os gastos públicos em ações e serviços públicos, inclusive de saúde e educação, despeitando as aplicações mínimas previstas na Constituição e implicando forte retrocesso social.

haver restrições, legais ou materiais, para que a cidadania se manifeste. Sem que se dê de maneira evidente alguma restrição constitucional, ninguém deve ter seu direito de voto obstado.[5]

A formação do voto deve dar-se em ambiente que permita a ampla liberdade de expressão e o mais intenso acesso à informação. A proposta de reforma da Lei das Eleições, pela Lei nº 13.488/2017, previa a suspensão imediata de discurso denunciado como de ódio, bem como de notícias denunciadas como falsas ou ofensivas contra partido ou candidato, veiculados nas redes sociais. Como não havia sequer previsão de decisão judicial para o afastamento do conteúdo, entidades vinculadas à comunicação e à Coalizão Direitos na Rede consideraram que a medida permitia a censura privada e que seria "inadmissível que aqueles que se propõem ao exercício dos poderes políticos, atuando na esfera pública, pretendam violar direitos democráticos para escapar das críticas e do controle social, também expressamente garantido constitucionalmente".[6] O dispositivo acabou sendo vetado. Ainda sobre a qualidade do voto, vale ressaltar a preocupação com o conhecimento sobre o sistema eleitoral, manifestado pelo legislador que incluiu entre os objetivos da campanha institucional do Tribunal Superior Eleitoral a explicação do sistema eleitoral (nova redação do art. 93-A).

As restrições crescentes às modalidades de propaganda dificultam o conhecimento pelos eleitores dos competidores. Com a nova redação do art. 37, §2º, a regra é a proibição da veiculação de material de propaganda eleitoral em bens particulares, com exceção de adesivos plásticos de até meio metro quadrado. A publicação de conteúdo em redes sociais no dia da eleição é considerada crime (art. 39, §5º). A liberdade de expressão na seara eleitoral está severamente ameaçada e isso traz efeitos negativos para a formação do voto.

A liberdade também é reduzida quando se considera que a manifestação de voto nulo se equipara a um erro. Ignorando-se as manifestações de protesto por meio da anulação intencional, a urna eletrônica não traz uma tecla de voto nulo e a autoridade eleitoral

---

[5] Joelson Dias enfatiza a necessidade da acessibilidade eleitoral para as pessoas com deficiência para seu reconhecimento como "sujeito ativo ou protagonista de sua própria história" (DIAS, Joelson. Acessibilidade eleitoral: direito fundamental das pessoas com deficiência. In: PEREIRA, Rodolfo Viana; SANTANO, Ana Claudia (Org.). *Conexões eleitoralistas*. Belo Horizonte: Abradep, 2016. p. 101-118).

[6] CARTA Aberta da Coalizão Direitos na Rede ao Presidente da República, Michel Temer. *Coalização Direitos na Rede*. Disponível em: <https://direitosnarede.org.br/p/contra-a-censura-politica-veta-temer/>. A Coalizão Direitos na Rede também denuncia a proposta de parceria entre o Tribunal Superior Eleitoral e o Exército para o monitoramento das redes sociais durante as eleições de 2018, em face das ameaças à liberdade de expressão.

interpreta o Código Eleitoral de maneira a reduzir a soberania popular, pois passou a considerar que a renovação das eleições se dá apenas quando da anulação judicial dos votos.[7] Não é conforme à exigência de liberdade e à autenticidade eleitoral considerar o voto nulo irrelevante ou ignorar que corresponda a uma manifestação consciente da cidadania.[8]

O alargamento das competências da autoridade eleitoral, que extrapola seu papel constitucional, também ameaça a autenticidade. Se um sistema de controle das eleições é absolutamente necessário para garantir legitimidade, o avanço da atuação dos magistrados, ignorando o direito posto para colocar novas regras, surpreendendo os atores políticos, ofende os princípios basilares do Estado de Direito. A reunião de atribuições de governança eleitoral em uma mesma autoridade transforma a Justiça Eleitoral brasileira em um órgão incontrolável, ainda mais quando três integrantes de sua cúpula participam do Supremo Tribunal Federal e votam nas questões apreciadas pelo Tribunal Superior Eleitoral. Some-se a isso a ausência de coerência das decisões judiciais e a confusão entre atribuições administrativas e jurisdicionais, neste cenário, repensar o modelo de controle das eleições coloca-se como uma exigência democrática.[9]

As decisões da Justiça Eleitoral contra a soberania popular são tão evidentemente contrárias ao direito e à democracia que o legislador precisou colocar algo óbvio no Código Eleitoral: o art. 368-A deixa claro que a prova testemunhal singular é insuficiente para fundamentar decisões de perda de mandato. Além disso, passou-se, com a nova redação do art. 257, §1º, a reconhecer efeito suspensivo para os recursos contra a cassação de registro, afastamento de titular ou perda de mandato, a fim de preservar ao máximo a manifestação do eleitorado. E, ainda, exige-se a presença de todos os membros dos tribunais para

---

[7] Apontando a mutação legal que restringiu o alcance dos arts. 222 e 224 do Código Eleitoral: ANDRADE NETO, João. Mutações legais no direito eleitoral: repercussões no sistema das invalidades eleitorais e na renovação das eleições. *Resenha Eleitoral*, Florianópolis, v. 21, n. 1, p. 69-94, nov. 2017.

[8] Adriana Campos Silva, Polianna Pereira dos Santos e Juliana Rocha de Barcelos preocupam-se com o desvio da formação da vontade eleitoral quando se ignora que o voto nulo não tem efeitos sobre o resultado eleitoral (SILVA, Adriana Campos; SANTOS, Polianna Pereira dos; BARCELOS, Júlia Rocha de. Democracia e Informação: o voto nulo no Brasil. *Rev. Direitos Fundam. Democ.*, v. 22, n. 1, p. 257-277, jan./abr. 2017). Essa relevante preocupação, no entanto, parte de uma equivocada interpretação jurisprudencial, que reduz o significado de "nulidade" do *caput* do art. 224 àquela declarada pelos magistrados.

[9] Para uma ampla análise do modelo brasileiro e da opção mexicana, que separa as atribuições administrativa e jurisdicional em diferentes órgãos, ver SALGADO, Eneida Desiree. *Administración de las elecciones y jurisdicción electoral*. Ciudad de México: Unam, 2016.

a decisão de cassação de registro, anulação geral das eleições e perda de diplomas (art. 28, §4º do Código Eleitoral).

Sob o princípio da autenticidade eleitoral, vale ressaltar algumas alterações promovidas na legislação eleitoral nos últimos anos. Parece se aproximar de um maior respeito à vontade cidadã a previsão de novas eleições sempre que se der a cassação do diploma ou do mandato do candidato eleito e não mais – se a anulação dos votos superar metade dos votos proferidos (art. 224, §3º do Código Eleitoral, incluído pela Lei nº 13.165/2015). Ao contrário, representando ofensa à autonomia cidadã, a crescente redução das fontes de financiamento da política atinge as pessoas físicas que exercem função ou cargo público de livre nomeação e exoneração e as com cargo ou emprego público temporário, ressalvadas as com filiação partidária, as quais estão impedidas de realizar doações aos partidos políticos (art. 31, V, da Lei dos Partidos, graças à Lei nº 13.488/2017).

Em relação a um desdobramento da autenticidade, a fidedignidade da representação política, que impõe uma igualdade material do voto, três alterações – aparentemente contraditórias – são dignas de nota. A exigência de 10% do quociente eleitoral em votos nominais, inserida no art. 109 do Código Eleitoral pela reforma de 2015, contraria a tendência de fortalecimento dos partidos políticos e acaba modificando a estratégia dos partidos e também deveria reverberar na decisão do eleitor. Essa mudança não combina com a (equivocada) leitura do Supremo Tribunal Federal sobre a titularidade do mandato representativa e sobre o destinatário do voto. Em 2017 foi aprovada uma cláusula de barreira (Emenda Constitucional nº 97, alterando o §3º do art. 17), que diminui o espectro da competição eleitoral, porém também foi alterada a distribuição de sobras do cálculo do quociente partidário, permitindo que os partidos que não tenham alcançado o quociente eleitoral disputem cadeiras (nova redação do §2º do art. 109 do Código Eleitoral, dada pela Lei nº 13.488). Apenas esta última mudança, defendida já na tese e presente desde a primeira edição do livro,[10] parece respeitar a autenticidade eleitoral e ainda promove a participação das minorias no parlamento.

As alterações na Lei dos Partidos Políticos (Lei nº 9.096/95) tendem a diminuir o papel do eleitorado na política. Ao restringir aos não filiados a possibilidade de apoiarem a criação de um novo partido (mudança realizada pela Lei nº 13.107/2015), a legislação ignora que alguém que participa das atividades de um partido pode ter legítimo

---

[10] SALGADO, Eneida Desiree. *Princípios constitucionais eleitorais*. Belo Horizonte: Fórum, 2010. p. 159.

interesse, como dimensão de cidadania, na existência de outro partido. Essa mudança, combinada com a validade máxima de dois anos das assinaturas, trazida pela Lei nº 13.165/2015, converge para a redução do multipartidarismo e, como consequência, ataca a autenticidade.

Finalmente, é possível verificar o desprezo do Poder Judiciário ao princípio da autenticidade eleitoral. Como exemplo da baixa efetividade da leitura conforme a Constituição do direito eleitoral, o Supremo Tribunal Federal confirmou a aplicação retroativa das inelegibilidades inseridas na Lei Complementar nº 64/1990 pela Lei Ficha Limpa, contrariando a teoria dos direitos fundamentais e os princípios constitucionais mais elementares. Como já defendido, as hipóteses de inelegibilidade sempre são restrição a direito fundamental e, portanto, devem ser interpretadas restritivamente e não podem retroagir em nenhum caso sob pena de franca inconstitucionalidade.[11]

3 O princípio da liberdade para o exercício do mandato

O princípio constitucional da liberdade para o exercício do mandato, derivado diretamente do desenho constitucional de uma democracia deliberativa e da previsão do mandato representativo, também vem sendo desprezado. O Poder Legislativo não apenas resolveu não pagar o preço de afastar a decisão do Supremo Tribunal Federal que reescreveu a Constituição, ignorando a história constitucional, o processo constituinte e suas próprias decisões: houve por bem, nesta toada de supressão de toda sua autoridade constitucional, incorporar à legislação eleitoral as hipóteses de perda de mandato por infidelidade partidária.

Desde 2015 a Lei dos Partidos Políticos prevê a titularidade partidária do mandato representativo, que a Constituição, em uma leitura sistemática, rejeita. Como já afirmado, o estatuto dos congressistas e a não previsão constitucional de fidelidade e disciplina partidárias em sentido forte evidenciam a decisão constituinte pela liberdade para o exercício do mandato, desde que, obviamente, nos limites constitucionais.

---

[11] Tudo isso foi solenemente ignorado por parte dos ministros na discussão do Recurso Extraordinário nº 929.670. Do voto do Ministro Luiz Fux se extrai a fundamentação de que seria possível ao legislador estender o prazo de inelegibilidades porque não se trata de sanção (ainda que a própria lei se refira à cominação de "sanção de inelegibilidade" exatamente no caso do processo em análise).

O art. 22-A da Lei nº 9.096/1995, incorporado pela Lei nº 13.165/2015, não repete o estabelecido nas inconstitucionais decisões judiciais.[12] Nelas, considerou-se justa causa para o abandono do partido (i) incorporação ou fusão do partido; (ii) criação de novo partido; (iii) mudança substancial ou desvio reiterado do programa partidário; e (iv) grave discriminação pessoal. A lei considera justa causa apenas as duas últimas hipóteses, além de uma que não se consegue justificar, mas que perpetua a janela de infidelidade criada pela Emenda Constitucional nº 91/2016: mudança de partido efetuada durante o período de trinta dias que antecede o prazo de filiação exigido em lei para concorrer à eleição, majoritária ou proporcional, ao término do mandato vigente.

A resposta esperada do legislador era excluir a perda de mandato por infidelidade partidária, em homenagem à Constituição. Mas a emenda ficou pior que o soneto. Não apenas "legalizou" a ofensa à Constituição, como afastou os casos de criação de novo partido e incorporação ou fusão, mais uma vez caminhando em direção à redução do pluripartidarismo.

Ainda deve-se apontar, em referência a este princípio, que a ausência de democracia interna nos partidos políticos somada à construção da perda de mandato por infidelidade partidária leva à intensificação do caciquismo político dos dirigentes, que ameaçam os representantes caso não obedeçam às ordens do seu chefe. Não se trata apenas de diretrizes legitimamente impostas – trata-se, por vezes, de posturas pessoais do líder partidário, acertadas com uma força política e eventualmente com princípios e ideias contrárias ao programa e ao estatuto do partido, que acabam por vincular a atuação do mandatário, em franca ofensa à liberdade para o exercício do mandato e até à vontade popular que o elegeu.

A democracia deliberativa demanda que aqueles que constroem as decisões políticas – idealmente por um diálogo aberto, transparente, igualitário e sem coerção – possam efetivamente participar do debate, apresentando seus argumentos, colocando-os à prova e, eventualmente, sendo convencidos por outros pontos de vista. A liberdade para o exercício do mandato, princípio constitucional estruturante extraído do modelo de democracia, de representação e do sistema político-eleitoral, repele as figuras do mandato partidário e do mandato imperativo.

---

[12] Na resposta do Tribunal Superior Eleitoral à Consulta nº 1.398, nos julgamentos do Supremo Tribunal Federal nos mandados de segurança nºs 26.602, 26.603 e 26.604 e na Resolução nº 22.610/TSE.

Há um movimento em defesa da candidatura avulsa. Ou seja, que o registro de candidatura se dê independentemente de filiação partidária e de escolha em convenção. De maneira que poderia parecer surpreendente para quem não acompanha a voracidade de um ativismo judicial focado no sistema político, a arena de discussão da quebra do monopólio partidário é o Supremo Tribunal Federal. Em uma manobra arriscada apenas para quem pode ser controlado, os ministros do STF decidiram reconhecer repercussão geral em um agravo em recurso extraordinário de um pedido de registro de candidatura de uma eleição que já se findou para poder debater a questão.[13] O mais interessante é verificar que o argumento para enfrentar a questão é a potencial ofensa ao Pacto de San José, exatamente aquele ignorado quando da decisão sobre a constitucionalidade da Lei Ficha Limpa.

Debater a quebra do monopólio dos partidos políticos é tarefa do Parlamento, e de um parlamento formado pluralisticamente, com integrantes capazes de deliberar sem as amarras dos dirigentes partidários. Criar a candidatura avulsa por decisão judicial é ofensivo ao Estado de Direito e a outro princípio constitucional estruturante do direito eleitoral brasileiro: o princípio da estrita legalidade em matéria eleitoral.

4 O princípio da necessária participação das minorias do debate público e nas instituições políticas

Em tempos de discurso de ódio em franca proliferação nos discursos eleitorais e nas redes sociais, a participação das minorias na política tem sido um dos principais alvos do retrocesso político e social. A tendência clara tem sido diminuir as vozes dissonantes no Parlamento, por meio de restrições aos partidos políticos e pela falta de políticas afirmativas de inclusão dos grupos cultural e socialmente subalternizados.

Os valores fundantes da República, enunciados na Constituição desde seu preâmbulo, no entanto, impõem o reconhecimento e o respeito a esse princípio. Ele deriva da adoção da República como forma de governo e é intensificado pelo pluralismo político, fundamento do

---

[13] Trata-se do ARE nº 1.054.490. Para uma análise sobre a decisão, ver GRESTA, Roberta Maia; SALGADO, Eneida Desiree. Candidaturas avulsas: pode o STF examinar um requerimento de candidatura de 2016? *Carta Capital*, 11 out. 2017. Disponível em: <http://justificando. cartacapital.com.br/2017/10/11/candidaturas-avulsas-pode-o-stf-examinar-um-requerimento-de-candidatura-de-2016/>.

Estado brasileiro, e também se reflete no pluripartidarismo. A redução da competição eleitoral, com a diminuição das alternativas ao eleitorado e da possibilidade de alternância no poder, que dificulta a existência institucionalizada de uma oposição – ou várias oposições – atinge a qualidade da democracia.

A constitucionalização de uma cláusula de desempenho pela Emenda Constitucional nº 97/2017 contraria o princípio da necessária participação das minorias e, como o princípio é estruturante, a reforma no art. 17 padece do vício de inconstitucionalidade. Quando prevista em lei, a cláusula foi afastada por decisão do Supremo Tribunal Federal.[14] A emenda estabeleceu um desempenho mínimo menor (3% contra 5%) e também previu uma condição alternativa (a eleição de pelo menos 15 deputados federais distribuídos em pelo menos um terço das unidades da Federação); ainda assim, trata-se de artifício redutor do pluralismo.

A Lei nº 13.488/2017 fez desaparecer a propaganda partidária que, no entanto, segue prevista no art. 17 da Constituição, ainda que ao alcance apenas dos partidos que atingirem a cláusula de desempenho. Sem propaganda partidária – e de todos os partidos que se organizarem conforme as exigências constitucionais – as pequenas agremiações terão mais dificuldades para angariar simpatizantes e seus discursos, algumas vezes correspondentes a visões de mundo de minorias, não terão vez na competição eleitoral.

Além disso, a divisão do tempo de antena e do fundo partidário deve ser menos desigual. O art. 41-A da Lei dos Partidos foi piorado com a reforma de 2015 e posterior aprovação da Emenda Constitucional nº 97/2017, pois apenas os partidos que alcancem o desempenho mínimo participarão da divisão igualitária de 5% do fundo. Além disso, o Fundo Especial de Financiamento de Campanhas, inserido na Lei das Eleições em 2017, também é distribuído sem considerar o princípio constitucional em apreço. Apenas 2% são divididos por igual; 35% para os partidos com ao menos um representante e na medida do número de votos para a Câmara dos Deputados; 48% na proporção do número de deputados federais; e 15% proporcionais ao número de senadores. Outra vez a divisão de recursos públicos representa um prêmio ao passado, tendendo a congelar as forças políticas e fechar os caminhos de alternância.

Outro ataque ao princípio da necessária participação das minorias vem da previsão de temperamento ao princípio proporcional na eleição

---

[14] Supremo Tribunal Federal julgou procedente as ações diretas de inconstitucionalidade nºs 1.351-3 e 1.354-8 em dezembro de 2006. Não mudamos de Constituição desde então. Seus valores e sua normatividade – ao menos no plano teórico – restam incólumes.

de deputados e vereadores. Busca-se minorar a potencialidade do sistema proporcional de garantir vozes minoritárias, em ataque aos valores constitucionais. Uma ação adequada, ao contrário dessa, seria não apenas manter o sistema proporcional mas efetivar as ações afirmativas para a representação das minorias, como a paridade de gênero na distribuição das vagas nas casas parlamentares. Apenas prever que o Tribunal Superior Eleitoral irá incentivar a participação feminina, de jovens e da comunidade negra é muito pouco. A Constituição exige mais.

5 O princípio da máxima igualdade na disputa eleitoral

O princípio constitucional da máxima igualdade da disputa eleitoral também vem sendo atingido pelas constantes reformas eleitorais. Como afirma John Hart Ely, a democracia tem como cerne a igualdade política,[15] e a regulamentação do financiamento da política e as regras de financiamento eleitoral são essenciais para a promoção desse princípio. O sentido das alterações, no entanto, não tem sido o de promover a igualdade. Ao contrário. A redução do tempo de campanha e de horário eleitoral gratuito e as proibições de modalidades de propaganda acabam por reduzir a competição, implicando vantagem para os políticos no poder e para as celebridades.

Exige-se uma eleição livre e justa, a partir de uma campanha eleitoral sem desvios e abusos. O financiamento das campanhas, no entanto, tem sido regulado desde sempre de maneira a gerar mais desigualdade. A ousada decisão do Supremo Tribunal Federal de declarar a inconstitucionalidade de doações de pessoas jurídicas[16] intensificou a desigualdade. De igual forma, a previsão de distribuição francamente desigual dos recursos públicos para partidos e campanhas e a possibilidade do uso de recursos próprios dos candidatos até o limite legal de gastos ofendem a Constituição.

As alterações promovidas na legislação eleitoral em 2015 provocaram uma diminuição considerável no tempo das campanhas eleitorais. Postergou-se o período de convenções, e a campanha eleitoral ganha as ruas apenas depois do dia 15 de agosto. O horário eleitoral gratuito dura apenas 35 dias e, em 2017, reduz-se o tempo de propaganda diária no segundo turno. É preciso ressaltar que a propaganda eleitoral é

---

[15] ELY, John Hart. *Democracy and distrust*: a theory of judicial review. Cambridge: Harvard University Press, 1980. p. 122-123.

[16] Ação Direta de Inconstitucionalidade nº 4.650.

que permite que o eleitorado saiba quem está na disputa e, ao menos idealmente, quais as propostas daqueles que competem pelo voto. A propaganda no rádio e na televisão ainda é bastante importante na formação do voto, e sua redução, além da iníqua repartição, não serve a uma disputa justa.

Ao lado de uma campanha mais curta, passou-se a considerar como lícita a pré-campanha, sendo ela cada vez mais ampliada. De novo, os beneficiados serão os competidores já conhecidos, pois estes que terão espaço para divulgar suas ideias e seu nome. Uma alteração que acompanha essa tendência de antecipação da divulgação de nomes é a previsão de financiamento coletivo para campanhas, que podem começar antes da escolha em convenção, já a partir de 15 de maio do ano de eleição. O montante arrecadado só poderá ser liberado depois do registro de candidatura, mas pode servir para demonstrar a viabilidade de um nome na disputa. A potencialidade do financiamento coletivo para garantir mais permeabilidade à disputa eleitoral vai depender da adesão da cidadania às pré-candidaturas, principalmente àquelas que não contam com capital político, familiar ou econômico prévio.

Entre os atos de campanha, os debates eleitorais tendem a neutralizar a diferença de recursos (financeiros e de tempo no horário eleitoral gratuito), pois colocam os candidatos em condições de igualdade ante o eleitorado e permitem que o preparo e o conhecimento dos problemas sociais se revelem. Em 2015, o acesso aos debates passou a ser garantido apenas aos partidos com mais de nove deputados federais; os demais poderiam ser convidados ou não, a depender do interesse da emissora que promove o debate. Em 2017, nova mudança no art. 46 da Lei da Eleições diminuiu o número de deputados para cinco, mas continuou permitindo às empresas de comunicação que o organizam que determinem quem mais pode participar do debate. Essa alteração ofende o princípio da máxima igualdade pois, outra vez, reforça a posição de quem já tem destaque no cenário político e assim promove o congelamento do cenário político-eleitoral, além de permitir uma maior influência dos meios de comunicação na formação do voto.

Como já visto, as reformas também atingiram a liberdade de expressão, pois a regra é a proibição de propaganda em bens privados. O art. 37, §2º da Lei das Eleições traz o material e a medida da propaganda permitida em bens privados, de maneira a desafiar a liberdade exigida em uma sociedade democrática. A tensão entre a liberdade de expressão e a igualdade na disputa é um ponto extremamente sensível para as democracias de cunho liberal.

E a reforma vai além, atingindo também o ambiente virtual. Deve-se levar em consideração que os limites à comunicação política devem se justificar pela promoção da igualdade, assegurando a efetiva participação de todas as vozes no debate político.

A tentativa de regulamentar a internet continua presente nas constantes modificações da legislação eleitoral. Com a Lei nº 13.488/2017, pela primeira vez se permite o pagamento de impulsionamento e de priorização de conteúdo na internet, apenas pelo candidato, partido ou coligação. Ainda se impõe a proibição de perfis falsos, de alteração de teor ou repercussão de propaganda, a possibilidade de afastamento de conteúdo contrário à lei e a necessidade de informar os endereços e os perfis usados pelos candidatos, partidos e coligações para a Justiça Eleitoral.

Segue sem solução a utilização indevida da publicidade ou propaganda institucional para a promoção de indivíduos ou de grupos políticos. Tão crescentemente proibitiva em relação à propaganda e à manifestação da opinião cidadã, a reforma não chega a tocar na questão do uso do poder político na disputa eleitoral, apenas da republicana exigência de neutralidade do Poder Público, que não pode beneficiar ou prejudicar nenhum dos concorrentes.

Sem igualdade na disputa pelos cargos públicos, sem condições de uma disputa justa, não se pode reconhecer um sistema como democrático. O desaparecimento das modalidades mais baratas de propaganda, a proibição de propaganda em bens privados, a censura à manifestação do eleitor e a distribuição desigual de recursos públicos ofendem a Constituição.

6 O princípio da estrita legalidade em matéria eleitoral

O princípio constitucional da legalidade específica em matéria eleitoral deriva, diretamente, do princípio estruturante do Estado de Direito e da exigência da legalidade. As regras jurídicas que tratam de democracia – e também de liberdade e propriedade – só podem ser elaboradas pelo Parlamento. E um parlamento no qual se garanta o debate público e robusto com todas as vozes da sociedade.

Não se pode aceitar o bem-intencionado intento de aprimoramento do sistema político levado a cabo, como uma missão, por alguns membros do Poder Judiciário. As regras do jogo democrático devem ser debatidas democraticamente, por quem foi eleito democraticamente para essa função.

No entanto, o próprio legislador por vezes reconhece um espaço de regulamentação ao Tribunal Superior Eleitoral, ainda que só caiba à Constituição atribuir competência normativa, na sua modalidade regulamentadora. E não há competência normativa reconhecida constitucionalmente à Justiça Eleitoral. Tampouco poder regulamentar. Mas, se a Lei nº 13.488/2017 acertadamente impõe que o TSE apenas divulga os limites de gastos estabelecidos por lei e não os estabelece (nova redação do art. 18 da Lei nº 9.504/1997), traz no art. 57-J a previsão de que o tribunal poderá regulamentar os artigos que tratam de propaganda na internet, além de promover "a formulação e a ampla divulgação de regras de boas práticas relativas a campanhas eleitorais na internet". Para que não haja (mais) ofensa à Constituição, essa faculdade legal não pode ser utilizada para restringir direitos nem criar obrigações.

Outro desafio ao princípio da estrita legalidade em matéria eleitoral se apresenta com a reforma de 2017. A Lei nº 13.488/2017 foi publicada, com vetos, em 6 de outubro e, assim, respeitando a determinação do art. 16 da Constituição. Para evitar casuísmo e garantir a segurança jurídica, a lei eleitoral não pode se aplicar à eleição que ocorra em até um ano da sua entrada em vigor.

Porém, nem todo o veto subsistiu. O Congresso Nacional derrubou o veto ao art. 11 da lei, promulgando a parte vetada em 15.12.2017, portanto depois do prazo do art. 16 da Constituição. No que mais interessa, o veto havia alcançado a revogação do §1º-A do art. 23 da Lei das Eleições, que dispunha que "o candidato poderá usar recursos próprios em sua campanha até o limite de gastos estabelecido nesta Lei para o cargo ao qual concorre". Ou seja, no dia 6 de outubro a lei publicada não revogava a permissão de uso de recursos próprios até o teto de gastos: a lei em vigor um ano antes da eleição trazia a possibilidade do uso de recursos próprios até o limite.

Se esse subprincípio da anterioridade busca trazer estabilidade às regras eleitorais e tenta aperfeiçoar o processo eleitoral,[17] assegurando "a inquebrantabilidade da isonomia nas regras do pleito",[18] e se o Supremo Tribunal Federal, na Ação Direta de Inconstitucionalidade nº 3.685, considerou "que o princípio da anualidade eleitoral integra o plexo de direitos políticos do cidadão-eleitor, do cidadão-candidato e os direitos dos próprios partidos", impõe-se reconhecer a possibilidade

---

[17] FERREIRA, Luiz Pinto. *Comentários à Lei Orgânica dos Partidos Políticos*. São Paulo: Saraiva, 1992. p. 29.

[18] DANTAS, Sivanildo de Araújo. *Direito eleitoral*: teoria e prática do procedimento das eleições brasileiras. Curitiba: Juruá, 2004. p. 218.

de uso, até o limite legal, de recursos próprios do candidato. No entanto, como já assinalado, essa norma ofende o princípio da máxima igualdade na disputa eleitoral, sendo eivada desde sempre do vício da inconstitucionalidade.

7 A defesa dos fundamentos

A fundamentação do direito eleitoral em princípios constitucionais busca trazer coerência e consistência não só ao sistema jurídico, mas também ao sistema político. Um conjunto de regras coerentes, previsíveis, fundamentadas em valores constitucionais, e derivadas dos princípios republicano e democrático, permite a construção de uma democracia formal e substancial consistente.

As regras eleitorais – como todo produto humano – não são e não serão perfeitas. Seus aplicadores, os membros da autoridade eleitoral e os ministros do Supremo Tribunal Federal (que por vezes se confundem), devem resistir ao canto das sereias e não buscar o aperfeiçoamento das normas eleitorais segundo seu próprio juízo. Há uma tarefa importante para os magistrados nesse contexto: verificar se a legislação eleitoral e suas modificações respeitam a Constituição e, provocados, afastar as regras ofensivas aos princípios e regras constitucionais.

Não é isso o que tem acontecido. O Poder Judiciário não apenas tem deixado de corrigir os desrespeitos legislativos à Constituição como tem ofendido a Constituição com suas decisões. Não é possível deixar o ramo do direito responsável pela efetivação dos princípios republicano e democrático sem as premissas que acompanham todos os demais âmbitos jurídicos. É descurar de um dos valores mais caros à sociedade contemporânea. As regras do jogo democrático devem estar em consonância com os valores constitucionais e como tais devem ser aplicadas.

Trata-se de uma cruzada por uma democracia constitucional e uma Constituição democrática, respeitadas pelos agentes públicos e por todos os cidadãos.

Referências

ANDRADE NETO, João. Mutações legais no direito eleitoral: repercussões no sistema das invalidades eleitorais e na renovação das eleições. *Resenha Eleitoral*, Florianópolis, v. 21, n. 1, p. 69-94, nov. 2017.

ATALIBA, Geraldo. Mudança da Constituição. *Revista de Direito Público*, São Paulo, n. 86, p. 181-186, abr./jun. 1988.

BANDEIRA DE MELLO, Celso Antônio. Considerações em torno dos princípios hermenêuticos. *Revista de Direito Público*, São Paulo, n. 21, p. 141-147, jul./set. 1972.

CARTA Aberta da Coalizão Direitos na Rede ao Presidente da República, Michel Temer. *Coalização Direitos na Rede*. Disponível em: <https://direitosnarede.org.br/p/contra-a-censura-politica-veta-temer/>.

DANTAS, Sivanildo de Araújo. *Direito eleitoral*: teoria e prática do procedimento das eleições brasileiras. Curitiba: Juruá, 2004.

DIAS, Joelson. Acessibilidade eleitoral: direito fundamental das pessoas com deficiência. In: PEREIRA, Rodolfo Viana; SANTANO, Ana Claudia (Org.). *Conexões eleitoralistas*. Belo Horizonte: Abradep, 2016.

ELY, John Hart. *Democracy and distrust*: a theory of judicial review. Cambridge: Harvard University Press, 1980.

FERREIRA, Luiz Pinto. *Comentários à Lei Orgânica dos Partidos Políticos*. São Paulo: Saraiva, 1992.

GRESTA, Roberta Maia; SALGADO, Eneida Desiree. Candidaturas avulsas: pode o STF examinar um requerimento de candidatura de 2016? *Carta Capital*, 11 out. 2017. Disponível em: <http://justificando.cartacapital.com.br/2017/10/11/candidaturas-avulsas-pode-o-stf-examinar-um-requerimento-de-candidatura-de-2016/>.

SALGADO, Eneida Desiree. *Administración de las elecciones y jurisdicción electoral*. Ciudad de México: Unam, 2016.

SALGADO, Eneida Desiree. *Princípios constitucionais eleitorais*. Belo Horizonte: Fórum, 2010.

SILVA, Adriana Campos; SANTOS, Polianna Pereira dos; BARCELOS, Júlia Rocha de. Democracia e Informação: o voto nulo no Brasil. *Rev. Direitos Fundam. Democ.*, v. 22, n. 1, p. 257-277, jan./abr. 2017.

Informação bibliográfica deste texto, conforme a NBR 6023:2002 da Associação Brasileira de Normas Técnicas (ABNT):

SALGADO, Eneida Desiree. O direito eleitoral sob a lente da Constituição: princípios constitucionais eleitorais e sua baixa efetividade no campo da legislação e da jurisdição eleitoral. In: PINHEIRO, Celia Regina de Lima; SALES, José Edvaldo Pereira; FREITAS, Juliana Rodrigues (Coord.). *Constituição e processo eleitoral*. Belo Horizonte: Fórum, 2018. p. 13-28. ISBN 978-85-450-0571-1.

JUSTIÇA ELEITORAL EM TRÊS MOMENTOS: PASSADO, PRESENTE E FUTURO

Rafael Morgental Soares

1 Introdução

Cumprir com o seu dever é tudo quanto basta para satisfazer uma consciência honesta.

(Joaquim Francisco de Assis Brasil)

Entre todas as nossas instituições, nenhuma é mais genuinamente brasileira do que a Justiça Eleitoral.

Embora o controle judicial das eleições também seja adotado em outros países, o que singulariza o nosso órgão eleitoral é, em primeiro lugar, o contexto histórico de sua criação, e em segundo lugar a pluralidade de atribuições que lhe foi confiada.

Neste trabalho resgataremos este contexto e destacaremos as singularidades com o objetivo de identificar o âmbito de atuação da Justiça Eleitoral no processo político brasileiro. A tarefa é relevante porque a participação da Justiça Eleitoral no jogo democrático vem crescendo a cada ciclo, fato que entusiasma o aplauso de uns e o repúdio de outros.

Para encontrar o termo médio entre essas críticas polarizadas, evitando ao mesmo tempo a postura continuísta e o ímpeto destruidor, acreditamos que o resgate dos fundamentos que levaram ao surgimento desse curioso órgão ajudará a decodificar algumas perplexidades sobre sua atuação nos dias de hoje e a projetar alguns cenários para o seu futuro, que é também o futuro da democracia brasileira.

Embora voltada ao público jurídico, a narrativa lança mão das ciências sociais auxiliares ao direito para qualificar a compreensão dessa intrigante instituição brasileira.

Na primeira parte buscaremos as razões históricas que fizeram com que surgisse no Brasil, a um só tempo e de forma inédita no mundo, uma disciplina eleitoral codificada, um Poder Judiciário independente, legitimado pela técnica, e uma justiça especializada na realização de eleições. O pensamento de Joaquim Francisco de Assis Brasil será o fio condutor da exposição.

Na segunda parte explanaremos as agruras da jurisdição eleitoral, que oscila entre os extremos do ativismo e da contemplação passiva para buscar um nível ótimo de realização da soberania popular, em respeito à vontade do eleitor e ao equilíbrio da disputa eleitoral; e sobre a mais incompreendida das atividades desempenhadas pela Justiça Eleitoral, a função normativa.

Na terceira e última parte projetaremos algumas perspectivas de futuro para a Justiça Eleitoral, propondo que na área executiva sejam desenvolvidas novas ferramentas de exercício da cidadania além da urna eletrônica, na área jurisdicional seja privilegiada uma postura mais arbitral quanto aos ilícitos dos competidores e mais liberal quanto à propaganda eleitoral, e na área normativa seja aprofundada a regulação do financiamento político em face da principal ameaça ao regime democrático, que é a *subordinação* da política ao poder econômico.

Sem a pretensão de esgotar o tema ou adivinhar um porvir, esperamos realizar uma abordagem útil a quem de alguma forma se interessa pela Justiça Eleitoral.

2 Primeiro ato: fundação

É impossível compreender a Justiça Eleitoral sem visitar o pensamento de seu patrono, Joaquim Francisco de Assis Brasil. Idealizador e redator do primeiro Código Eleitoral do país e do mundo, este notável brasileiro reunia as qualidades necessárias para uma realização deste porte. Durante seus 81 anos de vida foi político, diplomata, escritor, produtor rural, mas acima de tudo *cientista*, consagrando-se como um dos grandes doutrinadores de nossa história.[1]

---

[1] Na opinião de Afonso Arinos, foi o maior cientista político de seu tempo, inclusive pela clarividência: "Os seus livros [...] são estudos memoráveis pelo que contêm de antecipação política" (FRANCO, Afonso Arinos de Melo. *O som de outro sino*, 1978, p. 180-181 *apud* PINTO,

Além de ter frequentado os principais círculos políticos do país e de ter disputado eleições marcadas por todo tipo de fraude, granjeou larga experiência em assuntos internacionais quando percorreu carreira diplomática na América do Norte, na América do Sul e na Europa. Dessas vivências é que brotou a ousada ideia: ciar um órgão de Estado capaz de garantir a lisura das eleições.

Obviamente não agiu sozinho. Sem a pena de Getulio Vargas o Código Eleitoral e sua justiça especializada não sairiam do papel. Mesmo assim, se pudemos edificar uma democracia operante, muito se deve ao espírito revolucionário do patrono.

Antes de mais nada, Assis Brasil tinha uma confiança inabalável no povo brasileiro. Durante a monarquia combateu a desculpa de que o povo não tinha educação nem maturidade para governar. Dizia que a melhor forma de aprender era praticando.[2]

Se hoje essa proclamação parece óbvia, na sua época causava profundo embaraço ao estamento dirigente,[3] presunçoso frente ao povo comum. A tentativa de implantar a democracia no Brasil era vista por muitos como ingenuidade, leviandade ou desculpa para derrubar a monarquia.

De fato, a consagração da soberania popular não seria uma tarefa tão simples quanto parecia. Após o 15.11.1889, os hábitos de um regime caído resistiram no silêncio, mostrando o peso de seus 4 séculos. O poder mudou de dono, mas não mudou de mãos. Em nome da nação os "novos" líderes comandavam o futuro do país, fechando

---

Paulo Brossard de Sousa (Org.). *Ideias políticas de Assis Brasil*. Brasília: Senado Federal; Rio de Janeiro: Fundação Casa de Rui Barbosa, 1989. p. 109).

[2] "É exercendo as instituições que os povos se podem habilitar a tirar proveito delas e aperfeiçoá-las" (BRASIL, Joaquim Francisco de Assis. *A democracia representativa na república (antologia)*. Brasília: Senado Federal, 1998. p. 174). "O caso da nação é o mesmo de cada um de nós. Que seria de cada um de nós se, chegados à idade em que o Código Civil nos julga maduros para fazer as nossas asneiras, o nosso pai nos dissesse: 'Não; o menino não pode fazer esses negócios. Precisa praticar mais.' [...] Não; na água é que se aprende a nadar. [...] Quero que a nação tenha liberdade para fazer os seus maus governos, porque é pelo preço de fazer os maus negócios e de dar os maus passos que os homens e os povos aprendem a dar bons e a ser dignos de sua liberdade" (trecho do texto: Assis Brasil e a Constituinte de 1933; Base: Anais da Assembleia Constituinte (novembro-dezembro de 1933), Volume 2, Rio de Janeiro, Imprensa Nacional, 1934, p. 501-514 em HOLLANDA, Cristina Buarque de (Org.). *Joaquim Francisco de Assis Brasil*: uma antologia política. Rio de Janeiro: 7 Letras, 2011. p. 425).

[3] Sobre o estamento como categoria político-social dominante ver FAORO, Raymundo. *Os donos do poder*: formação do patronato político brasileiro. 4. ed. São Paulo: Globo, 2008. p. 445 e ss., mas especialmente a p. 61: "O estamento político [...] constitui sempre uma comunidade, embora amorfa: os seus membros pensam e agem conscientes de pertencer a um mesmo grupo, a um círculo elevado, qualificado para o exercício do poder [...] um grupo [...] cuja elevação se calca na desigualdade social".

um círculo de nomeações e favores governamentais. Só que agora sem a *moderação* superior do monarca, cuja ausência abriu uma concorrência precariamente equilibrada.

Vago o trono e superada a transição militar, o país se despedaçou numa guerra de oligarquias que se revezavam no poder federal, todas incapazes de reagrupar as forças em conflito. A *política dos governadores* da *primeira república* (ou *república velha*)[4] instaurou um modelo eleitoral baseado no *coronelismo*:[5] a soberania popular não seria mais do que uma vontade maquiada, deturpada pelo predomínio dos caudilhos regionais sobre a máquina eleitoral, que entregava os resultados encomendados pelo chefe.

A marca dessa fase no pensamento de Assis Brasil é evidente. Em vez de arrefecer, a sua fé no ideal republicano aqueceu. A frustração com um regime eleitoral fraudado de todas as formas possíveis convenceu-o de que sem boas leis eleitorais a república não seria feita.[6]

A oportunidade surgiu na Revolução de 1930, quando Getulio Vargas, para se consolidar como a nova liderança unificadora da nação, cedeu às pressões de Assis Brasil (que já não eram só suas) e concordou em equipar as eleições brasileiras de acordo com os pressupostos lapidados pelo patrono desde os tempos da monarquia.[7]

Todos sabiam que no Brasil faltava *justiça* e *representação*. As eleições eram fraudadas e a justiça não alcançava todos com a mesma régua, tanto que o binômio virou *slogan* da Revolução de 1930.[8]

---

[4] Também conhecida como República do Café com Leite, em alusão ao revezamento paulista e mineiro na presidência da república (FAORO, Raymundo. *Os donos do poder*: formação do patronato político brasileiro. 4. ed. São Paulo: Globo, 2008. p. 567-738).

[5] "O coronel, antes de ser um líder político, é um líder econômico [...], num mecanismo onde o governo é reflexo do patrimônio pessoal" (FAORO, Raymundo. *Os donos do poder*: formação do patronato político brasileiro. 4. ed. São Paulo: Globo, 2008. p. 700).

[6] "[...] nós conseguimos proclamar a República, o que não é a mesma coisa que fazer a República" (notas do discurso proferido por Assis Brasil ao receber homenagem como Ministro da Agricultura, em 1931 em HOLLANDA, Cristina Buarque de (Org.). *Joaquim Francisco de Assis Brasil*: uma antologia política. Rio de Janeiro: 7 Letras, 2011. p. 401). "Uma boa lei eleitoral não é tudo, mas é muito. Não sou dos que nutrem a ilusão de que basta boa lei eleitoral para obter boa eleição. Mas também não estou com os céticos para quem é indiferente que a lei seja boa ou má. Seja qual for o grau de rudeza de um povo constitucional, é preciso que ele tenha um regulamento para as eleições [...]" (BRASIL, Joaquim Francisco de Assis. *A democracia representativa na república (antologia)*. Brasília: Senado Federal, 1998. p. 303).

[7] Em 1893 o patrono publicou uma obra seminal sobre os fundamentos do que viria a ser nosso regime eleitoral: BRASIL, Joaquim Francisco de Assis. *Democracia representativa*: do voto e do modo de votar. Lisboa: Guillard, Aillaud e Cia, 1893.

[8] "O Brasil pretende se considerado um país civilizado. Pois bem, o Brasil não dispõe das duas condições mais rudimentares e essenciais para tal, porque O BRASIL NÃO TEM REPRESENTAÇÃO E NÃO TEM JUSTIÇA. [...] Ausência de legítima representação e ausência de justiça são os dois grandes males do Brasil. [...] Denunciada a causa do mal, está

Mas seu *insight* foi perceber que essas duas carências só poderiam ser resolvidas em conjunto: não haveria representação sem justiça. Daí a ideia inédita: prover um marco regulatório e um órgão do Estado destinados especificamente à realização de eleições.

A primeira medida para melhorar a confiabilidade das eleições brasileiras era garantir a *estabilidade das regras*. Num regime indisciplinado e instável os resultados seriam sempre manipuláveis.[9] O início da consolidação normativa ocorreu ainda no século XIX, com a Lei Saraiva, que instituía o título eleitoral e o alistamento perante juízes de direito.[10] Essa norma começava a romper com a tradição de regras eleitorais *ad hoc*, baixadas pelo Império para cada eleição sob a forma de *instruções*.[11] Mas foi somente com o Código Eleitoral de 1932,[12] documento sintonizado com o espírito *codificante* da época,[13] que as eleições brasileiras puderam contar com um grau relativamente elevado de *institucionalização*.

---

virtualmente indicado o remédio. [...] Eis a solução: Contra a ausência de representação o estabelecimento do VOTO SECRETO, única forma de voto sério; e a inscrição obrigatória ou automática dos cidadãos capazes, ao atingirem a maioridade política, meio de coibir a parcialidade dos funcionários prevaricadores, que dificultam, quando não impossibilitam, a inscrição dos adversários dos seus amos; Contra a falta de justiça [...] efetivação da independência do Poder Judiciário, baseada na prerrogativa de nomear, mediante rigoroso concurso, os juízes primários, promovê-los até aos mais altos postos por antiguidade, fiscalizando a ação de todos, eliminando, por processo, os incapazes moral ou fisicamente" (trecho do texto: A Aliança Libertadora ao país. Base: panfleto de propaganda da Aliança Liberadora do RS, de 1925 em HOLLANDA, Cristina Buarque de (Org.). *Joaquim Francisco de Assis Brasil*: uma antologia política. Rio de Janeiro: 7 Letras, 2011. p. 303 e 305).

9   Como nos esclarece o Nobel de Economia de 2017, Richard Thaler, o controle sobra a "arquitetura das escolhas" permite que os resultados de qualquer jogo sejam predeterminados com boa dose de precisão mediante induções específicas (*nudges*)" (THALER, Richard; SUNSTEIN, Cass. *Nudge*: improving decisions about health, wealth and happiness. Londres: Penguin Books, 2008. p. 66-71). No Brasil um argumento semelhante é desenvolvido por Jorge Vianna Monteiro: "[...] os resultados de política serão aqueles decorrentes das regras que predominam no processo político. A ênfase da análise passa, assim, da escolha de resultados para a escolha de regras ou processos" (MONTEIRO, Jorge Vianna. *Como funciona o governo*: escolhas públicas na democracia representativa. Rio de Janeiro: FGV, 2007. p. 29).

10 Decreto nº 3.029/1881.

11 "As Instruções constituíam o que denominamos modernamente de lei eleitoral" (FERREIRA, Manoel Rodrigues. *A evolução do sistema eleitoral brasileiro*. 2. ed. Brasília: TSE-SDI, 2005. p. 52).

12 O primeiro Código Eleitoral e a justiça que ele criava tiveram vida curta (1932 – Decreto nº 21.076 – até 1937, quando Getúlio Vargas implantou o Estado Novo). O restabelecimento ocorreu com o Decreto-Lei nº 7.586/1945.

13 O século XIX legou ao direito e aos contemporâneos de Assis Brasil a técnica da *codificação*, que representava a tentativa de *sistematizar* e *racionalizar* a produção legislativa em documentos com vocação de permanência e por isso mesmo capazes de gerar segurança jurídica. A respeito ver LORENZETTI, Ricardo Luis. *Teoria da decisão judicial*: fundamentos de direito. Tradução de Bruno Miragem. Notas de Cláudia Lima Marques. 2. ed. São Paulo: Revista dos Tribunais, 2010. p. 41-43.

Ampliar e regular o sufrágio era uma das metas centrais do patrono, que fixou o alistamento obrigatório como forma de evitar a exclusão arbitrária de eleitores e o voto secreto para garantir-lhes a liberdade de escolha. Também houve tempo para corrigir o principal equívoco de sua doutrina, a exclusão das mulheres, que até então justificava pela falta de liberdade para eleger.[14]

Reconhecer a institucionalização dos *partidos políticos* igualmente foi um avanço crucial. Afinal a baderna da república velha também se devia à falta de partidos institucionalizados. Os coletivos políticos eram muito mais facções do que partidos, faltando-lhes programa e coesão.

Mas para completar a obra faltava o principal: um ente capaz de acabar com a farsa eleitoral, que incluía fraudes no alistamento, assédio ao eleitor, alteração de resultados e, se não fosse suficiente, verificação de poderes.[15] A participação do parlamento, envolvendo ou não os partidos, era fadada ao fracasso, pois entre os contendores brasileiros não havia um ambiente favorável à autorregulação. Ninguém estava disposto a perder. Era necessária uma solução *externa*.

O problema é que a realização das eleições implicava, como ainda implica, a prática de atividades identificadas com as três funções típicas

---

[14] "Na primeira edição de *Da democracia representativa: do voto e da maneira de votar*, de 1893, Assis Brasil pronuncia-se contrariamente ao voto feminino. Na versão de 1932, publicada à época da edição do Código Eleitoral, o autor inclui o voto feminino e alega que a mudança de opinião deveu-se à mudança dos tempos" (HOLLANDA, Cristina Buarque de (Org.). *Joaquim Francisco de Assis Brasil*: uma antologia política. Rio de Janeiro: 7 Letras, 2011. p. 405). Na mesma página a autora abriu aspas para a penitência do patrono: "Há coisa de 40 anos – é uma confissão tristíssima [...] já disse que não havia razão alguma para se agregar aos negócios públicos uma das metades do gênero humano. [...] não quero que se diga cidadão no Brasil sem que se incluam os dois sexos. Não quer que se diga 'o brasileiro' só para uma metade do Brasil. Não quero que se corte barbaramente, arbitrariamente, este grande todo, sobretudo quando ele deve tender cada vez mais a ser uma unidade maior, mais flagrante". Em outra oportunidade, fundamentando o sufrágio universal, o patrono sentenciou: 'A mulher tem, como o homem, o direito de sufrágio'" (BRASIL, Joaquim Francisco de Assis. *A democracia representativa na república (antologia)*. Brasília: Senado Federal, 1998. p. 69). Esses esclarecimentos são necessários porque é frequente a afirmação de que Assis Brasil era contra o voto feminino, baseada unicamente num escrito do qual depois ele publicamente se arrependeu.

[15] O sistema de "verificação de poderes" dava ao legislativo a palavra final sobre a homologação dos resultados eleitorais, e este procedia à "degola" dos eleitos indesejados. Sua fundamentação teórica confundia a soberania inalienável do povo com uma suposta soberania do parlamento (GOMES, José Jairo. *Direito eleitoral*. São Paulo: Atlas, 2013. p. 64). Ainda no século XIX, Ruy Barbosa já denunciava o equívoco dessa confusão: "A nossa politica de phraseologia, a nossa ausencia de educação juridica, os vicios francezes de nossa disciplina intellectual levam-nos a confundir a nação com as assembléas representativas, e a usar indifferentemente da palavra soberania, quando nos referimos ao povo, ou quando nos referimos ao corpo legislativo" (BARBOSA, Ruy. *Os actos inconstitucionaes do Congresso e do Executivo*. Brasília: Companhia Impressora, 1983. p. 27. Disponível em: <http://www.dominiopublico.gov.br>. Acesso em: 30 set. 2013).

do Estado, já que além do alistamento e da votação (tarefas executivas) se faz necessária a expedição de regras operacionais (tarefa legislativa) e a resolução de conflitos (tarefa judiciária).

Mas por que Assis Brasil teria resolvido concentrar essas atribuições num só órgão, e ainda mais num órgão do Poder Judiciário? Acaso não antevia os riscos da concentração de poder? Ignorava o fato de estar levando para o Judiciário uma gama de atribuições estranhas ao cotidiano de seus membros (funções atípicas)?

A teoria do Estado e o constitucionalismo da época não lhe forneciam muitas opções. A fórmula tripartite de Montesquieu,[16] no auge de seu prestígio, fechava qualquer alternativa para algo que não estivesse encaixado em algum dos poderes existentes, sob pena de causar desequilíbrio imprevisível. Um quarto poder – algo como hoje temos na figura do Ministério Público, ou que tivemos na figura do monarca e seu poder moderador – estava fora de cogitação.[17]

E então, das opções existentes, a mais óbvia era remeter aos juízes a tarefa completa. Vê-se logo que a Justiça Eleitoral, diferentemente das demais especializadas, não nasceu para "fazer justiça", e sim para fazer eleições. Como órgão eleitoral que não pôde se acomodar no Executivo ou no Legislativo, dada a suspeição de seus membros, acabou sendo alocada no Poder Judiciário. A especialização da jurisdição eleitoral surgiu apenas como vantagem adicional: uma forma de enterrar a aberrante verificação de poderes, submetendo ao crivo judicial a validade da votação.

Afinal, o último ato da fraude, a degola dos oposicionistas após o triunfo eleitoral, era a prova maior da falta de *confiabilidade* do sistema. Se no plano teórico ainda era aceitável a doutrina da soberania do parlamento como justificativa para lhe garantir a refutação do resultado

---

[16] Montesquieu é celebrado pela apresentação de uma divisão de poderes capaz de garantir a *liberdade política* do cidadão contra o arbítrio (SECONDAT, Charles-Louis de. *Do espírito das leis*. Tradução, Introdução e Notas de Edson Bini. Bauru: Edipro, 2004. Série Clássicos. p. 189-197). Sua defesa do sistema tripartite partiu da observação do constitucionalismo inglês, no qual identificou os três tipos de poder hoje considerados *essenciais* ao Estado. A ideia não representa uma inovação surgida no século XVIII, quando publicou seu monumental tratado de história e filosofia política, mas o resgate de uma identificação das funções elementares do Estado já elaborado por Aristóteles (ARISTÓTELES. *Política*. p. 88-99. Disponível em: <http://www.dhnet.org.br/direitos/anthist/marcos/hdh_aristoteles_a_politica.pdf>. Acesso em: 5 fev. 2014).

[17] Essa concepção permaneceu rígida nos anos seguintes, tanto que ainda no meio do século XX se afirmava categoricamente que um dos objetivos da divisão de poderes era evitar que houvesse, "na estrutura do Estado, um órgão que funcione fora da esfera de atividade de um dos poderes" (CAVALCANTI, Themistocles. *A Constituição Federal comentada*. Rio de Janeiro: José Konfino Editor, 1948. v. I. p. 193).

das urnas (o que hoje é escandaloso), na prática o que se tinha era um parlamento tomando decisões contra a democracia, sem limites. Ou seja, um parlamento soberano se voltando contra a soberania popular.

É notável como o patrono buscava uma solução à brasileira;[18] pois se estava preso a Montesquieu quando decidiu que o órgão eleitoral deveria "caber" no modelo tripartite, afastou-se completamente dele no modo de investidura dos juízes. O grande barão defendia eleição para a judicatura,[19] enquanto Assis Brasil propunha a seleção dos magistrados brasileiros pelos próprios pares, mediante concurso.[20]

A razão era simples: nem mesmo a eleição mais honesta garantiria a democracia se os eleitos pudessem escolher os seus próprios juízes. Somente juízes independentes, compromissados com a Constituição e as leis e não com quem os havia nomeado ou eleito, seriam capazes de submeter todos os cidadãos à mesma barra da justiça.

A legitimidade desse corpo independente não adviria do sufrágio, mas da técnica. Os juízes brasileiros não seriam menos legítimos do que os juízes ingleses ou estadunidenses, eleitos pela própria população. A base de seu poder estaria garantida na *impessoalidade* da seleção, que também é um princípio republicano. E sua força viria do espírito de corpo: um Judiciário "técnico" para fazer face a poderes "políticos".[21]

---

[18] "As instituições devem ser relativas ao modo de ser da nação que as exerce" (BRASIL, Joaquim Francisco de Assis. *A democracia representativa na república (antologia)*. Brasília: Senado Federal, 1998. p. 169). Essa já era a lição de Montesquieu, para quem as leis "devem ser de tal modo apropriadas ao povo para o qual foram feitas que constitui um enorme acaso se as leis de uma nação puderem convir a uma outra nação" (SECONDAT, Charles-Louis de. *Do espírito das leis*. Tradução, Introdução e Notas de Edson Bini. Bauru: Edipro, 2004. Série Clássicos. p. 49).

[19] SECONDAT, Charles-Louis de. *Do espírito das leis*. Tradução, Introdução e Notas de Edson Bini. Bauru: Edipro, 2004. Série Clássicos. p. 191.

[20] "Quando pedimos, no programa da revolução, que se estabelecesse no Brasil um sistema de Justiça, [...] queremos simplesmente que a Justiça seja independente do poder político. [...] propusemos que se eliminasse a faculdade de o Poder Executivo nomear juízes e que os juízes se fizessem uns aos outros. [...] Pergunto eu: o fato de nenhuma nação civilizada do mundo, ainda constitucionalizada, ter estabelecido completa independência do Poder Judiciário em relação aos poderes políticos, é razão para que no Brasil não seja possível fazê-lo agora? [...] Propomos [...] que os candidatos à magistratura comecem pelo concurso" (trecho do texto: Assis Brasil e a Constituinte de 1933; Base: Anais da Assembleia Constituinte (novembro-dezembro de 1933), Volume 2, Rio de Janeiro, Imprensa Nacional, 1934, p. 501-514, em HOLLANDA, Cristina Buarque de (Org.). *Joaquim Francisco de Assis Brasil*: uma antologia política. Rio de Janeiro: 7 Letras, 2011. p. 421-422; 425).

[21] A insistência nesses conceitos é um dos grandes préstimos da obra de Assis Brasil, pois nos legou um Judiciário independente. Ninguém é capaz de dizer como seria o país se os juízes fossem eleitos ou nomeados pelos outros poderes, mas a percepção atual de certa *politização da justiça* nos tribunais superiores, cujos membros são escrutinados pelo Legislativo e nomeados pelo Executivo, já é suficiente para projetarmos um cenário que felizmente não se realizou, já que a independência do Judiciário foi consagrada.

Com isso *justiça* e *representação* finalmente se encontrariam. Uma parte dos juízes comporia temporariamente o ramo eleitoral, que teria ainda o aporte de outros setores para garantir dentro de si aquilo que deveria garantir para fora: a democracia. A possibilidade de revezamento e a pluralidade de origem dos juízes dos tribunais eleitorais vêm desta específica necessidade de *democratizar* o próprio órgão eleitoral.

De fato, uma magistratura exclusivamente eleitoral não era apenas impensável do ponto de vista estrutural e operacional; era teoricamente indesejável, já que poderia conduzir, se não a uma "partidarização", pelo menos a uma inclinação permanente, dado que o cultivo de preferências políticas é um direito de cidadania garantido inclusive aos magistrados.

É difícil avaliar o funcionamento desses pressupostos mirando-se a história do Brasil até a Constituição de 1988. O eclipse da Era Vargas e da Ditadura Militar ofuscaram o potencial democratizante da Justiça Eleitoral. Se bem que houvesse eleições e a despeito da eliminação das fraudes mais grotescas no alistamento, na votação e na contagem, o domínio da legislação e a capacidade de intimidar os juízes garantiam aos titulares do Executivo federal a condução suprema do governo, sem a participação efetiva do povo, que figurava apenas como um *ícone*, uma instância de legitimação[22] em nome de quem tudo era decidido.

E do pouco período de independência que teve entre esses dois regimes, a Justiça Eleitoral foi influenciada pelo pensamento autoritário. Exemplo disso é a cassação do registro do Partido Comunista Brasileiro pelo TSE, em 1947,[23] ao argumento de que a doutrina comunista era incompatível com o regime democrático, decisão que na prática anulou o bom desempenho alcançado pelo partido no ano anterior, já que com base nela o parlamento obstou o exercício dos mandatos dos candidatos vitoriosos pela legenda.

Mas o tempo de maturação não foi em vão: o desenvolvimento da área executiva, com a formação paulatina de um corpo técnico e profissional auxiliar aos juízes, gerou a expertise necessária para a concretização do sonho de Assis Brasil: o voto dado é o voto contado.

Contudo, a confiabilidade dos resultados não significaria a consagração plena da soberania popular, mas apenas uma solução que levou a desafios ainda maiores.

---

[22] Esses conceitos são elaborados por MÜLLER, Friedrich. *Quem é o povo?* A questão fundamental da democracia. Introdução de Ralph Cristensen. Tradução de Peter Naumann. Revisão da Tradução de Paulo Bonavides. 7. ed. São Paulo: Revista dos Tribunais, 2013. p. 102.

[23] Resolução nº 1.841/1947.

3 Segundo ato: afirmação

Da previsão do uso de máquinas para votar, em 1932,[24] até a informatização completa das eleições, no ano 2000, a Justiça Eleitoral sempre buscou honrar seu compromisso com a *verdade eleitoral*. Se hoje o órgão é referência mundial em eleições, notabilizando-se pela eficiência e segurança de seus sistemas informatizados, é porque o espírito vanguardista fundado por Assis Brasil acompanhou esse compromisso.

Em 1982, ainda dentro do regime militar, iniciou-se o processamento eletrônico de dados.[25] Em 1986 foi realizada a tarefa mais penosa e exaustiva de que se tem notícia, o recadastramento eleitoral, sob a batuta do então Presidente do TSE, Ministro José Néri da Silveira, que entusiasmou todos os cartórios eleitorais do país a promover um mutirão para formar um cadastro nacional de eleitores 100% informatizado, acabando de vez com os fichários.

Essas medidas pavimentaram o caminho para a votação eletrônica, que foi adotada experimentalmente em 1996, ampliada em 1998 e consagrada em 2000, novamente sob o comando de José Néri da Silveira, ano em que foi estabilizado o *conceito* existente até hoje, apesar das inúmeras e cada vez mais velozes mudanças tecnológicas.[26]

Sem esquecer os serviços ao eleitor, que também foram aprimorados: a emissão imediata de títulos eleitorais foi testada a partir de 1996 e consolidada em 2003. Finalmente, a interlocução com partidos políticos e candidatos foi e segue sendo aprimorada, com sistemas próprios para o registro das candidaturas e para a prestação de contas.

É interessante notar que as consequências desses avanços extrapolaram o âmbito executivo. A competência executiva habilitou a Justiça Eleitoral a exercer suas funções normativa e jurisdicional, e então o órgão eleitoral passou a ocupar um espaço diferente na estrutura institucional brasileira.

No tempo de Assis Brasil, *verdade eleitoral* significava contar os votos tais como depositados. Desde que o eleitor fosse livre para cumprir o *ato eleitoral* e que o processo de contagem não fosse corrompido, os resultados das urnas seriam a consagração da soberania popular.

---

[24] Decreto nº 21.076/1932 – Código Eleitoral: "Art. 57. Resguarda o sigilo do voto um dos processos mencionados abaixo. [...] II – [...] 2) uso das máquinas de votar, regulado oportunamente pelo Tribunal Superior, de acôrdo com o regime dêste Código".

[25] Lei nº 6.996/1982.

[26] RIO GRANDE DO SUL. Tribunal Regional Eleitoral. *Voto eletrônico*. Edição comemorativa: 10 anos da urna eletrônica; 20 anos do recadastramento eleitoral. Porto Alegre: TRE-RS, Centro de Memória da Justiça Eleitoral, 2006. p. 37-51.

Não que o patrono ignorasse as variadas formas de degeneração da democracia. Embora sem testemunhar o fenômeno da propaganda eleitoral massiva, amplificado pelo advento da televisão,[27] era contemporâneo de autores que iam descobrindo como a vontade humana em grandes coletivos podia ser manipulada.[28]

Ocorre que havia um problema mais imediato a resolver. Era impensável combater os vícios mais sofisticados do processo eleitoral sem antes superar seus vícios materiais (operacionais).

Esta solução consumiu todo o século XX. Apenas com o advento da urna eletrônica e a credibilidade oriunda desta inovação a Justiça Eleitoral pôde se voltar para o problema da *formação da vontade do eleitor*.

Encontrando uma sociedade desigual e exposta a técnicas de propaganda extremamente complexas, a Justiça Eleitoral do começo do século XXI intensificou sua atuação *contenciosa* e *normativa* com o objetivo de preservar o equilíbrio na disputa e assim atenuar os riscos à liberdade de escolha dos votantes.

Hoje o órgão eleitoral é um *fator* da distribuição de poder no país. Seu agir produz *consequências políticas*. Cassação de mandatos, negativa de registros, aplicação de multas e fixação de novas regras eleitorais marcam, nas duas últimas décadas, o esforço da Justiça Eleitoral para limitar a influência dos poderes econômico, político e midiático no processo eleitoral.

Como se sabe, esta maior presença no jogo político abriu campo para inúmeras críticas, algumas delas resultando em discursos pró-extinção. Em síntese a Justiça Eleitoral é acusada de praticar *ativismo judicial*[29] mediante a tomada de decisões sem aderência à lei e à sua própria jurisprudência, e de usurpar competências do Poder Legislativo mediante a expedição de resoluções normativas. Extrapolando seus

---

[27] "[...] a grande mudança no processo de campanha eleitoral se deu com a introdução da televisão, que substituiu o comício. [...] a televisão não chega à consciência; chega aos olhos, entra pelos olhos. A técnica da televisão é a emoção, não o raciocínio" (JOBIM, Nelson. Origem e atuação da Justiça Eleitoral. In: PASSARELI, Eliana (Coord.). *Justiça Eleitoral*: uma retrospectiva. São Paulo: Imprensa Oficial do Estado de São Paulo, 2005. p. 19-20).

[28] Em especial Freud, que desenvolveu o argumento de Gustave Le Bon segundo o qual as massas possuem uma psicologia coletiva própria (FREUD, Sigmund. *Psicologia das massas e análise do eu*. Tradução de Renato Zwick. Porto Alegre: L&PM, 2013). Já os gregos percebiam este fenômeno na sua democracia direta, na forma de *demagogia*, daí que tenham estabelecido a *isologia* e a *isegoria* na *Ágora* ateniense: o direito de todos os cidadãos de expressarem as suas ideias e de fazê-lo em tempo.

[29] "Ao se fazer menção ao ativismo judicial, o que se está a referir é a ultrapassagem das linhas demarcatórias da função jurisdicional, em detrimento principalmente da função legislativa, mas, também, da função administrativa e, até mesmo, da função de governo" (RAMOS, Elival da Silva. *Ativismo judicial*: parâmetros dogmáticos. São Paulo: Saraiva, 2010. p. 116).

tradicionais limites, a Justiça Eleitoral estaria causando insegurança jurídica e ofendendo a separação de poderes.

A razão maior desses males seria a concentração de tantos poderes no mesmo órgão. Por essa linha de raciocínio a boa intenção de Assis Brasil teria gerado um ente superpoderoso, incontrolável, que executa e julga a sua própria lei, intervindo no processo político – suprema ironia – de forma antidemocrática. A tentativa republicana de fortalecer o regime representativo por meio de eleições legítimas teria dado origem a um *monstro*, que liberado e ilimitado se voltaria agora contra os fundamentos de sua criação: *justiça* e *representação*.[30]

É preciso analisar essas afirmações.

4 Função contenciosa

Como visto, até o final do século XX a jurisdição eleitoral se ocupava de problemas ligados à votação e à apuração dos resultados. Num regime de votação manual eram os erros e as manipulações destas fases do processo eleitoral que movimentavam a área judiciária da estrutura. Ainda se tratava de garantir que o voto dado seria corretamente apurado. Respeitar a liberdade do eleitor significava contar seu voto exatamente como havia sido depositado, o que exigia inclusive um esforço de interpretação: "o que está escrito nesta cédula?" era uma pergunta importante. O problema começava na junta eleitoral e terminava nos tribunais.

Embora o Código Eleitoral de 1965 já contemplasse a possibilidade de denegação ou cassação de diploma em caso de captação ilícita de sufrágio, a vaga referência a abuso de poder econômico ou de autoridade, sem qualquer detalhamento, aliada ao entendimento segundo o qual apenas as decisões definitivas do TSE poderiam levar àquele resultado, tornava praticamente inviável a prolação de juízos condenatórios eficazes. Sem esquecer de que boa parte desse código se deu sob um regime ditatorial.

A situação começou a mudar com a Constituição de 1988, que criou a ação de impugnação de mandato eletivo para os casos de abuso

---

[30] Para quem acredita que a justiça eleitoral assumiu um protagonismo excessivo devem soar proféticas as palavras do patrono: "A verdade mais antiga [...] é, desgraçadamente, a de que a criatura se rebela contra o criador" (trecho do texto: Discurso de Assis Brasil na 35ª sessão da Constituinte de 1993, de 27.12.1933. Base: Anais da Assembleia Constituinte (novembro-dezembro de 1933), Volume 2, Rio de Janeiro, Imprensa Nacional, 1934, p. 501-514, em HOLLANDA, Cristina Buarque de (Org.). *Joaquim Francisco de Assis Brasil*: uma antologia política. Rio de Janeiro: 7 Letras, 2011. p. 449).

de poder econômico,[31] corrupção e fraude, e com a Lei nº 9.504/1997. Expedida para combater o risco emergente de abuso de poder político provocado pela Emenda Constitucional nº 16/1997, que permitiu a reeleição a cargos do Executivo sem necessidade de desincompatibilização,[32] esta legislação (que ficou conhecida como Lei das Eleições) estabeleceu um rol de *condutas vedadas a agentes públicos em campanhas*, com possibilidade de perda de mandato.[33] Logo em seguida, em 1999, foi tipificada na mesma lei a compra de votos,[34] cominando-se também a perda de mandato como consequência maior.

Aos poucos a legislação ia dotando o órgão eleitoral de mecanismos para remover as *impurezas* do processo. E com isso o debate sobre a caracterização dos abusos contra o equilíbrio na disputa e contra a formação da consciência política do eleitor ganhava corpo. Ensaiavam-se os primeiros conceitos, por experimentação jurisprudencial e por uma tímida produção doutrinária.[35]

Mas ainda remanescia o problema crítico da eficácia: aguardar uma decisão final para só então determinar a perda do mandato, conforme os parâmetros constitucionais[36] e o regime cultivado sob a luz do Código Eleitoral, significava a impunidade completa, reforçada ainda por inelegibilidades de apenas 3 anos, que expiravam a tempo de o infrator se apresentar nas eleições subsequentes ao fim de seu mandato de 4 anos, novamente elegível, para renová-lo.[37]

Foi a viragem jurisprudencial do Tribunal Superior Eleitoral, nos primeiros anos deste século, que originou outro paradigma decisório no âmbito eleitoral. O Tribunal ampliou o alcance do dispositivo do Código Eleitoral que determina a execução imediata dos acórdãos[38] para todas as formas de perda de mandato previstas na legislação vigente (aquelas incluídas pela Lei Complementar nº 64/90 e pela Lei nº 9.504/1997).

Pelo regime original do Código o dispositivo que prevê a execução imediata das decisões se limitava aos feitos que não levavam à cassação,

---

[31] Constituição Federal, art. 14, §§10 e 11.

[32] Constituição Federal, art. 14, §5º.

[33] Lei nº 9.504/1997, art. 73 e ss.

[34] Lei nº 9.504/1997, art. 41-A, incluído pela Lei nº 9.840/1999.

[35] Dado o viés histórico e sociológico deste trabalho não detalharemos a dogmática jurídica que classifica e subdivide os diferentes tipos de ilícitos eleitorais, bastando designá-los genericamente como "abusos".

[36] Constituição Federal, arts. 5º, LVII e 15, III.

[37] Isso antes da Lei Complementar nº 135/2010 (Lei da Ficha Limpa), que elevou os prazos de inelegibilidade da Lei Complementar nº 64/90 (Lei das Inelegibilidades) para 8 anos.

[38] Código Eleitoral, art. 257.

como exemplo problemas de "interpretação do voto". A regra geral era a execução imediata, mas num contexto em que a cassação era a exceção. E, para esta única forma de cassação, o recurso contra a expedição de diploma,[39] era garantido o exercício do mandato do candidato cassado até a decisão final do TSE.

Sem nenhuma mudança no texto legal a Justiça Eleitoral promoveu uma pequena revolução: permitiu que as decisões dos TREs, mesmo com recurso pendente no TSE, levassem ao afastamento imediato do cassado. Perdia-se em segurança jurídica, ganhava-se em eficácia.

Essa nova realidade, iniciada ainda no ciclo eleitoral do ano 2000, se consolidou a partir do ciclo eleitoral de 2004. Vereadores e prefeitos passaram a ter seus mandatos suprimidos. Diversos municípios tiveram de voltar às urnas fora da época esperada. O número de cassações cresceu exponencialmente, a ponto de a *renovação de eleições* ser absorvida como uma rotina. Em seguida governadores, deputados, senadores e mesmo a Presidência da República entraram na mira da Justiça Eleitoral.

Até então tínhamos um órgão eleitoral *executivo* alocado no Poder Judiciário. Hoje temos um autêntico *controle jurisdicional das eleições*.

Considerando os costumes eleitorais de nossa primeira fase republicana (e porque não dizer, de toda a história brasileira) parece claro que esse tipo de controle, no caso específico de nosso país, representa um avanço democrático e até mesmo civilizatório. Afinal, quem poderia negar a existência de abusos contra a legitimidade das eleições e, por conseguinte, a necessidade de se lhes dar combate?

Por outro lado, como aferir concretamente a ocorrência de tais abusos? Este é o maior problema enfrentado pela jurisdição eleitoral contemporânea. Negar a existência de abusos é violar uma regra fundamental da estatística; eventualmente eles ocorrem e devem ser coibidos, sob pena de ofensa à soberania popular. Mas transformar a exceção em regra, partindo da premissa de que os abusos são corriqueiros e que por isso é necessário ainda mais rigor (pelo menos até que todos os abusadores sejam capturados e punidos), traz o severo risco de que a soberania popular também seja ofendida, substituindo-se a voz das urnas pela voz dos tribunais, em nome de uma "pureza" impraticável.

O caminho para sair desta encruzilhada é óbvio: firmar critérios seguros de julgamento. Mas quem haverá de fazê-lo? E como?

Embora a legitimidade democrática possa ser quantificada pelo número de votos (afinal o regime democrático depende essencialmente

---

[39] Código Eleitoral, art. 216.

do princípio majoritário), o sigilo do ato eleitoral interdita qualquer sondagem sobre o *quantum* da ofensa. É impossível descobrir quem votou em quem, restando à Justiça Eleitoral identificar um *dano coletivo* e presumir a invalidade de toda a votação, atribuindo "zero votos" ao infrator.

Mesmo que fosse possível a identificação dos eleitores induzidos em erro pelo abuso de poder, as razões de sua escolha ainda permaneceriam insondáveis, inclusive para si próprios. A *racionalidade* do voto é também (e principalmente) *emocional*.[40] O campo afetivo, que dá trânsito às manifestações do inconsciente, muitas vezes "decide" algo que a "razão" depois valida e reivindica como opção sua.[41] Esta operação é incognoscível, e mesmo que não fosse, a irracionalidade da escolha estaria protegida pelo princípio democrático, que reconhece igualmente para cada cidadão o direito de decidir o que é melhor (para si, para os outros, para o mundo, não importa), com critérios adotados livremente.

Estes limites cognitivos são uma das principais razões para o desconforto com os julgamentos da Justiça Eleitoral. Ainda que se reconheça a necessidade de algum tipo de controle sobre o comportamento das candidaturas – afinal, foi a própria legislação que tipificou os abusos –, é muito difícil dizer *quando* e *como* esse controle deve ser exercido. A *percepção* do julgador, sua *intuição*, ganham imenso relevo.

No momento em que os tribunais eleitorais se viram enredados, projetando a *potencialidade lesiva* da conduta ilícita para afetar o *resultado* das eleições, o legislador reagiu ao que parecia (e realmente era) demasiadamente especulativo para servir como critério de justiça. Em seu lugar foi posta a *gravidade da conduta*,[42] deslocando-se o foco da análise para a infração em si, o que parecia uma medida suficiente para

---

[40] "A essência da estrutura democrática é o voto livre e secreto. Isso implica a garantia da liberdade das pessoas expressarem sentimentos profundos, desvinculados de um pensamento consciente" (WINNICOTT, Donald W. *A família e o desenvolvimento individual*. Tradução de Marcelo Brandão Cipolla. 3. ed. São Paulo: Martins Fontes, 2005. p. 230).

[41] Com base na teoria psicanalítica podemos constatar que esta ligação entre eleitor e candidato ocorre mediante um processo de *identificação* segundo o qual o eleitor "vê a si mesmo no candidato", realizando o "desejo inconsciente de ser o outro" (NASIO, Juan-David. *O prazer de ler Freud*. Tradução de Lucy Magalhães. Revisão de Marco Antonio Coutinho Jorge. Rio de Janeiro: Jorge Zahar, 1999. p. 82). É por isso que o *marketing* político fala muito mais para o "coração" do que para a "razão". A este propósito: "Of particular relevance to understanding the political brain is the ideia that much of our behavior reflects the activation of emotion-laden networks os association, and that much of this activation occurs outside of our awareness" (WESTEN, Drew. *The political brain*: the role of emotion in deciding the fate of the nation. New York: Public Affairs, 2008. p. 83).

[42] Mediante a Lei da Ficha Limpa, que incluiu o inc. XVI no art. 22 da Lei Complementar nº 64/90.

reduzir o grau de subjetividade dos julgados e, consequentemente, para diminuir a desconfiança não apenas quanto à justiça da decisão, mas também quanto a seus motivos.

Realmente, o regime anterior era quase um jogo de adivinhação. Mas, apesar desse avanço normativo, parece que no fundo o problema da *potencialidade lesiva* não foi definitivamente superado, uma vez que as consequências da ação ilícita quase sempre são um fator relevante na formação do convencimento de quem julga. Portanto, resta evidente que uma cassação de mandato ainda envolve um alto grau de indeterminação.

Assim, tendo que avaliar a gravidade da conduta em si e ao mesmo tempo projetar seus possíveis impactos sobre a normalidade e legitimidade das eleições (ainda que de maneira inconfessa), a jurisdição eleitoral navega em águas turvas e agitadas. Se adota uma postura mais neutra a Justiça Eleitoral amplia o risco de que os grandes poderes corrompam e "assumam" a soberania popular; por outro lado, sua presença constante pode até afastar os poderes usurpadores, mas apenas para tomar o lugar deles. O ponto de equilíbrio é sempre incerto.

Num cenário assim é compreensível que a Justiça Eleitoral seja acusada de praticar *ativismo judicial*, de *judicializar a política* e de causar *insegurança jurídica*.

Estes fenômenos, que decerto não se limitam à Justiça Eleitoral, encontrariam nela campo fértil em virtude do próprio *objeto* de sua jurisdição, que é a *política*. Mais do que decidir pelos "políticos", como faz o ativismo judicial "comum", o ativismo judicial no campo eleitoral estaria "decidindo" pelos próprios eleitores, intrometendo-se na disputa político-partidária por meio de um *excesso* de *provimentos judiciais* no curso do processo eleitoral.

O fenômeno seria agravado pela provisoriedade da composição dos tribunais eleitorais, que não teriam aptidão para *reter consensos*, bem como a certa inclinação dos seus membros a decidir segundo um paradigma consequencialista,[43] dentro do qual o julgador projeta os efeitos de sua decisão antes de tomá-la e provê as razões *a posteriori*, com inversão da hermenêutica tradicional e talvez cedendo a pressões de todo lado, já que os problemas *sub judice* são monitorados de perto por uma opinião pública cada vez mais habituada a "julgar" os próprios juízes.

Precisamos decompor esses fatores.

---

[43] LORENZETTI, Ricardo Luis. *Teoria da decisão judicial*: fundamentos de direito. Tradução de Bruno Miragem. Notas de Cláudia Lima Marques. 2. ed. São Paulo: Revista dos Tribunais, 2010. p. 186 e ss.; 305 e ss.

Quanto à provisoriedade da composição dos tribunais, é claro que esta opção aumenta o grau de insegurança jurídica, pois ao ampliar a possibilidade de inovações e alterações de entendimento, reduz consideravelmente a chance de que a jurisprudência se fortaleça e se estabilize. Isso ocorre não apenas porque novas cabeças trazem novas visões, mas principalmente porque essas novas cabeças, sabendo de antemão que sua permanência é datada, geralmente procuram deixar algum legado, quer dizer, fazer a diferença naquela passagem. Ora, fazer a diferença significa romper com o que está posto.

Inobstante isso, parece que a desvantagem dessa arquitetura não supera as suas vantagens. Como já anotado, o revezamento e a pluralidade de origem dos membros da Justiça Eleitoral é uma virtude democrática internalizada no órgão eleitoral. Virtude que compensa a instabilidade quando percebemos os malefícios de sua falta. Tudo isso parece ter sido antevisto por Assis Brasil, cujo esforço andou no sentido de evitar que as eleições tivessem "donos", como ocorria no tempo do coronelismo. A simples mudança de pessoas diminuiria consideravelmente o risco de partidarização da instituição. Se vez ou outra surgem queixas de *politização da justiça*, imaginemos o que poderia suceder numa Justiça Eleitoral com juízes permanentes.

Sem dúvida a falta de "oxigenação" seria letal para o órgão eleitoral, assim como o é para o parlamento. Notemos, a propósito, que mesmo o Poder Legislativo, apesar de submeter seus integrantes ao processo eletivo, tem um índice de renovação *menor* do que o da Justiça Eleitoral, visto que os mandatos parlamentares podem ser indefinidamente renovados (reeleição ilimitada), o que causa a impressão de que "são sempre os mesmos". Na Justiça Eleitoral, por outro lado, um membro dificilmente participa de tribunal por mais de 8 anos (contando mandatos e reconduções como substituto e titular). A regra é um par de anos; a exceção não vai longe disso.

Além disso, há um fator atenuante a essa renovação que normalmente fica de fora das conjecturas: a existência de um quadro técnico permanente de apoio especializado aos juízes. Na prática, como os juízes quase sempre aportam aos tribunais sem familiaridade com a matéria eleitoral, o corpo de servidores provê uma base estável ao funcionar como "memória histórica" da jurisprudência e como referência teórica do direito eleitoral e partidário. Esta combinação, sem tolher a independência dos juízes, reduz consideravelmente a possibilidade de "revoluções jurisprudenciais", ainda que eventualmente as testemunhemos aqui e acolá.

Assim, a ideia de *engessar* a Justiça Eleitoral com um quadro fixo de juízes agrava o risco de que certas inclinações partidárias se solidifiquem na estrutura. Talvez uma composição parcialmente fixa e parcialmente renovável pudesse representar algum avanço, mas o problema de se abrir espaço para esse tipo de mudança é que outras indesejáveis (até mesmo imprevistas) podem aparecer no contexto e acabar deturpando a ideia original. Melhor seria manter a permanente qualificação dos quadros de apoio e ao mesmo tempo oportunizar melhor instrução aos juízes recém-chegados. Nesse sentido as Escolas dos Tribunais Eleitorais têm a oportunidade de desempenhar um grande papel. O que se vê na prática é que algumas decisões "equivocadas" desde um ponto de vista científico muitas vezes não decorrem de algum *vício moral* do julgador, mas de simples despreparo para a função, fato cuja responsabilidade deve ser compartilhada com a estrutura que o recebe.

Ademais, parece que a instabilidade jurisprudencial possui outras raízes além do rodízio de magistrados. Para além de quaisquer *rompantes de protagonismo* dos membros dos tribunais, o que se percebe é uma instabilidade normativa que impede a fixação de um panorama eleitoral e partidário minimamente previsível para o próximo decênio, ou pior, para as próximas eleições. O "sonho" de uma legislação permanente, capaz de permitir a formulação de estratégias de longo prazo e a consolidação de um compromisso real com o revezamento no poder, morreu logo após o nascedouro. A Lei nº 9.504/1997 é hoje um vulto disforme em comparação ao que era duas décadas atrás, quando editada. As sucessivas mudanças operadas pelo Poder Legislativo tornam simplesmente impossível a repetição de entendimentos.

Sem esquecer a verdadeira confusão existente no campo processual eleitoral. Ações com objetos semelhantes, pluralidade de ritos e fontes distintas compõem um *excesso normativo* que dificulta a tarefa de todos os envolvidos neste sistema de justiça.[44]

A esse propósito, é fundamental anotar que a justiça trabalha com as leis que lhe estão à disposição. É razoável exigir dos tribunais eleitorais estabilidade e previsibilidade quando cada ciclo eleitoral é regulado por um marco legal diferente do anterior? Acaso a Justiça Eleitoral é responsável pela existência de um regime eleitoral esquizofrênico? Diante da quantidade de barreiras legais para as candidaturas, que não tem paralelo no mundo; do fato de que a viabilidade jurídica dessas candidaturas muitas vezes tem de ser atestada *após* a abertura

---

[44] PAIM, Gustavo Bohrer. *Direito eleitoral e segurança jurídica.* Porto Alegre: Livraria do Advogado, 2016. p. 21.

das urnas, dado o diminuto tempo de campanha; e da necessidade de prestar uma jurisdição quase instantânea com regras complexas sobre ilícitos variados e pouco nítidos no campo doutrinário; pode-se esperar algo muito diferente do que temos agora?

Se por *ativismo judicial* entendermos a prolação de sentenças e acórdãos sem a devida *cobertura legal*, podemos até concordar que a Justiça Eleitoral comete este "pecado". No entanto, devemos reconhecer que não o comete sozinho, e que talvez nem seja o seu principal responsável. O parlamento é o principal responsável pelo regime eleitoral vigente, e a sua instabilização sistemática torna praticamente impossível uma "fidelidade" maior da Justiça Eleitoral a... seja lá o que for, porque na prática não se consegue saber exatamente como interpretar e aplicar *conceitos jurídicos abertos e indeterminados*.

Por isso, a mera *sede de poder* dos juízes não pode ser uma explicação satisfatória para a confusão de nossa disciplina eleitoral. Se há decisões surpreendentes durante a campanha – o que poderia ser chamado de *ativismo* – e se depois dela se desenvolve um imprevisível "terceiro turno", é porque *alguém pediu*.

Quer dizer, também a *judicialização da política*, fenômeno que anda em paralelo ao ativismo, não existe por desejo exclusivo da Justiça Eleitoral. Ainda que uma parte expressiva do volume de processos tenha origem na atuação do Ministério Público Eleitoral, os partidos e candidatos ainda são os principais responsáveis pelo funcionamento da jurisdição eleitoral. Se por um lado a provocação do juízo é utilizada como arma política pelos contendores, por outro não deixa de refletir a *confiança* que esses contendores têm na Justiça Eleitoral – do contrário nem buscariam a tutela jurisdicional. E o fato de não haver custos para litigar em juízo só estimula esta busca. Esperar uma "autocontenção" dos juízes eleitorais no aceite de certas demandas, como se fosse possível declinar facilmente da jurisdição, é empobrecer o princípio do acesso à justiça.

Portanto, sem recusar a existência de um ambiente ativista e de uma política judicializada, devemos compreender que chegamos até aqui por razões que vão muito além de uma simples *espontaneidade* da Justiça Eleitoral.

O que está em jogo, segundo nos parece, é a ascensão de "poderes técnicos" ante os "poderes políticos": juízes, membros do Ministério Público e policiais, pelo menos da base até a estrutura intermediária, são selecionados de modo impessoal, por aptidão técnica, ficando assim mais independentes em relação aos agentes políticos eleitos, exatamente como postulado por Assis Brasil.

Ao longo da presente fase constitucional (de 1988 para cá), essas carreiras cresceram em estrutura, prestígio e força, e paulatinamente passaram a atuar sobre questões antes exclusivas dos agentes políticos. O mérito administrativo de um ato do Poder Executivo ou o mérito político de uma lei do parlamento deixaram de ser um campo insondável e se tornaram permeáveis a investidas dessas instâncias técnicas de fiscalização. Isso acontece não apenas pela ascensão de um lado, mas pela queda do outro lado: a desconfiança do povo (excitada pela mídia) com os agentes que elegeu para si respalda este avanço técnico sobre o político. A operação Lava-Jato é um exemplo que calha, já que ilustra muito bem o confronto entre essas duas *racionalidades* distintas e a imprecisão das fronteiras entre uma e outra.

Isso é exatamente o que se pode chamar de judicialização da política: o processo político foi levado para a arena judiciária. E se alguma dúvida restar de que o fenômeno veio para ficar, basta verificar a presença marcante do Supremo Tribunal Federal e a notabilidade de seus ministros no telejornalismo especializado e nas redes sociais para perceber que estamos a lidar, na verdade, com a judicialização da vida. O acesso à justiça talvez tenha descambado para a *terceirização* da solução de problemas antes resolvidos pela autocomposição, seja na política, seja na vida comum.

Ampliando o campo de análise, podemos verificar que todos esses fenômenos que marcam a atuação da Justiça Eleitoral – *ativismo judicial, judicialização da política, politização da justiça e insegurança jurídica* – e que entusiasmam a crítica vão muito além do voluntarismo de seus agentes e até mesmo além da própria vontade do legislador.

Vivemos num tempo turbulento, acelerado, de profundas mudanças tecnológicas e sociais. A quantidade de variáveis para a formulação de qualquer juízo (desde uma simples escolha individual de consumo até a decisão de um tribunal que cassa um candidato eleito) é imensa, assim como a demanda por velocidade na atividade julgadora. Nada se firma por muito tempo e poucos têm a paciência necessária para esperar que a justiça (exaustiva, detalhista, alongada, *segura*) seja feita.

Com isso, o Poder Judiciário enfrenta imensas dificuldades para proporcionar *segurança jurídica*. Absorvido por essa mecânica social movediça, não consegue estabelecer padrões de julgamento com vocação de permanência, restando apenas a distribuição da justiça caso a caso. Como as instituições políticas estão dentro dessa grande engrenagem, é provável que sejam mais condicionadas por ela do que a condicionem. Por isso, é bastante improvável que os julgamentos da Justiça Eleitoral atendam aos reclames da crítica, no sentido de prover mais estabilidade e previsibilidade. Não que o esforço seja indigno, pelo contrário, é mais do que necessário. O direito e a justiça ainda são depositários da segurança. Só que também habitam a era da desordem.[45]

5 Função normativa

Apesar da polêmica e dos desafios em torno da jurisdição eleitoral, é o exercício de atividades legislativas pela Justiça Eleitoral, e mais propriamente pelo TSE, que anima as críticas mais severas sobre o suposto *voluntarismo* da Justiça Eleitoral.[46]

A possibilidade de expedição de normativas pelo TSE surgiu com a própria Justiça Eleitoral, em 1932.[47] Mas assim como a atividade jurisdicional, foi apenas neste século que esta exótica função ganhou importância.

As *instruções* do TSE, expedidas sob a forma de resoluções, mantêm a tradição brasileira de normatizar *ad hoc* cada nova eleição. Além de atualizar rotinas e entendimentos, elas servem para antecipar dúvidas que poderiam surgir no curso do processo eleitoral, reduzindo o tumulto durante a disputa. A esta função foi agregada, em 1945 (quando da reinstalação da Justiça Eleitoral), a função consultiva,[48] e desde então ambas se combinam para conformar o quadro normativo: pois é bastante comum que da resposta à consulta se origine uma resolução.[49]

As dificuldades com essas funções exóticas, e especialmente com a função "legislativa", começam pela falta de previsão constitucional

---

[45] LORENZETTI, Ricardo Luis. *Teoria da decisão judicial*: fundamentos de direito. Tradução de Bruno Miragem. Notas de Cláudia Lima Marques. 2. ed. São Paulo: Revista dos Tribunais, 2010. p. 39 e ss.

[46] "Razões históricas, de conveniência política, pragmáticas, 'de bom senso', de 'natureza das coisas' (jusnaturalistas), não podem validar perante nosso Direito Positivo o poder regulamentar do TSE. Todavia, além da base deste poder ser inconstitucional para o TSE, o seu exercício por esta Corte tem sido inconstitucional, muitas vezes" (ESPÍNDOLA, Ruy Samuel. Abuso do poder regulamentar e TSE: contas eleitorais rejeitadas e quitação eleitoral: as eleições de 2012 (reflexos do "moralismo eleitoral"). *Revista Brasileira de Direito Eleitoral – RBDE*, Belo Horizonte, ano 4, n. 6, p. 209-269, jan./jun. 2012. p. 214).

[47] Decreto nº 21.076/1932: "Art. 5º É instituída a Justiça Eleitoral, com funções contenciosas e administrativas. [...] Art. 14. São atribuições do Tribunal Superior: [...] 4) fixar normas uniformes para a aplicação das leis e regulamentos eleitorais, expedindo instruções que entenda necessarias; [...]".

[48] Decreto-Lei nº 7.586/1945: "Art. 9º Compete ao Tribunal Superior: [...] e) responder, sôbre matéria eleitoral, às consultas que lhe forem feitas por autoridades públicas ou partidos políticos registrados".

[49] Hoje a função consultiva é exercida pelo TSE e também pelos TREs e está prevista no Código Eleitoral, arts. 23, XII e 30, VIII.

expressa. Na verdade este é um problema que alcança toda a regulação das competências da Justiça Eleitoral. A Constituição tratou apenas de matéria jurisdicional afeta ao TSE (recursos), remetendo tudo o mais a uma legislação complementar até hoje inexistente.[50] Com isso, usa-se o Código Eleitoral de 1965 (lei ordinária) como norma recepcionada provisoriamente.

O resultado é que há três décadas a Justiça Eleitoral vive uma "crise de identidade". Com a missão genérica e imprecisa de velar pela soberania popular,[51] o órgão eleitoral segue à procura de um lugar no atual arranjo constitucional.

O simples uso de institutos pré-1988 já suscita dúvidas e questionamentos sobre a constitucionalidade de seu agir. É o caso do poder *regulamentar*, previsto no Código Eleitoral, na Lei das Eleições, na Lei dos Partidos Políticos e em outros diplomas que consagram o *direito/ dever* de expedir instruções para a fiel execução da legislação eleitoral e partidária.[52]

Trata-se de um poder limitado pelo próprio legislador e que consolida uma tradição trazida do Império. Essa tradição consiste em expedir normas próprias para cada ciclo eleitoral, considerando cada eleição como um evento único, singular. Essa prática de legislar *ad hoc* não foi integralmente abandonada, seja porque as leis eleitorais sofrem sucessivas modificações pelo próprio parlamento, seja porque ainda se reconhece ao órgão eleitoral a incumbência de adequar a legislação à realidade que envolve cada eleição. Ora, num momento de grandes transformações tecnológicas este poder "atualizador" se torna ainda mais importante.

Obviamente que a regulamentação *contra legem* é escandalosamente viciosa, tanto por ilegalidade (o regulamento deve subordinação à lei, assemelhando-se em *status* a um decreto do Poder Executivo) quanto por inconstitucionalidade (a Justiça Eleitoral não pode agir "por cima" do Poder Legislativo, sob pena de violar a separação dos poderes).

Todavia, eventualmente aparece um campo incerto, uma zona duvidosa, um vácuo deixado pelo legislador (intencionalmente ou não) e que é ocupado pelo TSE mediante o uso de seu poder *normativo*.[53]

---

[50] Constituição Federal, art. 121.

[51] Note-se que o TSE se autointitula "o tribunal da democracia".

[52] Código Eleitoral, arts. 1º, parágrafo único, e 23, IX; Lei nº 9.096/1995, art. 61; Lei nº 9.504/1997, art. 105.

[53] Buscando contribuir à dogmática eleitoral propomos nomear *poder normativo* aquele que o TSE exerce na ausência da lei, provendo direito onde antes não havia, com caráter de generalidade e abstração típico de uma lei oriunda do parlamento; e *regulamentar* aquele

O constrangimento institucional e a censura acadêmica provocados por esse tipo de emanação fazem com que o próprio TSE, mediante sua jurisprudência, afirme que na verdade está exercendo poder regulamentar. Talvez porque a doutrina não contemple uma categoria "acima" do poder regulamentar com suporte direto na Constituição o TSE seja levado a classificar como meramente "operacionais" textos que evidentemente incluem novas disposições no ordenamento jurídico, criando direitos e – no mais das vezes – obrigações e limites sem previsão legal direta. No meio desta confusão se destaca o esforço para dizer que as resoluções têm "força de lei", muito embora não sejam uma lei. Mas o que isso significa?

Significa que ainda não se cogitou abertamente uma *fundamentação constitucional* do poder normativo. Essa tentativa nos tomará algumas linhas, mas deve ser realizada.

A dificuldade maior para se compreender – e aceitar – esse fenômeno está no fato de que normalmente se parte de uma definição tautológica dos poderes da república e de suas funções típicas (o legislador legisla; legislação é aquilo que o legislador faz). Isso leva a uma concepção limitada do princípio da separação de poderes, e assim o mesmo diagnóstico sempre é apresentado: a atuação normativa do TSE ofende a separação de poderes por usurpar as funções do legislador, pois à justiça só cabe julgar, e ao legislador só cabe legislar. O simples fato de que as normas eleitorais não partam exclusivamente do parlamento já é suficientemente escandaloso; a sua elaboração por juízes é o escândalo supremo.

Essa leitura da separação de poderes pressupõe, em primeiro lugar, um elevado grau de *certeza* quanto às atribuições de cada poder; e, em segundo lugar, graças ao primeiro pressuposto, a definição precisa

---

que o TSE exerce a partir da lei, aprimorando a sua aplicabilidade. Com todas as ressalvas que a respeitável doutrina eleitoralista possa fazer a uma tal proposta, preocupa-nos o fato de que este fenômeno siga sem o devido tratamento, a despeito de sua realidade fática. A aparição frequente deste poder normativo talvez leve o direito eleitoral a elaborar um novo paradigma. "Essa diferença de tempo entre o aparecimento de novos fenômenos e o reconhecimento de sua diferenciação foi notada e destacada também por Thomas Khun [...]. Os estudiosos, como assinala Khun, buscam fenômenos que a descrição prestabelecida da realidade (chamada por ele de 'paradigma') em que foram treinados os orienta a notar e registrar como 'relevantes'. Concentrando sua atenção para sobre os objetos e eventos 'legitimados' dessa maneira pelo paradigma, eles deixam de reparar, ou dispensam e colocam de lado todos os fenômenos que 'não se encaixam', tratando-os como irrelevantes ou anomalias 'bizarras'. [...] E eis que ocorre aos pesquisadores que, em vez de serem visitantes alienígenas, [...] tais aparições são intrínsecas a essas áreas e até bastante sistemáticas. [...] É ativado, então, na terminologia de Khun, o esforço para compor um 'novo paradigma' [...]" (BAUMAN, Zygmunt. *Legisladores e intérpretes*: sobre modernidade, pós-modernidade e intelectuais. Tradução de Renato Aguiar. Rio de Janeiro: Jorge Zahar, 2010. p. 9-10).

e exaustiva das *funções atípicas*: exercício de uma função típica de um poder por outro poder.

Contudo, essa certeza não é possível nem mesmo desejável. A maior virtude do sistema tripartite não é a paralisia recíproca definitiva, e sim o equilíbrio encontrado nos choques ocasionais. Esses choques só são possíveis quando há *incerteza* quanto ao repertório completo de cada poder; quando eles estão em movimento.

Certo grau de tensionamento, provocado pelo *exercício atípico* por um poder de funções normalmente atribuídas a outro poder – poderíamos dizer: *invasão* de competências –, está contemplado no modelo da separação de poderes. Avanços e recuos configuram a tripartição. A balança buscará perpetuamente um ponto de equilíbrio que, no entanto, nunca será encontrado. Assim acontece a "mágica" do movimento e assim o Estado pode funcionar.[54]

Desse modo, as funções atípicas são um grande trunfo para equilibrar os poderes em contato. Pois mais importante do que apontar uma *identidade funcional* para cada poder é garantir que nenhum prevalecerá sobre os outros nem assumirá tarefas sensíveis sem possibilidade de controle pelos outros. Além de separar e nomear as funções, o sistema tripartite busca eliminar as zonas incontroláveis. É melhor que haja redundância do que isolamento.[55]

A Constituição adotou explicitamente a teoria dos *freios e contrapesos*,[56] elencando um rol de atividades atípicas.[57] Mas é a teoria dos

---

[54] "Estes três poderes deveriam constituir um repouso ou uma inação. Porém, como, pelo movimento necessário das coisas, são obrigados à mobilidade, será forçoso que se movam harmoniosamente" (SECONDAT, Charles-Louis de. *Do espírito das leis*. Tradução, Introdução e Notas de Edson Bini. Bauru: Edipro, 2004. Série Clássicos. p. 189-197).

[55] Hans Kelsen captou a dificuldade de definição dos poderes ao comparar jurisdição e administração: "A distinção entre jurisdição e administração reside exclusivamente no modo de organização dos tribunais. A tradicional oposição entre jurisdição e administração, e o dualismo baseado nessa oposição, existente nos aparelhos estatais de execução, só podem ser explicados historicamente, e são fadados a desaparecer se não forem enganadores os sintomas que já indicam uma unificação desses aparelhos" (KELSEN, Hans. *Jurisdição constitucional*. São Paulo: Martins Fontes, 2003. p. 14).

[56] Fundamentada na doutrina de Montesquieu: "Para que não se possa abusar do poder é preciso que, pela disposição das coisas, o poder freie o poder" (SECONDAT, Charles-Louis de. *Do espírito das leis*. Tradução, Introdução e Notas de Edson Bini. Bauru: Edipro, 2004. Série Clássicos. p. 189).

[57] Que prevê competência legislativa ao Executivo (iniciar o processo legislativo, sancionar ou vetar leis e expedir decretos – CF, art. 84, III a VI); judiciária ao Legislativo (processar e julgar presidente, ministros de estado e ministros do STF – CF, arts. 51, I e 52, I e II); e normativa e executiva ao Judiciário (expedir regimento interno e administrar seus próprios serviços – CF, art. 95, I, "a" e "b").

poderes implícitos[58] que sustenta a função normativa do TSE, ao admitir que um poder pratique atos não expressamente previstos quando não tiverem sido expressamente proibidos e quando sua prática for imprescindível à realização de sua função principal. Quer dizer, quando for meio para atingir seu próprio fim, que é o fim do Estado. Conforme descobriram os Estados Unidos da América, o Judiciário não cumpre seu papel se não filtra a constitucionalidade das leis. Hoje o controle de constitucionalidade pelo Judiciário é mais do que aceito: é condição para a própria existência de uma Constituição digna do nome, estando plenamente absorvido pela teoria constitucional. Note-se, no entanto, que a invenção foi nada menos do que a conversão de um poder *de fato* em um poder *de direito*.

Nossa história recente vem registrando interessantes episódios no tocante às funções atípicas. Os *impeachments* foram nada mais do que processos judiciais sediados no Poder Legislativo, com todas as solenidades do devido processo legal e mais uma boa pitada de *política*. O julgamento do STF que concluiu por remeter ao Congresso Nacional a decisão final sobre o afastamento de parlamentares condenados (inclusive pelo próprio STF) foi um curioso caso de *repasse* de função judicial típica do próprio Poder Judiciário para o Legislativo, que a recebeu com gosto.[59] Em diversas ocasiões o processo legislativo foi problematizado por parlamentares no STF, que acabou tomando parte na construção das leis. E se formos averiguar o funcionamento de nosso regime presidencialista, não será difícil notar o quanto se legisla por decretos (especialmente no campo fiscal) e medidas provisórias.

Há três formas de se observar este cenário de confusão entre os poderes. A primeira é debitá-lo a falhas no desenho institucional. Sem dúvida há verdade aí, especialmente no caso da Justiça Eleitoral, que foi "esquecida" pelo constituinte. Mas talvez a principal falha no desenho institucional não esteja na falta de regulamentação explícita dos poderes do órgão eleitoral, nem na abertura que dá a poderes implícitos, e sim naquilo que está explícito: nosso *presidencialismo de coalizão*, ou de *cooptação*, dá ao Executivo o tesouro, as armas e poderes legislativos suficientemente amplos para se sobrepor ao Legislativo. Ou seja, a confusão na relação entre os poderes se deve menos a "invasões de

---

[58] Consagrada no constitucionalismo norte-americano a partir da decisão da Suprema Corte dos EUA no caso McCulloch *v.* Maryland (1819) e aplicada algumas vezes por nosso STF, como exemplo no reconhecimento de poderes investigatórios ao Ministério Público (HC nº 87.610, 4.12.2009) e de poderes cautelares ao Tribunal de Contas da União (MS nº 24.510, 19.3.2004).

[59] ADI nº 5.526.

competência" praticadas de forma duvidosa do que a uma proeminência constitucionalizada do chefe do Executivo sobre o Legislativo.[60]

A segunda é tomá-lo como um sintoma de degeneração das instituições; os poderes se entregam a guerras palacianas e por isso se voltam contra a Constituição, que proclamou sua independência, mas exigiu harmonia. Novamente aqui há verdade. O fato de as fronteiras estarem borradas anima investidas cobiçosas. Mas o maior sintoma da degeneração das instituições não se vê quando elas fazem a guerra. É no armistício que se escondem as intenções antirrepublicanas, quando um poder "acoberta" o outro. O jogo "nós x eles" deixa de ser jogado entre os poderes e passa a ser um enfrentamento entre os poderes e o povo.

A terceira é aceitar que vivemos num tempo marcado pela *instabilidade*,[61] como vimos acima, e lidar com isso. Admitir que a desterritorialização provocada pela internet também desenraizou os poderes da república. Os lugares não estão mais predeterminados e cada um deve se posicionar conforme o contexto sempre cambiante.

Trata-se de uma paisagem desoladora para quem lida com o direito, pois torna o cumprimento de sua missão muito mais difícil. Como prover *segurança* sem um mínimo de previsibilidade? Como legislar para o futuro se a velocidade das mudanças sociais e a quantidade de variáveis a serem consideradas – a reboque da revolução tecnológica – só crescem?

Estas inquietações fizeram *Bauman* acusar o declínio dos legisladores e a ascensão dos intérpretes em nosso tempo.[62] A "sabedoria vidente" teria perdido peso frente à "sensibilidade presente".[63] Apesar de sugerir que a função judicante teria se tornado mais importante

---

[60] Jorge Vianna Monteiro identifica a tradicional proeminência do Poder Executivo brasileiro sobre o legislativo como um "constitucionalismo de risco", que concentra muitas atribuições na figura do presidente da República (MONTEIRO, Jorge Vianna. *Governo e crise*: escolhas públicas no Brasil e no mundo, 2007-2011. Rio de Janeiro: FGV, 2011. p. 33-47).

[61] Pela falta de segurança, certeza e garantia (*sicherheit*) na modernidade líquida (BAUMAN, Zygmunt. *Em busca da política*. Tradução de Marcos Penchel. Rio de Janeiro: Jorge Zahar, 2000. p. 24-54).

[62] O registro desse fenômeno pelo pensador polonês ocorreu em 1987 e certamente já pressagiava o que logo viria a ser o seu abrangente conceito de modernidade líquida (BAUMAN, Zygmunt. *Legisladores e intérpretes*: sobre modernidade, pós-modernidade e intelectuais. Tradução de Renato Aguiar. Rio de Janeiro: Jorge Zahar, 2010).

[63] "O volume atual de leis, decretos, tratados, supera toda possibilidade de conhecimento do cidadão comum. O Código já não abrange todas as situações, a legislação especial já não é uma mera ratificação de axiomas codificados. [...] É difícil estabelecer uma ordem, e mais ainda manter princípios irrefutáveis e de base racional. A tarefa do intérprete tornou-se decisiva. Prova disso é o caráter de protagonista que se reconhece ao juiz" (LORENZETTI, Ricardo Luis. *Teoria da decisão judicial*: fundamentos de direito. Tradução de Bruno Miragem. Notas de Cláudia Lima Marques. 2. ed. São Paulo: Revista dos Tribunais, 2010. p. 43).

do que a função legiferante, esta constatação não parece indicar um declínio do Poder Legislativo frente ao Poder Judiciário, mas sim uma alteração no modo de atuação de cada um desses poderes, gerando um novo Legislativo e um novo Judiciário, mais semelhantes entre si: antes de agir, ambos precisam "interpretar" as (sempre renovadas) circunstâncias.

Aqui temos os ingredientes da crise institucional. Todos os poderes parecem ter perdido a noção *apriorística* de seus próprios limites. Os choques não são mais uma exceção no sistema tripartite, eles foram *normalizados* e se tornaram a sua característica fundamental. Uma "crise permanente" entre os poderes é a nova ordem. Mesmo quando não estão em combate, instala-se entre eles uma "guerra fria".[64]

Pode parecer ameaçador à democracia um padrão de relacionamento entre os poderes assim efervescente e evanescente. A solidez das instituições sempre foi contabilizada como um fator positivo para este regime. Mas num mundo líquido, com instituições mais *flexíveis* e poderes flutuantes, teremos de prover uma democracia compatível com a nova era. Se crise é sinônimo de oportunidade, o lado positivo é o aumento das oportunidades. Que poderão ser bem aproveitadas ou não,[65] mas necessariamente terão de ser enfrentadas. Pois toda esta mobilidade não alterou os desafios de quem interpreta o princípio da separação de poderes. Os poderes implícitos não podem surgir como "coringas". As balizas para o reconhecimento de funções atípicas são mais necessárias do que nunca.

Do ponto de vista do poder que a exerce, a medida só tem validade como *instrumento de realização* da função típica, sem o qual esta restaria frustrada. A simples ampliação do próprio poder é um lance proibido, pois gera desequilíbrio.

---

[64] O que de certa forma apenas traduz no campo institucional o que vem ocorrendo na sociedade como um todo: "[...] a crise, na medida em que a noção se refere à invalidação dos jeitos e maneiras costumeiros e à resultante incerteza sobre como prosseguir, *é o estado normal da sociedade humana*. De forma paradoxal podemos dizer que não há nada crítico no fato de a sociedade estar em crise. [...] O que hoje chamamos 'crise' não é apenas a situação em que se chocam forças de natureza conflitante [...] mas antes e acima de tudo um estado no qual *provavelmente nenhum formato emergente se consolida e dura muito tempo*. Em outras palavras, não é o estado de *indecisão*, mas o de *impossibilidade de indecisão*" (BAUMAN, Zygmunt. *Em busca da política*. Tradução de Marcos Penchel. Rio de Janeiro: Jorge Zahar, 2000. p. 147-148).

[65] "Poucos se lembram hoje em dia que a palavra "crise" foi cunhada para designar o momento de tomar decisões. Etimologicamente, tem muito mais a ver com o termo *criterion* – princípio que usamos para tomar a decisão certa – do que com a família de palavras associadas a 'desastre' na qual costumamos hoje localizá-la" (BAUMAN, Zygmunt. *Em busca da política*. Tradução de Marcos Penchel. Rio de Janeiro: Jorge Zahar, 2000. p. 144).

Do ponto de vista do poder "invadido", é necessário que a função atípica praticada por outro poder lhe supra uma deficiência, quer dizer, que venha como um mecanismo corretivo para que o seu próprio fim seja cumprido.

Donde se percebe que a indagação sobre finalidades não é mera especulação filosófica. Ao encontrar os fins dos poderes descobrimos também os seus limites.

E então, para averiguarmos a constitucionalidade do poder normativo da Justiça Eleitoral, precisamos fixar as suas próprias finalidades.

A alocação no Poder Judiciário é uma pista traiçoeira, pois pode levar a crer que sua missão é julgar eleições. Mas isso não procede exatamente. Mesmo para quem acredita que a jurisdição eleitoral é finalística e não instrumental fica difícil sustentar que o seu único fim seja julgar. Em geral todos admitem que o compromisso maior da Justiça Eleitoral é com a soberania popular, e que tudo o que ela faz aponta (deve apontar) para esta finalidade.

Com isso temos um problema considerável: um órgão do Poder Judiciário[66] que tem como finalidade algo *além* da própria jurisdição. Quer dizer, um órgão que *não cabe* no Poder Judiciário.

Esta circunstância bastante conhecida tem sido fonte de inúmeras incompreensões, não sendo raras as propostas que tentam "recolocar os pingos nos is". A mais usual é a absorção da jurisdição eleitoral pelo Judiciário comum, com a transferência das tarefas operacionais para o Executivo e a eliminação de qualquer fonte normativa além do parlamento.

Uma proposta assim talvez nos reconduza aos vícios da república velha. Ou não, já que a simples presença de um Judiciário independente no contexto atual é uma vantagem importante. No campo da especulação talvez fosse melhor pensar um órgão eleitoral independente dos três poderes e que então pudesse realizar uma parcela de cada uma das funções típicas dos demais e apenas isso, assumindo-se a realização das eleições como uma verdadeira função de Estado,[67] a ser conduzida por pessoas sem nenhuma vinculação aos demais poderes e aos partidos políticos.

À parte essas projeções, e mirando as instituições como estão agora, somos levados a admitir que as funções executivas e legislativas

---

[66] Constituição Federal, art. 92, V.

[67] "Aquele órgão que tiver tamanha independência e autoridade será elevado à categoria de poder do Estado" (CAVALCANTI, Themistocles. *A Constituição Federal comentada*. Rio de Janeiro: José Konfino Editor, 1948. v. I. p. 194).

da Justiça Eleitoral estão compreendidas em sua missão, justapostas à jurisdição para consagrar a soberania popular.

Talvez não se possa dar uma resposta convincentemente afirmativa à pergunta "a Justiça Eleitoral *precisa* legislar para cumprir a sua missão?"

De outro lado a indagação a seguir é capaz de criar no mínimo uma dúvida razoável: "O parlamento pode ser o senhor absoluto das regras eleitorais?"

Ora, pelo menos desde os Federalistas sabemos que ninguém pode ser juiz de sua própria causa.[68] O problema do cumprimento do teto remuneratório constitucional pelo próprio Poder Judiciário, que vem admitindo o pagamento de verbas além do subsídio único, ilustra suficientemente as dificuldades que surgem quando é dado aos poderes decidir, em caráter exclusivo e definitivo, questões que digam respeito ao interesse particular ou corporativo de seus membros (se bem que a falta de solução a este problema específico decorre também do fato de que os membros dos demais poderes são igualmente beneficiários desta decisão).

Por que então alguém poderia ser o legislador de sua própria causa?

Sem dúvida, a possibilidade de os legisladores legislarem para si não se limita à matéria eleitoral. O fenômeno é observável em todos as áreas. Toda a produção legislativa atinge de alguma forma o interesse de todos os cidadãos, neles incluídos os membros do Poder Legislativo. Assim, um parlamentar certamente vai utilizar seu mandato para favorecer o segmento no qual está inserido. Notemos, contudo, que neste caso ele não estará fazendo mais do que *representar* tanto o interesse do grupo que o apoia quanto o próprio. Os interesses *coincidem*. O benefício próprio é consequência, e não causa da ação.

Porém, no caso da legislação eleitoral esta coincidência raramente ocorre. Tratando-se de normas que cuidam daquilo que é mais caro a quem desempenha uma carreira política, parece que os interesses imediatos do legislador podem se colocar à frente dos interesses do povo. Pois se de um lado o povo deseja *revezamento*, que é uma das características essenciais do regime democrático, de outro o eleito deseja um novo mandato. Fica fácil verificar que o esforço será sempre

---

[68] "No man is allowed to be the judge in his own cause, because his interest would certainly bias his judgment, and, not improbably, corrupt his integrity" (HAMILTON, Alexander; JAY, John; MADISON, James. *The federalist*: a commentary on the Constitution of the United States. Indianapolis: National Foundation for Education in American Citizenship, 1937. p. 56).

no sentido de desenhar um sistema benéfico à preservação dos já mandatários ou de garantir a eleição de seus sucessores. Isso é tão claro que os raros consensos obtidos no parlamento envolvem justamente a lei eleitoral, cujas alterações entusiasmam um espírito de corpo e uma coesão raramente vistos em outras matérias. O círculo se fecha em prol de um objetivo comum.

Nada disso significa lançar suspeitas sobre a idoneidade de nossos parlamentares, passados ou presentes. A discussão aqui não é moral. O defeito é *institucional*. Troquemos as pessoas e os comportamentos provavelmente se repetirão. O instinto de sobrevivência e o apetite ao poder são móveis profundos da ação humana, aos quais nem o mais altruísta entre nós é capaz de renunciar.

Nos assuntos eleitorais e partidários ainda não desenvolvemos um mecanismo que *atenue* essa tendência antidemocrática conhecida como *conflito de interesses*. Daí que vejamos no poder normativo da Justiça Eleitoral uma modesta forma de *compensação* deste domínio absoluto dos parlamentares sobre as regras das quais deriva o seu próprio poder. Um poder normativo que se manifesta implicitamente, como função atípica e eventual, amparado na separação de poderes e que surge ao mesmo tempo como um mecanismo capaz de suprir uma *insuficiência* notória do Poder Legislativo e de garantir a eficácia da missão da Justiça Eleitoral.

Por óbvio, não se está a falar na substituição de um poder pelo outro, como se fosse possível e desejável transplantar a formulação das leis eleitorais e partidárias para o Poder Judiciário. Esta seria uma caricatura ridícula para uma proposta muito mais modesta e cautelosa. Alguns discursos no plano acadêmico ou institucional simplesmente interditam a colocação do problema como algo sério, mostrando, com uma argumentação *ad absurdum,* os riscos de que os juízes suprimam os legisladores e pratiquem uma revanche contra os políticos, em nome de um povo que não os elegeu. Essa linha de raciocínio evita o debate científico, deslocando o problema para o plano moral.

Pois a desconstrução do poder normativo começa pela desqualificação dos integrantes do TSE e do próprio tribunal. Juízes *sem a legitimidade do voto* não poderiam substituir os parlamentares na função de criar direito "novo". Muito menos fazê-lo em um tribunal incapaz de absorver a pluralidade social com a mesma eficácia de uma casa legislativa. E pior ainda sendo praticamente incontroláveis, já que se trata de ministros de tribunal superior (sendo 3 oriundos da Suprema Corte), encastelados nas últimas trincheiras da Constituição e do Estado de Direito.

Neste primeiro nível de desqualificação do poder normativo são comparados a forma de cada instituição – TSE e Congresso Nacional – e o modo de investidura de seus respectivos membros para se concluir que os membros do parlamento estão em melhor posição para normatizar as eleições. Entra em cena o mesmo recurso que sustentou a verificação de poderes da república velha: identificação entre soberania popular e soberania do parlamento.

Ora, todos os poderes da república são emanações da soberania popular. A soberania popular não é a soberania do povo para fazer o que bem entende, diretamente ou por seus representantes eleitos. Antes de tudo ela é o compromisso com a própria Constituição que o povo soberanamente deu a si, em caráter irrevogável, consagrando poderes separados para que não se instale a tirania, dando a cada um a missão de limitar os outros e a todos a de realizar eleições legítimas, pautadas por leis justas.

Assim, o fato de que os membros do parlamento sejam legitimados pelo voto não torna necessariamente mais "genuínas" ou mais realizadoras da "soberania popular" as suas emanações em comparação às emanações de membros do Judiciário também compromissados com a Constituição mas legitimados de outro modo – pela técnica e pela impessoalidade. As decisões do Poder Judiciário são tão "democráticas" quanto as leis do parlamento, pelo menos num quadro de normalidade institucional. Ainda, se retomamos o que foi dito sobre o rodízio de membros na Justiça Eleitoral, ficará claro que sob este importante *índice* de democratização há pelo menos equivalência com os membros do parlamento: os atores necessariamente se renovam.

Ademais, considerando que o Judiciário assume – por força da Constituição – a tarefa de bloquear o legislador quando este se volta contra a soberania popular e os direitos fundamentais, seja legislando de forma populista (para uma maioria que não respeita minorias), seja legislando para si (para uma minoria que não respeita a maioria), logo concluímos que o grau de "legitimidade" constitucional de ambos – parlamentar e juiz – para participar do processo legislativo é o mesmo.

Certamente não ignoramos que a legitimidade é sempre legitimidade *para algo*. Prover o direito "novo", inclusive regulando competências do Executivo e do Judiciário, é função típica do Poder Legislativo. No caso do controle de constitucionalidade, já citado, a habilitação é para legislar negativamente, *suprimindo leis*, vedada a postura ativa.

No entanto, é falsa a ideia de que apenas os membros do legislativo são *pessoas legítimas* para realizar o processo legislativo.

Uma coisa é dizer que os membros do parlamento têm a incumbência prioritária de prover a legislação do país. Outra é dizer que podem e devem fazê-lo sozinhos e de modo irrestrito. Tecnicamente o processo legislativo prevê e até exige a presença do Executivo (vetos e sanções) e admite ainda a intervenção negativa do Poder Judiciário, de modo que a formulação em abstrato do nosso direito é mais ampla do que se costuma dizer.

Além disso, o poder normativo não pode ter um tratamento semelhante ao do controle de constitucionalidade. Aqui não se trata de exercer função contramajoritária, quer dizer, não se trata de impedir que a maior parte da sociedade, representada pelo parlamento, ofenda os direitos das minorias com legislações inconstitucionais. O que está em jogo é o reconhecimento da *incapacidade do parlamento* para representar a maioria num assunto muito específico: as regras jurídicas de que depende a manutenção do poder dos próprios parlamentares. O problema é o evidente *conflito de interesses*.

Exatamente porque o poder normativo vai além de uma atuação negativa em nome das minorias, revelando-se como uma ação em favor da maioria contra uma minoria interessada e que detém o controle da agenda, é que a dogmática jurídica deve buscar parâmetros seguros de atuação.

Eis o principal vetor: jamais esquecer que se trata de uma função *atípica* e, por isso mesmo, *excepcional*, a ser exercitada com *prudência* e *moderação*. Nossa opção constitucional ainda é a do parlamento legislando sobre matéria eleitoral. Assim, apesar da possibilidade sempre presente de "vício de origem", a aprovação formal de qualquer lei eleitoral ou partidária fecha absolutamente o campo para o exercício do poder normativo. Onde o legislador falou não cabe ao órgão eleitoral normatizar em contrário, pois o reconhecimento da equivalência entre esses dois poderes para o exercício da mesma função criaria um impasse insolúvel. Assim, apenas o próprio processo legislativo ou o controle de constitucionalidade podem afastar uma lei considerada antidemocrática.

Disso decorre que o poder normativo só tem um pequeno espaço de atuação: o vácuo legislativo que ofende a soberania popular, a cidadania ou o regime democrático. Se uma legislação antidemocrática pode ser desfeita pelo controle de constitucionalidade, o mesmo não se pode dizer de um vácuo legislativo antidemocrático. E ainda que se aceite a inércia como uma opção do legislador – pois a omissão deliberada pode ser exatamente a manifestação silenciosa de sua vontade –, este é o momento de o órgão eleitoral entrar em cena e resolver o que o legislativo não pode ou não quer.[69]

Justamente por atuar no vácuo é que este poder tem caráter residual, não levando ao suposto risco de uma *ditadura* dos juízes. Suprido o vácuo pelo Poder Legislativo, resta imediatamente afastada a disposição oriunda do TSE. Note-se a propósito que esta é uma das grandes virtudes dessa arquitetura: o simples movimento do TSE pode instigar o Poder Legislativo a cumprir o seu papel.

Foi, aliás, exatamente o que ocorreu nas poucas vezes em que o TSE fez uso deste poder: basta ver o caso da fixação do número de vereadores, que deu aplicação ao princípio da proporcionalidade; o da verticalização das coligações, baseado no caráter nacional dos partidos fixado pela Constituição; e o da fidelidade partidária, que afirmou o princípio da representação proporcional e a importância dos partidos políticos num regime que se tornava cada vez mais (e contra a Constituição) *personalista*. Em todos esses casos o Congresso Nacional saiu da inércia e proveu legislação.[70] E ainda que tenha contrariado explicitamente o que o TSE previu, pelo menos superou o estado de dúvidas e se expôs ao controle de constitucionalidade.

A propósito, o controle de constitucionalidade também é cabível sobre o próprio poder normativo, o que derruba o argumento de que o TSE seria incontrolável legislando. Mesmo que o STF refute a apreciação da maior parte das resoluções do TSE que lhe são submetidas, vale destacar que se trata de casos em que a jurisdição constitucional foi obstaculizada porque se tratava de poder regulamentar, de caráter infralegal, e portanto sem ofensa direta à Constituição. Quando o STF viu "densidade normativa" suficiente no ato do TSE, o controle concentrado foi normalmente exercido.[71]

---

[69] Sem dúvida que uma situação de vácuo normativo pode ser corrigida por meio de mandado de injunção (Constituição Federal, art. 5º, LXXI). Contudo, no plano eleitoral esse tipo de provimento tem eficácia muito reduzida, não servindo para superar situações que alcançam muitas pessoas além do impetrante.

[70] Para um estudo detalhado desses casos ver MACEDO, Elaine Harzheim; SOARES, Rafael Morgental. *O poder normativo da justiça eleitoral e a separação dos poderes*: um paradigma democrático? Disponível em: <http://www.publicadireito.com.br/artigos/?cod=0bd791e117caac17>. Acesso em: 4 fev. 2018.

[71] "[...] O STF jamais questionou, sob o ângulo formal, a competência do TSE para expedir resoluções autônomas, o que corrobora a constitucionalidade desse poder normativo, dentro de certos limites legais" (ALMEIDA NETO, Manoel Carlos. *Direito eleitoral regulador*. São Paulo: Revista dos Tribunais, 2014. p. 14).

Assim, tanto o Poder Legislativo quanto o STF são instâncias de controle eficazes do TSE no uso deste mecanismo excepcional. Se o órgão eleitoral abusar, haverá de ser barrado por essas forças externas. Acima de tudo o próprio órgão eleitoral deve reconhecer os seus limites legislativos. A autocontenção dos juízes no exercício do poder normativo não deprime, antes fortalece este poder, e aliás consagra a hipótese de Assis Brasil segundo a qual a imparcialidade dos juízes é o que justifica a sua participação no processo eleitoral. Mais do que julgar, executar ou normatizar as eleições, a Justiça Eleitoral *arbitra* a disputa pelo poder, circunstância que impõe cautela redobrada antes de cada intervenção. O protagonismo será sempre dos contendores, e apenas quando estes (isolados ou em conjunto) buscarem viciar as regras do jogo é que o árbitro deverá se fazer presente.

Portanto, o órgão eleitoral deve *observar antes de agir*. Por mais que determinada legislação possa ter sido aprovada (ou suprimida) com base no instinto de sobrevivência político, apenas quando os resultados antidemocráticos se tornam visíveis é que o TSE deverá sair da inércia e assumir um papel corretivo, compensatório.

Esta observação deverá ser sempre *sistêmica*. Aqui se nota outra grande diferença entre o poder normativo e o controle de constitucionalidade. Enquanto este se dirige a dispositivos em específico, que serão ou não suprimidos, o poder normativo deve partir de uma concepção do todo. É bem possível que uma legislação aparentemente boa leve a resultados profundamente antidemocráticos, assim como uma legislação aparentemente viciosa produza bons resultados na prática. Por isso a técnica de intervenção deverá ser sensivelmente diferente daquela aplicada no controle de constitucionalidade. Incluir um dispositivo corretivo é bem mais complexo do que eliminar um texto viciado. Além de avaliar a integralidade do quadro normativo, o TSE deverá suprir as eventuais lacunas, causando o mínimo impacto possível, é dizer, buscando estabelecer previsões harmônicas com o que já existe. Se criar contradições estará prestando um desserviço, ainda que com boas intenções. Até porque eventual contradição há de resolver em favor da lei posta, conforme o que já foi dito.

A *prudência* com o poder normativo também é importante por uma razão adicional: não é apenas o fato de que uma instância "de fora" do legislativo esteja legislando que alarma uma parcela considerável das comunidades política e acadêmica, mas principalmente o fato de que são membros do Poder Judiciário a fazê-lo. Isso fica bastante claro quando percebemos que a extensa atividade normativa das autoridades fiscais e dos Tribunais de Contas não recebe a mesma censura dirigida ao poder normativo do TSE. Ou seja, mais do que a atividade legiferante em si, o que perturba é que o choque seja travado com o Poder Judiciário. Desse modo, para que seja legítima e respeitada, esta função deve ser exercida com moderação.

6 Terceiro ato: consolidação

Na primeira parte deste trabalho vimos os fundamentos que levaram à criação da Justiça Eleitoral. Anotamos que a falta de justiça e representação existente no Brasil do final do século XIX e início do século XX levou Assis Brasil a propor a realização de eleições sob a batuta do Poder Judiciário como condição indispensável para a implantação de uma autêntica democracia representativa, sem apego a nenhuma fórmula estrangeira preexistente.

Na segunda parte verificamos que a eliminação das fraudes eleitorais mais grosseiras, obtidas pela competência executiva da Justiça Eleitoral, abriu caminho para o manejo de seus poderes jurisdicional e normativo, hoje exercidos sob a censura de diversos setores da sociedade, sobretudo da "classe política" e da academia, que denunciam um protagonismo excessivo da Justiça Eleitoral à custa da soberania popular e da separação de poderes e seu papel negativo de fomentadora de insegurança jurídica. Sobre estas críticas apresentamos alguns contrapontos na expectativa de demonstrar que a reunião de atribuições típicas dos três poderes de Estado no mesmo órgão, longe de criar uma *monstruosidade institucional*, é na verdade uma condição para a realização de eleições democráticas *no Brasil*.

Nesta terceira parte trabalharemos de uma forma mais especulativa, buscando introduzir algumas pautas que – acreditamos – devem ser levadas em consideração por quem se interessa pelo aprimoramento de nossas instituições. Abriremos uma pequena janela para o futuro.

Antes de tudo: apesar do caráter exótico de seu *design* institucional, não há no Brasil nenhum indicativo de que a Justiça Eleitoral corra o risco de supressão imediata. Trata-se de uma estrutura consolidada, que, apesar de reclamar diversos melhoramentos, goza da confiança do povo brasileiro.

Este "capital reputacional" não deve ser motivo para regozijo ou vaidade. Ao contrário, serve apenas para nivelar as expectativas no mais alto grau. Dadas as profundas transformações sociais que as atuais gerações vêm experimentando em todos os campos da existência, com impactos diretos sobre a democracia, é evidente que o órgão eleitoral haverá de ser afetado de diversas formas. Se a democracia corre risco em âmbito global, como estudiosos de ponta já começam a admitir, o mínimo que a Justiça Eleitoral pode fazer – não como estratégia de sobrevivência, mas como missão – é pensar em mecanismos de proteção para este regime. A democracia nunca está garantida.

A maior preocupação de seus gestores deve ser, sem dúvida, cultivar o pensamento vanguardista, principalmente no campo da função executiva. Isso significa antecipar os riscos a fim de atenuá-los, o que só pode ser feito com uma boa dose de criatividade. O mesmo espírito criativo demonstrado por Assis Brasil e resgatado por José Néri da Silveira deve animar as atuais lideranças no que diz respeito à contabilização das preferências do eleitorado brasileiro. E isso não se limita à urna eletrônica: os sistemas voltados ao exercício da advocacia devem ser aprimorados com urgência, pois em comparação a outros ramos do Poder Judiciário a Justiça Eleitoral vem deixando a desejar.

A blindagem dos sistemas eletrônicos contra qualquer tentativa de manipulação também deve ser uma preocupação central. A lógica dos sistemas de segurança é a do aprimoramento infinito. Por mais confiável que seja o modelo atual, sabemos que as chances de interferência nunca podem ser afastadas do quadro de probabilidades.

Os esforços nesse sentido não devem partir apenas da área de tecnologia da informação, mas também da área de comunicação. A falta de prova documental (voto impresso) ainda é razão maior para a desconfiança sobre a urna eletrônica, e então a demonstração do funcionamento do sistema aparece como uma imposição a um Poder Judiciário ainda acostumado a manter uma postura altiva, distante, grandiloquente, pouco acostumada a "dar satisfações". É preciso ter consciência de que basta a forte suspeita de uma única fraude – mesmo que inexistente na prática – para abalar toda a estrutura. Pois se a própria Justiça Eleitoral não for confiável, quem mais será? Assim, para não enfrentarmos o problema de "quem guarda o guarda", é necessário que este guarda seja confiável *per se*, e a melhor forma de fazer isso é mostrar-se, não se esconder numa suposta magnanimidade pouco condizente com as expectativas sociais atuais. O problema aqui, portanto, é de postura (mais aberta) e de linguagem (mais acessível).

Indo além: é bastante provável que a democracia seja refor-mulada em breve. Aliás, já está sendo, graças à tecnologia digital da informação. A comunicação ubíqua e instantânea é um fator novo e de consequências ainda desconhecidas para um regime concebido dentro de limites bastante rígidos, tanto temporais (ciclos de votação previamente agendados) quanto territoriais (delimitação de circunscrições eleitorais).

Se não podemos cogitar um retorno à democracia direta, já que a técnica da representação política tem a virtude indeclinável de funcionar como anteparo à tirania, estabelecendo camadas ou molas de amortecimento nas relações de poder, podemos pelo menos projetar o resgate de alguns campos hoje monopolizados pelos representantes para as mãos do povo comum, naquilo que ele puder resolver sozinho, sobretudo em pequenos coletivos ou em relação a assuntos menos complexos. Plebiscitos, referendos e iniciativas populares de lei, para ficamos apenas nos mecanismos já previstos no texto constitucional, podem ganhar um novo impulso com a internet, realizando as aspirações de Assis Brasil sobre a implantação de um autêntico *sistema federativo* (um regime político orientado de baixo para cima, e não de cima para baixo, como é hoje).[72]

Quanto a este ponto podemos perceber uma preocupante indiferença da Justiça Eleitoral, que parece "satisfeita" com a grande conquista que foi a urna eletrônica. De modo algum podemos criticar o sistema simplesmente porque é "antigo" (antigo sob o parâmetro das evoluções tecnológicas recentes, já que a urna eletrônica é anterior à massificação da internet). Afinal, o que importa é que funcione. Funcionar apesar de antigo é na verdade um grande mérito. Mas o que chama a atenção é a ausência de qualquer perspectiva de futuro, como se a urna eletrônica fosse o estágio culminante de uma evolução que na verdade apenas começou.

É difícil acreditar que as próximas gerações (para não dizer as presentes) simplesmente aceitarão o fato de que precisam se deslocar fisicamente até determinado local para assinalar uma preferência; mais difícil ainda é esperar que aceitem que a "democracia" se resume a eleger representantes. Um outro tipo de interação e também o alargamento dos espaços e da agenda de participação –[73] exemplo: escolher políticas

---

[72] O sistema federativo "[...] é aquele em que os vários grupos, guiando-se naquilo que é de sua exclusiva competência, são subitamente livres para agir. [...] O sistema federativo está destinado a ser o sistema universal. [...] Não seja o Brasil, o primeiro que se levantou por uma revolução pacífica, que vá desmenti-lo" (notas do discurso proferido por Assis Brasil na 12ª Sessão da Assembleia Constituinte, em 19.12.1890, p. 133, em HOLLANDA, Cristina Buarque de (Org.). *Joaquim Francisco de Assis Brasil*: uma antologia política. Rio de Janeiro: 7 Letras, 2011. p. 129-133. Também: "[...] sistema federativo [...] é o reconhecimento da unidade na variedade" (BRASIL, Joaquim Francisco de Assis. *A democracia representativa na república (antologia)*. Brasília: Senado Federal, 1998. p. 171).

[73] "[...] quando se quer saber se houve um desenvolvimento da democracia num dado país o certo é procurar perceber se aumentou não o número dos que têm o direito de participar nas decisões que lhes dizem respeito, mas os espaços nos quais podem exercer este direito" (BOBBIO, Norberto. O futuro da democracia: uma defesa das regras do jogo. Tradução Marco Aurélio Nogueira. 6. ed. Rio de Janeiro: Paz e Terra, 1986, p. 28).

públicas e não simplesmente pessoas – parecem ser a evolução natural da democracia ancorada em ferramentas de internet: uma combinação de ferramentas diretas e representativas em ambiente virtual.[74]

Evidentemente, essas transformações não dependem só da Justiça Eleitoral. Na verdade, esta evolução tecnológica é pautada por outros poderes muito além do Estado. O *poder do algoritmo* hoje emerge sem que tenhamos a exata compreensão do seu alcance. No entanto, cabe à Justiça Eleitoral cogitar cenários e soluções para uma *democracia digital*. Em vez de elencar os já conhecidos argumentos para barrar qualquer expectativa sobre o voto pela internet (risco de "voto de cabresto" ou de manipulação dos resultados por *hackers*) e de assumir como sua função exclusiva a eleição de representantes, é chegado o momento de a Justiça Eleitoral elaborar a sua identidade como órgão de legitimação de escolhas públicas democráticas, dentro das quais a escolha periódica de representantes é uma importante dimensão, mas não a única. A mesma tecnologia e a mesma confiabilidade a serviço da democracia representativa podem ser colocadas à disposição de outras formas de exercício da cidadania que hoje trafegam "por fora" dos canais institucionais consagrados pelo Estado por absoluta falta de meios. Um dos grandes equívocos de diagnóstico sobre a atual democracia é considerar o desinteresse do cidadão sobre a política como um sintoma de desengajamento. O interesse está presente, e quem desejar uma prova que dedique alguns minutos de seu tempo a navegar em redes sociais. O que falta são *oportunidades*. O desafio é convertê-las para dentro da democracia *formalizada*.

Um bom começo seria democratizar internamente a gestão de sua vertente executiva. Não se pode vender democracia apenas "da porta para fora". Os mesmos problemas identificados no sistema partidário como causas do déficit democrático (concentração de poder e autoritarismo) não podem se repetir na Justiça Eleitoral. Nenhuma instituição que não funcione com um mínimo de teor democrático será capaz de gerar democracia.

Por isso, seria bem-vinda a adoção de um modelo de governança mais distribuído, capaz de conviver com o princípio da hierarquia e ao mesmo tempo promover uma interação mais aberta e horizontal da força de trabalho. Experiências de democratização do poder decisório

---

[74] "Em uma democracia interativa mais direta, nada impede [...] que se combinem procedimentos diretos e procedimentos indiretos [...]" (FRANCO, Augusto de. *A terceira invenção da democracia*. São Paulo: [s.n.], 2013. p. 82. Disponível em: <http://pt.slideshare.net/augustodefranco/a-terceira-inveno-da-democracia-29335826>. Acesso em: 17 jun. 2015).

no âmbito dos tribunais eleitorais apoiadas na arquitetura das redes sociais poderiam suscitar novos modelos decisórios, não apenas úteis à gestão interna, mas quem sabe expansíveis para uma escala maior. Não custa lembrar que a urna eletrônica foi uma iniciativa da própria Justiça Eleitoral.

No campo jurisdicional igualmente são necessários alguns ajustes.

Primeiramente, uma mentalidade federativa – tal como defendida por Assis Brasil – teria grande valor democrático. Embora tenhamos uma legislação eleitoral uniforme, de lavra da União,[75] sem dúvida abrigamos uma miríade de realidades regionais e locais que pouco têm de comum entre si, e que resistem em se encaixar num grande modelo verticalizado. O fato de o Congresso Nacional ter "derrubado" a resolução do TSE que impunha a verticalização das coligações,[76] em obediência ao comando constitucional que prevê o caráter nacional dos partidos políticos, é uma evidência mais do que suficiente de que as especificidades da política nas esferas estaduais e municipais acabam se sobrepondo às tentativas de homogeneização.

O uso dos mesmíssimos critérios e do mesmo rigor para decidir sobre eleições que envolvem cenários políticos absolutamente diferentes pode ser bastante produtivo para a "uniformização da jurisprudência", que é uma obsessão de órgãos tipicamente jurisdicionais, mas presta pouco serviço para a democracia tal como a praticamos.

Em segundo lugar, é importante repensar a lógica de jurisdição penal que preside os julgamentos: "não importa quantos delitos iguais aos seu estejam sendo praticados e permaneçam impunes no entorno; se você caiu na 'malha fina' deverá amargar as consequências".

Ora, se uma técnica como a "compensação de culpas" parece incompatível com a natureza pública do direito eleitoral, tanto que temos um Ministério Público eleitoral forte e atuante para evitar que a disputa descambe para uma guerra de ilegalidades, há de ser encontrado algum mecanismo pelo qual os juízes e tribunais possam exercer a sua *função arbitral* em prol da pacificação dos ânimos e da consagração final da soberania popular.

No primeiro Código Eleitoral Assis Brasil não estabeleceu que a Justiça Eleitoral teria funções judiciais ou jurisdicionais, mas sim *contenciosas*. Isso sugere que ele não imaginava um órgão do tipo Estado-Juiz, que fiscaliza os comportamentos olhando "de cima" e distribui as

---

[75] Constituição Federal, art. xx.

[76] Mediante a Emenda Constitucional nº 52/2006.

sanções conforme a tábua da lei, mas sim um sujeito *intermediário* na disputa, um elemento *pacificador* da tensão inerente ao processo político.

Pois com frequência se percebe que o povo elege o sucessor do candidato cassado nas eleições renovadas. Isso demonstra que a racionalidade do eleitorado não é a mesma dos tribunais, e que o *rigor técnico* tem menos apelo do que eventualmente a Justiça Eleitoral acredita ter. Seria presunção absoluta entender que o povo erra na teimosia.

Absolutamente se trata de fazer vista grossa aos ilícitos, mas apenas de conceber a realidade do processo político e de entender como as pessoas se movem dentro dele, aplicando um rigor moderado, e não idealizado.[77] O empenho no combate à corrupção, que é uma das grandes urgências de nosso país, não pode levar à demonização da política. A moralidade exigida pela Constituição certamente não vai a ponto de eliminar o caráter *negocial* do processo político. Um exemplo ao acaso: a oferta de espaço no governo em troca de voto é ilícito eleitoral ou faz parte da essência do jogo?

É necessário admitir que este processo funciona como um *jogo de interesses*, até porque os interesses são o móvel das ações humanas. Portanto, esperar um padrão de moralidade sobre-humano dos agentes políticos simplesmente não irá funcionar, e além disso irá exigir dos julgadores a mesma exemplaridade, levando, em última análise, ao risco de deslegitimação do órgão julgador, já que todos nós, independentemente dos cargos ocupados, estamos sujeitos a entrar em conflitos de interesses e a julgar os outros com critérios que não aplicaríamos a nós mesmos. O "tribunal das redes sociais" está cada vez mais atento e implacável ante esse tipo de contradição.

Diante disso, é altamente recomendável que se desfaça a *mitificação* da política e de seus atores principais. Pois o político é comumente visto como um infrator em potencial, alguém capaz de (quase) tudo para obter e manter o poder. Por extensão, a política passa a ser vista como sinônimo de delinquência. E o eleitor é concebido como a frágil vítima de um crime.

---

[77] A respeito do espírito "infrator" normalmente atribuído ao brasileiro, o patrono fez uma sóbria observação: "Essa índole democrática, essa ausência de convencionalismo [...] faz com que o povo brasileiro não seja também o que chamam os ingleses – um povo respeitoso. É possível que seja isto um mal e mesmo que levemos o nosso horror ao convencionalismo ao extremo de tratar os negócios mais sérios com grande ligeireza; mas, será, por isso, menos verdadeiro o fato da nossa íntima natureza? Porque nos reconhecemos defeituosos, devemos deixar de tomar em consideração a nossa índole, boa ou má, quando discutimos a preferência das instituições que nos convém?" (BRASIL, Joaquim Francisco de Assis. *A democracia representativa na república (antologia)*. Brasília: Senado Federal, 1998. p. 181).

Sem dúvida há alguma dose de verdade nesses estereótipos. Muitos criminosos cultivam a arte da política movidos por interesses terríveis e mesquinhos, e são aliás os mais perigosos. Pior do que um regime de incompetentes é um regime que consagra os conspiradores e os cobiçosos.[78] No entanto, o que ocorre com frequência é que, estabelecido um ponto de partida punitivista a partir da constatação de que há criminosos na política, os primeiros a serem alcançados pela rede são as sardinhas, não os tubarões. Com isso a justiça enche a sua pauta de problemas menores e os grandes infratores nadam de braçada, impunes.

Ainda, a política pode ser sim um ambiente árido, hostil e viciado, um tipo de guerra sem sangue.[79] Mas assumir uma visão essencialmente negativa é matar sua potência transformadora, e, portanto, prestar um desserviço à democracia, afastando os bem-intencionados por lhes causar repugnância. Ora, algum grau de "ilicitude" é intrínseco à política, pois ela é a fase anterior ao direito, o momento e o lugar em que as coisas "fora da lei" são lapidadas para se transformar em direito posto, em representação política, enfim, é o lugar de passagem do ilegal para o legal (especialmente o parlamento). Quantas vezes a história transformou criminosos em heróis quando a sorte mudou de lado e a sua causa prevaleceu? O próprio patrono da Justiça Eleitoral, Assis Brasil, teria sido um criminoso à luz da história se as revoluções que estimulou (primeiro contra a monarquia, depois contra a república velha) não tivessem prosperado. Nada mais ilegal do que uma revolução, quando fracassa. E nada mais glorioso, quando dá certo. Portanto, partir da premissa de que a política é uma atividade criminosa e seus atores são delinquentes não faz boa pedagogia para os cidadãos. O moralismo não é bom conselheiro dos tribunais eleitorais.

---

[78] "Se para nossas 'democracias' o sorteio parece contrário a qualquer princípio sério de seleção dos governantes, é porque esquecemos o que a democracia queria dizer e que tipo de 'natureza' o sorteio queria contrariar. [...] o sorteio era um remédio para um mal bem mais sério e ao mesmo tempo bem mais provável do que o governo dos incompetentes: o governo de certa competência, o dos homens capazes de tomar o poder pela intriga" (RANCIÈRE, Jacques. *O ódio à democracia*. 1. ed. Tradução de Mariana Echalar. São Paulo: Boitempo, 2014. p. 58).

[79] "A famosa afirmação de Carl von Clausewitz de que a guerra é a continuação da política por outros meios [...] poderia dar a entender que a guerra e a política são inseparáveis, mas na realidade, no contexto da obra de Clausewitz, esta ideia baseia-se acima de tudo na convicção de que a guerra e a política são em princípio separadas e diferentes. [...] Hoje, no entanto, a guerra tende a ir ainda mais longe, transformando-se numa relação social permanente. [...] a própria política vem-se tornando cada vez mais a guerra conduzida por outros meios" (HARDT, Michael; NEGRI, Antonio. *Multidão*: guerra e democracia na era do Império. Tradução de Clóvis Marques. Revisão de Giuseppe Cocco. Rio de Janeiro: Record, 2005. p. 25-31).

Quanto aos eleitores, vê-los como presas fáceis aos abusos de poder faz muito sentido num país de ignorantes e miseráveis, com índices alarmantes de *falta de educação*,[80] no qual um par de sapatos pode garantir o voto de uma família inteira. Ainda mais quando percebemos que a manutenção da ignorância e da miserabilidade pode ser uma política deliberada para a obtenção do poder a baixo preço.

Contudo, como a democracia se funda na premissa – científica e filosoficamente estabelecida – da *capacidade individual* para decidir –, somos compelidos a concluir que o vício de vontade a que é levado o eleitor por obra de abusos de poder habita o campo das exceções, e não o da regra. Presumir que o eleitorado é presa fácil a manipulações e a partir disso adotar uma posição deveras *protecionista* significa nada menos do que aniquilar o fundamento maior da democracia, que é a vontade do cidadão.

Não se pode realizar esta operação sem consagrar a irresponsabilidade do povo, com consequências bastante negativas para o regime. Sobretudo quando este recorte é feito a partir de um critério econômico ou social, com formulações jurídicas em decisões judiciais que consideram que o eleitor foi manipulado *porque era pobre ou ignorante*.

Ora, o princípio da igualdade não admite esse tipo de formulações. Na democracia todos são igualmente capazes de *errar* em suas escolhas, pelos seus próprios motivos. Talvez uns sejam manipulados por um prato de comida, enquanto outros, bem nutridos, não sucumbam aos apelos mais vis. Mas certamente poderão ser capturados por um discurso fascista, até com verniz erudito, pois é próprio dos regimes autoritários o apoio de setores mais "esclarecidos" e economicamente melhor posicionados, bem como a adoção de uma "capa de legalidade".

Assim, além de estimular a irresponsabilidade, esta postura mais vigilante e que vê abuso em quase tudo normalmente se pauta por critérios elitistas. Também neste ponto o grande Assis Brasil tinha razão, pois acreditava na sabedoria do povo para exercer a sua própria independência, colhendo os doces frutos da boa escolha e amargando a experiência pedagógica de cair no "canto da sereia".[81]

---

[80] Para consultar o triste cenário da educação brasileira e seus reflexos na política e em eleições: MORAIS, José. *Alfabetizar para a democracia*. Porto Alegre: Penso, 2014. p. 51 e ss.

[81] "Quero que a nação tenha liberdade para fazer os seus maus governos, porque é pelo preço de fazer os maus negócios e de dar os maus passos que os homens e os povos aprendem a dar bons e a ser dignos de sua liberdade" (trecho do texto: Assis Brasil e a Constituinte de 1933. Base: Anais da Assembleia Constituinte (novembro-dezembro de 1933), Volume 2, Rio de Janeiro, Imprensa Nacional, 1934, p. 501-514, em HOLLANDA, Cristina Buarque de (Org.). *Joaquim Francisco de Assis Brasil*: uma antologia política. Rio de Janeiro: 7 Letras, 2011. p. 425).

Portanto, seja para garantir a integridade da voz das urnas até o limite máximo, reforçando a responsabilidade indeclinável dos cidadãos de designar um bom governo, seja para evitar a armadilha da *adivinhação* do impacto dos ilícitos sobre o resultado apurado, é imperioso que a jurisdição eleitoral guarde seu rigor para os casos realmente graves.

Isso demanda um pouco mais de *pragmatismo*. Sem dúvida é necessário atacar os pontos sensíveis do sistema, aqueles pelos quais se distorce a soberania popular. Mas isso tem que ser feito quando há possibilidade de êxito e do jeito certo.

Se a Justiça Eleitoral aprender com as críticas a respeito de seu *voluntarismo*, poderá perceber que grande parte delas (especialmente no caso da jurisdição) se desenvolve sobre casos em que o órgão eleitoral assumiu um desafio quase impossível. Não temos dúvidas de que o modelo de Assis Brasil comporta o controle judicial da campanha, já que as vedações legais aos diferentes abusos de poder têm como objetivo final preservar a liberdade do eleitor, o que o patrono pretendia alcançar com uma *organização* imparcial das eleições. No entanto, não acreditamos que ele tenha vislumbrado uma Justiça Eleitoral tão "decisiva". Algo nesta história se perdeu, e o que deveria ser um *mecanismo de contenção* está se tornando – certamente com as melhores intenções – um agente da disputa.

Assim, não é propriamente o fato de que se testemunhe (segundo demonstramos) um inevitável ativismo em sua dimensão jurisdicional, mas sim a circunstância de que esta energia venha sendo canalizada de forma pouco produtiva, na maioria das vezes.

Um exemplo ilustrará a hipótese: a notícia de que o TSE pretende combater as notícias falsas (*fake news*) durante a campanha. É claro que a desinformação é inimiga da democracia. Mas uma pergunta se impõe: *como* isso será feito?

Acreditamos que a maior de todas as *fake news* é a notícia de que o TSE será capaz de cumprir este objetivo. E a barreira operacional é apenas a primeira delas: com um quadro diminuto de pessoas (inclua-se aí toda a força de trabalho da Justiça Eleitoral e do Ministério Público Eleitoral), como fazer face a um universo inalcançável de bilhões de pontos de emissão de mensagens e que inclui, além de pessoas reais, robôs especificamente programados para mentir sem serem detectados, totalmente inalcançáveis à jurisdição nacional?[82] É evidente que não há força nem tecnologia para isso. Se os grandes poderes digitais não são

---

[82] RUEDIGER, Marco Aurélio (Coord.). *Robôs, redes sociais e política no Brasil*: estudo sobre interferências ilegítimas no debate público na web, riscos à democracia e processo eleitoral de 2018. Rio de Janeiro: FGV, DAPP, 2017.

capazes de controlar a sua própria criação, não será um "pobre" poder brasileiro que o conseguirá. O caso envolvendo a suposta influência russa na eleição do Presidente Donald Trump, nos Estados Unidos da América, é um sinal por demais evidente para ser ignorado. Somos absolutamente incapazes – pelo menos por enquanto – de evitar esse tipo de ocorrência.

Mas então teremos de assistir passivamente às *fake news* destruírem a nossa democracia? Felizmente não. Talvez as gerações mais antigas ainda vivas tenham saudades do tempo em que toda a informação era *a priori* confiável, salvo prova em contrário, e todo o estoque de conhecimento disponível no mundo podia ser encontrado numa enciclopédia de papel. Mas as mentes de hoje, iniciadas num mundo de *excesso de informações*, não assumem a postura ingênua que seria necessária para justificar o combate às notícias falsas.

Se o eleitorado ainda não chegou ao ponto de desconfiar de tudo, certamente já está num estágio em que qualquer informação recebida – inclusive proveniente de fontes confiáveis – desperta um mínimo de suspeita, se não quanto à veracidade do conteúdo, ao menos quanto à intenção do emitente. O excesso e a velocidade das informações até podem fazer com que nossos filtros mentais às vezes deixem passar uma ou outra mentira que acabamos também por multiplicar, mas no geral somos muito mais céticos do que foram os nossos antepassados, o que de certa forma nos imuniza contra boa parte dos efeitos deletérios das notícias falsas, inclusive contra aquelas produzidas com o propósito específico de nos enganar.

Tentar impedir o avanço dessa maturação dos cidadãos é, além de ineficaz, também deletério, pois desestimula o senso crítico individual que cada um deve cultivar em si. Até porque – sem entrar numa divagação filosófica incabível nestas linhas – discernir o verdadeiro do falso é tudo menos uma operação simples. No limite o próprio conceito de verdade objetiva não se sustenta, razão que por si só já recomendaria abortar a inglória tentativa de se criar um aparato de fiscalização da veracidade. A checagem dos fatos é tarefa do eleitor e do jornalismo, profissão que tende a crescer neste ambiente de desconfiança sobre as notícias.

Essas considerações não servem apenas para as *fake news*, podendo ser aproveitadas como vetores hermenêuticos para toda a propaganda eleitoral. Um regime mais livre é preferível a um jogo truncado.[83]

---

[83] "A ampla liberdade para a troca de informações concatena-se com a garantia do voto livre, permitindo que o eleitor recebe a mais ampla quantidade de dados para embasar sua decisão

Frequentemente se argumenta que a admissão de uma mentalidade mais *jusprivatista* sobre a propaganda, no sentido de permitir tudo aquilo que a lei não proíbe expressamente, pode levar ao desequilíbrio na disputa. É verdade. Mas a obsessão por um equilíbrio inatingível arrisca produzir um regime de silêncio, de candidaturas "secretas" ou "discretas", ainda mais favorável aos já estabelecidos, matando o engajamento da cidadania com as candidaturas.

Não é por menos que o Congresso Nacional vem reduzindo paulatinamente as possibilidades de propaganda na rua; não é por menos que o tempo de campanha foi cortado pela metade. E a Justiça Eleitoral, em vez de entender que essas medidas são antidemocráticas (embora não sejam flagrantemente inconstitucionais) e que servem para tirar o foco dos ilícitos graves, deslocando-o para atividades irrelevantes como a aferição da metragem ou da pressão da propaganda de rua, aceita ingenuamente o cenário montado pelo legislador e aplica uma lógica repressiva infrutífera, que eventualmente se resolve em multas ineficazes.

A divulgação das candidaturas e a circulação das ideias deveriam ser muito mais livres. A sinalização dada pelo STF quando do julgamento da "ADI do humor"[84] deve ser observada como parâmetro fundamental: na esfera pública, mesmo aquilo que pareça ofensivo deve ser tolerado como arma política, inclusive e principalmente o humor, cujo caráter subversivo compensa (enfraquece) poderes políticos e econômicos estabelecidos (o humor é a arma do mais fraco).[85]

Sem dúvida a propaganda abusiva, por qualquer meio, ameaça a soberania popular. Mas naquilo que o eleitor é capaz de enxergar, melhor que faça seu próprio juízo, pois mesmo a superexposição de uma candidatura pode ter efeito negativo e custar a perda de alguns votos.

Assim, o que deve entusiasmar as autoridades eleitorais é o campo fora do alcance do eleitor, onde se desenvolvem os abusos de poder político e, principalmente, econômico.

Nenhum poder é mais ameaçador à democracia contemporânea do que o poder econômico. A relação entre este poder e o regime democrático é um dos grandes enigmas científicos do século XXI.

---

eleitoral" (NEISSER, Fernando Gaspar. *Crime e mentira na política*. Belo Horizonte: Fórum, 2016. p. 271).

[84] ADI nº 4.451.

[85] "O humor é rebelde. [...] Todo sistema autoritário se protege das críticas opositoras e se cuida, principalmente, de não ser ridicularizado. Logo, o humor foi sempre combatido pelas ditaduras e os podres prepotentes de toda ordem" (SLAVUTZKY, Abrão. *Humor é coisa séria*. Porto Alegre: Arquipélago Editorial, 2014. p. 185; 191).

Ao mesmo tempo em que as liberdades políticas têm prosperado nas democracias nas quais há mais liberdade de mercado (livre trânsito do dinheiro),[86] não faltam indicativos de que o poder econômico hoje se coloca como um *suprapoder*, um poder sobre os poderes, cuja linguagem *subordina* todos os demais.[87]

As últimas trincheiras de resistência à doutrina *utilitarista* predominante no mercado, a saber, a arte, cujo parâmetro *estético* é orgulhosamente "inútil", e a política, que funda uma *ética* exatamente para evitar a precificação de tudo, também estão sitiadas pela lógica econômica, tanto que a ciência política hoje desenvolve estudos que determinam o *preço* de cada voto e se coloca a serviço de campanhas eleitorais valendo-se de raciocínios de custo e benefício, o que funda um verdadeiro *mercado político*.

Assim, finalizando o diagnóstico sobre os aprimoramentos necessários no campo da jurisdição e já avançando para aqueles esperáveis no campo da normatização, devemos observar como vem funcionando a área de contas. Como a Justiça Eleitoral tem respondido aos problemas do financiamento político?

---

[86] "Países com governos democráticos tendem a ser mais prósperos do que países com governos não-democráticos. [...] Em parte, a explicação poderá estar na afinidade entre a democracia representativa e uma economia de mercado. [...] No final do século XX, todos os países com sistemas políticos democráticos também tinham economia de mercado. [...] Se a fusão entre a democracia moderna e as economias de mercado tem vantagens para as duas partes, não podemos deixar passar um custo que as economias de mercado impõem a uma democracia. A economia de mercado gera a desigualdade política, por isso também pode reduzir as perspectivas de atingir a plena igualdade política entre os cidadãos de um país democrático" (DAHL, Robert A. *Sobre a democracia*. Tradução de Beatriz Sidou. Brasília: Editora Universidade de Brasília, 2001. p. 71 – 73).

[87] "Já no último quarto do século XIX, os preços mundiais das mercadorias constituíam a realidade principal das vidas de milhes de camponeses continentais [...]. Só um louco duvidaria de que o sistema econômico internacional era o eixo da existência material da raça humana" (POLANYI, Karl. *A grande transformação*: as origens da nossa época. Tradução de Fanny Wrobel. 2. ed. Rio de Janeiro: Elsevier, 2012. p. 19). A dimensão econômica vem gradualmente avançando sobre outros campos da existência humana, levando para "dentro do mercado" coisas e comportamentos que antes não eram apreciados sob a ótica das leis econômicas. "[...] pela primeira vez, a economia mundial se ordena segundo um modelo único de normas, valores e objetivos – o éthos é o sistema tecnocapitalista –, e em que a cultura se impõe como um mundo econômico de pleno direito" (LIPOVETSKY, Gilles; SERROY, Jean. *A cultura-mundo*: respostas a uma sociedade desorientada. Tradução de Maria Lúcia Machado. São Paulo: Companhia das Letras, 2011. p. 9); "O triunfo do hipercapitalismo não é apenas econômico; é cultural, tornando-se o esquema organizador de todas as atividades, o modelo geral do agir e da vida em sociedade. Ele atingiu o imaginário coletivo e individual, os modos de pensamento, os objetivos da existência, a relação com a cultura, com a política e com a educação" (LIPOVETSKY, Gilles; SERROY, Jean. *A cultura-mundo*: respostas a uma sociedade desorientada. Tradução de Maria Lúcia Machado. São Paulo: Companhia das Letras, 2011. p. 38).

Fundamentalmente, o órgão eleitoral trata o assunto sob um viés *técnico-jurídico-contábil*, deixando de adotar uma visão de *auditoria* capaz de identificar e investigar os problemas mais relevantes. Perde-se tempo precioso para apontar ilegalidades irrisórias de candidaturas derrotadas enquanto se sabe que o volume de dinheiro movimentado em algumas campanhas vitoriosas foi claramente incompatível com o montante declarado na prestação de contas. Certamente não é equivocada a intenção de apurar e punir todas as ilicitudes possíveis. Mas num regime de recursos escassos (inclusive o recurso do *tempo*) impõe-se um senso de priorização. Enquanto a força de trabalho está empenhada no *poder de polícia* para remover propaganda de rua irregular, não se empreende nenhum esforço para mapear de onde vem o dinheiro que sustenta esta propaganda.

Tradicionalmente os processos de prestação de contas (eleitorais ou partidárias) são relegados a um plano secundário na pauta dos juízes eleitorais. Um pouco porque as sanções são quase ineficazes, já que não há constituição de inelegibilidade nem possibilidade de cobrança imediata de valores, um pouco porque as contas julgadas são apenas as contas declaradas, o problema do dinheiro na política segue sem solução. Não se ventila nenhuma medida antecipatória, no tempo real da campanha, ou uma investigação mais profunda pós-eleição (tanto que a acusação à chapa Dilma-Temer no TSE só prosperou devido a elementos probatórios colhidos em outras esferas).

Não há dúvida de que esta assimilação da política pelo mercado é uma tendência de âmbito global que supera em muito as modestas possibilidades de controle da Justiça Eleitoral, a começar pelo fato de que as ferramentas oferecidas pelo legislador são tímidas e insuficientes. Pior do que isso, o sistema tem "evoluído" no sentido de permitir um maior desequilíbrio da disputa eleitoral a partir da influência do dinheiro, inclusive por intermédio do Estado, haja vista a recente ampliação da verba pública para custear as campanhas, operada na reforma de 2017, cuja distribuição se concentra nas grandes legendas, certamente as que estão mais comprometidas com os recursos oriundos de interesses privados, criando-se um círculo vicioso no qual o poder econômico é convertido em poder político, que por sua vez obtém mais dinheiro para obter mais poder.

Apesar dessas dificuldades, a preparação da força de trabalho para limitar o desequilíbrio determinado pelo dinheiro é uma imposição urgente em homenagem à saúde do regime democrático. Trata-se de tarefa educacional das escolas judiciárias eleitorais, mas também dos gestores, na distribuição da mão de obra. Atividades-meio, que dizem respeito unicamente à manutenção cotidiana dos tribunais e zonas eleitorais, não podem mais absorver tanto pessoal e tanta energia enquanto há problemas graves ocorrendo "do lado de fora".

Pois a verdade é que de todos os tipos de abuso contra o equilíbrio da disputa eleitoral e a vontade livre do eleitor podem se resumir a um só, que é o abuso do poder econômico. É o dinheiro que "compra" os demais poderes, ou pelo menos os condiciona. Não se constitui poder político sem dinheiro, pois não se faz propaganda competitiva sem ele.

Portanto, seria mais eficaz deslocar o foco para a origem do problema. Com partidos políticos funcionando quase como *firmas de corretagem*[88] de interesses privados, o mais importante para se garantir uma representação política genuína é verificar quem apoia quem, o que significa descobrir – e revelar – *quem está pagando a conta*. De nada adianta ter esta resposta depois que as urnas foram abertas, pois aí os compromissos já estão assumidos.

Num primeiro nível isso significa reorientar os objetivos da análise das prestações de contas para ampliar a sua eficácia, começando por valorizar mais este tipo de processo e terminando por aprofundar a cognição dos casos em que há "fumaça".

Num segundo nível significa cogitar hipóteses de preenchimento dos vácuos legislativos com poder normativo. Guardadas as cautelas acima consignadas quanto a esta faculdade do órgão eleitoral, a Justiça Eleitoral pode fixar mais detalhadamente alguns mecanismos de verificação da origem e do destino do dinheiro movimentado em campanhas e partidos, cumprindo uma função semelhante à dos órgãos fazendários, que estatuem obrigações tributárias acessórias para melhor conduzir a arrecadação e para evitar crimes fiscais. Nesta área uma interlocução mais profícua com outros órgãos do Estado é altamente recomendável. Seguir o rastro do dinheiro é a melhor forma de desbaratar organizações criminosas na política e evitar que o poder econômico, mesmo de origem limpa, marque todas as cartas do jogo político.

Com essas poucas mudanças de perspectiva talvez seja possível adequar a Justiça Eleitoral aos novos tempos sem perder de vista seus fundamentos e sua essência. Menos dispêndio de energia e mais eficácia devem ser as suas preocupações centrais neste século que já avança. Há muito trabalho por fazer.

---

[88] MONTEIRO, Jorge Vianna. *Como funciona o governo*: escolhas públicas na democracia representativa. Rio de Janeiro: FGV, 2007. p. 52.

7 Conclusões

A seguir enumeramos as principais conclusões obtidas neste estudo:

1) a Justiça Eleitoral foi criada para eliminar as fraudes eleitorais da parte operacional das eleições (alistamento, voto e apuração) típicas do Brasil de um século atrás;

2) sua alocação no Judiciário se deveu ao fato de que os integrantes dos demais poderes não possuíam a imparcialidade necessária para conduzir uma disputa da qual também participavam, sendo os juízes (desde que independentes) as únicas autoridades aptas para a tarefa;

3) a Justiça Eleitoral absorve tarefas executivas e legislativas como condição essencial para o desempenho de sua missão, que é defender e promover a soberania popular, a cidadania e o regime democrático;

4) o sucesso alcançado com as urnas eletrônicas fortaleceu as outras dimensões da Justiça Eleitoral;

5) a partir deste momento a Justiça Eleitoral deixou de ser apenas um aparato de coleta e contagem de votos e passou a ser guardiã das regras destinadas a promover o equilíbrio da disputa eleitoral e a proteger a formação da vontade do eleitor, o que tornou a sua missão muito mais complexa;

6) o poder normativo do TSE, amplamente recusado como violação ao princípio da separação de poderes, pode ser fundamentado exatamente neste princípio, na qualidade de poder implícito, como *contrapeso* ao fato de que em matéria eleitoral os membros do Poder Legislativo enfrentam o *conflito de interesses*;

7) o exercício deste poder só é cabível nos casos de vácuo legislativo que deprima a cidadania e a soberania popular;

8) tanto o Poder Legislativo, saindo da inércia, quanto o próprio Poder Judiciário, em controle de constitucionalidade, são capazes de limitar a atuação normativa do TSE;

9) seja pela composição híbrida e dinâmica dos tribunais eleitorais, seja porque a jurisdição eleitoral necessariamente envolve temas políticos candentes, seja também porque a atuação normativa do TSE tenciona a sua relação com o Poder Legislativo, seja ainda porque as condições sociais em que estas manifestações jurisdicionais e normativas se

desenvolvem são cada vez mais instáveis, é muito mais realista compreender a Justiça Eleitoral contemporânea como um mecanismo de "correção eventual" dos rumos do processo eleitoral do que como um "porto seguro" permanente a que se pode/deve sempre recorrer em caso de insatisfação com o resultado das urnas;

10) a ampliação do escopo da Justiça Eleitoral nas suas áreas normativa e jurisdicional não deve significar a *paralisia* de sua área executiva, a qual, diante das novas formas de interação surgidas com a internet, tem a oportunidade de pensar alternativas à urna eletrônica que permitam o surgimento de outros canais de exercício da cidadania;

11) é preciso que a própria Justiça Eleitoral reconheça e respeite os limites de sua atuação, pois se de um lado há uma opinião pública amplamente favorável à supremacia de seu poder técnico diante dos poderes políticos considerados corrompidos, de outro lado uma intervenção excessiva no jogo eleitoral pode entrar em contradição com os próprios fundamentos de sua existência;

12) também é necessário que a Justiça Eleitoral evite a desconfiança excessiva sobre os agentes da democracia (partidos, candidatos e cidadãos) em prol de uma visão mais *realista* e *pragmática*, que admita a inevitável proximidade da política com o ilícito e que não menospreze a capacidade de escolha do eleitor nem as características peculiares do povo brasileiro;

13) conquanto a matéria eleitoral inegavelmente pertença ao direito público, é preciso que a Justiça Eleitoral compreenda que sua função jurisdicional embute um viés *arbitral*, uma vez que as campanhas eleitorais, como o seu próprio nome diz, são travadas no modelo de guerra, o que leva os contendores a lançarem mão de expedientes ilegais não porque sejam infratores contumazes (embora até possam sê-lo), mas porque o sucesso na disputa depende da *equiparação* das armas em jogo;

14) diante da dificuldade evidente de se controlar "a verdade" na propaganda eleitoral, a Justiça Eleitoral pode contribuir para o amadurecimento da democracia, assumindo uma posição mais liberal nesta parte da disputa, canalizando sua energia para áreas em que o eleitor não pode observar e julgar por si, como é o caso do financiamento das campanhas;

15) diante da crescente presença do dinheiro na política, que faz do poder econômico uma ameaça real à democracia, a Justiça Eleitoral pode, mediante seu poder normativo, elaborar uma disciplina e rotinas de fiscalização que atenuem os riscos de "compra" de poder político, sempre agravado por mudanças legislativas que sucessivamente vêm promovendo o aumento do volume de recursos nas campanhas e nos partidos e reduzindo as possibilidades de detecção da origem e do destino do dinheiro movimentado.

Referências

ALMEIDA NETO, Manoel Carlos. *Direito eleitoral regulador*. São Paulo: Revista dos Tribunais, 2014.

ARISTÓTELES. *Política*. Disponível em: <http://www.dhnet.org.br/direitos/anthist/marcos/hdh_aristoteles_a_politica.pdf>. Acesso em: 5 fev. 2014.

BARBOSA, Ruy. *Os actos inconstitucionaes do Congresso e do Executivo*. Brasília: Companhia Impressora, 1983. Disponível em: <http://www.dominiopublico.gov.br>. Acesso em: 30 set. 2013.

BAUMAN, Zygmunt. *Em busca da política*. Tradução de Marcos Penchel. Rio de Janeiro: Jorge Zahar, 2000.

BAUMAN, Zygmunt. *Legisladores e intérpretes*: sobre modernidade, pós-modernidade e intelectuais. Tradução de Renato Aguiar. Rio de Janeiro: Jorge Zahar, 2010.

BOBBIO, Norberto. *O futuro da democracia*: uma defesa das regras do jogo. Tradução de Marco Aurélio Nogueira. 6. ed. Rio de Janeiro: Paz e Terra, 1986.

BRASIL, Joaquim Francisco de Assis. *A democracia representativa na república (antologia)*. Brasília: Senado Federal, 1998.

BRASIL, Joaquim Francisco de Assis. *Democracia representativa*: do voto e do modo de votar. Lisboa: Guillard, Aillaud e Cia, 1893.

CAVALCANTI, Themistocles. *A Constituição Federal comentada*. Rio de Janeiro: José Konfino Editor, 1948. v. I.

DAHL, Robert A. *Sobre a democracia*. Tradução de Beatriz Sidou. Brasília: Editora Universidade de Brasília, 2001.

ESPÍNDOLA, Ruy Samuel. Abuso do poder regulamentar e TSE: contas eleitorais rejeitadas e quitação eleitoral: as eleições de 2012 (reflexos do "moralismo eleitoral"). *Revista Brasileira de Direito Eleitoral – RBDE*, Belo Horizonte, ano 4, n. 6, p. 209-269, jan./jun. 2012.

FAORO, Raymundo. *Os donos do poder*: formação do patronato político brasileiro. 4. ed. São Paulo: Globo, 2008.

FERREIRA, Manoel Rodrigues. *A evolução do sistema eleitoral brasileiro*. 2. ed. Brasília: TSE-SDI, 2005.

FRANCO, Augusto de. *A terceira invenção da democracia*. São Paulo: [s.n.], 2013. Disponível em: <http://pt.slideshare.net/augustodefranco/a-terceira-inveno-da-democracia-29335826>. Acesso em: 17 jun. 2015.

FREUD, Sigmund. *Psicologia das massas e análise do eu*. Tradução de Renato Zwick. Porto Alegre: L&PM, 2013.

GOMES, José Jairo. *Direito eleitoral*. São Paulo: Atlas, 2013.

HAMILTON, Alexander; JAY, John; MADISON, James. *The federalist*: a commentary on the Constitution of the United States. Indianapolis: National Foundation for Education in American Citizenship, 1937.

HARDT, Michael; NEGRI, Antonio. *Multidão*: guerra e democracia na era do Império. Tradução de Clóvis Marques. Revisão de Giuseppe Cocco. Rio de Janeiro: Record, 2005.

HOLLANDA, Cristina Buarque de (Org.). *Joaquim Francisco de Assis Brasil*: uma antologia política. Rio de Janeiro: 7 Letras, 2011.

JOBIM, Nelson. Origem e atuação da Justiça Eleitoral. In: PASSARELI, Eliana (Coord.). *Justiça Eleitoral*: uma retrospectiva. São Paulo: Imprensa Oficial do Estado de São Paulo, 2005.

KELSEN, Hans. *Jurisdição constitucional*. São Paulo: Martins Fontes, 2003.

LIPOVETSKY, Gilles; SERROY, Jean. *A cultura-mundo*: respostas a uma sociedade desorientada. Tradução de Maria Lúcia Machado. São Paulo: Companhia das Letras, 2011.

LORENZETTI, Ricardo Luis. *Teoria da decisão judicial*: fundamentos de direito. Tradução de Bruno Miragem. Notas de Cláudia Lima Marques. 2. ed. São Paulo: Revista dos Tribunais, 2010.

MACEDO, Elaine Harzheim; SOARES, Rafael Morgental. *O poder normativo da justiça eleitoral e a separação dos poderes*: um paradigma democrático? Disponível em: <http://www.publicadireito.com.br/artigos/?cod=0bd791e117caac17>. Acesso em: 4 fev. 2018.

MONTEIRO, Jorge Vianna. *Como funciona o governo*: escolhas públicas na democracia representativa. Rio de Janeiro: FGV, 2007.

MONTEIRO, Jorge Vianna. *Governo e crise*: escolhas públicas no Brasil e no mundo, 2007-2011. Rio de Janeiro: FGV, 2011.

MORAIS, José. *Alfabetizar para a democracia*. Porto Alegre: Penso, 2014.

MÜLLER, Friedrich. *Quem é o povo?* A questão fundamental da democracia. Introdução de Ralph Cristensen. Tradução de Peter Naumann. Revisão da Tradução de Paulo Bonavides. 7. ed. São Paulo: Revista dos Tribunais, 2013.

NASIO, Juan-David. *O prazer de ler Freud*. Tradução de Lucy Magalhães. Revisão de Marco Antonio Coutinho Jorge. Rio de Janeiro: Jorge Zahar, 1999.

NEISSER, Fernando Gaspar. *Crime e mentira na política*. Belo Horizonte: Fórum, 2016.

PAIM, Gustavo Bohrer. *Direito eleitoral e segurança jurídica*. Porto Alegre: Livraria do Advogado, 2016.

PASSARELI, Eliana (Coord.). *Justiça Eleitoral*: uma retrospectiva. São Paulo: Imprensa Oficial do Estado de São Paulo, 2005.

PINTO, Paulo Brossard de Sousa (Org.). *Ideias políticas de Assis Brasil*. Brasília: Senado Federal; Rio de Janeiro: Fundação Casa de Rui Barbosa, 1989.

POLANYI, Karl. *A grande transformação*: as origens da nossa época. Tradução de Fanny Wrobel. 2. ed. Rio de Janeiro: Elsevier, 2012.

RAMOS, Elival da Silva. *Ativismo judicial*: parâmetros dogmáticos. São Paulo: Saraiva, 2010.

RANCIÈRE, Jacques. *O ódio à democracia*. 1. ed. Tradução de Mariana Echalar. São Paulo: Boitempo, 2014.

RIO GRANDE DO SUL. Tribunal Regional Eleitoral. *Voto eletrônico*. Edição comemorativa: 10 anos da urna eletrônica; 20 anos do recadastramento eleitoral. Porto Alegre: TRE-RS, Centro de Memória da Justiça Eleitoral, 2006.

RUEDIGER, Marco Aurélio (Coord.). *Robôs, redes sociais e política no Brasil*: estudo sobre interferências ilegítimas no debate público na web, riscos à democracia e processo eleitoral de 2018. Rio de Janeiro: FGV, DAPP, 2017.

SECONDAT, Charles-Louis de. *Do espírito das leis*. Tradução, Introdução e Notas de Edson Bini. Bauru: Edipro, 2004. Série Clássicos.

SLAVUTZKY, Abrão. *Humor é coisa séria*. Porto Alegre: Arquipélago Editorial, 2014.

THALER, Richard; SUNSTEIN, Cass. *Nudge*: improving decisions about health, wealth and happiness. Londres: Penguin Books, 2008.

WESTEN, Drew. *The political brain*: the role of emotion in deciding the fate of the nation. New York: Public Affairs, 2008.

WINNICOTT, Donald W. *A família e o desenvolvimento individual*. Tradução de Marcelo Brandão Cipolla. 3. ed. São Paulo: Martins Fontes, 2005.

Informação bibliográfica deste texto, conforme a NBR 6023:2002 da Associação Brasileira de Normas Técnicas (ABNT):

SOARES, Rafael Morgental. Justiça Eleitoral em três momentos: passado, presente e futuro. In: PINHEIRO, Celia Regina de Lima; SALES, José Edvaldo Pereira; FREITAS, Juliana Rodrigues (Coord.). *Constituição e processo eleitoral*. Belo Horizonte: Fórum, 2018. p. 29-81. ISBN 978-85-450-0571-1.

DEMOCRACIA E DIREITOS POLÍTICOS: OS DIREITOS POLÍTICOS COMO CONDIÇÕES DE POSSIBILIDADE PARA O REGIME DEMOCRÁTICO E O DIREITO COMPARADO

Anderson Alarcon
Guilherme Barcelos

Introdução

A soberania popular, em sentido estrito, representa o vínculo jurídico-político mantido entre Estado e sociedade, que acaba por pregar a participação política dos cidadãos nos rumos políticos da Nação. Por sua vez, este princípio basilar do Estado Democrático, à luz do arcabouço normativo posto, resta concretizado, na forma ativa, pelo sufrágio universal, pelo voto direto e secreto, plebiscito, referendo e iniciativa popular (CF, art. 1º, parágrafo único c/c art. 14, *caput*); e, na forma passiva, pelo direito de elegibilidade, ou seja, pelo direito de ser votado, de modo a possibilitar a ocupação dos cargos eletivos do país. Tal participação se dá, portanto, por meio do *exercício dos direitos políticos*.

Nesse ínterim, o artigo pretenderá perquirir a natureza jurídica dos direitos políticos, como direitos de participação política que são, de modo a demonstrar que tais direitos humano-fundamentais representam verdadeiras condições de possibilidade para o regime democrático.

A partir daí o artigo desenvolverá uma análise de direito comparado, com o objetivo de aproximar da realidade brasileira alguns contributos das Cortes Internacionais de Direitos Humanos, especialmente a partir da jurisprudência da Corte Interamericana de Direitos Humanos (CIDH).

Para tanto, o texto será dividido em quatro partes: na primeira, será realizado um resgate acerca do conceito de democracia; na segunda, será realizada uma aproximação entre os conceitos de democracia e soberania popular, com ênfase na forma de exercício desta anunciada soberania do povo; na terceira, será perquirida a natureza jurídica dos direitos políticos e, principalmente, procurará ser justificada a afirmativa segundo a qual os direitos políticos representam condições de possibilidade para o regime democrático; na quarta, por fim, será realizada uma análise de direito comparado, especialmente à luz da jurisprudência da CIDH sobre direitos políticos, até mesmo para auxiliar na iluminação desse debate em terras brasileiras, afinal, a realidade hodierna dá conta de várias tentativas de amesquinhamento dos direitos políticos no Brasil.

1   O que é isto, a democracia?

Nenhum termo do vocabulário político é mais controverso que democracia nas obras de todos os autores que se dispõem a enfrentar esta temática. Em verdade, a conceituação de democracia é, pois, tarefa quase impossível, mormente porque o termo *democracia*, com o passar do tempo, foi transformado em um estereótipo, contaminado por uma *anemia significativa*, como dizem Bolzan e Streck.[1] Certo é, no entanto, que o enunciado teve sua origem na Grécia, mais precisamente em Atenas. Seu significado literal, extraído dos vocábulos *demos* (povo) e *kratos* (poder), é "poder do povo", expressão compreendida como "poder exercido pelo povo".[2]

Para Bonavides a democracia é

aquela forma de exercício da função governativa em que a vontade soberana do povo decide, direta ou indiretamente, todas as questões de governo, de tal sorte que o povo seja sempre o titular e o objeto, a saber, o sujeito ativo e o sujeito passivo do poder legítimo.[3]

Já nas lições de Bobbio,[4] trata-se de "uma das várias formas de governo, em particular aquelas em que o poder não está nas mãos de

---

[1]   STRECK, Lenio Luiz; MORAIS, José Luis Bolzan de. *Ciência política e teoria geral do Estado.* 3. ed. Porto Alegre: Livraria do Advogado, 2003. p. 100.

[2]   AZAMBUJA, Darcy. *Teoria geral do Estado.* São Paulo: Globo, 1998 (com modificações).

[3]   BONAVIDES, Paulo. *A Constituição aberta.* Belo Horizonte: Del Rey, 1993.

[4]   BOBBIO, Norberto. *Teoria geral da política:* a filosofia política e as lições dos clássicos. Rio de Janeiro: Campus, 2000. p. 7.

um só ou de poucos, mas de todos, ou melhor, da maior parte, como tal se contrapondo às formas autocráticas, como a monarquia e oligarquia". Logo, a democracia seria, assim, o governo do povo, o governo em que o povo manda, em que o povo decide. No regime democrático *é ele quem comanda os destinos da organização política, o supremo juiz das coisas do Estado*, como concluem Velloso e Agra.[5]

Noutro vértice, José Afonso da Silva[6] destaca que o conceito em voga se afiguraria como um conceito histórico. Não sendo por si um fim, diz o autor, mas meio e instrumento de realização de fins essenciais de convivência humana, que se traduzem basicamente nos direitos fundamentais do homem, compreende-se que a historicidade destes a envolva na mesma medida, enriquecendo o conteúdo a cada etapa do envolver social, mantido sempre o princípio básico de que ela revela um regime político em que o poder repousa na vontade do povo.

Sob esse aspecto, a democracia não é mero conceito político abstrato e estático, mas é um processo de afirmação do povo e de garantia dos direitos fundamentais que o povo vai conquistando no correr da história.[7] Nesse processo, vai-se configurando também a noção histórica de povo, pois, como adverte Burdeau "se é verdade que não há democracia sem governo do povo pelo povo, a questão importante está em saber o que é preciso entender por povo e como ele governa".[8][9] Noutras palavras, se uma democracia deve ser necessariamente

---

5   VELLOSO, Carlos Mário da Silva; AGRA, Walber de Moura. *Elementos de direito eleitoral*. 4. ed. São Paulo: Saraiva, 2014. p. 19.

6   SILVA, José Afonso da. *Curso de direito constitucional positivo*. 14. ed. São Paulo: Malheiros, 1997. p. 126.

7   SILVA, José Afonso da. *Curso de direito constitucional positivo*. 14. ed. São Paulo: Malheiros, 1997. p. 126-127.

8   Cf. Burdeau, *La Democracia*, p. 29-30 (versão portuguesa, *A Democracia*, p. 15), citado por SILVA, José Afonso da. *Curso de direito constitucional positivo*. 14. ed. São Paulo: Malheiros, 1997. p. 127.

9   "[...]. Mais que uma simples etnia, porém, o Brasil é uma etnia nacional um povo-nação, assentado num território próprio e enquadrado dentro de um mesmo Estado para nele viver seu destino. Ao contrário da Espanha, na Europa, ou da Guatemala, na América, por exemplo, que são sociedades multiétnicas regidas por Estados unitários e, por isso mesmo, dilaceradas por conflitos interétnicos, os brasileiros se integram em uma única etnia nacional, constituindo assim um só povo incorporado em uma nação unificada, num Estado uni étnico. A única exceção são as múltiplas microetnias tribais, tão imponderáveis que sua existência não afeta o destino nacional" (RIBEIRO, Darcy. *O povo brasileiro*: a formação e o sentido do Brasil. 2. ed. São Paulo: Companhia das Letras, 1995. p. 22).

legitimada pelo povo, indispensável sabermos, ao fim e ao cabo, quem é o povo[10] [11] e como ele exerce o poder.

De fato, como se verifica, as terminologias são diversas. Distintas são, de igual maneira, as formas de exercício do poder pelos diversos povos do globo terrestre. Cumpre, portanto, reafirmar o que foi dito no início do capítulo: para além da definição clássica aristotélica, e da noção grega da *ágora*, conceituar o que seria, enfim, uma democracia, não é tarefa das mais simples.

É assim que Robert Dahl,[12] partindo do mesmo pressuposto, alerta para o fato de que ao começarmos a tarefa de conceituar o que seria uma democracia,

descobre-se que diversas associações e organizações que se chamam "democráticas" adotaram muitas constituições diferentes. Descobre-se que, mesmo entre países "democráticos", as constituições diferem em pontos importantes. Por exemplo, a Constituição dos Estados Unidos prevê um poderoso chefe executivo na presidência e, ao mesmo tempo, um poderoso legislativo no Congresso; cada um é bastante independente do outro. Em compensação, a maioria dos países europeus preferiu um sistema parlamentar, em que o chefe do Executivo, o primeiro-ministro, é escolhido pelo Parlamento. Pode-se facilmente apontar muitas outras diferenças importantes.

No Brasil, inclusive, pelo que se tem visto, nenhuma das alternativas citadas por Dahl se fazem presentes. Por aqui o que prepondera,

---

[10] Na obra *Quem é o povo? A questão fundamental da democracia*, Friedrich Muller aquilata que o conceito de povo não é unívoco, mas sim plurívoco. Daí, parte o renomado autor para apontar que o "povo" poderia ser visto como (i) "povo ativo", consubstanciando-se unicamente naqueles que participam efetivamente do processo eleitoral, (ii) "povo" como instância geral de atribuição de legitimidade, compondo-se por aqueles que se submetem ao ordenamento jurídico vigente, legitimando o próprio regime, (iii) "povo icônico", ou como ícone, manifestando-se como os "excluídos" que não participam do processo democrático, mas que são unificados no conceito e, por fim, (iv) "povo" como destinatário das prestações estatais (destinatários da assistência do Estado) (MULLER, Friedrich. *Quem é o povo?* A questão fundamental da democracia. 3. ed. Tradução de Peter Naumann. Revisão de Paulo Bonavides. São Paulo: Max Limonad, 2003).

[11] Sartori, por sua vez, afirma o seguinte: "Conclui-se daí que o nosso conceito de povo tem de ser reduzido, pelo menos, a cinco interpretações: 1 – povo significando uma pluralidade aproximada, exatamente como um grande número; 2 – povo significando uma pluralidade integral, todas as pessoas; 3 – povo como entidade ou como um todo orgânico; 4 – povo como uma pluralidade expressa por um princípio de maioria absoluta e; 5 – povo como uma pluralidade expressa pelo princípio de uma maioria limitada)" (SARTORI, Giovani. *Teoria democrática*. 1. ed. Portugal: Editora Fundo da Cultura, 1962. p. 33).

[12] DAHL, Robert A. *Sobre a democracia*. Tradução de Beatriz Sidou. Brasília: Editora UnB, 2001. p. 48.

nas palavras de Ricardo Giuliani Neto,[13] é um chamado *presidencialismo de coalizão orçamentária* denotando, pois, não raro, relações promíscuas entre Poder Executivo e Poder Legislativo. A propósito, na mesma toada, não esqueçamos do *presidencialismo de coalizão judicial*, termo cunhado por Streck ao criticar o *ativismo judicial à brasileira*.

Volvendo, então, às lições de Dahl, começamos a nos perguntar se essas diferentes constituições

> têm algo em comum que justifique intitularem-se "democráticas". Talvez algumas sejam mais "democráticas" do que outras? O que significa "democracia"? Logo os leitores aprenderão que a palavra é usada de maneiras pasmosamente diferentes. Sabiamente, você decidirá ignorar essa infinita variedade de definições, pois a tarefa que tem pela frente é mais específica: *criar um conjunto de regras e princípios, uma constituição, que determinará como serão tomadas as decisões da associação.* Além disso, a sua associação deverá estar de acordo com um princípio elementar: todos os membros deverão ser tratados (sob a constituição) como se estivessem igualmente qualificados para participar do processo de tomar decisões sobre as políticas que a associação seguirá. Sejam quais forem às outras questões, no governo desta associação todos os membros serão considerados politicamente iguais.[14] [15]

Queremos dizer, então, partindo dessas premissas, que a democracia, mais do que um conceito estanque e canônico, é um processo de convivência e organização social em que o poder emana do povo e, direta ou indiretamente, há de ser exercido pelo povo sob a égide de uma Constituição, considerada como tal um pacto dotado de supremacia e rigidez, consagrador de pré-compromissos vinculantes.

Mais do que isso, como diz José Afonso da Silva,[16] é um processo de convivência, "primeiramente para denotar sua historicidade, depois para realçar que, além de ser uma relação de poder político, é também

---

[13] GIULIANI NETO, Ricardo. *Nas coxias do poder*. Porto Alegre: Dublinense, 2012.

[14] DAHL, Robert A. *Sobre a democracia*. Tradução de Beatriz Sidou. Brasília: Editora UnB, 2001. p. 48-49.

[15] Não é muito distinta a visão adotada por Friedrich Muller, para quem "a ideia fundamental da democracia é a determinação normativa de um tipo de convívio de um povo pelo mesmo povo. Já que não se pode ter o autogoverno na prática quase inexequível, pretende-se ter ao menos a auto codificação das prescrições vigentes com base na livre competição entre opiniões e interesses, com alternativas manuseáveis e possibilidades eficazes de sancionamento político" (MULLER, Friedrich. *Quem é o povo?* A questão fundamental da democracia. 3. ed. Tradução de Peter Naumann. Revisão de Paulo Bonavides. São Paulo: Max Limonad, 2003. p. 57).

[16] SILVA, José Afonso da. *Curso de direito constitucional positivo*. 14. ed. São Paulo: Malheiros, 1997. p. 127.

um modo de vida, em que, no relacionamento interpessoal, há de verificar-se o respeito e a tolerância entre os conviventes".

Disso, por sua vez, exsurgirão alguns pilares nodais, sem os quais determinado regime dito democrático não passaria de uma *mera caricatura de si mesmo*, quais sejam: a subordinação a uma Lei Maior que a todos submete; a igualdade; a soberania do povo nos rumos políticos do Estado; eleições livres e autênticas (*free and fair elections*), realizadas mediante sufrágio universal e igual para todos e pelo voto secreto; a transitoriedade do poder do político; o respeito incondicional pelos direitos e garantias individuais; o respeito aos direitos fundamentais individuais e sociais; o reconhecimento e o respeito às minorias; a liberdade de manifestação, de associação e reunião, de informação e de crença; a liberdade e a pluralidade política; e, sobretudo, o controle do poder constituído, seja do Executivo, do Legislativo ou do Judiciário.

De qualquer maneira, cumpre fazer a ressalva de que a democracia, no entanto, como diz Lefort, é uma constante invenção, isto é, deve ser inventada cotidianamente. A democracia é, pois, *uma relação sempre instável, sujeita a avanços e retrocessos, a continuidades ou rupturas*, estando sempre sujeita aos ataques de eventuais predadores de conveniência (que, não raro, pode ser, mediante parcela, o próprio povo). A democracia, na dicção de Streck, precisa ser vista, ao fim e ao cabo, *numa perspectiva histórica e de lutas políticas. As lutas históricas em prol da democracia nos mostram quão duro é alcançá-la e, muito mais do que isto, conservá-la*. A democracia – seguimos com Streck – *é um processo sempre inconcluso. É, antes de tudo, uma jornada, uma grande caminhada. Pede uma atenção e um cuidado constante.* A democracia, ao fim e ao cabo, *exige um alerta constante de todos*.[17]

2   Democracia e soberania popular: como se materializa a soberania do povo?

A noção de soberania popular remete-nos, precipuamente, ao seguinte preceito: *todo poder emana do povo e em seu nome será exercido.* Essa ideia, isto é, a ideia de que o poder emana do povo, devendo em seu nome ser exercido, é, por seu turno, atributo indissociável de um regime democrático. Isso, por sua vez, nos faz compreender que a soberania popular pode ser concebida como a *soberania política do povo*. E que não há, de mais a mais, regime democrático que não sufrague tal pregação.

---

[17] A esse respeito, ver: STRECK, Lenio Luiz; MORAIS, José Luis Bolzan de. *Ciência política e teoria geral do Estado*. 3. ed. Porto Alegre: Livraria do Advogado, 2003. p. 100.

Como diz Araújo Reis, essa é a crença de que a autoridade mais alta – a autoridade soberana – repousa, em última instância, no conjunto de pessoas que constituem a própria sociedade política. Toda e qualquer outra autoridade deve poder ser vista como derivando-se, em algum sentido, dessa autoridade originária – deve poder ser vista como autorizada por essa fonte originária, que é o próprio povo.[18] Na democracia, assim, o povo é o soberano, nele residindo a base de autoridade e legitimidade do poder político-estatal. O poder emana do povo e em nome do povo deverá ser exercido, assim o sendo direta e/ou indiretamente.[19]

O poder, como sustenta José Jairo Gomes, é um dos elementos do Estado. Traduz-se em sua expressão dinâmica, pois é por ele que o governo põe em movimento as políticas públicas que pretende ver implantadas. Por sua vez, o vocábulo *soberania* designa o poder mais alto, o superpoder, o supremo poder. O poder, assim, é do povo, e o governo, na condução das políticas de Estado, deve nortear-se por tal premissa, pois que legitimado pelo próprio.[20] A noção de soberania popular (ou soberania política dos cidadãos) tem, dessa maneira, um caráter eminentemente normativo: é um ideal que vai servir como princípio orientador ou regulador de nossa prática política e, particularmente, de nosso esforço de construção institucional. Sua menção já no primeiro artigo da Constituição lembra-nos justamente disso: todo o resto do texto constitucional deve, em alguma medida, poder ser visto em conexão com a promoção desse ideal implicado pela noção de soberania popular.[21]

Numa acepção estrita, a soberania popular representa o vínculo jurídico-político mantido entre Estado e sociedade, que acaba por pregar a participação política dos cidadãos nos rumos políticos da Nação. Está, pois, intimamente relacionada à noção de cidadania. Por sua vez, este princípio basilar do Estado Democrático, à luz do arcabouço normativo posto, resta concretizado, na forma ativa, pelo sufrágio universal, pelo

---

[18] REIS, Cláudio A. "Todo o poder emana do povo": o exercício da soberania popular e a Constituição de 1988. In: SENADO FEDERAL. *Estudos legislativos* – Constituição de 1988: o Brasil 20 anos depois. Os alicerces da redemocratização. Brasília: Senado Federal, 2008. v. I.

[19] CF, art. 1º, parágrafo único: "Todo o poder emana do povo, que o exerce por meio de representantes eleitos ou diretamente, nos termos desta Constituição".

[20] GOMES, José Jairo. *Direito eleitoral*. 5. ed. Belo Horizonte: Del Rey, 2010. p. 42.

[21] REIS, Cláudio A. "Todo o poder emana do povo": o exercício da soberania popular e a Constituição de 1988. In: SENADO FEDERAL. *Estudos legislativos* – Constituição de 1988: o Brasil 20 anos depois. Os alicerces da redemocratização. Brasília: Senado Federal, 2008. v. I.

voto direto e secreto, plebiscito, referendo e iniciativa popular (CF, art. 1º, parágrafo único c/c art. 14, *caput*); e, na forma passiva, pelo direito de elegibilidade, ou seja, pelo direito de ser votado, de modo a possibilitar a ocupação dos cargos eletivos do país. Tal participação se dá, portanto, por meio do exercício dos direitos políticos, seja ativa, seja passivamente.

Ora, é conhecida a classificação da democracia em democracia direta e indireta, além da democracia semidireta. A soberania popular é o que sustenta todas. No entanto, as formas de exercício desta mesma soberania são distintas. Para Perez Gándara a democracia direta pode ser compreendida como "o regime político em que os cidadãos exercem por si mesmos os poderes do Estado, sem intermediários ou representantes". Ou seja, neste modelo de exercício do poder político, é o povo quem exerce diretamente as funções estatais, sem qualquer representação eleita para tanto, por conseguinte.[22] Diante das acentuadas características desse modelo de democracia, não há como descurar, porém, do seu caráter basicamente impraticável, notadamente em razão da pluralidade e da complexidade das relações sociais que norteiam os tempos hodiernos. Sendo o Estado Democrático aquele em que o próprio povo governa, é evidente que se coloca o problema de estabelecimento dos meios para que o povo possa externar sua vontade. Sobretudo nos dias atuais, em que a regra são colégios eleitorais numerosíssimos e as decisões de interesse público muito frequentes, exigindo uma intensa atividade legislativa, é difícil, quase absurdo mesmo, pensar na hipótese de constantes manifestações do povo, para que se saiba rapidamente qual a sua vontade. Entretanto, embora com amplitude bastante reduzida, não desapareceu de todo a prática de pronunciamento direto do povo, existindo alguns institutos que são classificados como expressões de democracia direta. Referindo-se a essas práticas, Burdeau qualifica-as como mera *curiosidade histórica*, entendendo que só existe mesmo a democracia direta na *Landsgemeinde*, que ainda se encontra em alguns cantões suíços: *Glaris, Unterwalden* e *Appenzell*.[23]

Gándara, com muita propriedade, faz o mesmo alerta, segundo o qual é basicamente impossível que se desempenhe tal modelo de democracia, o qual, segundo o autor, somente poderia se verificar em comunidades deveras diminutas e, mesmo assim, no que toca à função legislativa, tão somente. Para o autor, supõe-se que tal função de Estado

---

[22] PEREZ GÁNDARA, Raymundo. *Democracia y representación como presupuestos del derecho electoral in apuntes de derecho electoral*: una contribución institucional para el conocimiento de la ley como valor fundamental de la democracia. México: El Tribunal, 2000. v. 2. p. 55.

[23] DALLARI, Dalmo de Abreu. *Elementos de teoria geral do Estado*. 30. ed. São Paulo: Saraiva, 2011. p. 152.

referir-se-ia apenas aos aspectos legislativos, porque é material e logicamente impossível para as funções executiva e judicial serem realizadas por cada cidadão. Esta possibilidade de democracia direta só pode ser aplicada em pequenas comunidades (as formas democráticas de governo são incompatíveis com os regimes aristocráticos e autocráticos). É a maneira pela qual o povo, reunido em assembléia, pessoalmente toma todas e quaisquer decisões estaduais. Atualmente, apenas é feito em alguns cantões suíços, em certos municípios pouco populosos dos Estados Unidos e na reunião anual da Suazilândia, um pequeno Estado localizado na parte nordeste da África do Sul.

A impossibilidade prática de utilização dos processos da democracia direta tornou inevitável o recurso à democracia representativa ou indireta, apesar de eventuais dificuldades (crises) de representação ou representatividade que daí possam surgir.[24]

Sobre o sistema representativo, Bonavides elucida que tal sistema, na mais ampla acepção, "refere-se sempre a um conjunto de instituições que definem uma certa maneira de ser ou de organização do Estado".[25] Na democracia representativa o povo concede um mandato a alguns cidadãos, para, na condição de representantes, externarem a vontade popular e tomarem decisões em seu nome, como se o próprio povo estivesse governando.[26] É similar a lição de Silva, para quem a democracia indireta, chamada representativa, é aquela na qual o povo, fonte primária do poder, não podendo dirigir os negócios do Estado diretamente, em face da extensão territorial, da densidade demográfica e da complexidade dos problemas sociais, "outorga as funções de governo aos seus representantes, que elege periodicamente".[27] A representação, mediante eleições, permite aos cidadãos designar os seus governantes para um período (pré) determinado e, posteriormente, dependendo do ordenamento jurídico interno, reelegê-los ou não, ou eleger outros entre outros candidatos. Nesta hipótese de representação, o povo não exerce o poder de modo direto ou imediato, mas sim por meio de representantes eleitos para tanto. A democracia representativa reza, ao final e ao cabo, um conjunto de instituições que disciplinam a participação popular no

---

[24] PEREZ GÁNDARA, Raymundo. *Democracia y representación como presupuestos del derecho electoral in apuntes de derecho electoral*: una contribución institucional para el conocimiento de la ley como valor fundamental de la democracia. México: El Tribunal, 2000. v. 2. p. 55.

[25] BONAVIDES, Paulo. *Ciência política*. São Paulo: Malheiros, 2006.

[26] DALLARI, Dalmo de Abreu. *Elementos de teoria geral do Estado*. 30. ed. São Paulo: Saraiva, 2011. p. 157.

[27] SILVA, José Afonso da. *Curso de direito constitucional positivo*. 14. ed. São Paulo: Malheiros, 1997. p. 136.

processo político, que vêm formar os direitos políticos que qualificam a cidadania (soberania popular), como as eleições, o sistema eleitoral, o regime de inelegibilidades, os partidos políticos, entre outros, ou seja, mecanismos disciplinadores da escolha dos representantes do povo, ou ainda, de outro modo, as *regras do jogo eleitoral*.

Já uma democracia semidireta, conclusivamente, nada mais é do que a democracia representativa com peculiaridades pontuais que indicam a participação direta da sociedade nos assuntos do Estado, podendo, assim, ser considerada mista. Noutras palavras, é uma *democracia representativa semidireta ou mista*. A democracia semidireta é, na verdade, democracia representativa com alguns institutos de participação direta do povo nas funções de governo, institutos que, entre outros, integram a *democracia participativa*. A democracia não teme, antes requer, a participação ampla do povo e de suas organizações de base no processo político e na ação governamental. Nela, as restrições a essa participação hão de limitar-se tão só às situações de possível influência antidemocrática, como as irreelegibilidades e inelegibilidades por exercício de funções, empregos ou cargos, ou de atividades econômicas, que possam impedir a liberdade do voto, a normalidade e legitimidade das eleições (art. 14 §§5º a 9º).[28] Por outro lado, é sabido que o povo há de ser concebido como o conjunto de indivíduos concretos, situados, com suas qualidades e defeitos, e não como entes abstratos. Embora os tempos atuais não permitam, dada a complexidade da organização social, que se retorne ao mandato imperativo, é certo que há mecanismos capazes de dar à representação política certa concreção. Tais mecanismos são a atuação partidária livre, a possibilidade de participação permanente do povo no processo político e na ação governamental por meio de institutos de democracia direta, que veremos. Não se há de pretender eliminar a representação política para substituí-la por representação orgânica ou profissional antidemocrática, mas se deverá possibilitar a atuação das organizações populares de base na ação política.[29]

Por certo, se é verdade que, diante da complexidade das relações sociais, a democracia direta se afigura como basicamente impraticável (e a história bem nos demonstra isso), não há como negar, porém, que uma democracia, ainda que representativa, pode albergar meios de participação popular direta, desde que a própria e o fruto estejam

---

[28] SILVA, José Afonso da. *Curso de direito constitucional positivo*. 14. ed. São Paulo: Malheiros, 1997. p. 137.

[29] SILVA, José Afonso da. *Curso de direito constitucional positivo*. 14. ed. São Paulo: Malheiros, 1997. p. 137.

em conformidade com a Carta republicana. Dessa forma, poderíamos assentar, de fato, que os multiformes dispositivos formais e informais da democracia semidireta são a tentativa de realizar o *quantum possible* de democracia, para utilizar as palavras de Muller.[30] *Não existe nenhuma democracia viva sem espaço público*, dizia o autor alemão. Ele é o espaço do povo, quer dizer, da população. "A praça é do povo, como o céu é do condor" (Castro Alves). Nele oscilam os processos informais da sua participação política, na qual podem-se apoiar aqueles formais de participação: para tornar o povo identificável, abrindo-lhe espaço para que ele se crie – atuando em situações concretas, diante de problemas concretos. Eis a direção na qual um Estado democraticamente constituindo poderia tornar-se uma *república* no sentido enfático da palavra: uma *res publica*, coisa pública – quer dizer, segundo a etimologia do latim arcaico, uma *res populica*: uma coisa do povo.[31]

Dito isso, cumpre assinalar que o sistema constitucional brasileiro, apesar de assentar-se precipuamente em uma democracia representativa, adota clarividente nuance de participação popular.[32] O Brasil optou por adotar um sistema relativamente misto, ou seja, de representação ou representatividade política, mas com nuance de participação direta do povo nos assuntos do Estado, ainda que tal participação, na espécie, não se afigure como um reclame intensamente praticado. A *soberania popular*, assim, é exercida *direta* ou *indiretamente*. E basta, para tanto, atentar para as disposições contidas no parágrafo único do art. 1º da CF,[33] pelo

---

[30] MULLER, Friedrich. *Quem é o povo?* A questão fundamental da democracia. 3. ed. Tradução de Peter Naumann. Revisão de Paulo Bonavides. São Paulo: Max Limonad, 2003. p. 132.

[31] "[...]. Los gobiernos tienen, frente a los derechos políticos y al derecho a la participación política, la obligación de permitir y garantizar la organización de todos los partidos políticos y otras asociaciones [...]; el debate libre de los principales temas socioeconómicos; la realización de elecciones generales, libres y con las garantías necesarias para que sus resultados representen la voluntad popular (Informe Anual 2002, CIDH 2003a, Cap. IV, Cuba, párr. 12 e Informe 67/06, CIDH 2006, párr. 246). [...] el libre ejercicio del derecho de participación en el gobierno requiere además el respeto de otros derechos humanos, en especial de la libertad y seguridad personal. De la misma forma, la plena vigencia de la libertad de expresión, asociación y reunión es imprescindible para la participación directa en la toma de decisiones que afectan a la comunidad" (Informe 67/06, CIDH 2006, par. 256).

[32] No mesmo sentido: "Portanto, nosso sistema político é preponderantemente uma democracia indireta, com eleições diretas, composto de alguns instrumentos de democracia participativa que são pouco utilizados" (VELLOSO, Carlos Mário da Silva; AGRA, Walber de Moura. *Elementos de direito eleitoral*. 4. ed. São Paulo: Saraiva, 2014. p. 26).

[33] CF, art. 1º: "A República Federativa do Brasil, formada pela união indissolúvel dos Estados e Municípios e do Distrito Federal, constitui-se em Estado Democrático de Direito e tem como fundamentos: I – a soberania; II – a cidadania III – a dignidade da pessoa humana; IV – os valores sociais do trabalho e da livre iniciativa; V – o pluralismo político. Parágrafo único. Todo o poder emana do povo, que o exerce por meio de representantes eleitos ou diretamente, nos termos desta Constituição".

que o poder será exercido pelo povo por meio de *representantes eleitos* ou *diretamente*, nos termos da Carta; e, ao fim e ao cabo, pelo também disposto no art. 14 da Lei Maior da República.[34]

Trata-se, pois, do exercício da *soberania popular* por intermédio dos *direitos políticos ativos* (votar, plebiscito, referendo e iniciativa popular) *e passivos* (ser votado). Segundo José Afonso da Silva, o regime representativo desenvolveu técnicas destinadas a efetivar a designação dos representantes do povo nos órgãos governamentais. A princípio, essas técnicas aplicavam-se empiricamente nas épocas em que o povo deveria proceder à escolha dos seus representantes. Aos poucos, porém, certos modos de proceder foram transformando-se em regras, que o direito positivo sancionara como normas de agir. Assim, o direito democrático de participação do povo no governo, por seus representantes, acaba exigindo a formação de um conjunto de normas legais permanentes, que receberá a denominação de *direitos políticos*.[35] Os direitos políticos, como *direitos fundamentais* que são, manifestam-se como frutos diretos de um salto civilizatório, cujo resguardo é, ao fim e ao cabo, tarefa indissociável de um regime democrático. Daí que os direitos políticos são condições de existência de um Estado democrático constitucional,

> visto que são os únicos direitos que permitem ao conjunto dos cidadãos não apenas o direito de falar, de manifestar a sua vontade, mas também o direito de ser ouvido, e de subordinar o funcionamento do Estado, à vontade de uma pluralidade de pessoas titulares desses direitos.[36]

3 Democracia e direitos políticos: os direitos políticos como condições de possibilidade para o regime democrático

A Constituição traz um capítulo sobre os direitos políticos, no sentido indicado acima, como *conjunto de normas que regulam a atuação da soberania popular* (arts. 14 a 16). Tais normas constituem o desdobramento do princípio democrático inscrito no art. 1º, parágrafo único, quando

---

[34] CF, art. 14: "A soberania popular será exercida pelo sufrágio universal e pelo voto direto e secreto, com valor igual para todos, e, nos termos da lei, mediante: I – plebiscito; II – referendo; III – iniciativa popular".

[35] SILVA, José Afonso da. *Curso de direito constitucional positivo*. 14. ed. São Paulo: Malheiros, 1997. p. 329.

[36] SILVA, Daniela Romanelli da. *Os direitos políticos no Estado Democrático de Direito*. Disponível em: <http://www.anpocs.org/portal/index.php?option=com_docman&task=doc_view&gid=4083&Itemid=319>. Acesso em: 17 dez. 2017.

diz que o poder emana do povo, que *o exerce por meio de representantes eleitos ou diretamente.*[37]

Conforme Joel Cândido, a Constituição, em seu art. 1º, parágrafo único, aponta o povo como a origem e a fonte do poder. Consagra-se, assim, diz o eminente jurista, "o princípio da soberania popular, que se viabiliza, regular e especialmente, através do voto".[38]

Com efeito, a noção de soberania popular remete-nos, inexoravelmente, à seguinte máxima: todo poder emana do povo e em seu nome será exercido, assim o sendo indiretamente, por meio de representantes eleitos, ou diretamente, nos termos da Constituição. A noção de soberania popular (ou soberania política dos cidadãos), vale repetir, tem, dessa maneira, um caráter eminentemente normativo: é um ideal que vai servir como princípio orientador ou regulador de nossa prática política e, particularmente, de nosso esforço de construção institucional.[39] O que nos interessa principalmente, porém, é a noção de soberania do povo no que toca à relação entre governantes e governados. Ideia esta que, sem dúvidas, se encontra intimamente vinculada à concepção de democracia representativa, característica do Estado moderno. De tudo, pois, que pode conter o ideário de soberania do povo, há, natural e obviamente, uma relação entre a ideia de soberania popular e a ideia democrática. Entre os traços que compõem a ideia de soberania popular, tal como aparece nas constituições modernas, podemos claramente identificar as promessas associadas com o ideal do autogoverno. Embora não seja possível afirmar uma identidade necessária entre a afirmação da soberania popular e a afirmação da democracia – tudo depende de como, em cada caso, vai-se pensar a relação entre o povo e aqueles que "autoriza" –, todas as versões da ideia democrática incluem a crença na soberania popular: todas comprometem-se com a ideia de que a autoridade mais alta se encontra consubstanciada no povo, que jamais aliena completamente essa autoridade, e, portanto, governa a si mesmo.[40]

---

[37] SILVA, José Afonso da. *Curso de direito constitucional positivo*. 14. ed. São Paulo: Malheiros, 1997. p. 329.

[38] CÂNDIDO, Joel José. *Direito eleitoral brasileiro*. 15. ed. rev., atual. e ampl. São Paulo: Edipro, 2012. p. 80.

[39] REIS, Cláudio A. "Todo o poder emana do povo": o exercício da soberania popular e a Constituição de 1988. In: SENADO FEDERAL. *Estudos legislativos* – Constituição de 1988: o Brasil 20 anos depois. Os alicerces da redemocratização. Brasília: Senado Federal, 2008. v. I. p. 12.

[40] REIS, Cláudio A. "Todo o poder emana do povo": o exercício da soberania popular e a Constituição de 1988. In: SENADO FEDERAL. *Estudos legislativos* – Constituição de 1988: o Brasil 20 anos depois. Os alicerces da redemocratização. Brasília: Senado Federal, 2008. v. I. p. 12.

A soberania popular, num sentido estrito, representa o vínculo jurídico-político mantido entre Estado e sociedade, que acaba por pregar a participação política dos cidadãos nos rumos políticos da Nação. Por sua vez, este princípio basilar do Estado Democrático, à luz do arcabouço normativo posto, resta concretizado, na forma ativa, pelo sufrágio universal, pelo voto direto e secreto, plebiscito, referendo e iniciativa popular (CF, art. 1º, parágrafo único c/c art. 14, *caput*); e, na forma passiva, pelo direito de elegibilidade, ou seja, pelo direito de ser votado, de modo a possibilitar a ocupação dos cargos eletivos do país. Tal participação se dá, portanto, por meio do *exercício dos direitos políticos*.

Os direitos políticos, nesse desiderato, podem ser conceituados como *direitos fundamentais de participação política*, a ser materializados, *de forma ativa*, pelo direito de votar (sufrágio) –[41] e também pelos mecanismos de democracia direta, como o plebiscito, o referendo e a iniciativa popular, e, de *maneira passiva*, pelo direito de ser votado (elegibilidade).[42] Trata-se, enfim, de um conjunto de mecanismos que preceituam as relações sociopolíticas de uma sociedade democrática.

Direitos políticos são direitos de participação dos cidadãos no governo, na administração e na justiça. Ou, simplesmente, direitos que facultam a participação dos cidadãos no poder do Estado. Participar significa tomar parte. Tal sentido do vocábulo, porém,

> não esclarece a essência dos direitos políticos, pois que não informa exatamente qual é a importância da vontade do titular do direito político para o funcionamento do Estado. A expressão participar só começa a dar conta do conteúdo dos direitos políticos se significar aquele processo em que cada pessoa dispõe do mesmo poder que as outras de determinar o resultado final das decisões. Em uma democracia, os direitos políticos se referem sempre ao poder igual atribuído aos membros de uma comunidade política de formar periodicamente a sua vontade coletiva e impô-la ao Estado, de tal modo que essa vontade seja indispensável para o funcionamento do Estado.[43]

---

[41] O direito de sufrágio compreende precipuamente o direito de escolha periódica dos representantes populares, algo que se perfectibilizará por intermédio do voto secreto.

[42] O direito de elegibilidade compreende a prerrogativa de o cidadão buscar a ocupação de um cargo eletivo pela via do processo eleitoral, desde que venha a cumprir as condições ou pressupostos de elegibilidade previamente estabelecidos e não incorra em causa de inelegibilidade inserta no ordenamento jurídico posto. Esta prerrogativa, enfim, compreende o direito de ser votado, o direito de ser eleito ("derecho a ser elegido") como mandatário do povo.

[43] SILVA, Daniela Romanelli da. *Os direitos políticos no Estado Democrático de Direito*. Disponível em: <http://www.anpocs.org/portal/index.php?option=com_docman&task=doc_view&gid=4083&Itemid=319>. Acesso em: 17 dez. 2017.

A ideia de democracia possui centros gravitacionais, como o império da Constituição, a soberania popular, a imposição de limites/ controles aos poderes constituídos, o respeito aos direitos fundamentais, o reconhecimento e respeito às minorias etc. Se a vontade do povo é a base da autoridade e legitimidade do poder político democrático, esta vontade se expressará, primordialmente, mediante eleições autênticas que se realizarão periodicamente, assegurando-se o sufrágio universal, direto, livre, periódico e igual para todos, a ser exercido pelo voto secreto.

Os cidadãos, assim, têm o direito de participar do governo de seu país, por meio de representantes livremente escolhidos, consolidando-se, dessa maneira, o modelo de democracia representativa característico do Estado Moderno. De mais a mais, os mesmos cidadãos possuem o direito de acesso, em condições de igualdade, às funções públicas eletivas de seu país, ou seja, o direito de, em pé de igualdade, lançarem-se como candidatos, não só escolhendo os representantes, mas disputando também o voto dos seus pares.[44] E é por intermédio (do pleno exercício) dos direitos políticos, definitivamente, que tudo isso se fará possível.

Daí, vale questionar: *qual a natureza jurídica dos direitos políticos*? E mais: *qual a relação existente entre direitos políticos e democracia, no final das contas*? Os direitos políticos são *direitos fundamentais* e encontram total respaldo na Declaração Universal dos Direitos Humanos, na Convenção Interamericana de Direitos Humanos e na Constituição da República Federativa do Brasil (1988). Democracia e direitos fundamentais se encontram em um *condicionamento recíproco*. Por sua vez, especificamente, os direitos políticos, como *direitos fundamentais de participação política* que são, representam verdadeiras *condições de possibilidade* para o regime democrático. Dito de outra forma, *não há democracia sem direitos políticos*. E *sem direitos políticos*, igualmente, *não haverá democracia*.

---

[44] Não ignoramos, pois bem, que, notadamente nos dias de hoje, votar e ser votado não resumem as formas de participação política do povo nos temas de Estado ou, como muito bem diz Rodolfo Viana Pereira, "todas as facetas da realização democrática". "Por certo, os direitos ao voto e à candidatura não resumem todas as facetas da realização democrática. As teorias contemporâneas, com maior ou menor acento, postulam a complementaridade entre participação e representação, ademais de ressaltarem formas outras de inserção política para além do voto. Um conceito-chave, nesse contexto, é o de esfera pública, isto é, a realização política na democracia constitucional dá-se na esfera de formação pública e não coagida da opinião e vontade dos membros de uma comunidade política e democrática sobre a regulação dos assuntos públicos, o que inclui novas arenas (audiências públicas e orçamento participativo, p. ex.) e novos atores (terceiro setor, p. ex.)" (PEREIRA, Rodolfo Viana. Condições de registrabilidade e condições implícitas de elegibilidade: esses obscuros objetos do desejo. In: SANTANO, Ana Claudia; SALGADO, Eneida Desiree (Org.). *Direito eleitoral*: debates ibero-americanos. Curitiba: Íthala, 2014. p. 275-286).

As ideias de "democracia representativa" e de "democracia constitucional", nas quais se assentam os direitos políticos, compõem-se de requisitos basilares (Estado de Direito e império da Constituição, separação de poderes, soberania popular, limites constitucionais aos poderes constituídos, respeito às minorias, eleições livres, autênticas e periódicas, direitos fundamentais e sociais etc.), que são essencialmente os mesmos na cultura do constitucionalismo pós-segunda guerra e, por oportuno, nos sistemas de proteção internacional.

Os direitos políticos, por sua feita, carregam em si dois aspectos demasiado acentuados: o direito ao exercício do poder político constituído e o direito a eleger quem deve exercê-lo. Daí que os direitos políticos são direitos fundamentais de importância salutar, fazendo possível o jogo democrático.

Não há democracia sem eleições livres, autênticas e periódicas. No regime democrático o poder emana do povo, que o exerce principalmente de maneira indireta, através de representantes eleitos para tanto. Se a soberania política recai sobre o povo, há de haver meios para que essa supremacia popular reste materializada.

E é nesse percurso que adentram os direitos políticos, como direitos fundamentais de participação política do povo, materializados, notadamente, pelo votar e ser votado. Conseguintemente, *os direitos políticos são condições de possibilidade para a democracia.*

4 Os direitos políticos no mundo – Algumas lições de direito comparado: a jurisprudência da Corte Interamericana de Direitos Humanos

A construção dos direitos políticos pode se traduzir em exigência na formação dos outros direitos e até mesmo do direito à vida. Afirma Deutsch[45] que "a política tornou-se, literalmente, um caso de vida ou de morte". A criação das regras de convivência determina o modo e a forma por meio dos quais os indivíduos conviveram em sociedades mais simples e convivem nas sociedades complexas, incluindo a sociedade mundial. A luta pelos direitos políticos é, em última instância, a luta pelo

---

[45] DEUTSCH, Karl Wolfgang. *Política e governo.* Tradução de Maria José da Costa Félix Matoso Miranda Mendes. 2. ed. Brasília: Editora UnB, 1993. p. 23 citado por PIACENTIN, Antonio Isidoro. *Os direitos políticos nas constituições dos países do Mercosul à luz do direito internacional dos direitos humanos.* Tese (Doutorado em Direito) – Pontifícia Universidade Católica de São Paulo, São Paulo, 2006. Disponível em: <http://www.dominiopublico.gov.br/download/teste/arqs/cp012439.pdf>. Acesso em: 17 dez. 2017.

direito à liberdade. A política é, então, a ação do homem em sociedade, é a *práxis* dos homens.[46]

Segundo Hannah Arendt, a política é a pluralidade de homens. Para a autora, para a pergunta sobre o sentido da política "existe uma resposta tão simples e tão concludente em si que se poderia achar outras respostas dispensáveis por completo. Tal resposta seria: o sentido da política é a liberdade".[47]

Com efeito, pode-se dizer, no entanto, que a história da humanidade, em grande parte, não vinculou a noção de política ou do exercício do poder político a um ideal de liberdade. E muito menos de igualdade ou a condições de igual acesso ao poder. A atividade política, por muito tempo, foi privilégio de poucos, quedando-se restrita apenas a uma parcela de "iluminados" (há quem diga que isso ainda não desapareceu, se me permite a ironia). Conseguintemente – e não poderia deixar de ser –, a ideia da consagração de direitos políticos indistintos partiu do povo, tudo por meio de movimentos revolucionários cujo mote *mor* foi o questionamento dos privilégios destinados às classes dominantes. Os direitos políticos, enfim, caminham de mãos dadas com o ideário republicano. E, nesse caminho, o marco de transição ou a *revolução copernicana* havida em relação à matéria residiu, inexoravelmente, na promulgação da aclamada *Declaração dos Direitos do Homem e do Cidadão* (1789), fruto de um dos processos revolucionários mais importantes da história mundial, a Revolução Francesa.

A Declaração dos Direitos do Homem e do Cidadão de 1789 anunciava que as pessoas tinham direitos individuais, esferas de liberdade que as habilitavam a agir, independentemente da intervenção do Estado. Proclamava ainda que os homens, como membros de uma coletividade, tinham o direito de participar do exercício do poder político. Por isso, nos termos do art. 6º, todos os cidadãos teriam o direito de concorrer, pessoalmente ou por meio de mandatários, para a formação das leis.[48]

---

[46] PIACENTIN, Antonio Isidoro. *Os direitos políticos nas constituições dos países do Mercosul à luz do direito internacional dos direitos humanos.* Tese (Doutorado em Direito) – Pontifícia Universidade Católica de São Paulo, São Paulo, 2006. Disponível em: <http://www.dominiopublico.gov.br/download/teste/arqs/cp012439.pdf>. Acesso em: 17 dez. 2017.

[47] ARENDT, Hannah. *O que é política.* Tradução de Reinaldo Guarany. 2. ed. Rio de Janeiro: Bertrand Brasil, 1999. p. 38.

[48] SILVA, Daniela Romanelli da. *Os direitos políticos no Estado Democrático de Direito.* Disponível em: <http://www.anpocs.org/portal/index.php?option=com_docman&task=doc_view&gid=4083&Itemid=319>. Acesso em: 17 dez. 2017.

Com efeito, na esteira do escólio de Romanelli, essa cisão entre direitos inerentes ao homem isolado e direitos conferidos aos homens como membros de uma sociedade política

> ingressou nas constituições liberais e permaneceu presente nas constituições sociais, mesmo que quase não tenha sido objeto de estudos e reflexão. Os direitos individuais, direitos civis, liberdades públicas, direitos de liberdade ou direitos negativos referiam-se, todos eles, à esfera de liberdade que todo ser humano detém independentemente de sua nacionalidade. Nessa esfera de liberdade, o Estado não pode intervir.[49]

Assim, não há como falar em direitos humanos fundamentais, entre eles os direitos políticos (ativos e passivos), sem rememorar o processo revolucionário que culminou com a Declaração Universal dos Direitos do Homem e do Cidadão (*Déclaration des Droits de l'Homme et du Citoyen*). Com efeito, pode-se dizer, seguramente, que a Revolução Francesa modificou o rumo da civilização ocidental. Nesse contexto, inspirada nos mesmos ideais iluministas compartilhados com a Revolução estadunidense (1776), a Assembleia Nacional Constituinte da França revolucionária, em exatos 26.8.1789, aprovou o texto da Declaração dos Direitos do Homem e do Cidadão que, em 2 de outubro do mesmo ano, acabou sendo votado e promulgado para nunca mais ser esquecido. E, entre os dezessete artigos que compuseram o emblemático documento, lá esteve o art. 6º, segundo o qual: "A lei é a expressão da vontade geral. Todos os cidadãos têm o direito de concorrer, pessoalmente ou através de mandatários, para a sua formação [...]".

Seguindo esse raciocínio, Hannah Arendt[50] apontou a Declaração dos Direitos do Homem e do Cidadão como um marco decisivo na história, pois significava, pela primeira vez, o reconhecimento do homem como fonte da lei, independentemente dos comandos de Deus. Arendt chamou atenção, contudo, para o fato de que os direitos inalienáveis elencados pela Declaração dependiam de nenhuma autoridade para estabelecê-los, vez que o homem abstrato era a origem e o objetivo último desses direitos. Em face disso, constatava o seguinte paradoxo presente na Declaração: ela se referia a um ser humano abstrato e isolado, que não existia em lugar nenhum, já que todos viviam imersos em uma

---

[49] SILVA, Daniela Romanelli da. *Os direitos políticos no Estado Democrático de Direito*. Disponível em: <http://www.anpocs.org/portal/index.php?option=com_docman&task=doc_view&gid=4083&Itemid=319>. Acesso em: 17 dez. 2017.

[50] ARENDT, H. Origens do Totalitarismo, p. 32.

ordem social. Por isso, os direitos humanos só podiam ser gozados e reconhecidos por aqueles que pertenciam à sociedade política:

> Os Direitos do Homem, afinal, haviam sido definidos como "inalienáveis" porque se supunha serem independentes de todos os governos; mas sucedia que, no momento em que seres humanos deixavam de ter um governo próprio, não restava nenhuma autoridade para protegê-los e nenhuma instituição a garanti-los.[51]

Ficou patente o condicionamento entre direitos humanos e a pertença a uma sociedade política só a partir de meados do século XX, em face das atrocidades cometidas durante as duas guerras mundiais. Reconheceu-se que os Estados nacionais eram fundamentais para a proteção dos direitos humanos a partir do momento em que grandes contingentes humanos perderam a sua nacionalidade, a sua cidadania e, por isso, viram-se completamente destituídos de todos os seus direitos humanos. Reconheceu-se também a necessidade de uma ordem internacional protetiva dos direitos humanos.[52]

Conseguintemente, no Pós-Segunda Guerra, foi criada a Organização das Nações Unidas (1945), cujos objetivos residiram precipuamente na promoção, estímulo e respeito aos direitos humanos fundamentais. Desse momento histórico, por sua vez, despontou no universo jurídico-político a Declaração Universal dos Direitos do Homem, de modo a assegurar, em esfera mundial (vale dizer: sem fronteiras), o discurso de proteção dos direitos civis e *políticos*, econômicos e sociais.

Reconhecendo a dignidade de toda pessoa, considerada como tal um sujeito de direitos, a Declaração Universal trata os direitos nela contidos como um ideal comum a ser atingido por todos os povos e nações. Proclama a universalidade e a indivisibilidade dos direitos humanos. Por universalidade entende-se que os direitos ali proclamados são inerentes a todos os seres humanos, independentemente do Estado ou da Nação a que pertençam. A indivisibilidade refere-se à negação de qualquer cisão entre direitos civis, direitos políticos, direitos econômicos, direitos sociais e direitos culturais. Cada um desses conjuntos de

---

[51] SILVA, Daniela Romanelli da. *Os direitos políticos no Estado Democrático de Direito*. Disponível em: <http://www.anpocs.org/portal/index.php?option=com_docman&task=doc_view&gid=4083&Itemid=319>. Acesso em: 17 dez. 2017.

[52] SILVA, Daniela Romanelli da. *Os direitos políticos no Estado Democrático de Direito*. Disponível em: <http://www.anpocs.org/portal/index.php?option=com_docman&task=doc_view&gid=4083&Itemid=319>. Acesso em: 17 dez. 2017.

direitos proclamados é condição para a existência e efetivação dos demais direitos.[53]

Com a Declaração Universal, pela primeira vez, colocava-se em evidência a necessidade de criação de uma ordem internacional capaz de proteger os direitos humanos de modo integral. Também pela primeira vez reconhecia-se em um documento internacional que *todos têm o direito de tomar parte na direção dos negócios públicos, na formação da lei, seja direta ou indiretamente, enfim, que a vontade do povo deve ser a base do governo*. Ao lado desse direito, proclamava-se *o dever do Estado de se adequar à vontade do povo*. A Declaração traz implícita a ideia de que *é condição de dignidade a participação do homem no governo de seu país e que esse direito é indissociável dos demais direitos humanos ali elencados*.[54]

Todavia, não obstante fosse um padrão ideal a ser sustentado e seguido, ocorreu que a Declaração, por si, não possuía nenhuma força normativa. Desse modo, a missão da Comissão de Direitos Humanos da ONU era criar um sistema normativo hábil a dar eficácia plena aos dispositivos constantes da Declaração Universal. E assim foi feito. Despontaram, portanto, dois documentos principais: o Pacto Internacional dos Direitos Econômicos, Sociais e Culturais e, no mais, o *Pacto Internacional dos Direitos Civis e Políticos*.

Especialmente quanto ao último, reafirmado restou o ideário de que todo homem tem o direito de tomar parte no governo de seu país, diretamente ou por intermédio de representantes livremente escolhidos; todo homem tem igual direito de acesso ao serviço público do seu país; a vontade do povo será a base da autoridade do governo; esta vontade será expressa em eleições periódicas e legítimas, por sufrágio universal, por voto secreto ou processo equivalente que assegure a liberdade do voto. Nesse viés, o art. 25 do Pacto é categórico:

> Todo cidadão terá o direito e a possibilidade, sem qualquer das formas de discriminação mencionadas no art. 2º e sem restrições infundadas: a) de participar da condução dos assuntos públicos, diretamente ou por meio de representantes livremente escolhidos; b) de votar e de ser eleito em eleições periódicas, autênticas, realizadas por sufrágio universal e igualitário e por voto secreto, que garantam a manifestação da vontade

---

[53] SILVA, Daniela Romanelli da. *Os direitos políticos no Estado Democrático de Direito*. Disponível em: <http://www.anpocs.org/portal/index.php?option=com_docman&task=doc_view&gid=4083&Itemid=319>. Acesso em: 17 dez. 2017.

[54] SILVA, Daniela Romanelli da. *Os direitos políticos no Estado Democrático de Direito*. Disponível em: <http://www.anpocs.org/portal/index.php?option=com_docman&task=doc_view&gid=4083&Itemid=319>. Acesso em: 17 dez. 2017.

dos eleitores; c) de ter acesso, em condições gerais de igualdade, às funções públicas de seu país.

Verifica-se, aliás, à luz da assertiva firmada acima, que esse Pacto consagra generosa atenção aos direitos políticos, alinhavando, segundo doutrina de Peregrino,[55] "o direito expresso de participação na condução dos assuntos públicos, de votar e de ser eleito em eleições periódicas, autênticas, realizadas por sufrágio universal e igualitário e por voto secreto que garantam a manifestação da vontade dos eleitores".

No sistema europeu, a Comissão de Veneza (Convenção Europeia pela Democracia e pela Lei) produziu o Código de Boas Práticas em Temas Eleitorais (2002), sob os auspícios da Convenção Europeia de Direitos Humanos.[56] No que diz respeito à privação dos direitos políticos (votar e ser eleito) são os seguintes requisitos cumulativos: i) deve constar em lei; ii) a proporcionalidade deve ser observada;

---

[55] FERREIRA, Marcelo Ramos Peregrino. *O controle de convencionalidade da Lei da Ficha Limpa* – Direitos políticos e inelegibilidade. Rio de Janeiro: Lumen Juris, 2015. p. 101.

[56] A Comissão Europeia dos Direitos do Homem: "1. A Convenção para a proteção dos Direitos do Homem e das Liberdades fundamentais define na sua primeira parte os direitos e liberdades que ela garante. 2. Foi através da Convenção que foram instituídos os órgãos destinados a assegurar o respeito pelas Partes Contratantes das obrigações que dela resultam: a Comissão Europeia dos Direitos do Homem e o Tribunal Europeu dos Direitos do Homem. Além disso, a Convenção atribui ao Comité de Ministros do Conselho da Europa um poder autónomo de decisão nos casos que não são transmitidos ao Tribunal e a competência em matéria de execução das sentenças do Tribunal, nos casos que foram transmitidos a este último. 3. A Convenção entrou em vigor a 3 de Setembro de 1953 e foi desde então ratificada por 31 Estados membros do Conselho da Europa (l) e assinada por sete Estados membros (Albânia, Andorra, Estónia, Letónia, Moldova, ex República Jugoslava da Macedónia e Ucrânia). 4. Nove protocolos à Convenção entraram em vigor, dos quais quatro (nº 1, 4, 6 e 7) acrescentam novos direitos e liberdades aos garantidos pela Convenção. O Protocolo nº 8 autoriza a Comissão a reunir-se em Câmaras e comités contando pelo menos três membros, estes últimos tendo apenas o poder de rejeitar por unanimidade queixas manifestamente inadmissíveis. O Protocolo nº 9, que entrou em vigor em 1 de Outubro de 1994 para os Estados que o ratificaram, é relativo ao acesso dos queixosos ao Tribunal Europeu dos Direitos do Homem. O Protocolo nº 10, que não entrou ainda em vigor, prevê que as decisões do Comité de Ministros sejam tomadas por maioria simples, contrariamente à regra da maioria de dois terços atualmente exigida (ver infra parágrafo 20). O Protocolo nº 11, que prevê uma reforma global do sistema da Convenção através da criação de um Tribunal único dos Direitos do Homem, foi aberto à assinatura em 11 de Maio de 1994. Dezessete Estados já o ratificaram. 5. Desde a entrada em vigor da Convenção que a Comissão pode examinar queixas estaduais, através das quais qualquer Estado que seja parte à Convenção pode denunciar à Comissão uma violação da Convenção que ele creia poder imputar a outro Estado contratante. Os Estados participam assim na manutenção do que se vem chamando a ordem pública europeia. 6. A Comissão é igualmente competente para examinar queixas individuais, que lhe sejam dirigidas por qualquer pessoa singular, organização não governamental ou grupo de particulares, que se considere vítima de uma violação da Convenção por uma das Partes contratantes. Todas as Partes contratantes fizeram uma declaração facultativa reconhecendo a competência da Comissão para examinar tais queixas individuais".

as condições para a privação do direito de participar de uma eleição podem ser menos rígidas do que a privação do direito de votar; iii) a privação deve ser baseada em incapacidade mental ou condenação criminal oriunda de um crime grave (*serious offense*); ademais, a retirada de direitos políticos ou a descoberta de incapacidade mental poderá somente ser imposta por decisão expressa de uma Corte de Justiça (tradução nossa). Em 2004, a mesma Comissão de Veneza produziu um relatório sobre a "Abolição das Restrições ao Direito de Votar em Eleições Gerais", com o fito de subsidiar o Conselho Europeu sobre o tema, abordando as várias formas de restrição ao direito de votar, para concluir que as limitações relacionadas à idade, nacionalidade e residência, ficha criminal e incapacidade mental são encontradas em quase todos os países democráticos. A Comissão manteve as conclusões exaradas em seu Código para admitir as restrições aos direitos políticos somente na presença daqueles requisitos cumulativos.[57]

No que tange ao continente americano, em especial, desponta como relevante a matéria afeta à Convenção Americana de Direitos Humanos (*Pacto de San Jose da Costa Rica*). O Brasil, conforme lição de Marcelo Peregrino, se filia ao sistema regional americano de direitos humanos cujo marco normativo é a Convenção Americana sobre Direitos Humanos. Na Costa Rica, situa-se a Corte Interamericana de Direitos Humanos (art. 33) e, em Washington, a Comissão Interamericana de Direitos Humanos, os órgãos primordiais previstos na Convenção.[58] E não é só isso, registre-se. Os Tratados Internacionais de Direitos Humanos, uma vez recepcionados pelo direito interno brasileiro, aqui adentram com *status* de emenda constitucional, uma vez respeitado o procedimento legislativo correspondente, ou com *status* supralegal (aqui estaria consagrada a inconvencionalidade parcial da LC nº 64/90, com alteração introduzida pela LC nº 135/2010).

Recorrendo novamente às lições de Peregrino, importante consignar que ao ter se tornado "parte" desse tratado, o Estado brasileiro sujeitou-se à jurisdição da Corte, cláusula facultativa, bem assim aos procedimentos e meios de atuação do sistema regional, com as comunicações individuais (art. 44), as comunicações interestatais (art.

---

[57] FERREIRA, Marcelo Peregrino. O controle de convencionalidade da Ficha Limpa. *Revista Brasileira de Direito Eleitoral – RBDE*, Belo Horizonte, ano 6, n. 11, p. 55-103, jul./dez. 2014.

[58] FERREIRA, Marcelo Peregrino. O controle de convencionalidade da Ficha Limpa. *Revista Brasileira de Direito Eleitoral – RBDE*, Belo Horizonte, ano 6, n. 11, p. 55-103, jul./dez. 2014. p. 101.

45) e as vistorias *in loco*.[59] Verifica-se, na mesma medida, obviamente, o dever de respeito aos direitos protegidos pela Convenção Americana e de implementação dos direitos e liberdades consagrados pela alteração, inclusive da sua legislação interna.[60]

Quanto aos direitos políticos propriamente ditos, especialmente quanto ao respectivo núcleo essencial, isto é, votar e ser votado, *mister* referir que a Convenção Americana de Direitos Humanos (CADH) traz importantíssimas considerações acerca deles, tudo ao consagrar, no art. 23.1, que todos os cidadãos devem gozar dos seguintes direitos e oportunidades:

> a) a participação na direção dos assuntos públicos, diretamente ou por meio de representantes eleitos livremente; b) a votar e ser eleito em eleições periódicas autênticas, realizadas por sufrágio universal e igual e por voto secreto que garanta a livre expressão dos eleitores; c) a ascender às funções públicas de seu país.

Já no art. 23.2, o mesmo Pacto determina, taxativamente, quais são as causas que permitiriam impor restrições aos direitos reconhecidos no precitado dispositivo, assim como, no caso, os requisitos que devem ser cumpridos de modo a legitimar eventual restrição ao pleno exercício "de los derechos políticos". E são eles: *idade, nacionalidade, residência, idioma, instrução, capacidade civil ou mental, ou condenação, por juiz competente, em processo penal*. A Constituição Federal de 1988, seguindo a mesma tendência percorrida na esfera internacional ao longo dos tempos, após mais de vinte anos de um regime ditatorial, veio a consagrá-los a partir do parágrafo único do art. 1º, segundo o qual "Todo o poder emana do povo, que o exerce por meio de representantes eleitos ou diretamente, nos termos desta Constituição". O art. 14 da Carta, por seu turno, disciplina a forma de exercício deste poder, tudo ao consagrar que a soberania popular será exercida pelo sufrágio universal e pelo voto direto e secreto, com igual valor para todos e, nos termos da lei, mediante plebiscito, referendo e iniciativa popular. Noutro viés, todos os cidadãos no pleno gozo dos direitos políticos possuem o direito de almejar a ocupação das funções público-eletivas do país, desde que cumpridas as condições de elegibilidade e ausentes causas de inelegibilidade. Tal

---

[59] FERREIRA, Marcelo Peregrino. O controle de convencionalidade da Ficha Limpa. *Revista Brasileira de Direito Eleitoral – RBDE*, Belo Horizonte, ano 6, n. 11, p. 55-103, jul./dez. 2014. p. 101.

[60] FERREIRA, Marcelo Peregrino. O controle de convencionalidade da Ficha Limpa. *Revista Brasileira de Direito Eleitoral – RBDE*, Belo Horizonte, ano 6, n. 11, p. 55-103, jul./dez. 2014. p. 101.

prerrogativa, por oportuno, carrega *status* de *jusfundamental*, e assim merece ser vista, não havendo campo para o respectivo menoscabo, sob pena de enfraquecer-se o próprio regime.

Os direitos políticos, enfim, como direitos fundamentais que são, manifestam-se como frutos diretos de um salto civilizatório, cujo resguardo é, ao fim e ao cabo, tarefa indissociável de um regime democrático. Daí que os direitos políticos

> são condições de existência de um Estado democrático constitucional, visto que são os únicos direitos que permitem ao conjunto dos cidadãos não apenas o direito de falar, de manifestar a sua vontade, mas também o direito de ser ouvido, e de subordinar o funcionamento do Estado, à vontade de uma pluralidade de pessoas titulares desses direitos.[61]

No Brasil, contudo, sempre buscamos uma boa razão para limitar o direito do cidadão de exercer o seu direito ao sufrágio (e de elegibilidade). Por aqui, a raça, o sexo, ou a falta de dinheiro já foram fatores que limitaram o exercício pleno da cidadania, como bem frisa Néviton Guedes.[62] No século XIX,

> o grande jurista do Império, Pimenta Bueno, o marquês de São Vicente, certamente colhido pelo contexto em que vivia, não teve pejo de declarar legítimas as limitações ao exercício do sufrágio pelo que acreditava ser um conjunto de "incapacidades resultantes do sexo, da menoridade, da demência, da falta de luzes e da ausência das habilitações, que convertessem o voto em um perigo social".[63]

Contudo, já vão longe os tempos em que o negro, a mulher, ou o pobre não podiam exercer seus direitos políticos. Contemporaneamente, sufrágio geral, ou princípio da universalidade, ou da generalidade, em matéria eleitoral, quer significar, em primeiro lugar, que o simples fato de o indivíduo *pertencer ao povo de um Estado* já lhe confere o direito de votar e ser votado, de eleger e ser eleito.[64]

---

[61] SILVA, Daniela Romanelli da. *Os direitos políticos no Estado Democrático de Direito*. Disponível em: <http://www.anpocs.org/portal/index.php?option=com_docman&task=doc_view&gid=4083&Itemid=319>. Acesso em: 17 dez. 2017.

[62] GUEDES, Néviton. O poder de limitar a cidadania também encontra limites. *Conjur*, 16 abr. 2013. Disponível em: <http://www.conjur.com.br/2013-abr-16/constituicao-poder-poder-limitar-cidadania-tambem-encontra-limites>. Acesso em: 18 dez. 2017.

[63] GUEDES, Néviton. O poder de limitar a cidadania também encontra limites. *Conjur*, 16 abr. 2013. Disponível em: <http://www.conjur.com.br/2013-abr-16/constituicao-poder-poder-limitar-cidadania-tambem-encontra-limites>. Acesso em: 18 dez. 2017.

[64] GUEDES, Néviton. O poder de limitar a cidadania também encontra limites. *Conjur*, 16 abr. 2013. Disponível em: <http://www.conjur.com.br/2013-abr-16/constituicao-poder-poder-limitar-cidadania-tambem-encontra-limites>. Acesso em: 18 dez. 2017.

Com eleições gerais, ou universais, quer-se dizer, pois, que o direito de votar compete a todos os cidadãos, excluindo-se, de regra, aqueles que não detenham a cidadania do país em que as eleições se verificam.[65] Por outro lado, não se pode esquecer de que a capacidade, ou o direito fundamental, de um cidadão ser candidato para cargos políticos mescla-se, certamente, com o direito de todos os eleitores de escolher determinadas pessoas para ocupar determinado cargo público. Em outras palavras, o princípio da universalidade protege tanto eleitor como o candidato, vinculando uma realidade a outra.[66]

Assim, conforme a oportuna assertiva de Guedes, o lado mais visível do princípio da universalidade impõe a conclusão de que, ao limitar o direito de os cidadãos votarem, direta ou indiretamente, obstaculiza-se também o direito daquele que pretende lançar-se como candidato. Entretanto, e esse é o lado menos notado do princípio da universalidade, todas as vezes que se impede alguém de se candidatar, estamos, sem dúvida, cerceando o cidadão no exercício legítimo de seu voto. A equação é de fácil entendimento: (i) se, de um lado, num universo mais restrito de eleitores, muito provavelmente, diverso será o resultado daqueles que serão eleitos; (ii) de outro, ao restringir o universo dos candidatos, com toda certeza, também se reduzem as possibilidades abertas aos eleitores.[67]

Da mesma forma que, no passado, uma legislação muito restrita quanto ao círculo de eleitores (excluindo mulheres, pobres ou analfabetos) comprometia o resultado quanto ao universo de candidatos com reais possibilidades de êxito eleitoral, atualmente, ao reduzir, significativamente, o universo de candidatos, o sistema eleitoral brasileiro compromete o âmbito de proteção dos direitos do próprio eleitor. Em síntese, quem cria inelegibilidades, além de limitar candidaturas, goste ou não, atinge também o voto do eleitor.[68]

---

[65] GUEDES, Néviton. O poder de limitar a cidadania também encontra limites. *Conjur*, 16 abr. 2013. Disponível em: <http://www.conjur.com.br/2013-abr-16/constituicao-poder-poder-limitar-cidadania-tambem-encontra-limites>. Acesso em: 18 dez. 2017.

[66] GUEDES, Néviton. O poder de limitar a cidadania também encontra limites. *Conjur*, 16 abr. 2013. Disponível em: <http://www.conjur.com.br/2013-abr-16/constituicao-poder-poder-limitar-cidadania-tambem-encontra-limites>. Acesso em: 18 dez. 2017.

[67] GUEDES, Néviton. O poder de limitar a cidadania também encontra limites. *Conjur*, 16 abr. 2013. Disponível em: <http://www.conjur.com.br/2013-abr-16/constituicao-poder-poder-limitar-cidadania-tambem-encontra-limites>. Acesso em: 18 dez. 2017.

[68] GUEDES, Néviton. O poder de limitar a cidadania também encontra limites. *Conjur*, 16 abr. 2013. Disponível em: <http://www.conjur.com.br/2013-abr-16/constituicao-poder-poder-limitar-cidadania-tambem-encontra-limites>. Acesso em: 18 dez. 2017.

Nada obstante, sustentados num forte apelo midiático contra a política, não são poucos os que festejam qualquer espécie de inovação legislativa tendente a restringir o número de candidatos. Como não se pode restringir o direito político de ser candidato sem comprometer o direito político de votar, aqueles que tomam a sério os direitos fundamentais de participação política do cidadão facilmente compreenderão que, ainda que uma ou outra restrição se mostre necessária, ela apenas se justificará em situações excepcionais e diante de motivos de considerável relevância constitucional.[69]

Em resumo qualquer restrição ao sufrágio, seja no que diga respeito à capacidade política ativa, seja no que respeite à capacidade política passiva, deve submeter-se ao que a teoria constitucional, contemporaneamente, designa como "limites dos limites", entre os quais sobressaem o princípio da proporcionalidade e a garantia do conteúdo essencial do direito fundamental. No caso do sufrágio, tenho séria e honesta dúvida se a legislação do chamado "fichalimpismo" no Brasil alcançou respeitar esses limites.[70]

Com efeito, é demasiado temerário que, cada vez mais, movimentos repressivistas coloquem a crista em evidência objetivando, a todo o momento, imporem restrições ao exercício dessas prerrogativas genuinamente democráticas, tudo com base em discursos demagógicos, populistas e/ou moralistas ou de moralidade (subjetiva, evidentemente).

Nos termos das lições de Peregrino, a recente história do direito eleitoral brasileiro tem sido "a história do amesquinhamento dos direitos políticos". Segundo o autor, a pretexto de dar

> pureza ao sistema político, de combater a corrupção, está-se diante de um "direito eleitoral do inimigo". Esse movimento, se por um lado é inútil no incremento da qualidade da política ou da diminuição da corrupção, por outro pode causar abalos sistêmicos no regime democrático brasileiro.[71]

Ignoram, pois, tais movimentos, que o poder emana do povo. Subtraem do eleitorado, ou ao menos objetivam subtrair, o que mais lhe

---

[69] GUEDES, Néviton. O poder de limitar a cidadania também encontra limites. *Conjur*, 16 abr. 2013. Disponível em: <http://www.conjur.com.br/2013-abr-16/constituicao-poder-poder-limitar-cidadania-tambem-encontra-limites>. Acesso em: 18 dez. 2017.

[70] GUEDES, Néviton. O poder de limitar a cidadania também encontra limites. *Conjur*, 16 abr. 2013. Disponível em: <http://www.conjur.com.br/2013-abr-16/constituicao-poder-poder-limitar-cidadania-tambem-encontra-limites>. Acesso em: 18 dez. 2017.

[71] FERREIRA, Marcelo Peregrino. O direito eleitoral do inimigo. *Empório do Direito*, 11 abr. 2015. Disponível em: <http://emporiododireito.com.br/backup/?p=8765>. Acesso em: 18 dez. 2017.

vale, isto é, a liberdade de escolher os seus representantes, e assim agem, o que é mais grave, sob o álibi de defesa democracia. Pois o paradoxo é amazônico: a despeito de defender a democracia a atacam de maneira irremediável, tudo a partir de argumentos que, não raro, flertam com visões de cariz um tanto fascistas, como a negação da política. Entre eles, principalmente, se encontra na linha de frente o "fichalimpismo" de hoje, que, a despeito de moralizar a política e as instituições, afasta ou objetiva descaradamente afastar dos cidadãos a possibilidade de engrandecer a democracia brasileira a partir dos erros e dos acertos inerentes a um processo eleitoral e ao regime democrático.

Não podemos esquecer, no entanto, que, no Brasil, golpes de Estado foram dados com os mesmos argumentos de moralidade (ou moralismo), em um passo, aliás, não muito distante. Há não muito tempo, igualmente, direitos políticos eram cassados ou suspensos por meio de atos "institucionais", tudo sob o véu de defesa da pátria contra os "inimigos do Estado" (*sic*). As bandeiras de moralização do país, todavia, por mais incrível que pareça, são as mesmas, apenas com outra carapuça.[72]

Na dicção de Néviton Guedes[73] vivemos tempos bastante interessantes (ênfase na ironia!). Segundo o autor:

> Quanto mais o voto popular é exaltado por todos – imprensa, tribunais, intelectualidade e grupos de interesses – mais vão lhe subtraindo a substância. Não se cuida de um juízo de valor, mas de mera constatação de fato. Já não ouso criticar, apenas testemunho.

Aliás, diz Guedes, "em tempos do 'politicamente correto', a simples constatação de um fato pode revelar-se extremamente perigosa".[74] Nesse temerário quadro, vale sempre "a lembrança – hoje já bem diluída entre nós – da importância e natureza dos direitos políticos dos cidadãos e dos seus representantes – o que, no atual contexto, tenho que admitir, pode parecer impertinente".[75]

---

[72] A própria "Lei da Ficha Limpa" tem por inspiração messiânica a Lei Complementar nº 5/77, ou seja, a Lei das Inelegibilidades do regime militar.

[73] GUEDES, Néviton. O poder de limitar a cidadania também encontra limites. *Conjur*, 16 abr. 2013. Disponível em: <http://www.conjur.com.br/2013-abr-16/constituicao-poder-poder-limitar-cidadania-tambem-encontra-limites>. Acesso em: 18 dez. 2017.

[74] GUEDES, Néviton. O poder de limitar a cidadania também encontra limites. *Conjur*, 16 abr. 2013. Disponível em: <http://www.conjur.com.br/2013-abr-16/constituicao-poder-poder-limitar-cidadania-tambem-encontra-limites>. Acesso em: 18 dez. 2017.

[75] GUEDES, Néviton. Para que servem os direitos políticos de participação? *Os Constitucionalistas*, 18 maio 2013. Disponível em: <http://www.osconstitucionalistas.com.br/para-que-servem-os-direitos-politicos-de-participacao>. Acesso em: 18 dez. 2017.

Ocorre que os direitos políticos são direitos fundamentais de importância salutar para a democracia. Gostem ou não, trata-se de prerrogativas que não podem ser sacrificadas. Limitadas, sim, mas em situações demasiado excepcionais e legitimadas pelo todo da principiologia constitucional. Não se pode, porém, tomar-lhes de assalto, seja na esfera ativa, seja na esfera passiva, por meio de acríticas e descriteriosas manipulações discursivas calcadas em nuances demagógicas e, por vezes, populistas, e por álibis retóricos assentados em moralismos irracionais que ignoram que o cerceio da participação política não contribui em nada para a consolidação do ideário democrático, pelo contrário, podendo alcançar, inclusive, o extremo de infantilizar/alienar a sociedade, impondo um grave retrocesso ao curso de evolução democrática brasileira.[76]

Por certo, segundo a lição de Ruy Samuel Espíndola, é nesse viés que devemos compreender e assegurar o sufrágio ativo e passivo:

> até mesmo contra reformas inconstitucionais da Constituição, do voto direto, secreto, universal e periódico. O voto como manifestação complexa, em junção de vontades, para manifestar a soberania popular: *vontade manifestada pelo querer do eleitor, do candidato e de seu partido.*[77]

E a esse respeito, diga-se de passagem, a jurisprudência da Corte Interamericana de Direitos Humanos (CIDH) pode muito ensinar ao *staff* brasileiro. Vejamos alguns dos mais importantes casos julgados pelo Tribunal.

---

[76] São hipóteses de limitação global dos direitos políticos a perda e a suspensão dos direitos políticos, vedada à cassação (CF, art. 15), além, pensamos, do cancelamento (ainda que temporário) do alistamento eleitoral (art. 71 e seguintes do Código Eleitoral). E, pode-se dizer, hipóteses de limitações parciais dos direitos políticos (restrições à capacidade eleitoral passiva) a ausência de cumprimento das condições de elegibilidade (CF, art. 14, §3º) e a incidência em causas de inelegibilidade. De maneira geral, por seu turno, as causas de inelegibilidade poderiam ser classificadas como próprias, tais e quais aquelas provenientes de fatos jurídicos desabonadores (LC nº 64/90, art. 1º, inc. I, alínea "b" e seguintes); e impróprias, quando não dependem de fatos jurídicos tidos como ilícitos pela legislação posta, mas sim em decorrência de reeleição (CF, art. 14, §5º), parentesco (CF, art. 14, §7º), inalistabilidade (CF, art. 14º, §§1º e 2º c/c LC nº 64/90, art. 1º, inc. I, "a"), analfabetismo (LC nº 64/90, art. 1º, inc. I, "a"), ausência de desincompatibilização (LC nº 64/90, art. 1º, II, e seguintes) ou não cumprimento das condições de elegibilidade taxativamente previstas no art. 14, §3º, da CF, quais sejam, nacionalidade brasileira, pleno exercício dos direitos políticos, alistamento eleitoral, domicílio eleitoral na circunscrição do pleito e filiação partidária, além da idade mínima para os respectivos cargos (35 anos para presidente, vice-presidente e senador, 30 anos para governador e vice-governador, 21 anos para deputado, prefeito e vice-prefeito e juiz de paz e 18 anos para vereador).

[77] ESPÍNDOLA, Ruy Samuel. O avanço da Justiça Eleitoral sobre a vontade das urnas. *Conjur*, 5 nov. 2012. Disponível em: <https://www.conjur.com.br/2012-nov-05/ruy-samuel-espindola-avanco-justica-vontade-urnas>. Acesso em: 18 dez. 2017.

Note-se, por oportuno, que a Convenção Americana de Direitos Humanos (CADH) arrola, taxativamente, os requisitos através dos quais se poderia cogitar de eventual restrição aos direitos políticos (ativos ou passivos), quais sejam: idade, nacionalidade, residência, idioma, instrução, capacidade civil ou mental ou condenação penal por juiz competente. Ou seja, sem a presença de algum desses pressupostos, qualquer restrição aos direitos políticos, seja na modalidade ativa (direito de sufrágio), seja na modalidade passiva (direito de elegibilidade), não se afiguraria como legítima frente à CADH. E este é um detalhe deveras importante a ser observado no Brasil, afinal, por estas bandas, a mera exclusão de um órgão de classe poderia atrair a pecha de inelegibilidade (LC nº 64/90, art. 1º, inc. I, "m").

Daí que a Corte Interamericana de Direitos Humanos (CIDH) possui relevantes precedentes relativos à matéria (sempre lembrando que o Brasil também se submete, voluntária e peremptoriamente, à jurisdição do Tribunal e, por consequência, deve obediência aos seus precedentes).

No caso *Costaneda Gutman vs. México*,[78] o Tribunal aquilatou importante consideração ao afirmar que o exercício efetivo dos direitos políticos constitui um fim e si mesmo, um direito fundamental que as sociedades democráticas têm para garantir os demais direitos humanos previstos, e que seus titulares, vale dizer, os cidadãos, não só devem gozar desses direitos, *mas também de oportunidades reais de exercício/ participação*.

No precedente *Yatama vs. Nicarágua*,[79] a Corte confirmou a importância do direito de eleger e de ser eleito, do acesso a um controle judicial para a garantia dos direitos políticos, assim como a relevância de uma atuação simples, rápida e oportuna por parte do Poder Judiciário para resolver questões eleitorais. Reafirmando, também, a necessidade de um debate amplamente público no que se reporta a tais matérias, a exemplo do que decidido no caso *Cepeda Vargas vs. Colômbia*.[80]

---

[78] Corte IDH. Informe de fondo 01/90, relacionado con los casos 9768, 9780 y 9828, México, 17 de mayo de 1990, pár. 44.

[79] Corte IDH. Caso Yatama Vs. Nicaragua. Excepciones Preliminares, Fondo, Reparaciones y Costas. Sentencia de 23 de junio de 2005. Serie C Nº. 127.

[80] Corte IDH. Caso Manuel Cepeda Vargas VS. Colombia. Excepciones Preliminares, Fondo, Reparaciones y Costas. Sentencia de 26 de mayo de 2010 (Excepciones Preliminares, Fondo, Reparaciones y Costas).

Por sua vez, no *case López Mendoza vs. Venezuela*,[81] a intitulada vítima (Leopoldo López Mendoza) representou junto à Corte, pois, segundo ela, o Estado da Venezuela a teria privado do pleno exercício dos direitos políticos, sem razões legais a sustentar tal ato. Segundo consta, López Mendoza, em 4.8.2000, foi eleito prefeito do município de Chacao e reeleito em 31.10.2004, desempenhando o dito cargo eletivo até novembro de 2008. Ao finalizar o seu mandato, a vítima aspirava lançar candidatura para *la Alcaldía del Estado Mayor de Caracas* (prefeito da região metropolitana de Caracas). Sem embargo, a respectiva candidatura foi impossibilitada, tudo em razão das sanções de inabilitação que lhe foram impostas pelo controlador-geral da República (espécie de procurador-geral da República) em sede de processos administrativos (!). O ponto central da controvérsia, portanto, recaiu sobre a (i) legalidade das sanções de inabilitação impostas a López Mendoza, a partir da decisão de um órgão administrativo local, que veio a impedi-lo de candidatar-se para cargos de eleição popular.

A esse respeito, ao se defrontar com a súplica em comento, a Corte Interamericana trouxe um rosário de argumentos demasiado relevante. Coube, em primeiro lugar, reafirmar o que decidido no caso *Castaneda Gutman vs. México*, no sentido de que *o exercício efetivo dos direitos políticos constitui um fim em si mesmo, um direito fundamental que as sociedades democráticas têm para garantir os demais direitos humanos previstos na CADH, e que seus titulares, vale dizer, os cidadãos, não só devem gozar desses direitos, mas também de oportunidades reais de exercício/participação.*

No mais, ao enfrentar o mérito, o Tribunal entendeu que o caso se resolveria mediante a aplicação do mencionado art. 23 da CADH "porque se trata de sanciones que impusieron una clara restricción al derecho a ser elegido, sin ajustarse a los requisitos aplicables de conformidad con el párrafo 2 del mismo, relacionado con una 'condena, por juez competente, en proceso penal'". Para o Tribunal, nenhum dos requisitos insculpidos no art. 23.2 teriam sido adimplidos, porquanto as ditas "sanções" acabaram impostas por um "juiz" que não era competente. Segundo constou "ninguno de esos requisitos se cumplió, pues el órgano que impuso dichas sanciones no era un 'juez competente', no hubo 'condena' y las sanciones no se aplicaron como resultado de un 'proceso penal'".

---

[81] Corte IDH. Caso Leopoldo Lopez Mendoza Vs. Venezuela. Sentiencia de 1 de septiembre de 2011; y CIDH. Caso Leopoldo Lopez Mendoza Vs. Venezuela. Informe de fondo 92-09, de 8 de agosto de 2009.

Logo, a Corte concluiu que a Venezuela teria violado flagrantemente os arts. 23.1 e 23.2 da CADH, imputando ao Estado venezuelano diversas medidas de reparação, entre elas (i) a de tornar sem efeito as resoluções emitidas pelo controlador-geral da República, mediante as quais se havia declarado a inabilitação do representante para o exercício de funções públicos, e (ii) a de assegurar o pleno exercício do direito de elegibilidade (sufrágio passivo como posto na decisão) por parte do cidadão López Mendoza, em qualquer evento em que ele venha a se inscrever como candidato em processos eleitorais.

Importante assinalar, ademais, que, no mesmo caso, sem prejuízo da declarada violação relativa ao direito de ser votado ou eleito, o Tribunal analisou a controvérsia sobre outros prismas que lhes foram submetidos. Um deles recaiu sobre a *garantia de motivação/fundamentação das decisões*, sejam elas administrativas ou judiciais. A esse respeito, a Corte indicou que, considerando ainda mais os alcances da restrição ao sufrágio passivo, a partir da sanção de inabilitação imposta ao representante, o órgão administrativo deveria ter motivado a respectiva decisão, tanto no aspecto qualitativo, quanto no que se reporta ao aspecto quantitativo. Na espécie, concluindo que o Estado venezuelano não respeitara tal garantia fundamental, a Corte considerou que os problemas na motivação causaram, igualmente, um impacto deveras negativo no exercício do direito de defesa de López Mendoza (representante). Em consequência, acabou por decretar, também, que a Venezuela seria responsável pela violação do dever de motivação e do direito de defesa, estabelecidos no art. 8.1 da CADH como diretos corolários do *due process of law*.

Por outra parte, ainda no âmbito da Corte Interamericana de Direitos Humanos, merece o devido destaque a Medida Cautelar nº 374-13, de 18.3.2014, conhecida como caso *Gustavo Petro vs. Colombia*. Na ocasião, em 9.12.2013, Gustavo Petro Urrego, prefeito (*Alcalde*) de Bogotá, capital da República da Colômbia, foi removido do seu cargo pelo Gabinete do Procurador-Geral da Nação mediante uma decisão administrativa (?!). Ato contínuo, a mesma decisão administrativa em comento o inabilitou para exercer qualquer função pública durante nada menos do que 15 anos, tudo em razão de supostas irregularidades ocorridas em alterações da gestão de coleta de lixo da cidade em dezembro de 2012.

Não obstante, ao se deparar com a medida cautelar aforada pelo Colectivo de Abogados José Alvear Restrepo (CCAJAR) em prol de Gustavo Petro, a CIDH reafirmou a jurisprudência construída no sentido de que os direitos políticos somente podem ser restringidos ante o que dispõem os arts. 23.1 e 23.2 da CADH, o que não se vislumbrou na espécie. A Convenção Americana de Direitos Humanos (CADH) garante a todos os cidadãos o direito de participar da direção dos assuntos públicos, diretamente ou por meio de representantes livremente eleitos. O art. 23.2 da Convenção, por sua vez, determina, taxativamente, quais são as condições que permitem a restrição dos direitos reconhecidos pelo art. 23.1, sendo que qualquer restrição imposta por meio de eventual sanção deve partir de uma condenação lavrada por juiz competente e em sede de um processo penal, garantidos todos os direitos do acusado. Diante disso, reconhecendo a presença dos requisitos hábeis a tanto, a CIDH deferiu a liminar pleiteada, determinando o imediato retorno de Petro ao cargo de prefeito de Bogotá. O Estado colombiano, ainda que com muitas reticências, cumpriu a decisão.

Sem prejuízo de outros precedentes que venham a se manifestar, na esteira do que defende Marcelo Peregrino,[82] pode-se dizer que o tratado

> cuidou, com bastante parcimônia, daqueles elementos vitais para o funcionamento do regime democrático e da proteção dos direitos políticos fundamentais, deixando, para a margem de apreciação dos Estados signatários, o modo e o meio de funcionamento de cada um.

E, por sua feita, a própria jurisprudência da Corte Interamericana, deste ideário democrático, faz uma marca reluzente.

Conclusão

O propósito deste artigo recaiu sobre a natureza jurídica dos direitos políticos, como direitos de participação política que são, de modo a demonstrar que tais direitos humano-fundamentais representam verdadeiras condições de possibilidade para o regime democrático.

A soberania popular, num sentido estrito, representa o vínculo jurídico-político mantido entre Estado e sociedade, que acaba por pregar a participação política dos cidadãos nos rumos políticos da Nação. Por sua vez, este princípio basilar do Estado Democrático, à luz do arcabouço normativo posto, resta concretizado, na forma ativa, pelo sufrágio universal, pelo voto direto e secreto, plebiscito, referendo e iniciativa popular (CF, art. 1º, parágrafo único c/c art. 14, *caput*); e, na

---

[82] FERREIRA, Marcelo Peregrino. O controle de convencionalidade da Ficha Limpa. *Revista Brasileira de Direito Eleitoral – RBDE*, Belo Horizonte, ano 6, n. 11, p. 55-103, jul./dez. 2014.

forma passiva, pelo direito de elegibilidade, ou seja, pelo direito de ser votado, de modo a possibilitar a ocupação dos cargos eletivos do país. Tal participação se dá, portanto, por meio do *exercício dos direitos políticos*. Trata-se, pois, do exercício da *soberania popular* por intermédio dos *direitos políticos ativos* (votar, plebiscito, referendo e iniciativa popular) *e passivos* (ser votado). Os direitos políticos, como *direitos fundamentais* que são, manifestam-se como frutos diretos de um salto civilizatório, cujo resguardo é, ao fim e ao cabo, tarefa indissociável de um regime democrático.

Os direitos políticos, nesse desiderato, puderam ser conceituados como *direitos fundamentais de participação política*, a ser materializados, *de forma ativa*, pelo direito de votar (sufrágio) –[83] e também pelos mecanismos de democracia direta, como o plebiscito, o referendo e a iniciativa popular, e, de *maneira passiva*, pelo direito de ser votado (elegibilidade).[84] Trata-se, enfim, de um conjunto de mecanismos que preceituam as relações sociopolíticas de uma sociedade democrática.

No que tange à respectiva natureza jurídica, considerou-se, pois, que os direitos políticos são *direitos fundamentais* e encontram total respaldo na Declaração Universal dos Direitos Humanos, na Convenção Interamericana de Direitos Humanos e na Constituição da República Federativa do Brasil (1988). Democracia e direitos fundamentais se encontram em um *condicionamento recíproco*. Por sua vez, especificamente, os direitos políticos, como *direitos fundamentais de participação política* que são, representam verdadeiras *condições de possibilidade* para o regime democrático. Dito de outra forma, *não há democracia sem direitos políticos*. E *sem direitos políticos*, igualmente, *não haverá democracia*.

Os direitos políticos, por sua feita, carregam em si dois aspectos demasiado acentuados: o direito ao exercício do poder político constituído e o direito a eleger quem deve exercê-lo. Daí que os direitos políticos são direitos fundamentais de importância salutar, fazendo possível o jogo democrático. Não há democracia sem eleições livres, autênticas e periódicas. No regime democrático o poder emana do povo, que o exerce principalmente de maneira indireta, através de representantes

---

[83] O direito de sufrágio compreende precipuamente o direito de escolha periódica dos representantes populares, algo que se perfectibilizará por intermédio do voto secreto.

[84] O direito de elegibilidade compreende a prerrogativa de o cidadão buscar a ocupação de um cargo eletivo pela via do processo eleitoral, desde que venha a cumprir as condições ou pressupostos de elegibilidade previamente estabelecidos e não incorra em causa de inelegibilidade inserta no ordenamento jurídico posto. Esta prerrogativa, enfim, compreende o direito de ser votado, o direito de ser eleito (*derecho a ser elegido*) como mandatário do povo.

eleitos para tanto. Se a soberania política recai sobre o povo, há de haver meios para que essa supremacia popular reste materializada. E é nesse percurso que adentram os direitos políticos, como direitos fundamentais de participação política do povo, materializados, notadamente, pelo votar e ser votado. Conseguintemente, *os direitos políticos são condições de possibilidade para a democracia.*

Partindo-se desse pressuposto, então, o artigo passou a desenvolver uma análise de direito comparado, com o objetivo de aproximar da realidade brasileira alguns contributos das Cortes Internacionais de Direitos Humanos, especialmente a partir da jurisprudência da Corte Interamericana de Direitos Humanos (CIDH). E a esse respeito, diga-se de passagem, pôde-se perceber que jurisprudência da Corte Interamericana de Direitos Humanos (CIDH) pode muito ensinar ao *staff* brasileiro, a partir notadamente de alguns dos mais importantes casos julgados pelo Tribunal, no que tange a esta matéria.

O exercício efetivo dos direitos políticos constitui um fim e si mesmo, um direito fundamental que as sociedades democráticas têm para garantir os demais direitos humanos previstos, e que seus titulares, vale dizer, os cidadãos, não só devem gozar desses direitos, *mas também de oportunidades reais de exercício/participação*, segundo várias decisões lavradas pela CIDH. E mais: os Estados soberanos, segundo a mesma jurisprudência da CIDH, somente poderiam impor restrições aos direitos políticos ativos e passivos por motivos de *idade, nacionalidade, residência, idioma, instrução, capacidade civil ou mental, ou condenação, por juiz competente, em processo penal.*

Sem prejuízo de outros precedentes que venham a se manifestar, na esteira do que defende Marcelo Peregrino,[85] pode-se dizer que o tratado

> cuidou, com bastante parcimônia, daqueles elementos vitais para o funcionamento do regime democrático e da proteção dos direitos políticos fundamentais, deixando, para a margem de apreciação dos Estados signatários, o modo e o meio de funcionamento de cada um.

E, por sua feita, a própria jurisprudência da Corte Interamericana, deste ideário democrático, faz uma marca reluzente, algo muito oportuno considerada a realidade brasileira, a partir da qual, diga-se novamente, denota-se uma insistente tentativa de menoscabo dos direitos

---

[85] FERREIRA, Marcelo Peregrino. O controle de convencionalidade da Ficha Limpa. *Revista Brasileira de Direito Eleitoral – RBDE*, Belo Horizonte, ano 6, n. 11, p. 55-103, jul./dez. 2014.

políticos ativos e (principalmente) passivos, bastando rememorar que a LC nº 135/2010 acabou por introduzir uma gama de novas hipóteses de inelegibilidade e, mais do que isso, por agravar em demasia as hipóteses anteriormente previstas (com largos prazos de duração e também com marcos temporais absolutamente inconstitucionais e inconvencionais, considerada a atração das causas de inelegibilidade próprias – ou cominadas – por uma simples decisão colegiada, as quais não se limitam também a condenações em processos penais), para muito além da Constituição da República (ainda que o STF tenha decidido o contrário) e para muito além do bloco de convencionalidade recepcionado pelo direito brasileiro, especialmente a Convenção Americana de Direitos Humanos (norma supralegal que é, e, portanto, superior hierarquicamente à lei das inelegibilidades).

Referências

ARENDT, Hannah. *O que é política*. Tradução de Reinaldo Guarany. 2. ed. Rio de Janeiro: Bertrand Brasil, 1999.

AZAMBUJA, Darcy. *Teoria geral do Estado*. São Paulo: Globo, 1998.

BOBBIO, Norberto. *Teoria geral da política*: a filosofia política e as lições dos clássicos. Rio de Janeiro: Campus, 2000.

BONAVIDES, Paulo. *A Constituição aberta*. Belo Horizonte: Del Rey, 1993.

BONAVIDES, Paulo. *Ciência política*. São Paulo: Malheiros, 2006.

CÂNDIDO, Joel José. *Direito eleitoral brasileiro*. 15. ed. rev., atual. e ampl. São Paulo: Edipro, 2012.

DAHL, Robert A. *Sobre a democracia*. Tradução de Beatriz Sidou. Brasília: Editora UnB, 2001.

DALLARI, Dalmo de Abreu. *Elementos de teoria geral do Estado*. 30. ed. São Paulo: Saraiva, 2011.

DEUTSCH, Karl Wolfgang. *Política e governo*. Tradução de Maria José da Costa Félix Matoso Miranda Mendes. 2. ed. Brasília: Editora UnB, 1993.

ESPÍNDOLA, Ruy Samuel. O avanço da Justiça Eleitoral sobre a vontade das urnas. *Conjur*, 5 nov. 2012. Disponível em: <https://www.conjur.com.br/2012-nov-05/ruy-samuel-espindola-avanco-justica-vontade-urnas>. Acesso em: 18 dez. 2017.

FERREIRA, Marcelo Peregrino. O controle de convencionalidade da Ficha Limpa. *Revista Brasileira de Direito Eleitoral – RBDE*, Belo Horizonte, ano 6, n. 11, p. 55-103, jul./dez. 2014.

FERREIRA, Marcelo Peregrino. O direito eleitoral do inimigo. *Empório do Direito*, 11 abr. 2015. Disponível em: <http://emporiododireito.com.br/backup/?p=8765>. Acesso em: 18 dez. 2017.

FERREIRA, Marcelo Ramos Peregrino. *O controle de convencionalidade da Lei da Ficha Limpa – Direitos políticos e inelegibilidade*. Rio de Janeiro: Lumen Juris, 2015.

GIULIANI NETO, Ricardo. *Nas coxias do poder*. Porto Alegre: Dublinense, 2012.

GOMES, José Jairo. *Direito eleitoral.* 5. ed. Belo Horizonte: Del Rey, 2010.

GUEDES, Néviton. O poder de limitar a cidadania também encontra limites. *Conjur,* 16 abr. 2013. Disponível em: <http://www.conjur.com.br/2013-abr-16/constituicao-poder-poder-limitar-cidadania-tambem-encontra-limites>. Acesso em: 18 dez. 2017.

GUEDES, Néviton. Para que servem os direitos políticos de participação? *Os Constitucionalistas,* 18 maio 2013. Disponível em: <http://www.osconstitucionalistas. com.br/para-que-servem-os-direitos-politicos-de-participacao>. Acesso em: 18 dez. 2017.

MULLER, Friedrich. *Quem é o povo?* A questão fundamental da democracia. 3. ed. Tradução de Peter Naumann. Revisão de Paulo Bonavides. São Paulo: Max Limonad, 2003.

PEREIRA, Rodolfo Viana. Condições de registrabilidade e condições implícitas de elegibilidade: esses obscuros objetos do desejo. In: SANTANO, Ana Claudia; SALGADO, Eneida Desiree (Org.). *Direito eleitoral:* debates ibero-americanos. Curitiba: Íthala, 2014.

PEREZ GÁNDARA, Raymundo. *Democracia y representación como presupuestos del derecho electoral in apuntes de derecho electoral:* una contribución institucional para el conocimiento de la ley como valor fundamental de la democracia. México: El Tribunal, 2000. v. 2.

PIACENTIN, Antonio Isidoro. *Os direitos políticos nas constituições dos países do Mercosul à luz do direito internacional dos direitos humanos.* Tese (Doutorado em Direito) – Pontifícia Universidade Católica de São Paulo, São Paulo, 2006. Disponível em: <http://www. dominiopublico.gov.br/download/teste/arqs/cp012439.pdf>. Acesso em: 17 dez. 2017.

REIS, Cláudio A. "Todo o poder emana do povo": o exercício da soberania popular e a Constituição de 1988. In: SENADO FEDERAL. *Estudos legislativos* – Constituição de 1988: o Brasil 20 anos depois. Os alicerces da redemocratização. Brasília: Senado Federal, 2008. v. I.

RIBEIRO, Darcy. *O povo brasileiro:* a formação e o sentido do Brasil. 2. ed. São Paulo: Companhia das Letras, 1995.

SANTANO, Ana Claudia; SALGADO, Eneida Desiree (Org.). *Direito eleitoral:* debates ibero-americanos. Curitiba: Íthala, 2014.

SARTORI, Giovani. *Teoria democrática.* 1. ed. Portugal: Editora Fundo da Cultura, 1962.

SILVA, Daniela Romanelli da. *Os direitos políticos no Estado Democrático de Direito.* Disponível em: <http://www.anpocs.org/portal/index.php?option=com_docman&task=doc_ view&gid=4083&Itemid=319>. Acesso em: 17 dez. 2017.

SILVA, José Afonso da. *Curso de direito constitucional positivo.* 14. ed. São Paulo: Malheiros, 1997.

STRECK, Lenio Luiz; MORAIS, José Luis Bolzan de. *Ciência política e teoria geral do Estado.* 3. ed. Porto Alegre: Livraria do Advogado, 2003.

VELLOSO, Carlos Mário da Silva; AGRA, Walber de Moura. *Elementos de direito eleitoral.* 4. ed. São Paulo: Saraiva, 2014.

Informação bibliográfica deste texto, conforme a NBR 6023:2002 da Associação Brasileira de Normas Técnicas (ABNT):

ALARCON, Anderson; BARCELOS, Guilherme. Democracia e direitos políticos: os direitos políticos como condições de possibilidade para o regime democrático e o direito comparado. In: PINHEIRO, Celia Regina de Lima; SALES, José Edvaldo Pereira; FREITAS, Juliana Rodrigues (Coord.). *Constituição e processo eleitoral.* Belo Horizonte: Fórum, 2018. p. 83-118. ISBN 978-85-450-0571-1.

DEMOCRACIA REPRESENTATIVA E PARIDADE

Diana Patrícia Lopes Câmara

A democracia pode ser compreendida como um regime de governo no qual o povo é quem deve tomar as decisões políticas e de poder. A palavra *democracia* tem origem grega e pode ser definida como governo (*kratos*) do povo (*demo*).

Na Grécia Antiga se estabeleceu a realização de assembleias, que eram reuniões com a participação da população na discussão de temas públicos, nas quais todos podiam participar, importando apenas a racionalidade dos argumentos para estes serem aceitos, independentemente da classe social de quem os apresentava. Todavia, essa igualdade não era plena, pois, vale registrar, as mulheres não podiam participar, porque não eram consideradas "cidadãos", bem como os estrangeiros e os menores de 21 anos.

A *democracia indireta*, aquela que se dá de forma representativa, nasceu no século XIX, como reflexo do aumento da influência e da importância do parlamento nos estados europeus, e teve como marco a Primavera dos Povos (1848), bem como da impossibilidade de todos os cidadãos tomarem diretamente e individualmente decisões de poder, assim, estas passaram a ser tomadas por representantes eleitos.

No Estado Moderno, a democracia representativa se efetiva através do sufrágio, bem como plebiscitos, referendos e iniciativas populares, constitui a efetiva soberania popular e permite a inferência do povo nas decisões públicas e políticas do país.

A democracia indireta parte do princípio de que o povo é soberano e que todo poder emana do povo. Portanto, em tese, o papel do parlamento seria ouvir a população e levar os anseios populacionais à votação e depois a uma decisão do monarca ou da autoridade republicana.

No Brasil, onde é utilizado este sistema, ele está representado, por exemplo, pelos deputados que são eleitos para representar o povo. Por isso, a Câmara dos Deputados é também chamada de "a casa do povo". A concepção é que estes políticos irão representar indiretamente os anseios do povo, nascidos das pretensões e necessidades populares.

Nessa linha, a Constituição Federal de 1988 assegura que o Brasil é um Estado Democrático de Direito e, como tal, através das diretrizes constitucionais, o cidadão tem o direito humano fundamental de participação política, através de mecanismos da democracia representativa e participativa, para que cada cidadão possa atuar, de forma permanente, fiscalizar e exigir que a atuação dos poderes públicos esteja em consonância com os objetivos fundamentais da República Federativa do Brasil. Esses políticos são escolhidos através da eleição com votação direta dos eleitores, na qual o povo irá escolher seus representantes entre os candidatos que forem apresentados pelos partidos políticos.

Assim, na democracia representativa são eleitos, através do voto popular, representantes de uma parcela da comunidade por um período de tempo, podendo ou não ser reeleitos. Por este formato, são os representantes que tomam as decisões em nome daqueles que os elegeram.

Uma democracia representativa paritária deve ter a participação política de grupos minoritários e vulneráveis representados no parlamento a fim de consolidar, efetivar e salvaguardar os direitos básicos desses grupos. E, dessa forma, assegurar uma participação efetiva de grupos em situação de vulnerabilidade e destituídos de poder, a fim de fortalecer a democracia e avançar no processo de afirmação dos direitos humanos. É essencial buscar a paridade quando se está diante de uma nação tão diversa e pluralista como a brasileira. Infelizmente, como veremos, até o presente momento, diversos grupos sociais estão alijados dos processos decisórios e, por isso, veem, a cada dia, seus direitos sendo tolhidos e sua cidadania não sendo respeitada.

1   O papel dos partidos políticos na consolidação da democracia

Os partidos políticos são instituições intrinsecamente ligadas à democracia. Quase todas as democracias representativas contemporâneas se baseiam no sistema de partidos políticos. A evolução histórica dos partidos políticos variou desde a execração pelos filósofos da Antiguidade até a consagração pelos teóricos da democracia representativa.

Pode-se definir partido político como uma forma de agremiação de um grupo social que se propõe a organizar, coordenar e instrumentar a vontade popular com o fim de assumir o poder para realizar seu programa de governo.

No Brasil, o art. 17 da Constituição da República Federal assegura aos partidos políticos autonomia para definir sua estrutura interna, organização e funcionamento, bem como para adotar os critérios de escolha e o regime de suas coligações eleitorais, sem obrigatoriedade de vinculação entre as candidaturas em âmbito nacional, estadual, distrital ou municipal, devendo seus estatutos estabelecer normas de disciplina e de fidelidade partidária. Dessa forma, a autonomia intramuros é uma garantia constitucional.

A função normalmente associada aos partidos políticos é a organização e representação da vontade popular. Porém, no ordenamento jurídico brasileiro, nota-se que os partidos devem se pautar pelo respeito à soberania nacional, ao regime democrático, ao pluripartidarismo e à autenticidade do sistema representativo e pela defesa dos direitos fundamentais da pessoa humana. Por isso, o partido político é instrumento importante da democracia.

Por outro lado, pela Carta Magna, é prevista a coexistência pacífica de partidos com ideias distintas, muitas vezes opostas, de situação e de oposição, que, por vezes, alternem de posição. Assim, é natural e saudável a presença de partidos minoritários a fim de representar todas as esferas da sociedade. Nesse contexto, reserva-se aos partidos de situação a função governamental e aos partidos de oposição a de fiscalização. Esta última pressupõe a garantia do direito de crítica e de informação da atividade estatal, com a edificação de instrumentos legais hábeis à sua intervenção.

Os partidos políticos devem reger-se pelos princípios da transparência, da organização e da gestão democrática e da participação de todos os seus membros. Nesse prisma, eles deverão desenvolver atividades que ofereçam diversas manifestações, como exemplo, as que permitam aos cidadãos participar nas funções e políticas públicas, atuem como representantes da vontade popular e da opinião pública, instrumentem a educação política do povo, desenvolvam programas de governo, facilitem a coordenação dos órgãos políticos do Estado, entre outras.

Para alguns estudiosos, atualmente, os partidos políticos enfrentam uma crise e esta se assenta em questões estruturais, conjunturais e sociais.

Entre os problemas estruturais, um dos fatores é a irresponsabilidade e a falta de compromisso do mandatário pelos seus atos perante o eleitorado. Essa ponderação é importante, na medida em que a atuação do parlamentar deveria se orientar para a defesa dos interesses gerais da sociedade civil e não dos interesses particulares dos políticos ou de uma categoria que, eventualmente, tenha o ajudado a se eleger.

No que tange às questões conjunturais, identificam-se três primordiais fatores para a crise dos partidos políticos: o desvirtuamento da proporcionalidade parlamentar, o desligamento do parlamentar do seu partido político e, por fim, a ausência de regulamentação eficaz na atuação dos grupos de pressão perante o Parlamento.

E em relação aos fatores sociais, é importante mencionarmos a perda do paradigma da oposição entre capital e trabalho, a pulverização dos interesses sociais, a transitoriedade das agremiações, a perda da importância do relacionamento entre governo e parlamento como ambiente próprio às decisões políticas e, no campo econômico, substituição das políticas públicas pelas meras manobras monetárias. Por derradeiro, surgem as questões ligadas à própria evolução das relações sociais e, em especial, à velocidade vertiginosa com que elas se apresentam nos dias atuais.

2 Políticas paritárias: mudanças em relação às mulheres

Até o início do século XX, em quase toda a totalidade dos países, o voto era um direito dos homens, especialmente dos ricos. Este século foi cenário de grandes transformações sociais e políticas. As mulheres buscaram alcançar direitos, como exemplo, o direito de votar e ser votada. As ativistas que se mobilizaram pelo direito feminino à participação política ficaram conhecidas como sufragistas.

No Brasil, as mulheres conseguiram o direito de votar a partir de 1932. O voto feminino no país foi assegurado após intensa campanha nacional pelo direito das mulheres ao voto. Fruto de uma longa luta iniciada antes mesmo da Proclamação da República. Depois de muitos anos de reivindicações e discussões, as mulheres conquistavam o direito de votar e serem eleitas para cargos no Executivo e Legislativo.

O Código Eleitoral Provisório (Decreto nº 21.076), de 24.2.1932, é tido como um marco na história da mulher brasileira, pois possibilitou a conquista do direito de participação política da mulher pelo exercício do voto. Todavia, registre-se, não era pleno, pois foi aprovado parcialmente, só permitindo este direito às mulheres casadas, com autorização dos maridos, e às viúvas e solteiras que tivessem renda própria. Em 1934, as restrições ao voto feminino foram eliminadas do Código Eleitoral, embora a obrigatoriedade do voto fosse um dever masculino. Somente em 1946 a obrigatoriedade do voto foi estendida às mulheres.

Para pontuar essa luta das mulheres em busca da paridade de direitos de votar e ser votada, apenas como registro, podemos citar a história de Celina Guimarães Viana, que se tornou a primeira mulher a ter o direito de votar no Brasil. Em 1928, ou seja, bem antes do Código Eleitoral de 1932, aos 29 anos, ela pediu em um cartório da cidade de Mossoró, no Rio Grande do Norte, para ingressar na lista dos eleitores daquela cidade. Junto com outras seguidoras, Celina votou nas eleições de 5.4.1928. Ela aproveitou a Lei nº 660, de outubro de 1927, que estabelecida as regras para o eleitorado solicitar seu alistamento e participação. Em todo o país, o estado potiguar foi o primeiro a regulamentar seu sistema eleitoral, acrescentando um artigo que definia o sufrágio sem "distinção de sexo". O caso ganhou repercussão mundial, porém a Comissão de Poderes do Senado não aceitou o voto. Nada obstante, a iniciativa da professora marcou a inserção da mulher na política eleitoral brasileira.

Em outro episódio, na mesma época, cinco anos antes de aprovado o Código Eleitoral brasileiro, que estendia às mulheres o direito ao voto, no sertão do Rio Grande do Norte, já ocorrera a eleição de uma prefeita. A fazendeira Alzira Soriano de Souza, em 1928, se elegeu na pequena cidade de Lajes, pioneira no direito ao voto feminino. Foi a primeira mulher da América Latina a assumir o governo de uma cidade, segundo notícia publicada na época pelo jornal americano *The New York Times*.

Por outro lado, em 1933, a primeira mulher deputada federal brasileira foi eleita por São Paulo. Carlota Pereira de Queirós era médica, escritora e pedagoga, e participou dos trabalhos na Assembleia Nacional Constituinte, entre 1934 e 1935.

Entre 1890 e 1994, mulheres da maioria dos países adquiriram o direito de votar e se candidatar a um cargo público. Em 1893, a Nova Zelândia tornou-se o primeiro país do mundo a reconhecer o direito do voto feminino. Lá, desde 1886 as mulheres já tinham direitos políticos, mas em âmbito municipal. Em 1902, com algumas restrições, a Austrália concedeu o direito do voto às mulheres. O primeiro país europeu a concedê-lo foi a Finlândia em 1906. Hoje, a maioria dos países assegura às mulheres o direito de votar e de ser votada, mas tempo e espaço são duas variáveis que diferem muito quando analisamos os países, por exemplo, a Arábia Saudita concedeu esse direito às mulheres apenas em 2011.

Voltando a observar o voto feminino no Brasil, podemos concluir que este foi conseguido muito tardiamente, pois, mesmo depois de 1932, a restrição ao voto dos analfabetos limitou muito o voto das mulheres, que, na época, em sua maioria, não estudavam e eram analfabetas. A participação das mulheres cresceu realmente depois dos anos 70.

Percebe-se, também, que as mulheres têm mais dificuldade de provar seu valor à militância, bem como aos próprios eleitores, neste mundo partidário considerado masculino e ainda muito impregnado de preconceitos. A política, inclusive partidária, ainda está impregnada de machismo e preconceito. Por isso, é necessário refletir sobre essa precária participação política, a pouca aceitação das mulheres no espaço público e, em especial, dentro dos partidos políticos. Atualmente, pouquíssimas mulheres atuam nas esferas de poder dentro dos partidos políticos, os diretórios são predominantemente compostos por homens.

Diversos especialistas apontam que o fato se deve ao preconceito que ainda existe, tanto na sociedade quanto dentro dos próprios partidos, tendo em vista que muitos ainda pensam que política é "coisa de homem", ocasionando o pouco investimento na formação de quadros femininos competitivos e desinteresse dos partidos políticos no financiamento da campanha de candidatas mulheres e do empoderamento destas.

A representação feminina no Congresso, no Executivo e no Judiciário, bem como nos órgãos públicos e nos cargos de chefia, ainda é tímida. Ainda estamos longe do real empoderamento feminino, quando as mulheres naturalmente ocupariam cargos de poder em igualdade com os homens.

Por isso, a participação feminina na política é tão importante para a democracia e necessária para a luta pela igualdade de homens e mulheres na sociedade. Todavia, isso só irá acontecer quando as mulheres forem vistas como parte do espaço público, como iguais, como seres de voz, opinião e pensamento.

Ainda hoje, na prática, é dificultada a militância das mulheres por causa de seu gênero, inclusive, intramuros partidários, como dito anteriormente. É necessário que haja uma correção nesta conjuntura para que as mulheres, além de comemorar o direito de votar e ser votada, possam, de fato, fazer parte da política de forma significativa e construtiva.

3 Paridade e necessidade de tratar de forma diferente os desiguais a fim de oportunizar a igualdade

Nos dias de hoje, a democracia não pode mais ser vista apenas sob seu aspecto formal, como sendo a vontade da maioria. Ela deve ser analisada por um prisma substancial, compreendendo a vontade da maioria aliada à proteção dos direitos fundamentais, inclusive das minorias. De igual modo, o pluralismo – fundamento da República Federativa do Brasil – não deve simploriamente ser considerado sinônimo de pluralismo político. O pluralismo vai além, denotando a diversidade religiosa, cultural, artística, ideológica, étnica e sexual.

Por outro prisma, a paridade é uma forma de corrigir distorções entre categorias, especialmente quando estas estão em números muito desiguais. A expressão *democracia paritária* vem sendo cada vez mais utilizada e perseguida como forma de legitimar a própria democracia.

Em apertada síntese, paridade é tratar de forma diferente os desiguais para que se oportunize a igualdade.

No Brasil, nas eleições para escolha dos representantes do povo no parlamento, deputados e vereadores, o exemplo mais vívido que temos de paridade é a previsão trazida na Lei das Eleições, que obriga que a lista de candidatos apresentada pelas coligações e partidos deverá ser preenchida nos percentuais de no mínimo 30% (trinta por cento) e no máximo 70% (setenta por cento) para candidaturas de cada sexo para disputar as eleições. Esses percentuais servem para garantir uma reserva de sexo nas candidaturas.

Em Portugal, foi criada uma lei específica para assegurar essa reserva de sexo. Desde agosto de 2006, esse país deu um importante salto qualitativo em sua democracia, quando o parlamento aprovou a Lei da Paridade, Lei Orgânica nº 3/2006, que estabelece que as listas para a Assembleia da República, para o Parlamento Europeu e para as autarquias locais devem ser compostas de modo a assegurar a representação mínima de 33,3% de cada um dos sexos a fim de promover a paridade entre homens e mulheres.

Esse tipo de lei, promulgada no Brasil e em Portugal, torna-se necessária quando a sociedade não evoluiu espontaneamente no sentido de ofertar as mesmas oportunidades de representação, nesse caso, às mulheres, que por vezes chegam a ser maioria na sociedade. Essa discriminação positiva serve para coroar o princípio da igualdade de oportunidades utilizado em muitos países quando se pretende rapidamente igualizar socialmente desníveis ancestrais.

Vale ressaltar que, em países plurais, como o Brasil, originado a partir da miscigenação de várias etnias, com discrepâncias econômicas concretas entre suas regiões, é comum a existência de diversos grupos minoritários e vulneráveis.

É preciso entender e diferenciar terminologicamente minorias e grupos vulneráveis. Podem-se classificar como minorias os grupos numericamente inferiores quando comparados com outros grupos, ou seja, são minoritários aqueles que ocupam posição de não dominância no país. Por outro lado, os grupos vulneráveis não são, necessariamente, inferiores em número, todavia, também ocupam posições inferiores no país, sendo destituídos de poder e de visibilidade, como é o caso de mulheres, crianças e idosos.

Alguns grupos sociais minoritários e em situação de vulnerabilidade social não participam de forma contundente dos processos de tomada de decisões. Tal fato se deve em especial pela ausência de representação própria, através de candidatos ou dentro dos partidos políticos, bem como em razão do descrédito dos governantes para com os direitos desses grupos, em razão de serem minoritários e destituídos de poder.

As minorias sociais, bem como as mulheres, precisam ter uma atuação mais ativa e de poder nos órgãos de decisão, públicos e partidários, para que possam ter voz ativa e atuante na busca de melhorias na qualidade de vida das categorias. Atualmente, podem-se entender como minorias sociais os afrodescendentes, os LGBT (homossexuais), os economicamente vulneráveis (como os moradores de favela ou de rua), os indígenas, os imigrantes, os idosos e os portadores de deficiências.

4 Ações afirmativas para alcançar a paridade: estabelecimento de quotas, reserva de sexo e reserva de verbas do fundo partidário

As discriminações positivas tratam de políticas, públicas ou privadas, direcionadas para grupos socialmente vulneráveis, as quais objetivam remediar ou, ao menos, atenuar distorções históricas e proporcionar igualdade de tratamento e de oportunidades no presente.

Procura-se com programas positivos, como as quotas, promover o desenvolvimento de uma sociedade plural, diversificada, consciente, tolerante às diferenças e democrática, uma vez que concederia espaços relevantes para que as minorias participassem da comunidade.

Através da desigualação positiva promove-se a igualação jurídica efetiva, ou seja, concebe-se uma fórmula jurídica para se provocar uma efetiva igualação social, política e econômica, segundo o direito, tal como assegurada formal e materialmente no sistema constitucional democrático. A ação afirmativa é, assim, uma forma jurídica para se superar o isolamento ou a diminuição social a que se acham sujeitas as minorias.

Nesse sentido, a definição jurídica objetiva e racional da desigualdade dos desiguais, histórica e culturalmente discriminados, é concebida como uma forma para se promover a igualdade daqueles que foram e são marginalizados por preconceitos encravados na cultura dominante na sociedade.

Dessa forma, as quotas servem como um instrumento temporário de política social, praticado por entidades privadas ou pelo governo, nos diferentes poderes e nos diferentes níveis, por meio do qual se visa a integrar certo grupo de pessoas à sociedade, objetivando aumentar a participação desses indivíduos sub-representados em determinadas esferas, nas quais permaneceriam alijados por razões de raça, sexo, etnia, deficiências física e mental ou classe social.

No que tange ao sexo, insta observar que a Constituição da República, em seu art. 5º, inc. I, afirma que "homens e mulheres são iguais em direitos e obrigações". De tal dispositivo retira-se a norma que a lei infraconstitucional não pode estabelecer distinções, exceto quando ambiciona reduzir desníveis, hipótese na qual estaria em busca da igualdade material constitucionalmente almejada.

Em que pese a inegável ascensão do papel feminino, ainda há inúmeros resquícios de sujeição da mulher e obstáculos a serem transpostos na luta pela igualdade de direitos entre os sexos.

A discriminação representa, senão a maior, uma das mais difíceis barreiras a serem afastadas para que homens e mulheres compitam em pé de igualdade. É imprudente acreditar que não subsista o preconceito contra as mulheres. Inúmeros são os entraves à participação paritária em diversos campos da vida social, inclusive dentro dos partidos políticos. As representantes do sexo feminino são ainda sub-representadas politicamente, preteridas no mercado de trabalho ou atingidas por disparidades salariais gritantes, vítimas de assédio sexual e moral, e, muitas vezes, economicamente dependentes dos homens.

Neste contexto, emerge a utilização de ações afirmativas como instrumento de realização da igualdade material, visto que a inércia estatal e até mesmo da sociedade foi incapaz de alçar o princípio da igualdade a um patamar de relevo.

Dessa forma, as cotas eleitorais de gênero são tidas como um instrumento de ação afirmativa eleitoral, tendo em vista a evolução do princípio constitucional da igualdade e seus atuais contornos. A reserva de candidaturas constantes do art. 10, §3º, da Lei nº 9.504, serve como uma ferramenta apta a franquear maior acesso às mulheres na esfera política nacional.

Porém, apesar de, em 1996, o Congresso ter instituído cotas na legislação eleitoral, obrigando os partidos a inscreverem no mínimo 20% de mulheres nas chapas proporcionais e de esse percentual ter sido ampliado para 30%, em 2009, atualmente, a baixa presença das mulheres no quadro político se mantém.

Assim, a cada eleição, os partidos políticos correm para cumprir a quota de sexo para os candidatos, que determina o ajuste da quantidade de candidaturas femininas e masculinas aos percentuais de no mínimo 30% e no máximo 70%. Todavia, na prática, isso não tem aumentado a presença feminina em postos eleitorais. Um dos motivos é o fato de os partidos não oferecerem apoio e suporte igualitário entre candidatos homens e mulheres. Com isso, vemos o surgimento de candidatas "laranjas", que têm seus nomes lançados apenas para cumprir o percentual previsto na legislação, contudo, não são candidatas de verdade, não participam da campanha eleitoral.

Por conta da legislação, quando o período eleitoral se aproxima, é comum presenciar o esforço de lideranças partidárias na investida de campanhas para atrair mulheres dispostas a se candidatar, tendo em vista que, se a legenda não atingir o percentual previsto em lei, a sigla terá que lançar menos candidatos ou ficará fora da disputa eleitoral.

Posto isto, é necessário observar que existem as leis e existem os fatos. E os fatos, basta observar as últimas eleições, demonstram que as leis por si só não chegam ao seu objetivo se o seu cumprimento não for sempre exigido e se a sua aplicação não for efetiva. Por essa lógica, a Justiça Eleitoral e o Ministério Público vêm endurecendo o rigor na observação do cumprimento das regras que buscam a paridade de gênero.

Todavia, de toda sorte, a busca da equidade de gênero na legislação já é tida como um considerável avanço nas ações afirmativas eleitorais tocantes à participação e à representação política das mulheres. Porém, para que essa lei goze de eficácia algumas barreias devem ser vencidas. Portanto, para que o fim almejado pelo dispositivo legal seja alcançado um desafio é a própria divulgação do tema junto à população, sua defesa no seio dos órgãos institucionais e entre os próprios partidos políticos.

Há uma consulta formulada ao Tribunal Superior Eleitoral (TSE), pendente de julgamento, que questiona se a previsão de reserva de vagas para candidaturas proporcionais deve ser levada em conta também para a composição das comissões executivas e diretórios nacionais, estaduais e municipais dos partidos políticos. Tal consulta visa alcançar o empoderamento das mulheres dentro das esferas partidárias, através de quota de reserva de sexo, a fim de estimular e promover a real mudança social, a começar com uma maior inserção feminina dentro da própria estrutura partidária. O pano de fundo é a concepção de que se as mulheres tiverem mais espaços e papel de decisão intramuros poderão implementar a paridade de gêneros dentro das esferas de poder.

Assim, a referida consulta ao TSE, CTA nº 060381639, que está sob a relatoria da Ministra Rosa Weber, questiona os seguintes termos sobre a participação feminina na constituição dos órgãos partidários:

> 1 – A previsão de reserva de vagas para candidaturas proporcionais, inscrita no parágrafo 3º do artigo 10 da Lei nº 9.504/97, deve ser observada também para a composição das comissões executivas e diretórios nacionais, estaduais e municipais dos partidos políticos, de suas comissões provisórias e demais órgãos equivalentes? 2 – Caso a resposta ao primeiro quesito seja positiva, serão indeferidos pela Justiça Eleitoral, nos termos da Resolução – TSE nº 23.465/2015, os pedidos de anotação dos órgãos de direção partidária que não tenham observado os percentuais previstos no parágrafo 3º do artigo 10 da Lei 9.504/97?

Caso o entendimento seja positivo, diversos partidos políticos terão que se desdobrar para conseguir atender à chamada "cota feminina", pois passará a ser obrigatória a composição de pelo menos 30% de mulheres tanto nos diretórios quanto nas executivas. Nesse caso, se o julgamento for positivo, serão indeferidos pela Justiça Eleitoral os pedidos de anotação dos órgãos de direção partidária que não tenham observado os percentuais previstos.

O interesse por política deve ser socialmente construído. É fundamental construir as condições para que as mulheres passem a ver a política como um espaço que é possível ser criado por elas.

Além da quota de reserva de sexo, por força da legislação, os partidos devem investir recursos em propaganda e formação de mulheres. As mudanças positivas na Lei dos Partidos Políticos, Lei nº 9.096/1995, determinou uma reserva de no mínimo 10% do tempo de propaganda partidária para o incentivo da participação feminina na política e a destinação de 5% do Fundo Partidário para a criação e manutenção de programas de promoção e difusão da participação política das mulheres. Tais disposições só vêm reforçar o desejado incremento na ainda incipiente participação feminina nas eleições.

Com o aumento da participação feminina na política, mais mulheres tendem a se eleger para cargos públicos, ganhando visibilidade. Com isso, naturalmente o interesse das mulheres pela política tende a crescer.

Noutro diapasão, além da cota feminina nos partidos políticos, outra consulta ao TSE sobre minorias ainda está em aberto, é o caso das cotas para transgêneros. Na consulta apresentada ao TSE, que está sob a relatoria do Ministro Tarcisio Vieira de Carvalho Neto, as indagações relacionam-se à interpretação sobre as cotas de candidaturas estabelecidas em lei, no que se refere aos transgêneros:

> 1 – A expressão "cada sexo" contida no art. 19, parágrafo 3º da Lei das Eleições se refere ao sexo biológico ou ao gênero? Homens e mulheres trans devem ser contabilizados nas cotas, respectivas, feminina e masculina? 2 – A determinação de que o candidato deve "indicar seu nome completo", contida no art. 12, caput da Lei das Eleições, no pedido de candidatura, se refere ao nome social ou ao nome civil: é lícito que os (as) candidatos (as) indiquem somente seus nomes sociais, se fizerem prova que as certidões referem a eles próprios? 3 – Caso as pessoas trans devam indicar seu nome civil, é possível que sejam indicadas, nas urnas eletrônicas e demais cadastros eleitorais, apenas por seus nomes sociais? 4 – A expressão contida na mesma norma "não estabeleça dúvida quanto à sua identidade" aplica-se à identidade de gênero, enquanto especificação do direito de personalidade à identidade pessoal? 5 – O uso dos nomes sociais, mesmo que equiparados aos "apelidos" a que se refere a norma do artigo 12 da Lei das Eleições, se restringe às candidaturas proporcionais ou aplica-se às candidaturas majoritárias?

Como novidade, dessa vez no Congresso Nacional, no que tange a outra minoria, os afrodescendentes, recentemente, foi apresentado e votado no Senado um projeto de lei, o PLS nº 160/2013, que obriga os partidos a utilizarem 5% (cinco por cento) da verba oriunda do fundo partidário para estimular a participação política dos negros. O senador autor do PLS alega que a participação destes na política brasileira é minoritária e marcada pelo preconceito. Pode-se observar que o número de parlamentares afrodescendentes no Congresso Nacional ainda é muito pequeno e, em muitos estados, há Assembleias Legislativas sem nenhum deputado estadual negro. Apenas como registro e para ilustrar essa perspectiva, em 2014, nas últimas eleições gerais ocorridas no país, dos 1.627 candidatos eleitos para os cargos em disputa, declararam-se pardos apenas 342 (21% do total). Ainda menos candidatos se disseram negros: apenas 51, o equivalente a 3,1% do total.

Assim, o PLS nº 160/2013 foi inspirado na legislação atual, que já prevê incentivo para inserção de mulheres na política, e vislumbra alterar o art. 44 da Lei nº 9.096/1995, Lei dos Partidos Políticos, para dispor que os recursos do Fundo Partidário serão aplicados na criação e manutenção de programas de promoção e difusão da participação política dos afrodescendentes.

Na oportunidade da votação, os senadores decidiram adotar benefício semelhante ao concedido às mulheres por compreender que os afrodescendentes enfrentam de forma similar muitas das dificuldades encaradas pelas mulheres em sua inserção na vida política. Dessa forma, o Senado aprovou o PLS a fim de estender aos afrodescendentes as regras legais que fomentam a participação feminina na política. O parecer aprovado trouxe ainda uma emenda do relator para uniformizar o tratamento e atualizar a legislação para os dois grupos, permitindo, por exemplo, a acumulação dos recursos em diferentes exercícios financeiros, para uso em campanhas eleitorais futuras de candidatos negros e mulheres. Atualmente, o projeto encontra-se na Câmara dos Deputados para deliberação e votação.

Por fim, é primordial que se compreendam os programas de ações afirmativas não como mecanismo fim e único, mas como um pontapé para que a sociedade reveja a desigualdade nela existente.

5 Necessidade de democratizar o acesso das minorias e vulneráveis aos espaços de poder e fortalecer os partidos políticos

Algumas medidas adotadas por países com a democracia mais consolidada visaram incentivar e abrir espaço para a participação de grupos minoritários no cenário político desses países, e foram tomadas a fim de criar as condições necessárias para a efetiva participação de pessoas pertencentes às minorias nacionais na vida cultural, social e econômica e nos negócios públicos, particularmente naqueles que as afetem. Nesse passo, as políticas afirmativas são bem-vindas para diminuir as desigualdades e proporcionar a paridade.

Porém, ainda é preciso fazer muito em termos legiferantes de modo a incentivar e permitir uma maior participação das minorias no processo político brasileiro. Muitas reformas eleitorais e políticas públicas podem e devem ser implementadas para alterar esse abismo.

Uma evolução em relação à paridade de gênero seria a ampliação das quotas para garantir não apenas a participação das mulheres como candidatas nas eleições proporcionais, mas para garantir quotas relativas às cadeiras legislativas, como chegou a ser debatido na última reforma eleitoral, ocorrida em 2017, mas que não restou aprovada. E, ainda, que a consulta a ser respondida, em breve, pelo Tribunal Superior Eleitoral quanto à obrigatoriedade de um percentual mínimo de 30% de reserva de sexo para os órgãos de direção partidária seja respondida de forma afirmativa. Pois, frisem-se, todas essas ações afirmativas são de grande relevância para a paridade entre homens e mulheres e inserção das minorias.

Como as democracias representativas contemporâneas se baseiam no sistema de partidos políticos, é perceptível que uma participação política de grupos minoritários e vulneráveis nos processos decisórios partidários seja fundamental para consolidar, efetivar e salvaguardar os direitos básicos desses grupos. Mais do que isso, assegurar uma participação efetiva de grupos em situação de vulnerabilidade e destituídos de poder significa fortalecer a democracia e avançar no processo de afirmação dos direitos humanos. É fundamental aplicar tais medidas quando se está diante de uma nação tão diversa e pluralista como a nação brasileira. Infelizmente, até o presente momento, diversos grupos sociais estão alijados dos processos decisórios e, por isso, veem, a cada dia, seus direitos sendo tolhidos e sua cidadania não sendo respeitada. A utopia da democracia, portanto, está longe de ser alcançada quando se pensa o direito das minorias.

Assim como outras instituições, o partido político é o reflexo da sociedade na qual está inserido. Num cenário de extrema desigualdade social, como é o caso do Brasil, onde poucos têm acesso aos canais de participação e aos recursos que oportunizam e dão acesso ao mundo das decisões políticas, os partidos tendem a se tornar meros suportes burocráticos de personagens políticos com grande autonomia de ação. Contudo, a história recente mostra que o partido político pode ter um papel fundamental na ampliação e concretização da democracia. Se aceitarmos que a democracia é o regime no qual a vontade coletiva é construída cotidianamente pela manifestação dos múltiplos interesses no espaço público, o partido deve ser entendido como uma instituição central no exercício da mediação entre o Estado e a sociedade civil.

Aos partidos políticos cabe, concomitantemente, a tarefa de organizar e informar determinado grupo político, conforme seus interesses, coloração política e diretrizes partidárias, bem como, ao mesmo tempo, fazer com que as demandas desse grupo cheguem à agenda de debates públicos. Pois é essa dinâmica da institucionalização das demandas que deve legitimar o exercício do poder político e dar credibilidade ao contrato social, evitando a violência gerada pelo inconformismo e pela exclusão.

O partido político é a instituição central da construção do público, porquanto não é concebível uma democracia no seu sentido mais amplo sem partidos fortes. O fortalecimento dos partidos está diretamente ligado ao fortalecimento da democracia, bem como a necessidade de inserção das minorias e dos grupos vulneráveis nas esferas de poder para se alcançar uma democracia paritária, inclusive, intramuros.

Atualmente, o sistema eleitoral que vigora no Brasil repele a representação de minorias, tendo em vista que o próprio financiamento de campanha privilegia partidos grandes e poderosos. Os partidos pequenos, por vezes representantes dessas minorias, não conseguem bancar uma campanha equivalente à dos outros e, por isso, não ganham tanta projeção. Ademais, o coeficiente eleitoral, que condiciona determinado candidato ao montante de votos do partido e sua presença no Congresso, frequentemente, impede que candidatos de grupos minoritários ganhem a eleição e, consequentemente, se perpetuam no poder os políticos que têm mandato e seus afilhados, fazendo com que o poder fique concentrado nas mãos da uma elite política.

O ideal é que a representação proporcional parlamentar assegure a cada partido político uma representação no Parlamento correspondente à sua presença numérica na sociedade. Dessa sorte, tenciona-se que a composição do Poder Legislativo deve retratar fielmente as diversas ideologias presentes na comunidade.

Conclui-se, a democracia paritária ainda apresenta diversos problemas e entraves que devem ser solucionados e adequados aos novos métodos políticos, desde a própria existência de democracia interna até a própria imposição majoritária de suas ideias em respeito aos direitos da minoria. O poder sobre as decisões públicas, que deveria ser amplo e irrestrito, representativo e proporcional a toda a população, ainda é marcado por gênero, raça e classe, o que abala a representatividade das instituições políticas e resulta em pouca sensibilidade no mundo político diante desses assuntos.

Sem dúvida, o pluralismo é um dos aspectos mais marcantes que caracterizam o modelo de sociedade democrática brasileira. A diversidade faz parte do meio social em que vivemos e é um elemento essencial para o desenvolvimento da comunidade. Por essa observação, pode-se chegar à conclusão do quão importante é a proteção das minorias e grupos vulneráveis para garantir que o Brasil seja de fato um país democrático.

Essa realidade só é possível a partir do momento em que esses grupos tenham representação política e, com isso, possam deliberar e firmar presença no debate de temas importantes, ou seja, que sejam rompidas as barreiras que impedem a projeção de suas vozes e de suas necessidades. Esse é o caminho para vencer o preconceito e a indiferença aos quais estão submetidos. Pois, conferir voz e visibilidade para todos os grupos é um desafio essencial para a consolidação de uma democracia plural, justa, coerente e paritária.

Informação bibliográfica deste texto, conforme a NBR 6023:2002 da Associação Brasileira de Normas Técnicas (ABNT):

CÂMARA, Diana Patrícia Lopes. Democracia representativa e paridade. In: PINHEIRO, Celia Regina de Lima; SALES, José Edvaldo Pereira; FREITAS, Juliana Rodrigues (Coord.). *Constituição e processo eleitoral*. Belo Horizonte: Fórum, 2018. p. 119-134. ISBN 978-85-450-0571-1.

EMPODERAMENTO FEMININO: POR QUÊ? PARA QUÊ? QUE DIFERENÇA FARIAM MAIS MULHERES NOS ESPAÇOS DE PODER?

Geórgia Ferreira Martins Nunes
Margarete de Castro Coelho

1 Introdução

O presente artigo busca compreender a (des)necessidade da adoção de políticas afirmativas de inclusão feminina nos espaços de poder e a diferença que a ascensão das mulheres pode representar para a sociedade brasileira e mundial.

Tratando-se de questões relativas ao empoderamento feminino, faz-se necessário estudar a etimologia do termo e sua aplicação no Brasil, para, na sequência, analisar a utilização da expressão pelos movimentos de defesa dos direitos humanos das mulheres, cuja evolução histórica é relevante para compreender o atual cenário da participação feminina da sociedade.

Um dos principais temas atinentes ao empoderamento feminino está na participação das mulheres nos espaços de poder, seja na esfera privada, seja na política. A busca pela maior representação feminina na política que melhor espelhe a realidade de gênero na sociedade em termos de proporcionalidade tem sido objeto de tratamento jurídico-protetivo nos países democráticos e signatários de diversos compromissos internacionais.

Nesse sentido, será feita uma exposição das principais ações afirmativas utilizadas no mundo para corrigir e compensar distorções históricas de gênero, entre elas as políticas de cotas. No Brasil, após a apresentação do quadro estatístico de sub-representação feminina na política, mesmo diante das iniciativas legislativas que deveriam minimizar a desigualdade de gênero, apontar-se-ão os motivos para a sua ineficácia e serão sugeridos caminhos para a mudança do cenário através de medidas que permitam a inclusão e permanência das mulheres nos espaços públicos de poder.

Além da política, o Poder Judiciário também serve de exemplo para demonstrar o conservadorismo que discrimina as mulheres que ousam galgar espaços dominados pelos homens. Os dados evidenciados neste estudo apontam para uma desigual distribuição de poder baseada em gênero que alija as mulheres do comando dos tribunais e associações de juízas e juízes. A compreensão das razões que impedem a ocupação desses espaços também permitirá a correção do problema e o alcance de um Judiciário verdadeiramente democrático, plural e justo.

Por seu turno, as grandes corporações empresariais, percebendo a importância da diversidade de gênero na gestão, para melhorar os resultados financeiros, começaram a promover e estimular uma maior participação de mulheres nos cargos de liderança, hoje ocupados majoritariamente por homens, conforme estudos feitos nesta pesquisa.

Desse modo, a partir do enfrentamento da realidade de desigualdade de gênero nos espaços em questão, destaca-se que o empoderamento feminino é um caminho necessário para o desenvolvimento da sociedade, sendo urgente a adoção de estratégias afirmativas que permitam a participação equitativa de homens e mulheres nos espaços de poder e decisão.

2 Empoderamento: da etimologia ao feminino

Não obstante o empoderamento seja defendido e esse termo seja repetido com veemência por ativistas, defensores dos direitos humanos e membros de coletivos e movimentos sociais, na verdade poucos se questionam ou se preocupam com a etimologia dessa palavra. Atribui-se a Paulo Freire a primeira tradução do termo *empowerment* para o português, como sendo a capacidade de o indivíduo realizar, por si mesmo, as mudanças necessárias para evoluir e se fortalecer. Embora, na língua inglesa, o vocábulo tenha o significado de "dar poder" a alguém para realizar uma tarefa sem precisar da permissão de outras pessoas, o conceito implementado pelo educador tem outra lógica.

Paulo Freire criou um significado especial para a palavra *empoderamento* no contexto da filosofia e da educação, não sendo um movimento que ocorre de fora para dentro, como o *empowerment* no sentido original da palavra inglesa, mas sim internamente, pela conquista. Desde então, o neologismo está no centro dos discursos de movimentos da sociedade civil.

A ideia desenvolvida por Paulo Freire é de "libertação do oprimido", portanto, *empoderamento* pode ser visto como a noção freiriana da conquista da liberdade pelas pessoas que têm estado subordinadas a uma posição de dependência econômica ou física de qualquer outra natureza.[1] Segundo o educador:

> Os oprimidos, tendo internalizado a imagem do opressor e adotado suas linhas de atuação, têm medo da liberdade. A liberdade requeria deles rejeitar essa imagem e preencher o seu lugar com autonomia e responsabilidade. Liberdade se adquire pela conquista, não como um presente. Ela deve ser buscada constantemente. Liberdade não é um ideal localizado fora do ser humano; nem é uma ideia que se torna um mito. É sem dúvida a condição indispensável para busca da humana complementação.[2]

No dicionário, o termo está definido como conscientização; conquista da condição e da capacidade de participação; inclusão social e exercício da cidadania.[3] Essa consciência possibilita a aquisição da emancipação individual e também da consciência coletiva necessária para a superação da dependência social e dominação política. O empoderamento devolve poder e dignidade a quem desejar o estatuto de cidadania e, principalmente, a liberdade de decidir e controlar seu próprio destino com responsabilidade e respeito ao outro.

Por sua vez, sob a ótica dos direitos femininos, o empoderamento manifesta-se no que você pode fazer para fortalecer mais mulheres e desenvolver a igualdade de gêneros em todos os ambientes nos quais a mulher é minoria. E esse caminho vem sendo traçado há bastante tempo: com o movimento das sufragistas pelo voto feminino nos EUA e na Inglaterra, no início do século XX, quando mais de 100 operárias morreram incendiadas numa fábrica, em 1911, na cidade de Nova York, por estarem lutando por seus direitos, dando ensejo à instituição do

---

[1] "O grande problema está em como poderão os oprimidos que 'hospedam' o opressor em si participarem da elaboração como seres duplos, inautênticos da pedagogia de sua libertação. Somente na medida em que se descobrem 'hospedeiros' do opressor poderão contribuir para o partejamento de sua pedagogia libertadora" (FREIRE, Paulo. *Pedagogia da esperança*: um encontro com a pedagogia do oprimido. Rio de Janeiro: Paz e Terra, 1992).

[2] FREIRE, Paulo. *Pedagogia da esperança*: um encontro com a pedagogia do oprimido. Rio de Janeiro: Paz e Terra, 1992.

[3] EMPODERAMENTO. In: DICIONÁRIO Informal. 17 nov. 2008. Disponível em: <http://www.dicionarioinformal.com.br/empoderamento/>. Acesso em: 15 jan. 2018.

Dia Internacional da Mulher; no Brasil, com o voto opcional, em 1932, e obrigatório, em 1946; quando centenas de mulheres queimaram sutiãs, produtos de beleza, sapatos e revistas femininas, em 1968, durante um Miss América, protestando contra os padrões de beleza impostos; na Convenção para a Eliminação de todas as Formas de Violência contra a Mulher, em 1979, e na Conferência de Pequim, em 1995, que representam importantes marcos de regulação e compromisso mundial na luta pela igualdade de gênero e fim da violência contra a mulher; e, como decorrência desses compromissos firmados pelo Brasil, foi promulgada, em 2006, a Lei Maria da Penha, para coibir e punir a violência doméstica contra a mulher; a criação da agência ONU Mulheres, em 2010, também responsável pelo Movimento #HEforSHE #ELESporELAS, de 2015, que busca o apoio de homens e meninos para a causa.

Mais recentemente, é preciso destacar o retorno da temática dos direitos das mulheres em concursos de beleza. Aqui, Monalysa Alcântara, uma negra piauiense, foi escolhida Miss Brasil com o discurso da igualdade de gênero em todas as suas manifestações, e o Concurso Miss Peru 2017 trocou a apresentação das candidatas com as suas medidas pela exposição dos números da violência contra a mulher no país.

Por outro lado, antes de Paulo Freire expor a sua ideia de libertação do oprimido como sinônimo de empoderamento, a filósofa francesa Simone de Beauvoir também destacava que "o opressor não seria tão forte se não tivesse cúmplices entre os próprios oprimidos" e que "querer ser livre é também querer livre os outros".[4]

Contudo, conforme ressaltado pela historiadora Mary Del Priore, as relações de poder e submissão entre homens e mulheres (opressor e oprimidas) advêm de tradicionais imposições religiosas, da Igreja católica, que as condenava à posição de "escrava doméstica, cuja existência se justificasse em cuidar da casa, cozinhar, lavar roupa, servir ao chefe de família com sexo, dando-lhes filhos que assegurassem sua descendência e servindo como modelo para a sociedade com que sonhava a Igreja".[5]

Até os dias atuais, para continuar afastando as mulheres dos espaços públicos é comum impingir-lhes a culpa pelo abandono do lar e dos filhos, o medo da solidão, os pecados da vaidade e ambição. Daí que o verdadeiro empoderamento perpassa pela libertação dos medos,

---

[4] BEAUVOIR, Simone de. *O segundo sexo*: fatos e mitos. 4. ed. Tradução de Sérgio Milliet. São Paulo: Difusão Européia do Livro, 1970.

[5] DEL PRIORE, Mary. *Conversas e histórias de mulher*. 1. ed. São Paulo: Planeta, 2013. p. 13.

dos preconceitos e das culpas e torna-se fundamental para viver, com dignidade, a alegria, a paz e o amor.

Um dos principais temas atinentes ao empoderamento feminino está na participação das mulheres nos espaços de poder, seja na esfera privada, seja na política. A busca pela maior representação feminina na política, que melhor espelhe a realidade de gênero na sociedade, em termos de proporcionalidade, tem sido objeto de tratamento jurídico-protetivo nos países democráticos e signatários dos compromissos internacionais antes mencionados. As grandes empresas multinacionais também estão adotando diversas práticas para promover a igualdade de gênero na liderança dos cargos executivos, buscando alçar mais mulheres ao topo da hierarquia empresarial.[6] O objeto deste artigo, portanto, é compreender a (des)necessidade da adoção de políticas afirmativas de inclusão feminina nos espaços de poder e a diferença que a ascensão das mulheres pode representar.

3 Políticas afirmativas de empoderamento feminino no Brasil e no mundo

As políticas de ações afirmativas surgiram como mecanismos de combate dentro de cenários de segregação e discriminação institucionalizados. Tratam-se de soluções de caráter temporário, tomadas pelo Estado ou pela iniciativa privada, cujo intuito primordial é o de corrigir e compensar distorções históricas ou mesmo atuais, de diversas origens e causas, que foram se acumulando com o decorrer do tempo e acabaram por prejudicar determinado grupo minoritário, seja por critérios de raça, etnia, religião, gênero etc. As cotas representam uma dessas medidas temporárias que buscam minimizar tais diferenças.

É fato que o sistema de cotas para as mulheres não é exclusividade brasileira. É um instrumento já utilizado em vários países da Europa, África e América Latina. A primeira experiência foi adotada na Noruega, em 1978, garantindo que cada sexo deveria ter, no mínimo, 40% em qualquer agência governamental, direção de comitês, comissões ou conselhos com mais de quatro membros, incluindo os partidos políticos. Na Dinamarca, em 1985, foi aprovada uma nova legislação com o fim de alcançar o equilíbrio entre homens e mulheres nos seus órgãos consultivos e administrativos. A Irlanda também passou a recomendar,

---

6 MANO, Cristiane; SCHERER, Aline. Mulheres no Topo. *Revista Exame*, São Paulo, ano 51, n. 20, ed. 1148, 25 out. 2017. p. 86.

em 1990, cotas mínimas de 40% para cada sexo nas esferas de decisão dos partidos, e a Itália, desde 1993, possui lei estabelecendo que, nas listas de candidatos contendo mais de um nome, candidaturas femininas e masculinas devem se alternar. Nessa esteira, a Bélgica adotou, em 1994, uma legislação que visa a promover, de forma progressiva, uma presença equilibrada de homens e de mulheres nas listas eleitorais em todos os níveis. Em termos de América Latina, o Brasil foi o quarto país a adotar ações afirmativas, buscando maior participação da mulher na esfera política.

Estudos indicam que a maioria das nações democráticas adotam em seus sistemas políticos algum tipo de cota de reserva de candidaturas ou de vagas, seja por força da legislação, seja por iniciativa dos próprios partidos, os quais adotam internamente uma reserva voluntária de vagas destinadas às mulheres. Entretanto, apesar de algumas nações ostentarem melhores[7] índices que outras, nenhum país pode afirmar que alcançou a efetiva igualdade de gênero na representação política ou nos espaços de decisão.

No Brasil, segundo dados extraídos do *site* do Tribunal Superior Eleitoral,[8] a maioria do eleitorado é composto pelo sexo feminino (52,43%), alcançando um total de setenta e seis milhões e setecentas e noventa e duas mil mulheres cadastradas na Justiça Eleitoral – 7,1 milhões a mais que os homens –, tendo ultrapassado o eleitorado masculino em todos os 27 estados do país. Nos partidos políticos, dos 16 milhões de filiados, 8,8 milhões são homens e 7,2 milhões são mulheres.[9]

Apesar desses números, de acordo com a União Interparlamentar, órgão global que estabelece relações entre parlamentos mundo afora, na contagem de 2017,[10] realizada em parceria com a ONU Mulheres, entre um total de 174 nações, o Brasil aparece na posição 167ª no *ranking* de participação de mulheres no Executivo e na 154ª posição na lista de

---

[7] BRASIL. Senado Federal. Procuradoria Especial da Mulher. *Mais mulheres na política.* Disponível em: <www12.senado.leg.br/senado/procuradoria/ publicação/livreto-mais-mulheres-na-politica>. Acesso em: 4 jul. 2017.

[8] BRASIL. Tribunal Superior Eleitoral. *Estatísticas do eleitorado*: por sexo e faixa etária. Disponível em: <http://www.tse.jus.br/eleitor-e-eleicoes/estatisticas/estatisticas-de-eleitorado/estatistica-do-eleitorado-por-sexo-e-faixa-etaria>. Acesso em: 15 jan. 2018.

[9] BRASIL. Tribunal Superior Eleitoral. *TSE disponibiliza dados sobre filiados a partidos políticos no Brasil.* Disponível em: <http://www.tse.jus.br/imprensa/noticias-tse/2016/Maio/tse-disponibiliza-dados-sobre-filiados-a-partidos-politicos-no-brasil>. Acesso em: 15 jan. 2018.

[10] BRASIL fica em 167º lugar em ranking de participação de mulheres no Executivo, alerta ONU. *ONUBR – Nações Unidas no Brasil*, 16 mar. 2017. Disponível em: <https://nacoesunidas.org/brasil-fica-em-167o-lugar-em-ranking-de-participacao-de-mulheres-no-executivo-alerta-onu/>. Acesso em: 12 nov. 2017.

representação feminina no Legislativo, atrás, inclusive, de países do Oriente Médio, de forte tradição cultural e religiosa machista, como Afeganistão (54ª), Arábia Saudita (98ª), Jordânia (130ª), Síria (137ª), Iraque (67ª) e Emirados Árabes (96ª).

Desde os anos 90, o Brasil registra uma participação de cerca de 10% de mulheres em vagas legislativas em todo o país, de acordo com números do TSE, que abarcam câmaras municipais, assembleias legislativas e Congresso. Nas onze eleições de 1994 para cá, o patamar se manteve sempre em torno desses 10%. As variações são mínimas. Enquanto deputadas estaduais chegaram quase nos 13% do total de cadeiras nas eleições de 2014, deputadas federais ficaram em 9%.[11] No mesmo pleito federal, o Brasil viveu um momento inédito de sua história política: havia duas mulheres na corrida presidencial e, por um período razoável de tempo, eram as duas favoritas para chegarem ao segundo turno do pleito. Na disputa para governador, a mesma eleição foi mais desfavorável às mulheres: depois de um pico em 2006, com 11,11% de candidatas eleitas, 2014 registrou apenas 3,7% de mulheres vencendo disputas a esse cargo (uma governadora).

No âmbito municipal, a situação é de extremo desequilíbrio. De acordo com o TSE,[12] em 2016, o número de mulheres eleitas prefeitas caiu em relação ao resultado eleitoral de 2012, de 659 para 641 chefes dos Executivos municipais, o que representa apenas 11,57% dos 5.570 municípios brasileiros. Também no parlamento municipal, houve redução do número de vereadoras em 13 capitais, comparadas ao pleito anterior.

Então, esses índices são questionáveis se, no Brasil, a legislação eleitoral e partidária parece estimular a participação feminina na política através das seguintes iniciativas:

I. percentual mínimo de 30% e um máximo de 70% de candidaturas para cada sexo (art. 10, §3º da Lei nº 9.504/97);[13]

---

[11] ROCHA, Camilo *et al.* Mulheres ainda são minoria nos poderes do Brasil. *Nexo Jornal*, 8 mar. 2016. Disponível em: <https://www.nexojornal.com.br/especial/2016/03/08/Mulheres-ainda-são-minoria-nos-poderes-do-Brasil>. Acesso em: 4 jul. 2016.

[12] BRASIL. Tribunal Superior Eleitoral. *Eleições 2016*: número de prefeitas eleitas em 2016 é menor que 2012. 8 nov. 2016. Disponível em: <http://www.tse.jus.br/imprensa/noticias-tse/2016/Novembro/eleicoes-2016-numero-de-prefeitas-eleitas-em-2016-e-menor-que-2012>. Acesso em: 4 jul. 2016.

[13] Resgatando a história da cota de gênero no direito pátrio, foi a Lei nº 9.100/95 que contribuiu com o primeiro texto inovador, dispondo no art. 11, §3º, que "vinte por cento, no mínimo, das vagas de cada partido ou coligação *deverão ser preenchidas* por candidaturas de mulheres". Esta lei somente vigorou para as eleições municipais de 1996. Já a Lei nº 9.504/97 passou a estabelecer que "do número de vagas resultantes das regras previstas neste artigo, cada

II. aplicação de, no mínimo, 5% dos recursos do Fundo Partidário na criação e manutenção de programas de promoção e difusão da participação política das mulheres (art. 44, inc. V, da Lei nº 9.096/95, acrescido pelo art. 2º da Lei nº 12.034/2009);

III. reserva de 10% do tempo de antena para a promoção e difusão da participação política feminina (art. 45, inc. IV, da Lei nº 9.096/95, acrescido pelo art. 2º da Lei nº 12.034/2009);

IV. autorização ao Tribunal Superior Eleitoral para promover propaganda institucional, em rádio e televisão, destinada a incentivar a igualdade de gênero e a participação feminina na política, no período compreendido entre 1º de março e 30 de junho dos anos eleitorais (art. 93-A da Lei nº 9.504/97, com redação dada pela Lei nº 12.891, de 2013);

V. reserva, pelos partidos, de recursos do Fundo Partidário, em contas bancárias específicas de, no mínimo, 5% (cinco por cento) e no máximo 15% (quinze por cento) para aplicação nas campanhas de candidatas mulheres (art. 9º da Lei nº 13.165/15).

A verdade, porém, é que referidas alterações legislativas, que deveriam representar ações afirmativas, não foram adequadamente implementadas em conjunto, em nenhuma eleição, até agora, e são resultado da cultura patriarcal arraigada nos partidos políticos e, consequentemente, no Parlamento.

A legislação, é preciso dizer, sempre vem recheada de "pegadinhas", as quais, longe de desobstruírem os canais de participação, passam ao largo de vários dos entraves ao ingresso da mulher na política. Senão vejamos: primeiro, deve-se lembrar que as cotas são para candidaturas e não para vagas. Além disso, o seu descumprimento não acarretava nenhum tipo de sanção. Até as eleições de 2010, não havia a menor preocupação dos partidos em estimular candidaturas femininas, pois, antes da Lei nº 12.034/09, não havia obrigatoriedade na candidatura, proporcionalmente ao número de registros da agremiação, sendo apenas uma reserva da vaga para um dos sexos (mulher, claro!), que poderia ou não ser preenchida. Outro problema é que, ao mesmo tempo do surgimento das cotas na legislação, também foi ampliado o

---

partido ou coligação *deverá reservar* o mínimo de trinta por cento e o máximo de setenta por cento para candidatura de cada sexo". Com a minirreforma da Lei nº 12.034/2009, a exigência de percentual mínimo de candidaturas passou a ser ainda mais incisiva, dispondo que cada agremiação partidária *"preencherá* o mínimo de 30% (trinta por cento) e o máximo de 70% (setenta por cento) para candidatura de cada sexo".

número de candidatos que os partidos e coligações poderiam registrar: 150% ou 200%, respectivamente, do número de cadeiras em disputa. Com isso, o aumento das candidaturas femininas ocorria apenas em termos absolutos, não em termos relativos.

Em relação às candidaturas majoritárias, inexiste qualquer política afirmativa que estimule a participação feminina, nem no Senado, nem nas chefias do Executivo. E, como visto pelo resultado das urnas, essa ausência é sentida na baixa representatividade feminina, que ainda vem diminuindo nas últimas eleições.

Observa-se, em verdade, que não houve comprometimento algum dos partidos com o sistema de cotas e seus fundos não destinaram recursos para campanhas de mulheres.[14] Desse modo, tendo menores chances de êxito, as candidaturas femininas igualmente não se tornavam atraentes quando da arrecadação de recursos financeiros privados. Segundo levantamento feito pela ONG As Claras, relativo ao pleito de 2014, quando ainda era permitida a doação por pessoa jurídica, dos recursos doados pelas 15 maiores financiadoras das campanhas para deputado(a) foram destinados R$41.929.384,00 (11,42%) para mulheres e R$325.447.961,00 (88,58%) para homens.[15]

Antes das eleições de 2016, não havia qualquer previsão legal que garantisse uma destinação mínima de recursos partidários para as campanhas de mulheres. Por conseguinte, as agremiações continuaram invisibilizando as candidaturas femininas. Na minirreforma eleitoral de 2015, a Lei nº 13.165 passa a disciplinar em seu art. 9º:

> Nas três eleições que se seguirem à publicação desta Lei, os partidos reservarão, em contas bancárias específicas para este fim, no mínimo 5% (cinco por cento) e no máximo 15% (quinze por cento) do montante do Fundo Partidário destinado ao financiamento das campanhas eleitorais para aplicação nas campanhas de suas candidatas, incluídos nesse valor

---

[14] Em relação ao pleito de 2014, a Profª Thais Oliveira Pinheiro, da Universidade Federal do Pará, realizou relevante estudo sobre o financiamento eleitoral na perspectiva de gênero para a Câmara os Deputados, apontando a origem e o caminho percorrido pelos recursos públicos e privados nas campanhas dos(as) eleito(as). É possível extrair da pesquisa que um maior financiamento amplia as chances de eleição, tanto para homens quanto para mulheres (PINHEIRO, Thais Oliveira. O financiamento eleitoral na perspectiva de gênero nas eleições de 2014 para a Câmara dos/as Deputados/as no Brasil. In: CONGRESO LATINOAMERICANO DE CIENCIA POLÍTICA – ALACIP, 9º, 2017. *Apresentação...* Montevideo: [s.n.], 2017. Disponível em: <http://www.congresoalacip2017.org/arquivo/downloadpublic2?q=YToyOntzOjY6InBhcmFtcyI7czozNToiYToxOntzOjEwOiJJRF9BUl FVSVZPIjtzOjQ6IjMxMDMiO30iO3M6MToiaCI7czozMjoiOTgxOWY4MDAxOTkyMGE 5NDA5NTU5YmM5YzRmOTJmNzIiO30%3D>. Acesso em: 15 jan. 2018).

[15] AS QUINZE principais doadoras e o financiamento por sexo (apenas deputados). *Às Claras.* Disponível em: <http://www.asclaras.org.br/arvores/sexos.html>. Acesso em: 15 jan. 2018.

os recursos a que se refere o inciso V do art. 44 da Lei nº 9.096, de 19 de setembro de 1995.

Em nova "pegadinha", adota-se uma política afirmativa que prevê um piso para o financiamento das candidaturas femininas e, ao mesmo tempo, um teto, impedindo, inclusive que os partidos voluntariamente busquem estimular as campanhas de mulheres com recursos além do previsto na nova regra temporária, que terá aplicabilidade limitada às três eleições seguintes (2016, 2018 e 2020). Além de o mínimo ser extremamente baixo, o teto chama ainda mais atenção por impedir que as agremiações gastem mais do que 15% dos recursos do Fundo Partidário que são destinados ao financiamento das campanhas eleitorais na promoção das campanhas de mulheres.

Salta aos olhos, outrossim, a diferença entre o percentual mínimo de reserva de vagas para as mulheres (30%) e o percentual máximo de recursos do Fundo Partidário direcionado às candidaturas de mulheres, previsto na nova lei. Por outro lado, os candidatos homens, que ocuparão 70% das vagas de candidaturas, poderão se utilizar de, no mínimo, 85% dos recursos partidários em suas campanhas. Desse modo, sob a roupagem de cota afirmativa, garante-se a manutenção do desequilíbrio entre os sexos na representação política brasileira.[16]

No que se refere aos programas de promoção e difusão da participação política das mulheres, para os quais a reforma eleitoral de 2009 garantia 5% dos recursos do Fundo Partidário e 10% do tempo de antena, importa lembrar que, além do fato de os recursos não serem administrados pelas mulheres e da incipiente fiscalização do uso do tempo da propaganda partidária com esse objetivo, que prejudicaram demasiadamente a obtenção do resultado esperado, as normas foram revogadas pela Lei nº 13.487/2017, que enterrou a propaganda partidária no rádio e na TV, junto com os arts. 46, 47, 48, 49 e 52, parágrafo único, da Lei nº 9.096/95. Portanto, a regra somente vigorou por oito anos e poucas são as notícias de sanções aplicadas por seu descumprimento. Mesmo os partidos que tenham sofrido condenações não poderão investir os recursos/penalidades em novos programas nem terão tempo de propaganda perdido, uma vez que não haverá mais espaço para a propaganda partidária.

---

[16] Diante da flagrante inconstitucionalidade do dispositivo, o Ministério Público Federal ajuizou ADI que tramita no Supremo Tribunal Federal sob o nº 5.617, aguardando julgamento desde outubro de 2017, quando foi retirada de pauta (BRASIL. Supremo Tribunal Federal. *Plenário analisa questões eleitorais nesta quinta-feira (5)*. 4 out. 2017. Disponível em: <http://www.stf. jus.br/portal/cms/verNoticiaDetalhe.asp?idConteudo=358102&tip=UN>. Acesso em: 15 jan. 2018).

Outros fatores também merecem ser citados como motivadores do "natural afastamento" das mulheres em relação à política: o fator tempo representa empecilho fenomenal, visto que as mulheres que estão na política são majoritariamente profissionais liberais e o tempo investido nas campanhas, além de lhes comprometer a subsistência, também as afasta da família e das tarefas do lar; o recrutamento meramente para cumprir a cota de candidaturas, como requisito de registrabilidade, ou seja, para "cumprir tabela", é outro fator desestimulante, pois lhes parece que entraram na brincadeira na condição de "café com leite", que podem brincar mas não podem ganhar; a ausência do portão de entrada, ou seja, o fato de as mulheres não estarem nos cargos de execução de políticas públicas lhes priva de um tradicional acesso à relevante capital eleitoral, representado pela demonstração de capacidade de gestão e pelo palanque que lhes confere a publicidade institucional e os noticiários gerados pelas mídias de massa.

Muitas dificuldades apresentadas na trajetória política feminina também podem ser consideradas na esfera profissional, empresarial e privada das mulheres, uma vez que esses fatores e entraves se repetem em todas as relações entre os gêneros, quando a mulher ousa desbravar outros caminhos não domésticos.

De fato, entre avanços insignificantes e grandes retrocessos, ainda há um longo caminho a ser trilhado.

3.1 Desafios da inclusão e permanência: caminhos para mudar o quadro de sub-representação feminina na política

Diante do atual quadro político brasileiro, e durante os debates sobre a reforma política no Congresso Nacional, em 2015, a Academia Brasileira de Direito Eleitoral e Político – Abradep, da qual as pesquisadoras são membros fundadores, realizou uma série de discussões sobre a sub-representação política das mulheres em nosso país. Na ocasião, foram apontados alguns caminhos para o real enfrentamento do problema:

I. estabelecimento de cotas de gêneros nos órgãos de direção partidários, nas comissões parlamentares e nas mesas diretoras dos órgãos legislativos;[17]

---

[17] Mesmo não havendo previsão legal, o tema foi levado à discussão do Tribunal Superior Eleitoral, pela Senadora Lídice da Mata, que formulou Consulta nº 603816-39.2017.6.00.0000, sob a relatoria da Min. Rosa Weber. A Corte deverá responder ao seguinte questionamento: "A previsão de reserva de vagas para candidaturas proporcionais, inscrita no parágrafo 3º

II. criação de mecanismo de reserva de 30% das cadeiras parlamentares para as mulheres nas eleições proporcionais;

III. reserva de recursos do Fundo Partidário destinados ao incremento da participação política feminina (com gestão pelo núcleo de mulheres do partido), bem como do tempo de propaganda partidária obrigatoriamente destinado às mulheres;

IV. necessidade de destinação obrigatória para as candidatas de percentual mínimo de 30% do tempo da propaganda eleitoral gratuita destinado à eleição proporcional;

V. financiamento de campanhas das mulheres pelos partidos políticos na proporção de suas candidaturas, tanto em relação aos recursos do Fundo Partidário quanto dos recursos arrecadados pelos partidos para as campanhas;

VI. previsão legal de incentivo ao financiamento privado das campanhas das mulheres;

VII. previsão legal de punição eficaz aos partidos que não cumprirem as leis quanto às cotas de gênero, à aplicação do percentual do Fundo Partidário para promoção da participação política da mulher ou que não utilizem adequadamente o tempo a elas reservado na propaganda partidária ou no programa eleitoral gratuito;

VIII. previsão legal de punição aos partidos que lançarem mão de candidaturas "laranjas" ou "fantasma", através de mecanismos que permitam apurar a ocorrência de fraude nas candidaturas apresentadas no Drap, seja pela desistência das candidatas mulheres após o deferimento dos registros ou quaisquer outros fatos que permitam chegar à conclusão de que houve burla à norma;

IX. redução da quantidade de candidaturas por partido/coligação, para que correspondam ao total de vagas em disputa (100%);

X. previsão legal de que a eleição de mulheres implique maior participação na distribuição do Fundo Partidário.

---

do Art. 10., da Lei 9.504/97, deve ser observada também para a composição das comissões executivas e diretórios nacionais, estaduais e municipais dos partidos políticos, de suas comissões provisórias e demais órgãos equivalentes?" (GALLI, Marcelo. Mulheres no poder: TSE responderá se diretório de partido deve também ter cota para mulheres. *Conjur*, 1º set. 2017. Disponível em: <https://www.conjur.com.br/2017-set-01/tse-respondera-diretorio-partido-cota-mulheres>. Acesso em: 15 jan. 2018).

As sugestões foram apontadas em relatório elaborado pelas autoras desta pesquisa, após ciclo de debates ocorrido em abril de 2015, na cidade de São Paulo/SP, e fazem parte das conclusões contidas na carta elaborada naquele encontro,[18] bem assim de memoriais que os membros da academia distribuíram aos parlamentares durante a votação das propostas de reforma política que tramitaram naquele ano.

Aperfeiçoando o debate sobre medidas e caminhos para minimizar o cenário da ínfima representação feminina na política brasileira, às sugestões acima elencadas foram incluídas novas ideias e estratégias por membros que compõem a Abradep. Desse modo, por ocasião de novas discussões sobre a reforma política, foi apresentado o relatório de um grupo de trabalho da academia, durante o I Seminário de Reforma Política realizado pela Abradep, em março de 2017, no TSE, em parceria com a EJE,[19] com as seguintes propostas:

a.	defesa da paridade entre mulheres e homens na participação na política;

b.	adoção da proposta de cotas de representação, conforme o sistema de distribuição proposto pela Profª Eneida Desiree Salgado e Renata Callefi;[20]

c.	regulamentação de algumas medidas, no âmbito interpartidário, no sentido de facilitar o ingresso das mulheres na vida política, entre as quais: adoção de cotas para os dirigentes partidários, distribuição proporcional de tempo de propaganda eleitoral e verbas para financiamento de campanha entre os gêneros e maior fiscalização dos partidos no cumprimento das regras já existentes (tempo de propaganda partidária e utilização de verbas do Fundo Partidário);

d.	defesa da inconstitucionalidade do art. 9º, da Lei nº 13.165/2015, proposta já formalizada mediante o pedido de ingresso e habilitação como *amicus curiae* na ADI nº 5.617, proposta pelo Ministério Público sobre o tema;

---

[18]	CARTA de São Paulo. *Abradep*, 29 ago. 2016. Disponível em: <http://www.abradep.org/publicacoes/carta-de-sao-paulo/>. Acesso em: 15 jan. 2018.

[19]	PARTICIPAÇÃO Feminina na Política. *Abradep*, 27 mar. 2017. Disponível em: <http://www.abradep.org/publicacoes/participacao-feminina-na-politica/>. Acesso em: 15 jan. 2018.

[20]	CALEFFI, Renata; SALGADO, Eneida Desiree. Participação da mulher: propostas para aumentar participação feminina na política brasileira. *Conjur*, 2 maio 2015. Disponível em: <https://www.conjur.com.br/2015-mai-02/propostas-aumentar-participacao-feminina-politica>. Acesso em: 15 jan. 2018.

e. apresentada por Maria Cláudia Bucchianeri,[21] com a adoção do critério de gênero para repartição do Fundo Partidário;

f. apoio à PEC nº 134-A,[22] com apresentação dos memoriais em anexo para serem discutidos na Comissão Especial formada para discussão da reforma, com ressalvas quanto à necessidade de regulamentação do tema da emenda à Constituição;

g. apoio à PEC nº 23/2015, que determina a paridade de gêneros nos assentos da Câmara dos Deputados, Assembleias Legislativas, Câmara Legislativa do Distrito Federal e Câmaras Municipais, com ressalvas quanto à necessidade de regulamentação do tema via PEC;

h. alteração do art. 10 da Lei nº 9.504/97, para limitar o número total de candidaturas apresentadas.

Não obstante o esforço de diversos segmentos da sociedade para dar visibilidade à luta por mais mulheres na política, a luta das parlamentares mulheres e as diversas propostas apresentadas durante as votações das alterações legislativas para as eleições vindouras, essas medidas não foram sequer discutidas pelos representantes do povo no Congresso Nacional. Consoante já evidenciado anteriormente, a Lei nº 13.488/2017, para garantir os recursos do Fundo Especial de Financiamento das Campanhas Eleitorais, revogou os dispositivos da Lei dos Partidos Políticos que disciplinavam a Propaganda Partidária nas emissoras de rádio e televisão.

3.2 A mudança de cenário na cúpula do Poder Judiciário brasileiro

Em todo o mundo, o Poder Judiciário ainda é uma instituição das mais conservadoras e sempre manteve uma posição discriminatória nas questões de gênero. Com uma visão estereotipada da mulher,

---

[21] PINHEIRO, Maria Cláudia Bucchianeri. Adoção de critério de gênero na repartição do Fundo Partidário. *Jota*, 23 nov. 2016. Disponível em: <https://www.jota.info/opiniao-e-analise/artigos/adocao-de-criterio-de-genero-na-reparticao-fundo-partidario-23112016>. Acesso em: 15 jan. 2018.

[22] Acrescenta art. 101 ao Ato das Disposições Constitucionais Transitórias para reservar vagas para cada gênero na Câmara dos Deputados, nas Assembleias Legislativas, na Câmara Legislativa do Distrito Federal e nas Câmaras Municipais, nas 3 (três) legislaturas subsequentes (BRASIL. Câmara dos Deputados. *PEC 134/2015*. Disponível em: <http://www.camara.gov.br/proposicoesWeb/fichadetramitacao?idProposicao=1724716>. Acesso em: 15 jan. 2018).

exige-lhe uma atitude de recato e impõe uma situação de dependência e subordinação.

No Brasil, a presença feminina no Poder Judiciário tem crescido nos últimos anos, em especial depois do anonimato nas avaliações das provas de concurso público, o que afastou a discriminação no primeiro grau da Justiça, colocando a mulher em posição de protagonista nas aprovações em concurso público para a magistratura, em que são avaliadas apenas a qualificação e a competência.

Contudo, nos órgãos de cúpula, o espaço ocupado pelas mulheres não corresponde até agora àquele conquistado em outros níveis das carreiras jurídicas. Ainda há uma grande desproporção na distribuição de cargos no Judiciário. Quando se chega ao ápice da carreira jurídica, a disputa não depende mais de concursos de provas e títulos, mas de condições políticas e de reconhecimento dos próprios pares.

Se, em todo o Judiciário, 35,9% dos cargos de magistrado são ocupados por mulheres, e elas representam 47% dos quadros da Justiça do Trabalho, segundo censo divulgado em 2014 pelo Conselho Nacional de Justiça,[23] no STJ – tribunal superior com maior número absoluto de julgadoras – essa relação é de 21%, ou sete magistradas num total de 33. No Supremo Tribunal Federal (STF), há duas mulheres entre os onze magistrados em atividade.

Hoje, todos os tribunais superiores contam com mulheres em seus colegiados. Quebrando tradições, o Superior Tribunal Militar (STM) também empossou uma mulher em seu quadro de ministros. Em 2007, Maria Elizabeth Guimarães Teixeira Rocha tornou-se a primeira mulher a ingressar no STM, corte que presidiu até 2017.

Desde setembro de 2017, quando Raquel Dodge assumiu o cargo de procuradora-geral da República, o Brasil passou a ter, pela primeira vez, quatro mulheres no comando das principais instituições jurídicas nacionais. A Ministra Cármen Lúcia, presidente do Supremo Tribunal Federal, a Ministra Laurita Vaz, no Superior Tribunal de Justiça, e Grace Mendonça, como primeira mulher a assumir o comando da Advocacia-Geral da União (AGU), somam-se à chefe do Ministério Público Federal no quarteto feminino da alta cúpula judiciária do país.

Ainda segundo levantamento do CNJ de 2014, cerca de um quinto dos tribunais brasileiros era presidido por mulheres. Uma estatística que sugere tanto o avanço de magistradas em posições de comando no

---

[23] CONSELHO NACIONAL DE JUSTIÇA. *Censo do Poder Judiciário* – VIDE: vetores iniciais e dados. Brasília: CNJ, 2014. Disponível em: <http://www.cnj.jus.br/images/dpj/CensoJudiciario.final.pdf>. Acesso em: 17 jan. 2018.

Judiciário brasileiro quanto o espaço a ser conquistado na equiparação com seus pares masculinos.

Sobre essa situação de desigualdade de gênero em todas as profissões, a ministra presidente do STF, Cármen Lúcia, respondendo a observações feitas pelo Ministro Gilmar Mendes, afirmou:

> Há sim discriminação, mesmo em casos como os nossos, de juízas que conseguimos chegar a posições de igualdade. Há sim discriminação contra nós, mulheres, em todas as profissões, e é o fato de continuar a ter discriminação contra a mulher que nos faz precisar, ainda, de determinadas ações positivas. [...] Temos uma sociedade extremamente preconceituosa em vários temas, racista em vários temas e no caso da mulher, muito preconceituosa [...] Se fosse igual, ninguém estava falando.[24]

Nesse sentido, a Juíza Federal Célia Regina Ody Bernardes desabafa:

> Observa-se que o trabalho da mulher juíza continua seguindo o mesmo padrão daquela trabalhadora fabril: ocupamos os mais baixos postos de trabalho na instituição a que pertencemos, nossos corpos politicamente dóceis e economicamente úteis não fazem carreira e, assim, nos ausentamos da cúpula do Poder Judiciário e das lutas associativas.[25]

Para mudar esse cenário, ela destaca a necessidade de compreender as razões pelas quais as mulheres não figuram nas listas tríplices e por que não ascendem por merecimento aos tribunais na mesma proporção que os colegas do sexo masculino. Segundo ela, há uma desigual distribuição de poder baseada em gênero que alija as mulheres do comando dos tribunais e associações de juízas e juízes que precisa ser corrigida, pois a ocupação desses espaços de poder fará "funcionar um outro Poder Judiciário, verdadeiramente democrático, plural, justo, fraterno e solidário que, sim, é possível".[26]

---

[24] Julgamento do RE nº 658.312, que discute a recepção do art. 384 da CLT (intervalo de 15 minutos para a mulher antes da jornada extraordinária) pela Constituição da República (BRASIL. Supremo Tribunal Federal. *STF recomeça discussão sobre intervalo de 15 minutos para mulheres antes de horas extras*. Brasília, 13 fev. 2018. Disponível em: <http://www.stf.jus.br/portal/cms/verNoticiaDetalhe.asp?idConteudo=325337&caixaBusca=N>. Acesso em: 11 jan. 2018).

[25] BERNARDES, Célia Regina Ody. Poder Judiciário é retrato da desigualdade de gênero. *Carta Capital*, 15 mar. 2017. Disponível em: <http://justificando.cartacapital.com.br/2017/03/15/poder-judiciario-e-retrato-da-desigualdade-de-genero/#_ftn1>. Acesso em: 20 jan. 2018.

[26] BERNARDES, Célia Regina Ody. Poder Judiciário é retrato da desigualdade de gênero. *Carta Capital*, 15 mar. 2017. Disponível em: <http://justificando.cartacapital.com.br/2017/03/15/

Uma sugestão legislativa para ampliar a participação de mulheres nas cortes judiciais brasileiras, especialmente nas vagas destinadas constitucionalmente à advocacia e ao Ministério Público, tramita no Senado Federal, na PEC nº 8/2017, propondo a alteração da Constituição Federal para garantir a participação de pessoas de ambos os sexos nas listas tríplices e sêxtuplas destinadas à escolha dos membros dos Tribunais Judiciários, dos Tribunais de Contas e dos procuradores-gerais do Ministério Público. Trata-se de uma ação afirmativa que, neste momento, pode ter significativo impacto na formação das Cortes, com aumento do número de magistradas, mas garante, em longo prazo, a igualdade de gênero na composição do quinto constitucional dos Tribunais, assegurando a participação de ambos os sexos no processo de escolha.

3.3 O universo machista das empresas e as medidas de promoção feminina aos cargos de liderança

A situação das mulheres nos cargos de poder do mercado de trabalho não diverge do quadro, exposto acima, de sub-representação na política e no Judiciário. Atualmente, elas respondem por 43,8% de todos os trabalhadores brasileiros.[27] Mas a participação feminina, em todas as áreas, vai caindo conforme aumenta o nível hierárquico. Nos cargos de direção e gerência, elas ocupam 37% dos espaços, enquanto no topo, em comitês executivos de grandes empresas, são apenas 10% no Brasil.

Em relação à remuneração, tem-se a mulher ganhando, em média, 76% do salário dos homens. Nos cargos de gerência e direção, essa proporção vai para 68%. A desigualdade se amplia à medida que se tornam mais altos o cargo e a escolaridade, e, mesmo que as pesquisas apontem para uma maior escolaridade feminina, na média da população, a escolaridade feminina é maior. Segundo as estatísticas, a mulher tem oito anos de estudo e o homem, 7,6 anos.[28]

---

poder-judiciario-e-retrato-da-desigualdade-de-genero/#_ftn1>. Acesso em: 20 jan. 2018.

[27] ALMEIDA, Cássia. Mulheres estão em apenas 37% dos cargos de chefia nas empresas. *O Globo*, 5 mar. 2017. Disponível em: <https://oglobo.globo.com/economia/mulheres-estao-em-apenas-37-dos-cargos-de-chefia-nas-empresas-21013908#ixzz56AhVtF>. Acesso em: 20 dez. 2017.

[28] ALMEIDA, Cássia. Mulheres estão em apenas 37% dos cargos de chefia nas empresas. *O Globo*, 5 mar. 2017. Disponível em: <https://oglobo.globo.com/economia/mulheres-estao-em-apenas-37-dos-cargos-de-chefia-nas-empresas-21013908#ixzz56AhVtF>. Acesso em: 20 dez. 2017.

Segundo Cristiane Soares, economista do IBGE, "Muitas mulheres escolhem carreiras em que podem conciliar trabalho com as tarefas de casa, mãe, esposa, cuidadora. Outras abrem mão da carreira ou dão prioridade para a ascensão do marido, por ele ganhar mais".[29]

A previsão de melhora nesse cenário é completamente desanimadora, pois a evolução parece ser bastante lenta. Segundo um cálculo elaborado pelo Fórum Econômico Mundial, no atual ritmo de incremento da participação feminina nos cargos executivos das empresas, a disparidade de gênero no mercado de trabalho no mundo só vai acabar daqui a 170 anos.[30]

Em razão desse quadro gritante de baixa representatividade feminina no topo das empresas e de graves distorções salariais, uma reportagem de capa da *Revista Exame*, de outubro de 2017, mostra que o assunto tem ganhado cada vez mais destaque nas grandes corporações, com a adoção de políticas e ações voltadas ao incremento da diversidade na força de trabalho. E essa medida não surgiu apenas como estratégia de *marketing*, mas sim diante da percepção de que a diversidade faz bem para os negócios.

> Segundo dados da consultoria McKinsey, nas empresas com diversidade de gênero na gestão, o resultado financeiro é 15% superior em relação à média de suas concorrentes diretas. Quando há também a diversidade étnica na liderança, os resultados são 35% maiores. O apelo se estende à economia global. De acordo com o mesmo estudo, num cenário em que todos os países alcançassem a equiparação de gêneros, 28 trilhões de dólares seriam adicionados ao PIB global anual até 2025.[31]

Entre as práticas adotadas por empresas para minimizar as desigualdades de gênero destacam-se:[32]

a. criação de programas de mentoria, *coaching* e incentivo para participação de mulheres em cargos dominados por homens;

---

[29] ALMEIDA, Cássia. Mulheres estão em apenas 37% dos cargos de chefia nas empresas. *O Globo*, 5 mar. 2017. Disponível em: <https://oglobo.globo.com/economia/mulheres-estao-em-apenas-37-dos-cargos-de-chefia-nas-empresas-21013908#ixzz56AhVtF>. Acesso em: 20 dez. 2017.

[30] MANO, Cristiane; SCHERER, Aline. Mulheres no Topo. *Revista Exame*, São Paulo, ano 51, n. 20, ed. 1148, 25 out. 2017. p. 90.

[31] MANO, Cristiane; SCHERER, Aline. Mulheres no Topo. *Revista Exame*, São Paulo, ano 51, n. 20, ed. 1148, 25 out. 2017. p. 91-92.

[32] MANO, Cristiane; SCHERER, Aline. Mulheres no Topo. *Revista Exame*, São Paulo, ano 51, n. 20, ed. 1148, 25 out. 2017. p. 92-93.

b. existência de comitê para debater o tema e gerenciar ações e envolvimento da alta liderança no tema;

c. realização de compromisso formal com a equidade de gênero e estímulo à diversidade entre os fornecedores;

d. acompanhamento da presença feminina por cargo e das causas da rotatividade de mulheres também por nível hierárquico;

e. inclusão de mulheres em processos de seleção, treinamento de viés inconsciente e criação de canal de denúncia;

f. implementação de jornada flexível, adoção de *home office* e outras medidas que ajudem nesse equilíbrio.

Algumas empresas, inclusive, estão decididas a acelerar as mudanças implementando verdadeiras políticas de cotas em suas contratações e promoções, conciliando diversidade com meritocracia.

A inclusão dos homens no debate e a conscientização de que o problema não é exclusividade feminina, mas que possui impactos econômicos nos resultados das empresas, é um grande desafio a superar e também vem sendo trabalhado pelas grandes corporações, colocando-os para participarem dos estudos e das equipes e comitês envolvidos na diversidade dos postos de trabalho.

Assim como os avanços obtidos até agora, em âmbito nacional e internacional, foram fruto de muito esforço e trabalho incessante de mulheres em busca de seus direitos, a luta continua. E o objetivo é, nas palavras de Sheryl Sandberg,[33] a mais alta executiva do Facebook, mãe de dois filhos, um menino e uma menina, "trabalhar por um mundo onde não existam mais essas regras sociais. Se um maior número de crianças vir os pais pegando os filhos na escola e as mães ocupadas no emprego poderão conceber mais opções para si mesmas".

Sobre essas opções, Sandberg destaca que, nesse processo, "as expectativas se darão não pelo sexo, mas pelo gosto, talento e interesse pessoal". O problema é que a "maioria das mulheres não se concentra em mudar as normas sociais para a próxima geração, mas tenta simplesmente levar um dia após o outro".

Encerrando sua biografia, Sandberg externa um desejo partilhado por todas as mulheres, mesmo as que não fazem o menor esforço para mudar a realidade a sua volta:

---

[33] SANDBERG, Sheryl. *Faça acontecer*: mulheres, trabalho e vontade de liderar. Tradução de Denise Bottmann. 1. ed. São Paulo: Companhia das Letras, 2013. p. 209.

> Minha maior esperança é que meu filho e minha filha possam escolher o que fazer com suas vidas sem obstáculos internos ou externos que os atrapalhem ou os levem a questionar suas escolhas. Se meu filho quiser se dedicar ao importante trabalho de criar seus filhos em tempo integral, espero que seja respeitado e receba apoio. Se minha filha quiser trabalhar fora em tempo integral, espero que seja respeitada, receba apoio e também seja querida por suas realizações.[34]

Então, como mudar o cenário atual de desigualdade de gênero nas diversas esferas, alterando as normas sociais, para permitir que as próximas gerações vivenciem uma realidade distinta da que se desenhou até agora? Nessa questão, insere-se a importância do exemplo, do espelho, em outras palavras, da participação igual de homens e mulheres no cotidiano doméstico, público e empresarial. Eis o ponto crucial deste estudo.

4   Que diferença fariam mais mulheres nos espaços de poder?

Não é possível afirmar com segurança que a presença de mais mulheres no Congresso representaria possibilidades maiores de aprovação de pautas consideradas feministas, como exemplo, as ligadas a direitos sexuais e reprodutivos, uma vez que inexiste essa agenda automática, pois nem toda mulher levanta essa bandeira. Mesmo porque, muitos dos locais onde os partidos vão buscar candidatos, associações políticas, sindicatos, nichos eleitorais do interior, são, em grande parte, ainda dominados por homens.

Todavia, em países onde existe uma participação feminina maior na política é notável uma sensibilidade mais aguçada para temas relacionados à vida familiar e benefícios sociais. Apesar de nem sempre as parlamentares terem pautas feministas, sua presença no Parlamento serve para formar "massa crítica" que faz diferença em determinadas discussões importantes, como exemplo, pensão alimentícia, direitos à saúde e igualdade salarial.

Para analisar a questão, a ONU Mulheres lançou, em 2015, a campanha Pequim+20, projetando uma série de ações em todo o mundo, com o fito de fazer um balanço e renovar os compromissos assumidos em 1995 na Conferência de Pequim. De acordo com a diretora-executiva

---

[34] SANDBERG, Sheryl. *Faça acontecer*: mulheres, trabalho e vontade de liderar. Tradução de Denise Bottmann. 1. ed. São Paulo: Companhia das Letras, 2013. p. 212.

da instituição, Phumzile Mlambo-Ngcuka, nenhum país pode afirmar ter alcançado a igualdade entre homens e mulheres, daí a importância da retomada do tema. E, segundo ela, o empoderamento das mulheres é o empoderamento da humanidade:

> Os países com maiores níveis de igualdade de gênero têm maior crescimento econômico. As empresas com mais mulheres em seus conselhos administrativos têm maiores retornos aos acionistas. Os parlamentos com mais mulheres consideram uma gama mais ampla de questões e adotam mais legislação sobre saúde, educação, combate à discriminação e apoio à criança. Os acordos de paz impulsionados por mediadores femininos e masculinos duram mais tempo e são mais estáveis.[35]

No mesmo sentido, a Professora Michele L. Swers, da Universidade de Georgetown, no livro *The difference women make* (*A diferença que as mulheres fazem*), especula os efeitos de um Congresso americano com maior presença feminina. Em entrevista ao *Washington Post*, Michele cita como exemplo congressistas que atacaram o assédio sexual nas Forças Armadas e desigualdade de pagamentos. Outro estudo americano concluiu que legisladoras nos EUA apresentam mais projetos de lei do que os homens nas áreas de direitos e liberdades civis, educação e saúde.

Além disso, um estudo em órgãos legislativos locais na Suécia, país onde a representação feminina parlamentar fica em torno de 43%, mostrou que mulheres se dedicaram em especial a itens como cuidados infantis e cuidados com idosos. Distritos com uma maior representação feminina tendiam a aprovar mais recursos para essas áreas.

Recentemente, a Escócia aprovou lei que exige 50% de mulheres em postos diretivos públicos, que envolvem polícia, bombeiros, colégios, universidades e outras instituições, incluindo os conselhos de saúde.[36] A norma, aprovada pelo Parlamento escocês, determina que, a partir de 2022, a proporção de mulheres a ocuparem postos executivos de um organismo público deve ser de pelo menos 50%.

A Ministra de Igualdade do Executivo escocês, Angela Constance, disse que o objetivo é "corrigir a escassa representação das mulheres nos conselhos públicos" para assegurar que suas vozes "deem forma

---

[35] PEQUIM+20: O que mudou? *Persona Mulher*, 24 jul. 2014. Disponível em: <http://www.personamulher.com/2014/07/24/pequim20-o-que-mudou/>. Acesso em: 4 jul. 2016.

[36] ESCÓCIA aprova lei que exige 50% de mulheres em postos diretivos públicos. *G1*, 31 jan. 2018. Disponível em: <https://g1.globo.com/mundo/noticia/escocia-aprova-lei-que-exige-50-de-mulheres-em-postos-diretivos-publicos.ghtml>. Acesso em: 31 jan. 2018.

às decisões que tomam" e que tenham um impacto sobre os serviços públicos. Segundo ela, a norma criará "uma Escócia mais justa" que caminhará "para a destruição do teto de cristal de uma vez por todas".

Por outro lado, consoante apontado alhures, pesquisas já anteveem um considerável aumento do PIB global anual quando os países alcançarem a almejada equiparação de gênero.[37]

Desse modo, observa-se que esse caminho é de sentido único, cujo tempo para a chegada só depende de vontade, com a efetiva implementação das medidas sugeridas, que podem acelerar os resultados tão esperados.

5 Conclusão

O empoderamento feminino não é uma questão exclusivamente de cotas, pois, como visto, precisa conectar-se a uma soma de fatores até efetivar-se. Contudo, a adoção de políticas afirmativas é imprescindível, como regra de transição, para causar a verdadeira e necessária mudança cultural e institucional, que vai permitir o seu abandono ao longo do tempo. Os exemplos internacionais estão aí para comprovar o alegado.

No caso específico das cotas como meio para o empoderamento feminino, a ação afirmativa se justifica para conferir estrutura igualitária às mulheres na busca pelo poder e dignidade e, principalmente, pela liberdade de decidir e controlar seu próprio destino, com responsabilidade e respeito ao outro, mesmo porque é facilmente constatável que às mulheres não basta ser competentes, sendo-lhes sempre exigido o melhor desempenho em tudo que realizarem e, mesmo assim, nem sempre há o reconhecimento correspondente, quando estão em disputa os espaços de poder (ou igualdade salarial), naturalmente destinados aos homens. Por outro lado, quando a disputa ocorre com igualdade de condições (e estrutura), como é o caso dos concursos públicos e provas para ingresso em curso superior, nos quais está em jogo apenas a capacidade técnica, o conhecimento e a competência intelectual, as mulheres galgam a maioria das vagas postuladas.

Diante da pertinência temática com a mensagem subliminar que a animação traz, considera-se relevante para a finalização deste estudo destacar a estória narrada em filme infantil da Walt Disney Studios, que, no Brasil, recebeu o título *Zootopia – Essa cidade é o bicho*.

---

[37] MANO, Cristiane; SCHERER, Aline. Mulheres no Topo. *Revista Exame*, São Paulo, ano 51, n. 20, ed. 1148, 25 out. 2017. p. 90.

No filme, apresentam-se todos os animais convivendo em aparente "harmonia" na cidade de Zootopia, presas e predadores, mas com uma evidente segregação dos animais, ficando "cada um no seu quadrado, ou bairro". Por exemplo, as raposas não são atendidas na sorveteria dos elefantes; os ratos vivem num bairro próprio, em miniatura, os coelhos devem morar na zona rural, vivendo da agricultura. O prefeito leão é eleito junto com uma vice-prefeita ovelha, mas a trata como verdadeira assistente, tendo-a utilizado na chapa apenas para obter os votos das "presas", que são a maioria do eleitorado na cidade, vendendo a imagem de que em Zootopia você pode ser quem você quiser (*slogan* da Administração municipal).

Acreditando nessa "harmônica regra", a personagem principal, uma coelhinha, Judy Hopps, cresce na zona rural, desejando ser policial, apesar de desestimulada pelos pais e por todos na escola. Na academia de polícia, enfrenta todo tipo de preconceito e piadas para desistir de seu sonho, mas, depois de muito treinamento e foco, é aprovada com louvor, em primeiro lugar da sua turma. E, justamente por seus méritos, foi designada para o Distrito Policial do centro de Zootopia, onde é recebida pelo Chefe de Polícia, Bogo, um touro, que distribui todas as importantes funções e investigações aos policiais de grande porte, relegando à coelha o cargo de agente de trânsito, pouco se importando com o fato de ter sido a primeira da turma. No decorrer do filme, a competência e persistência de Judy fazem com que ela consiga desvendar uma série de crimes envolvendo uma grande organização.

Na vida real, as mulheres podem até acreditar na igualdade constitucional, mas são sempre relegadas às funções "biologicamente" femininas e, geralmente, domésticas. Podem até estudar, fazer faculdade, ter profissão, e ser muito competentes no que fazem, desde que isso não interfira nas funções que lhe são próprias: cuidar do lar, dos filhos e do marido.

Isso somente irá mudar quando houver um verdadeiro empoderamento de todas as mulheres, na tomada de decisões, com liberdade e dignidade, sobre o que realmente desejam ser e onde querem estar; quando se observar, sem surpresa, o exercício de quaisquer funções e profissões por homens e mulheres, indistintamente, com igualdade de salários e condições, para que, como disse Simone de Beauvoir, "nada nos defina, que nada nos sujeite. Que a liberdade seja nossa própria substância, já que viver é ser livre".[38]

---

[38] BEAUVOIR, Simone de. *O segundo sexo*: fatos e mitos. 4. ed. Tradução de Sérgio Milliet. São Paulo: Difusão Européia do Livro, 1970.

Referências

ALMEIDA, Cássia. Mulheres estão em apenas 37% dos cargos de chefia nas empresas. *O Globo*, 5 mar. 2017. Disponível em: <https://oglobo.globo.com/economia/mulheres-estao-em-apenas-37-dos-cargos-de-chefia-nas-empresas-21013908#ixzz56AhVtF>. Acesso em: 20 dez. 2017.

BEAUVOIR, Simone de. *O segundo sexo*: fatos e mitos. 4. ed. Tradução de Sérgio Milliet. São Paulo: Difusão Européia do Livro, 1970.

BERNARDES, Célia Regina Ody. Poder Judiciário é retrato da desigualdade de gênero. *Carta Capital*, 15 mar. 2017. Disponível em: <http://justificando.cartacapital.com.br/2017/03/15/poder-judiciario-e-retrato-da-desigualdade-de-genero/#_ftn1>. Acesso em: 20 jan. 2018.

BRASIL fica em 167º lugar em ranking de participação de mulheres no Executivo, alerta ONU. *ONUBR – Nações Unidas no Brasil*, 16 mar. 2017. Disponível em: <https://nacoesunidas.org/brasil-fica-em-167o-lugar-em-ranking-de-participacao-de-mulheres-no-executivo-alerta-onu/>. Acesso em: 12 nov. 2017.

BRASIL. Câmara dos Deputados. *PEC 134/2015*. Disponível em: <http://www.camara.gov.br/proposicoesWeb/fichadetramitacao?idProposicao=1724716>. Acesso em: 15 jan. 2018.

BRASIL. Senado Federal. Procuradoria Especial da Mulher. *Mais mulheres na política.* Disponível em: <www12.senado.leg.br/senado/procuradoria/ publicação/livreto-mais-mulheres-na-politica>. Acesso em: 4 jul. 2017.

BRASIL. Supremo Tribunal Federal. *Plenário analisa questões eleitorais nesta quinta-feira (5).* 4 out. 2017. Disponível em: <http://www.stf.jus.br/portal/cms/verNoticiaDetalhe.asp?idConteudo=358102&tip=UN>. Acesso em: 15 jan. 2018.

BRASIL. Supremo Tribunal Federal. *STF recomeça discussão sobre intervalo de 15 minutos para mulheres antes de horas extras.* Brasília, 13 fev. 2018. Disponível em: <http://www.stf.jus.br/portal/cms/verNoticiaDetalhe.asp?idConteudo=325337&caixaBusca=N>. Acesso em: 11 jan. 2018.

BRASIL. Tribunal Superior Eleitoral. *Eleições 2016*: número de prefeitas eleitas em 2016 é menor que 2012. 8 nov. 2016. Disponível em: <http://www.tse.jus.br/imprensa/noticias-tse/2016/Novembro/eleicoes-2016-numero-de-prefeitas-eleitas-em-2016-e-menor-que-2012>. Acesso em: 4 jul. 2016.

BRASIL. Tribunal Superior Eleitoral. *Estatísticas do eleitorado*: por sexo e faixa etária. Disponível em: <http://www.tse.jus.br/eleitor-e-eleicoes/estatisticas/estatisticas-de-eleitorado/estatistica-do-eleitorado-por-sexo-e-faixa-etaria>. Acesso em: 15 jan. 2018.

BRASIL. Tribunal Superior Eleitoral. *TSE disponibiliza dados sobre filiados a partidos políticos no Brasil.* Disponível em: <http://www.tse.jus.br/imprensa/noticias-tse/2016/Maio/tse-disponibiliza-dados-sobre-filiados-a-partidos-politicos-no-brasil>. Acesso em: 15 jan. 2018.

CALEFFI, Renata; SALGADO, Eneida Desiree. Participação da mulher: propostas para aumentar participação feminina na política brasileira. *Conjur*, 2 maio 2015. Disponível em: <https://www.conjur.com.br/2015-mai-02/propostas-aumentar-participacao-feminina-politica>. Acesso em: 15 jan. 2018.

CARTA de São Paulo. *Abradep*, 29 ago. 2016. Disponível em: <http://www.abradep.org/publicacoes/carta-de-sao-paulo/>. Acesso em: 15 jan. 2018.

CONSELHO NACIONAL DE JUSTIÇA. *Censo do Poder Judiciário – VIDE*: vetores iniciais e dados. Brasília: CNJ, 2014. Disponível em: <http://www.cnj.jus.br/images/dpj/CensoJudiciario.final.pdf>. Acesso em: 17 jan. 2018.

DEL PRIORE, Mary. *Conversas e histórias de mulher*. 1. ed. São Paulo: Planeta, 2013.

EMPODERAMENTO. In: DICIONÁRIO Informal. 17 nov. 2008. Disponível em: <http://www.dicionarioinformal.com.br/empoderamento/>. Acesso em: 15 jan. 2018.

ESCÓCIA aprova lei que exige 50% de mulheres em postos diretivos públicos. *G1*, 31 jan. 2018. Disponível em: <https://g1.globo.com/mundo/noticia/escocia-aprova-lei-que-exige-50-de-mulheres-em-postos-diretivos-publicos.ghtml>. Acesso em: 31 jan. 2018.

FREIRE, Paulo. *Pedagogia da esperança*: um encontro com a pedagogia do oprimido. Rio de Janeiro: Paz e Terra, 1992.

GALLI, Marcelo. Mulheres no poder: TSE responderá se diretório de partido deve também ter cota para mulheres. *Conjur*, 1º set. 2017. Disponível em: <https://www.conjur.com.br/2017-set-01/tse-respondera-diretorio-partido-cota-mulheres>. Acesso em: 15 jan. 2018.

MANO, Cristiane; SCHERER, Aline. Mulheres no Topo. *Revista Exame*, São Paulo, ano 51, n. 20, ed. 1148, 25 out. 2017.

PARTICIPAÇÃO Feminina na Política. *Abradep*, 27 mar. 2017. Disponível em: <http://www.abradep.org/publicacoes/participacao-feminina-na-politica/>. Acesso em: 15 jan. 2018.

PINHEIRO, Maria Cláudia Bucchianeri. Adoção de critério de gênero na repartição do Fundo Partidário. *Jota*, 23 nov. 2016. Disponível em: <https://www.jota.info/opiniao-e-analise/artigos/adocao-de-criterio-de-genero-na-reparticao-fundo-partidario-23112016>. Acesso em: 15 jan. 2018.

PINHEIRO, Thais Oliveira. O financiamento eleitoral na perspectiva de gênero nas eleições de 2014 para a Câmara dos/as Deputados/as no Brasil. In: CONGRESO LATINOAMERICANO DE CIENCIA POLÍTICA – ALACIP, 9º, 2017. *Apresentação...* Montevideo: [s.n.], 2017. Disponível em: <http://www.congresoalacip2017.org/arquivo/downloadpublic2?q=YToyOntzOjY6InBhcmFtcyI7czozNToiYToxOntzOjEwOi JJRF9BUlFVSVZPIjtzOjQ6IjMxMDMiO30iO3M6MToiaCI7czozMjoiOTgxOWY4MDAx OTkyMGE5NDA5NTU5YmM5YzRmOTJmNzIiO30%3D>. Acesso em: 15 jan. 2018.

ROCHA, Camilo *et al.* Mulheres ainda são minoria nos poderes do Brasil. *Nexo Jornal*, 8 mar. 2016. Disponível em: <https://www.nexojornal.com.br/especial/2016/03/08/Mulheres-ainda-são-minoria-nos-poderes-do-Brasil>. Acesso em: 4 jul. 2016.

SALGADO, Eneida Desiree. O acesso das mulheres à representação política. *Jota*, 18 mar. 2016. Disponível em: <http://jota.info/colunas/e-leitor/e-leitor-o-acesso-das-mulheres-a-representacao-politica-18032016>. Acesso em: 4 jul. 2017.

SANDBERG, Sheryl. *Faça acontecer*: mulheres, trabalho e vontade de liderar. Tradução de Denise Bottmann. 1. ed. São Paulo: Companhia das Letras, 2013.

Informação bibliográfica deste texto, conforme a NBR 6023:2002 da Associação Brasileira de Normas Técnicas (ABNT):

NUNES, Geórgia Ferreira Martins; COELHO, Margarete de Castro. Empoderamento feminino: por quê? Para quê? Que diferença fariam mais mulheres nos espaços de poder?. In: PINHEIRO, Celia Regina de Lima; SALES, José Edvaldo Pereira; FREITAS, Juliana Rodrigues (Coord.). *Constituição e processo eleitoral*. Belo Horizonte: Fórum, 2018. p. 135-159. ISBN 978-85-450-0571-1.

COMPLIANCE DE PARTIDOS E CAMPANHAS: UM MECANISMO DE TRANSPARÊNCIA, PUBLICIDADE E DEMOCRACIA INTRAPARTIDÁRIA

Paula Bernardelli

1 Os partidos políticos

A representação política é a principal forma de exercício da democracia na contemporaneidade. Os partidos políticos surgiram justamente na tentativa de organizar a representação política, se apresentam como forma de possibilitar uma participação mais ativa do cidadão na vida política e representam – ou deveriam representar – as diversas ideologias, opiniões, vontades e anseios da população. A institucionalização dos partidos permitiu a instrumentalização das eleições e das garantias eleitorais.

No início do século XX, Hans Kelsen formulou um modelo chamado "Estado de Partidos", por acreditar que fosse impossível a prática democrática sem a existência dos partidos políticos.[1] Dentro desse modelo kelseniano, o representante eleito tem sua atuação delineada pelas diretrizes do partido ao qual se filiou, considerando que o eleitor, ao votar, deposita naquele candidato a confiança e a esperança de que execute o programa partidário com o qual ambos manifestaram a concordância – o candidato ao se filiar e o eleitor ao votar.

---

[1] "Só a ilusão ou a hipocrisia pode acreditar que a democracia seja possível sem partidos políticos" (KELSEN, Hans. *A democracia*. 2. ed. São Paulo: WMF Martins Fontes, 2000. p. 40).

A concepção de um Estado de Partidos pode ser tida como adequada em uma sociedade em que os indivíduos se reconhecem como pertencentes a determinados grupos sociais e no qual, cumulativamente, os partidos políticos se identifiquem ideologicamente. Ainda que isto seja bastante questionável na atualidade, os partidos mantêm sua importância nas Constituições e diplomas normativos, acentuadamente naqueles que se referem a programas partidários e lhes concedem monopólio na apresentação de candidatos a cargos eletivos. Também esta visão se reflete na escolha de sistemas de representação proporcional, que tendem a promover um reflexo da sociedade no parlamento, fundado na possibilidade de identificar socialmente as forças ideológicas a partir do resultado eleitoral.

No sistema brasileiro a filiação partidária é condição de elegibilidade. Não é, contudo, condição para o exercício do mandato. Veja-se, ainda, que os partidos políticos detêm o monopólio para a apresentação de candidaturas no Brasil desde 1945. Não parece possível, no entanto, falar em uma democracia de partidos no Brasil, sendo mais apropriada a referência a uma democracia com partidos.[2]

De qualquer forma, mesmo em uma democracia com partidos as agremiações políticas ocupam papel de destaque, de forma que todo debate sobre a efetivação democrática deve, necessariamente, ser precedido de uma compreensão clara da estrutura e funcionamento dos partidos em nosso cenário político.

2 Tratamento constitucional dos partidos políticos

O tratamento constitucional dos partidos políticos iniciou somente com a Constituição de 1946. Antes disso as constituições brasileiras eram silentes em relação às agremiações partidárias e, muitas vezes, dificultavam sua criação.

No começo do Império os chamados partidos políticos estavam, na verdade, conceitualmente mais próximos de associações políticas – grupos de opinião formados por pessoas que compartilham um ponto de vista político, sem organização – ainda que fossem chamados de partidos.[3] Na Primeira República essas associações foram extintas,

---

[2] Sobre o tema: LEITE, Cassio Prudente Vieira. Estado de partidos e Estado com partidos: considerações sobre as nuances do sistema partidário brasileiro e seus reflexos sobre a representação política. *Revista Brasileira de Direito Eleitoral*, ano 3, n. 5, p. 13-40, jul./dez. 2011.

[3] SILVA, José Nepomuceno da. *As alianças e as coligações partidárias*. Belo Horizonte: Del Rey, 2003. p. 59.

excetuando o Partido Republicano, pois não apenas não eram tidas como importantes para o sistema de representação, como havia uma forte repressão de qualquer organização política contrária aqueles que detinham o poder político na época.[4]

Assim, tanto a Constituição do Império de 1824, como a Constituição da República de 1891, não tratavam diretamente dos partidos políticos e, ainda, tentavam dificultar sua criação.[5]

Virgílio Afonso da Silva coloca o Código Eleitoral de 1932 como marco do nascimento jurídico dos partidos políticos no Brasil.[6] Promulgado no governo de Getúlio Vargas, o Código Eleitoral reconheceu a existência jurídica e regulou o funcionamento dos partidos políticos. Contudo, a existência de um tratamento infraconstitucional não melhorou a visível descrença que existia em relação às agremiações políticas. Apesar da quantidade de legendas partidárias que surgiram nesse período,[7] a Assembleia Constituinte de 1933 decidiu por recepcionar os partidos apenas como correntes de opinião, e não como instituições organizadas.[8] Ainda em 1932 foi criada a Justiça Eleitoral e instituído o voto feminino. A Constituição promulgada em 1934 incorporou esses avanços democráticos e nela a idade para capacidade eleitoral reduziu de 21 para 18 anos.

Contudo, no Estado Novo, em 1937, a Justiça Eleitoral foi suprimida e todas as legendas que surgiram até ali foram completamente

---

[4] MEZZAROBA, Orides. *Introdução ao direito partidário brasileiro*. 2. ed. Rio de Janeiro: Lumen Juris, 2004. p. 189-197.

[5] Orides Mezzaroba aponta que na Constituição de 1824 "A restrição ao direito de sufrágio mediante critérios econômicos (art. 92 e 94); o cerceamento da liberdade de consciência (art. 5º); a obrigatoriedade de os representantes professarem a religião do Estado (art 95, III); e a introdução do Poder Moderador (art. 98) foram dispositivos constitucionais determinantes para a exclusão da possibilidade de criação de organizações partidárias sólidas e independentes" (MEZZAROBA, Orides. *Introdução ao direito partidário brasileiro*. 2. ed. Rio de Janeiro: Lumen Juris, 2004. p. 190).

[6] SILVA, Virgílio Afonso da. Partidos e reforma política. *Revista Brasileira de Direito Público*, v. 11, p. 9-19, 2005. p. 11.

[7] "Neste período, várias legendas surgiram, dentre as quais o Partido Progressista, na Paraíba; o Partido Social Nacionalista e o Progressista, em Minas Gerais; o Partido Nacional, em Alagoas; o Partido Nacionalista, no Rio Grande do Norte; o Partido Socialista Brasileiro, ressuscitado em São Paulo; o Partido Nacional Socialista, no Piauí; o Partido Popular, no Rio Grande do Norte; o Partido Popular Radical, no Rio de Janeiro; o Partido Liberal, no Paraná, o Partido Liberal, em Santa Catarina; o Partido Liberal, no Pará; o Partido Liberal, no Mato Grosso; o Partido Republicano Social, em Pernambuco; além de cinco outros Partidos Sociais Democráticos, nos Estados do Cearpa, de Pernambuco, da Bahia, do Espírito Santo e do Paraná" (SILVA, José Nepomuceno da. *As alianças e as coligações partidárias*. Belo Horizonte: Del Rey, 2003. p. 71-72).

[8] MEZZAROBA, Orides. *Introdução ao direito partidário brasileiro*. 2. ed. Rio de Janeiro: Lumen Juris, 2004. p. 198-203.

extintas pelo Decreto-Lei nº 37 de 2.12.1937.[9] A Constituição do Estado Novo trazia regras que impossibilitavam absolutamente a reorganização dos partidos extintos.[10]

Com o retorno ao Estado de Direito em 1946, surgiram novos partidos – e foram organizados partidos de âmbito nacional.[11] Na Constituição de 1946 surgiram as primeiras regulamentações constitucionais sobre os partidos políticos, dando contornos para o surgimento de uma política partidária moderna, e de um ambiente próprio para um

---

[9] "O Presidente da Republica, usando da attribuição que lhe confere o artigo 180, da constituição: Considerando que, ao promulgar-se a constituição em vigor, se teve em vista, além de outros objectivos, instituir um regimen e paz social e de acção politica construtiva: Considerando que o systema eleitoral então vigente, inadequado ás condições de caracter juridico e formal, fomentava a proliferação de partidos, com o fito unico e exclusivo de dar ás candidaturas e cargos efectivos apparencia de legitimidade: Considerando que a multiplicidade de arregimentações partidarias, com objectivos meramente eleitoraes, ao inves de actuar como factor de esciarecimento e disciplina da opinião, serviu para criar uma atmosphera de excitação e desassocego permanentes, nocivos á tranquilidade publica e sem correspondencia nos reaes sentimentos do povo brasileiro; Considerando, além disso, que os partidos politicos até então existentes não possuiam conteudo programmatico nacional ou esposavam ideologias e doutrinas contrarias aos postulados do novo regime, pretendendo a transformação radical da ordem social, alterando a estructura e ameaçando as tradições do povo brasileiro , em desaccordo com as circumstancias reaes da sociedade politica e civil: Considerando que o n novo regime, fundado em nome da Nação para attender ás suas aspirações e necessidades, deve estar em contacto directo com o povo, sobre posto ás luctas partidarias de qualquer ordem, independendo da consulta de agrupamentos, partidos ou organizações, ostensiva ou disfarçadamente destinados á conquista do poder publico. Decreta; Artigo 1.º – Ficam dissolvidos, nesta data, todos os partidos politicos. [...]".

[10] Orides Mezzaroba coloca que o texto constitucional de 1937 previa "até pena de morte: a) a quem tentasse submeter o território da Nação ou parte dele à Soberania de Estado estrangeiro; b) a quem tentasse, com auxílio ou subsídio de Estado estrangeiro ou organização de caráter internacional, contra a unidade da Nação, procurando desmembrar o território sujeito à sua Soberania; c) a quem tentasse com auxílio ou subsídio de Estado estrangeiro ou organização de caráter internacional, a mudança da ordem política ou social estabelecida na Constituição; e, por fim, d) a quem tentasse subverter por meios violentos a ordem política e social, com o fim de apoderar-se do Estado para estabelecer da ditadura de uma classe social. Ainda, segundo o art. 122, nº 9, da Constituição de 1937, ficava estabelecida a liberdade de associação, desde que os seus fins não fossem contrários à lei e aos bons costumes. E, por fim, conforme dispunha o art. 122, nº 15, todo cidadão teria o direito de manifestar o seu pensamento, oralmente, por escrito, impresso ou por imagens, desde que atendesse às condições e aos limites da lei. Naturalmente que tais condições e limites seriam estabelecidos a partir dos interesses do próprio governo do Estado Novo" (MEZZAROBA, Orides. *Introdução ao direito partidário brasileiro*. 2. ed. Rio de Janeiro: Lumen Juris, 2004. p. 204).

[11] David Fleischer coloca que apenas três partidos (PSD, UDN e PTB) contavam de fato com abrangência nacional, no período de 1945 a 1965, no entanto, além desses três partidos existiam ainda mais dez no cenário político nacional (FLEISCHER, David. Os partidos políticos. In: AVELAR, Lúcia; CINTRA, Antônio Octávio (Org.). *Sistema político brasileiro*: uma introdução. Rio de Janeiro: Konrad-Adenauer-Stiftung; São Paulo: Editora Unesp, 2007. p. 304).

sistema partidário dinâmico e competitivo.[12] Nesse texto constitucional, vedou-se a criação, registro e funcionamento de partido ou associação que contrariasse alguns princípios, como o regime democrático, a pluralidade partidária e os direitos fundamentais.[13] Além disso, foi incluída a exigência de caráter nacional para os partidos políticos, o que se mantém até hoje e tem como objetivo evitar a estadualização da política nacional, que implicava a defesa de interesses parciais da sociedade, de forma que o partido seria um ente de ressonância de interesses locais e não um grupo focado na construção de um projeto político nacional, como ocorria na Primeira República.[14]

Essas exigências constitucionais, no entanto, não representaram verdadeiramente novidades no ordenamento jurídico, pois já haviam sido reguladas por decretos-lei anteriores à Constituição.[15] O Decreto-Lei nº 7.586/45 estabeleceu, entre outras coisas, que os candidatos só poderiam disputar eleições se estivessem em partido, aliança ou coligação partidária. Por outro lado, possibilitava que em pleitos majoritários o candidato se inscrevesse em legendas diferentes e concorresse em mais de uma unidade federativa.[16]

Em 1965, após o golpe militar, foi editada a Lei Orgânica dos Partidos Políticos (Lei nº 4.740/65), que trazia regras para impedir a formação de novos partidos e reduzir a quantidade de agremiações já registradas.[17] Em 1966 ocorreu a dissolução de todos os partidos políticos e foi imposto um bipartidarismo, com a criação da Arena

---

[12] AIETA, Vânia Siciliano. *Partidos políticos*. Estudos em homenagem ao Prof. Siqueira Castro. Rio de Janeiro: Lumen Juris, 2006. t. IV. p. 81.

[13] "Art. 141. [...] §13. É vedada a organização, o registro ou funcionamento de qualquer Partido Político ou associação, cujo programa contrarie o regime democrático, baseado na pluralidade dos Partidos e na garantia dos direitos fundamentais do homem".

[14] SILVA, Virgílio Afonso da. Partidos e reforma política. *Revista Brasileira de Direito Público*, v. 11, p. 9-19, 2005. p. 11.

[15] O Decreto-Lei nº 7.586/1945 regulava a organização e o funcionamento dos partidos políticos em todo o país, determinava a necessidade de os partidos terem atuação em âmbito nacional, definiu a personalidade jurídica registrada de acordo com o Código Civil, as hipóteses de cancelamento dos partidos e determinou a impossibilidade de candidatura sem filiação. O Decreto-Lei nº 9.258/46 reafirmou os princípios do decreto anterior e apresentou, como inovação, a proibição de recebimento de recursos estrangeiros.

[16] "Art. 39. Sòmente podem concorrer às eleições candidatos registrados por partidos ou alianças de partidos. [...] Art. 42. Não é permitido ao candidato figurar em mais de uma legenda, senão quando assim fôr requerido por dois ou mais partidos, em petição conjunta".

[17] "Por essa Lei, perderiam o registro os Partidos que não possuíssem doze deputados federais eleitos por, no mínimo, sete Estados (art. 47, II), ou aqueles Partidos que não obtivessem votação, em eleições gerais para a Câmara Federal, no mínimo de três por cento do eleitorado nacional, distribuídos em onze ou mais Estados (art. 47, III)" (MEZZAROBA, Orides. *Introdução ao direito partidário brasileiro*. 2. ed. Rio de Janeiro: Lumen Juris, 2004. p. 213).

(Aliança Renovadora Nacional) e do MDB (Movimento Democrático Brasileiro). Nessa mesma toada veio o texto constitucional de 1967 e, com o Ato Institucional nº 5, em 1968, a criação de novas organizações partidárias ficou definitivamente inviável, uma vez que era muito fácil que qualquer novo partido fosse considerado contrário à "revolução" e os direitos políticos de seus integrantes fossem suspensos.[18]

O caráter autoritário do AI-5 foi incorporado pela Emenda Constitucional nº 1 de 1969, que, embora tenha sido menos rígida em alguns pontos – como na retirada da exigência de apoio de número mínimo de parlamentares para a criação de novos partidos –, foi mais dura em outros, como na inclusão da fidelidade partidária no ordenamento jurídico nacional, determinando a perda do mandato parlamentar para os representantes que contrariassem as diretrizes partidárias ou deixassem a legenda pela qual foram eleitos.[19]

Em 1977, diante da manifesta insatisfação popular decorrente da ausência do prometido desenvolvimento e do evidente enfraquecimento do regime, o Governo Militar decidiu, mais uma vez, acabar com as organizações partidárias existentes e com o bipartidarismo, permitindo a criação de novos partidos, possibilitando assim certa participação política. Essa abertura política, no entanto, era controlada de forma estratégica – o processo ocorre guiado pela elite dominante.[20]

Na constituinte de 1987 o papel dos partidos políticos na democracia foi muito discutido. Havia considerável dificuldade em compreender qual seria a verdadeira função dos partidos no contexto político da época.[21] As discussões da Assembleia Constituinte resultaram na expectativa de um ambiente de plena liberdade partidária e plena liberdade de atuação parlamentar. Parte desse cenário de ampla liberdade, no entanto, está sendo tolhido pela legislação infraconstitucional e pelos recentes posicionamentos dos tribunais pátrios.

O capítulo constitucional sobre os partidos políticos limita-se ao art. 17 da Constituição Federal. Este artigo trata da criação dos

---

[18] "Art. 4º No interesse de preservar a Revolução, o Presidente da República, ouvido o Conselho de Segurança Nacional, e sem as limitações previstas na Constituição, poderá suspender os direitos políticos de quaisquer cidadãos pelo prazo de 10 anos e cassar mandatos eletivos federais, estaduais e municipais".

[19] SILVA, José Nepomuceno da. *As alianças e as coligações partidárias*. Belo Horizonte: Del Rey, 2003. p. 95.

[20] SALGADO, Eneida Desiree. *Constituição e democracia*. Tijolo por tijolo em um desenho (quase) lógico: vinte anos de construção do projeto democrático brasileiro. Belo Horizonte: Fórum, 2007. p. 89-90.

[21] MEZZAROBA, Orides. *Introdução ao direito partidário brasileiro*. 2. ed. Rio de Janeiro: Lumen Juris, 2004. p. 231-234.

partidos, bem como apresenta princípios que devem ser observados, procedimentos obrigatórios e vedações. O texto constitucional assegura a livre criação, fusão, incorporação e extinção dos partidos e apresenta também garantias de organização e funcionamento próprio. Essa combinação de liberdades e garantias revela um texto constitucional "liberalizante", como nunca antes se viu na história da política partidária brasileira.[22]

Ao lado da autonomia para definição de estrutura interna, organização e funcionamento, da garantia de personalidade jurídica, do direito aos recursos do fundo partidário e do acesso gratuito ao rádio e à televisão, há também certa quantia de limitações impostas aos partidos. A criação e o funcionamento dos partidos devem respeitar a soberania nacional, os direitos fundamentais da pessoa humana, o regime democrático e o pluripartidarismo, observar o caráter nacional e prestar contas à Justiça Eleitoral. É vedada ainda a organização paramilitar e o recebimento de recursos estrangeiros.[23]

A exigência do caráter nacional dos partidos políticos levou, por certo tempo, a uma interpretação que impunha a chamada verticalização das coligações, que determinava a repetição em âmbito estadual e municipal das coligações partidárias firmadas na esfera federal.[24] Esse posicionamento do Tribunal Superior Eleitoral foi confirmado em diversas outras consultas, contudo, em março de 2006, foi aprovada a Emenda Constitucional nº 52 que reformulou a redação do art. 17, §1º, garantindo a autonomia partidária para a escolha das coligações sem exigir a vinculação entre as candidaturas nacionais, estaduais e municipais.[25]

---

[22] MEZZAROBA, Orides. *Introdução ao direito partidário brasileiro*. 2. ed. Rio de Janeiro: Lumen Juris, 2004. p. 240-242.

[23] Orides Mezzaroba coloca que "em hipótese alguma a vida do Partido poderá sofrer interferência externa do Estado, com o objetivo de controlá-los ou, até mesmo, de extingui-los. Entretanto, em função da preservação do regime democrático, a própria Constituição impõe aos Partidos o chamado controle *ideológico*: a obediência de alguns princípios constitucionais básicos [...]" (MEZZAROBA, Orides. *Introdução ao direito partidário brasileiro*. 2. ed. Rio de Janeiro: Lumen Juris, 2004. p. 241).

[24] Em decorrência de uma consulta realizada em agosto de 2001, o TSE expediu a Resolução nº 21.002/2002: "Consulta. Coligações. Os partidos políticos que ajustarem coligação para eleição de presidente da República não poderão formar coligações para eleição de governador de estado ou Distrito Federal, senador, deputado federal e deputado estadual ou distrital com outros partidos políticos que tenham, isoladamente ou em aliança diversa, lançado candidato à eleição presidencial. Consulta respondida negativamente".

[25] "Art. 17. [...] §1º É assegurada aos partidos políticos autonomia para definir sua estrutura interna e estabelecer regras sobre escolha, formação e duração de seus órgãos permanentes e provisórios e sobre sua organização e funcionamento e para adotar os critérios de escolha e o regime de suas coligações nas eleições majoritárias, vedada a sua celebração nas eleições

A posição central definida para os partidos políticos pela Constituição de 1988 é bastante questionável. A filiação partidária é condição de elegibilidade para todos aqueles que pretendem exercer cargo público eletivo, de acordo com o inc. V, §3º, do art. 14 da Constituição Federal. Condicionando a elegibilidade (direito político e fundamental) à obrigatoriedade de associação, o que soa contraditório com o próprio texto que coloca a liberdade de associação – e de não associação – como plena.[26] De forma que, como já dito, parece mais adequada a interpretação constitucional que coloca os partidos como elemento necessário, instrumental, para a democracia, mas não como condição para exercício do mandato.

O protagonismo dos partidos políticos geralmente é pensado a partir da necessidade de operacionalização da democracia de massas e é tratado por diversos doutrinadores, mas nem sempre de maneira positiva.[27] Houve um tempo em que era possível pensar em um partido não apenas como uma *societas*, mas como uma *universitas*, que representava uma visão de mundo e tinha como dever realizá-la não apenas com a conquista do poder político, mas também pela educação dos cidadãos.[28]

Esse papel dos partidos políticos não chegou a ser exercido no sistema brasileiro. Como afirma Adhemar Ferreira Maciel, no Brasil "o partido político é uma dádiva da lei": "o partido político foi dado pela lei; pela lei é alterado; pela lei já andou até sendo tirado [...]".[29]

A principal função dos partidos políticos em nossa sociedade é de recrutamento e seleção de candidatos.[30] Ainda que muitos doutrinadores observem um declínio da importância dos partidos políticos na atual conjuntura política – seja por sua ineficiência na intermediação das demandas sociais, pela distância abismal entre o discurso e a prática

---

proporcionais, sem obrigatoriedade de vinculação entre as candidaturas em âmbito nacional, estadual, distrital ou municipal, devendo seus estatutos estabelecer normas de disciplina e fidelidade partidária".

[26] "Art. 5º [...] XX – ninguém poderá ser compelido a associar-se ou a permanecer associado; [...]".

[27] Georg Jellinek critica o domínio dos partidos, afirmando que os dirigentes partidários se mostram como donos do país, falseando as decisões da massa, formando uma oligarquia que persegue interesses mesquinhos (JELLINEK, Georg. *Reforma y mutación de la Constitución*. Tradução de Christian Förster. Madrid: Centro de Estudios Constitucionales, 1991. p. 75-76).

[28] FIORAVANTI, Maurizio. *Costituzione e popolo sovrano*. La Costituzione italiana nella storia del costituzionalismo moderno. 2. ed. Bologna: Il Mulino, 2004.

[29] MACIEL, Adhemar Ferreira. Partidos políticos: propaganda eleitoral. *Revista de Direito Público*, São Paulo, n. 82, p. 174-178, abr./jun. 1987.

[30] AIETA, Vânia Siciliano. *Partidos políticos*. Estudos em homenagem ao Prof. Siqueira Castro. Rio de Janeiro: Lumen Juris, 2006. t. IV. p. 236.

da maioria das agremiações, ou, ainda, pela constatação de que a consolidação democrática não depende, necessariamente, de um sistema partidário forte e institucionalizado –[31] os partidos políticos ainda detêm o monopólio para a apresentação de candidaturas, o que confere a eles uma posição protagonista, ainda que de caráter instrumental, no sistema eleitoral.

3   Natureza jurídica dos partidos políticos

Existem diferentes visões doutrinárias a respeito da natureza jurídica dos partidos políticos. Orides Mezzaroba analisa a existência de ao menos três posições diferentes, uma que coloca os partidos como órgãos do Estado, ou institucionalizados pela Constituição, conceben-do-os como pessoa jurídica de direito público interno, uma segunda que conceitua os partidos políticos como associação de direito privado, ou seja, mera associação de indivíduos, "que exerce função pública de relevância constitucional e democrática, cuja atividade é um exercício privado de funções públicas" e, por fim, um último posicionamento que não considera os partidos órgãos do Estado, "ainda que possam ser dotados de personalidade jurídica de Direito Público".[32]

Pietro Virga coloca que os partidos políticos podem ser vistos sob dois enfoques: como associação, união de pessoas estavelmente organizadas e juridicamente vinculadas para a consecução de fins políticos e comuns, ou ainda como órgão do Estado, no que tange à sua característica de grupo eleitoral e grupo parlamentar.[33]

Konrad Hesse considera que os partidos políticos estão em uma posição intermediária entre órgãos estatais e associações privadas, de forma que os partidos possuem um "*status* público singular". [34]

J. J. Gomes Canotilho afirma que, ainda que já se tenha pretendido que partidos exercessem funções de um órgão constitucional, em decorrência de seu reconhecimento pelo texto constitucional e sua importância na formação da vontade política, não se pode confundir as organizações partidárias com "corporações de direito público". Para

---

[31] BAQUERO, Marcello. A vulnerabilidade dos partidos políticos e a crise da democracia na América Latina. Porto Alegre: Ed. Universidade/UFRGS, 2000. p. 151-157.

[32] MEZZAROBA, Orides. *Introdução ao direito partidário brasileiro*. 2. ed. Rio de Janeiro: Lumen Juris, 2004. p. 266.

[33] VIRGA, Pietro. *Liberta giuridica e diritti fondamentalli*. Milano: Giufrè, 1977 *apud* SILVA, José Afonso da. *Curso de direito constitucional positivo*. 33. ed. São Paulo: Malheiros, 2010. p. 403.

[34] HESSE, Konrad. *Elementos de direito constitucional da República Federal da Alemanha*. Porto Alegre: Sergio Antonio Fabris Editor, 1998. p. 149-150.

o autor, os partidos "situam-se no ponto nevrálgico de imbricação do poder do Estado juridicamente sancionado com o poder da sociedade politicamente legitimado" justamente por serem "elementos funcionais de uma ordem constitucional".[35] Inserindo-se, assim, na segunda corrente apresentada acima.

José Afonso da Silva define partido como "associação de pessoas para fins políticos comuns e de caráter permanente, no que se encontram os elementos básicos do conceito de instituição". O autor rejeita qualquer caracterização de partidos como órgãos do Estado, pois "órgão, no sentido técnico, segundo a doutrina mais corrente, não tem personalidade jurídica, e menos ainda personalidade jurídica de direito privado".[36] Como é o caso dos partidos no ordenamento jurídico pátrio.

O art. 17 da Constituição Federal, em seu §2º, determina que os partidos políticos devem adquirir sua personalidade jurídica na forma da lei civil.[37] Assim, ficou consagrada a natureza jurídica de direito privado às agremiações partidárias brasileiras. Em respeito à ordem constitucional, a Lei dos Partidos Políticos[38] e o Código Civil[39] confirmam essa natureza dos partidos.

Dessa forma, foram afastadas as dúvidas e divergências acerca da natureza jurídica dos partidos políticos, consolidando-se a concepção destes como pessoas jurídicas de direito privado, como coloca José Afonso da Silva, confirmando que "se adquirem personalidade na forma de lei civil é porque são pessoas jurídicas de direito privado [...]".[40]

A consolidação desse tratamento rompeu com a vinculação das organizações políticas com o Estado,[41] uma vez que legislação anterior enquadrava as agremiações políticas como pessoas jurídicas de direito público interno, e os registros dos partidos eram feitos diretamente no Tribunal Superior Eleitoral, sem necessidade de inscrição prévia.[42]

---

[35] CANOTILHO, J. J. Gomes. *Direito constitucional*. 6. ed. Coimbra: Almedina, 1993. p. 447-449.

[36] SILVA, José Afonso da. *Curso de direito constitucional positivo*. 33. ed. São Paulo: Malheiros, 2010. p. 404.

[37] "§2º Os partidos políticos, após adquirirem personalidade jurídica, na forma da lei civil, registrarão seus estatutos no Tribunal Superior Eleitoral".

[38] "Art. 1º O partido político, pessoa jurídica de direito privado, destina-se a assegurar, no interesse do regime democrático, a autenticidade do sistema representativo e a defender os direitos fundamentais definidos na Constituição Federal".

[39] "Art. 44. São pessoas jurídicas de direito privado: [...] V – os partidos políticos".

[40] SILVA, José Afonso da. *Curso de direito constitucional positivo*. 33. ed. São Paulo: Malheiros, 2010. p. 404.

[41] ZILIO, Rodrigo López. *Direito eleitoral*. 3. ed. Porto Alegre: Verbo Jurídico, 2012. p. 58.

[42] MEZZAROBA, Orides. *Introdução ao direito partidário brasileiro*. 2. ed. Rio de Janeiro: Lumen Juris, 2004. p. 253.

Ao trazer essa inovação, a Constituição Federal teve como objetivo assegurar a autonomia política e impedir a interferência da Justiça Eleitoral na criação, organização e funcionamento dos partidos políticos.[43]

O partido político deve, então, requerer registro junto ao Cartório Civil de Pessoas Jurídicas da Capital Federal e, após este procedimento, deve registrar seu estatuto no Tribunal Superior Eleitoral.[44]

Importante destacar que o registro no TSE não significa que exista interferência do Estado na organização dos partidos, como ocorria antes, o registro serve apenas para a organização do processo eleitoral, divisão do fundo partidário e do tempo de antena, garantia da exclusividade da denominação, sigla e símbolos e credenciamento de delegados perante órgãos da Justiça Eleitoral.[45] Trata-se também, de uma forma de controle "da adequação dos estatutos partidários aos princípios programáticos da Constituição a que estão submetidos".[46] Esse controle, contudo, nunca foi colocado em prática, de forma que não há na história do Tribunal Superior Eleitoral nenhum indeferimento de registro de estatuto de partido político por inadequação aos princípios estabelecidos na Constituição Federal.

4 Transparência, democracia interna e controle social dos partidos políticos

Esse modelo de representação política através de agremiações partidárias, no entanto, vem enfrentando uma crise cada vez mais evidente, que ultrapassa a insatisfação que inevitavelmente existe em qualquer modelo de representação indireta.

Embora a crise de representatividade seja uma característica talvez indissociável dos modelos democráticos – e marcadamente existente no Brasil desde os tempos do Império – enfrentamos nas últimas décadas um movimento global de incredulidade com a política e com os políticos. Os modelos representativos vêm sendo cada vez mais questionados e

---

[43] MEZZAROBA, Orides. *Introdução ao direito partidário brasileiro*. 2. ed. Rio de Janeiro: Lumen Juris, 2004. p. 267.

[44] Lei nº 9.096/95: "Art. 7º O partido político, após adquirir personalidade jurídica na forma da lei civil, registra seu estatuto no Tribunal Superior Eleitoral".

[45] GOMES, José Jairo. *Direito eleitoral*. 8. ed. São Paulo: Atlas, 2012. p. 90.

[46] MEZZAROBA, Orides. *Introdução ao direito partidário brasileiro*. 2. ed. Rio de Janeiro: Lumen Juris, 2004. p. 266.

os partidos políticos se tornado cada vez mais vulneráveis e afastados de suas bases.[47]

Temos, em consequência disso, um excesso de medidas legislativas propostas para tentar solucionar a crise democrática, reformas políticas realizadas em pequenas porções e quase que anualmente – algumas alterações legais sequer chegam a ser aplicadas – quase todas trazendo em sua justificativa o resgate da credibilidade dos partidos, a necessidade de seu fortalecimento, e a tentativa de resgatar nos cidadãos a sensação de representatividade de seus interesses e ideais.

Com isso, propõem-se mecanismos de fortalecimento partidário e de fortalecimento do caráter ideológico das agremiações por alteração legal, numa tentativa de conferir aos partidos uma função estrutural cada vez mais essencial em nosso sistema, e claramente incompatível com o papel que socialmente os partidos vêm desempenhando. Parte-se da ideia de que incluir no sistema eleitoral mecanismos de reforço do monopólio e do protagonismo partidário irá resultar também numa maior aderência social de seus projetos e ideais.

No entanto, embora essas reformas legislativas tratem inegavelmente de questões essenciais para as campanhas e para o funcionamento democrático, alterando questões de financiamento, divisão do tempo de antena, critérios para garantir a participação de minorias, requisitos de elegibilidade e cenários de inelegibilidade, é pouco provável – e nossa experiência com reformas eleitorais tem nos confirmado isso – que a modificação das regras do jogo consiga trazer uma alteração imediata do sentimento de representatividade dos eleitores.

Isso ficou bastante evidente na imposição – inicialmente via resolução – da fidelidade partidária, também com o discurso de fortalecimento dos partidos e aumento da representatividade, mas que pouco – ou nada – alterou o comportamento do eleitor, que ainda tem um voto majoritariamente personalista e desvinculado das bandeiras partidárias.[48]

Todas as propostas, embora tratem de pontos essenciais para a democracia e para garantia da máxima participação das minorias –[49]

---

[47] Sobre o tema: BAQUERO, Marcello. A vulnerabilidade dos partidos políticos e a crise da democracia na América Latina. Porto Alegre: Ed. Universidade/UFRGS, 2000.

[48] Sobre o tema: SALGADO, Eneida Desiree; BERNARDELLI, Paula. A inocuidade da reforma política a fórceps ou a escolha do eleitor antes e depois da Resolução nº 22.610 do Tribunal Superior Eleitoral ou, ainda, como diria o poeta, os lírios não nascem das leis. *Revista Brasileira de Direito Eleitoral*, Belo Horizonte, ano 3, n. 5, jul./dez. 2011.

[49] Sobre os princípios constitucionais estruturantes do direito eleitoral: SALGADO, Eneida Desiree. *Princípios constitucionais eleitorais*. Belo Horizonte: Fórum, 2015.

alterando regras de financiamento, propaganda, tempo de campanha, entre outras –, não parecem resolver de fato o problema da crise de representatividade.

Além disso, boa parte das medidas defendidas como soluções para fortalecimento dos partidos e melhora da democracia implica inegável delegação do poder de escolha do eleitor a outras pessoas. É assim que ocorreu, por exemplo, com a Lei Complementar nº 135/2015, que aumentou sobremaneira as hipóteses em que o Judiciário pode decidir afastar candidatos da disputa, criando não apenas um cenário de limitação excessiva de direitos fundamentais, mas alimentando um ciclo de insegurança – quanto mais candidatos são afastados pelo Judiciário, maior é o sentimento social de desconfiança da política e mais respostas são esperadas do Judiciário para moralização deste cenário.

É essa delegação da escolha de candidatos que permeia também a lógica das propostas de votos em lista, que deixa a escolha dos candidatos ainda mais concentrada ao âmbito intrapartidário.

O fortalecimento dos partidos, no entanto, seja através de medidas de fidelidade ou de concentração do poder de escolha dos representantes que ocuparão as cadeiras, inevitavelmente precisa passar por uma discussão sobre a democracia interna dos partidos e a transparência das agremiações, e com relação a estes quesitos poucas são as propostas existentes.

Ainda que existam diversas medidas que buscam trazer transparência na prestação de contas das campanhas eleitorais – com determinação de publicização quase imediata das arrecadações e gastos, bem como transparência de todos os contratos e doações estimáveis –, poucas medidas para aumento da transparência e democracia intra-partidária são adotadas.

O §1º do art. 17 do texto constitucional,[50] que estabelece necessária proteção da autonomia partidária, é muitas vezes utilizado para blindar os partidos de qualquer forma de controle ou fiscalização externa

---

[50] "Art. 17. É livre a criação, fusão, incorporação e extinção de partidos políticos, resguardados a soberania nacional, o regime democrático, o pluripartidarismo, os direitos fundamentais da pessoa humana e observados os seguintes preceitos: I – caráter nacional; II – proibição de recebimento de recursos financeiros de entidade ou governo estrangeiros ou de subordinação a estes; III – prestação de contas à Justiça Eleitoral; IV – funcionamento parlamentar de acordo com a lei. §1º É assegurada aos partidos políticos autonomia para definir sua estrutura interna e estabelecer regras sobre escolha, formação e duração de seus órgãos permanentes e provisórios e sobre sua organização e funcionamento e para adotar os critérios de escolha e o regime de suas coligações nas eleições majoritárias, vedada a sua celebração nas eleições proporcionais, sem obrigatoriedade de vinculação entre as candidaturas em âmbito nacional, estadual, distrital ou municipal, devendo seus estatutos estabelecer normas de disciplina e fidelidade partidária".

de suas atividades, protegendo-os até mesmo de responder pelo descumprimento de outros princípios constitucionais estruturantes do direito eleitoral[51] ou descumprimento de seus próprios estatutos.

A ausência de transparência e a impossibilidade de controle social e acompanhamento efetivo das atividades desenvolvidas pelos partidos, aliadas ao cenário crescente de escândalos que envolvem as agremiações, têm contribuído de forma inegável para a intensificação do baixo sentimento de representatividade e descrença social com a participação política.

É urgente, portanto, que a discussão dos modelos de fortalecimento democrático passe por uma análise de propostas para resgate das bases partidárias e aumento da participação social nas engrenagens intrapartidárias.

5   A aplicabilidade do *compliance* aos partidos políticos e às campanhas eleitorais

O conceito de *compliance* vem sendo desenvolvido já há muitos anos, com aplicabilidade exclusiva em empresas. A ideia de mecanismos de controle e transparência das instituições privadas ganhou força com os escândalos de corrupção privada envolvendo grandes empresas estadunidenses, o que gerou uma crise sem precedentes no mercado financeiro decorrente da ausência de credibilidade dos agentes do mercado.[52]

Buscando uma forma de resgatar a credibilidade das empresas, a Comissão de Sentença Americana (United States Sentence Commission – USSC) expediu instruções de passos a serem seguidos pelas empresas para que fossem consideradas "empresas que agem dentro de um espectro de legalidade". Assim, caso existisse algum escândalo de corrupção, haveria a possibilidade de comprovar em juízo que esses passos foram devidamente seguidos, o que poderia resultar num abrandamento da pena. Não havia apenas a delimitação de como uma empresa íntegra deveria agir, mas também uma definição objetiva de como comprovar o real esforço em agir dentro desses limites.[53]

---

[51] Sobre os princípios constitucionais estruturantes do direito eleitoral: SALGADO, Eneida Desiree. *Princípios constitucionais eleitorais*. Belo Horizonte: Fórum, 2015.

[52] COIMBRA, Marcelo de Aguiar; MANZI, Vanessa A. *Manual de compliance*. São Paulo: Atlas, 2010.

[53] BIELGELMAN, Martin T. *Building a world-class compliance program*. Hoboken, NJ: John Wiley, 2008.

Aliado a isso, surgiu a necessidade de que as empresas estabelecessem regras de *compliance*, que é um programa de integridade. Consistia basicamente na criação de um modelo de verificação da integridade dos procedimentos que ocorrem naquela empresa – na maior parte dos modelos uma verificação interna, possível de ser feita por um setor da própria empresa, em outros uma verificação externa, feita com órgãos e instituições da sociedade civil.[54]

Esse modelo de controle e fiscalização permitia não apenas o resgate da credibilidade, mas também a possibilidade de individualização das responsabilidades quando era identificada alguma postura que destoasse do programa de conformidade.[55]

Pensando nesse modelo geral de um mecanismo de *compliance*, bem como considerando a natureza jurídica dos partidos políticos de pessoas jurídicas de direito privado – com caráter especial pelo desenvolvimento monopolista de relevante função pública e pelo uso de dinheiro público para manutenção de suas atividades – parece possível adequar um modelo de controle de integridade para controle e transparência das atividades partidárias.

Essa ideia vem ganhando espaço na doutrina, não apenas pela possibilidade de criação de mecanismos para romper a blindagem que hoje existe sobre os partidos que, abusando da proteção constitucional de sua autonomia, agem à margem de tantos outros princípios constitucionais, mas também pela possibilidade de devolver mecanismos de controle à sociedade civil e aos filiados que, através de mecanismos mais claros para acompanhamento da atividade partidária, poderiam se sentir mais próximos e mais representados por essas agremiações.

A experiência estadunidense com o *compliance* aplicado às instituições privadas pode ser trazida para o âmbito eleitoral em três frentes: i) a expedição de instruções pelo Tribunal Superior Eleitoral; ii) uma abertura partidária para o controle social das atividades internas e das campanhas eleitorais; e iii) uma exigência legislativa da adoção de regras de *compliance* nos partidos e campanhas.

O primeiro ponto, de expedição de instruções, teria como foco colocar requisitos a serem comprovados pelas campanhas e partidos, que

---

[54] CANDELORO, Ana Paula P. Compliance – Ferramenta estratégica para as boas práticas de governança corporativa. *INC Empreendedor*, 2 jun. 2011. Disponível em: <http://www.incorporativa.com.br/mostranews.php?id=6337>. Acesso em: nov. 2017,

[55] ABBI; FEBRABAN. *Função de Compliance (julho/2003)*. Disponível em: <http://abbi.com.br/download/funcaodeCompliance09._pdf>. Acesso em: nov. 2017.

demonstrem a boa-fé na condução de seus atos em caso de necessidade de defesa em uma ação judicial.

No caso das campanhas eleitorais essas instruções ganhariam especial relevância, ajudando até mesmo na individualização das condutas, vez que temos hoje um cenário jurisprudencial de responsabilização objetiva dos candidatos por todos os atos de campanha, em muitos casos independente de seu conhecimento, bastando figurar como mero beneficiário do ato de uma única pessoa em uma campanha que envolve e mobiliza milhares de cabos eleitorais.

Ainda, devido às múltiplas e quase anuais reformas eleitorais, a legalidade de atos concretos de campanha, muitas vezes, só tem meios de ser verificada após decisão do Judiciário sobre o tema, o que muitas vezes ocorre após o término de toda a campanha. Há, assim, uma evidente afronta à boa-fé dos candidatos que, por vezes, têm atos interpretados como ilegais sem que antes pudesse ter qualquer noção da interpretação que seria dada à lei que rege aqueles atos.

Exemplo marcante dessa indefinição ocorreu nas campanhas eleitorais de 2016, nas quais surgiu a figura legal da pré-campanha, que, embora autorizada, logo que surgiu trazia poucos indícios de quais atos eram ou não permitidos nesse período ou mesmo quem seria o responsável pelos gastos compreendidos para esses atos.

O segundo e terceiro ponto dependem inegavelmente de uma movimentação dos próprios partidos e da criação de um cenário em que estruturas de integridade e transparência tragam contrapartidas aos partidos que as adotem.

Em 2016, na campanha do então Prefeito de São Paulo Fernando Haddad, visando demonstrar a integridade e transparência de todos os atos de campanha, foi feito um manual público de funcionamento da campanha e criado um canal de denúncia para que qualquer cidadão que vislumbrasse conduta contrária ao manual de boas práticas da campanha pudesse informá-la aos responsáveis para que fosse verificada.

Foi um modelo bastante inicial de aplicação do conceito, a ausência de regulação ou até mesmo de contrapartidas que estimulem o uso dificulta a aderência à ideia. Ainda, o uso em apenas uma campanha majoritária não permite a verificação de seus efeitos, mas ao menos é um sinal de que, nas campanhas majoritárias, a aplicabilidade é factível.

Com relação às estruturas de integridade aplicadas às estruturas partidárias, considerando que as atividades corriqueiras das agremiações têm um caráter menos dinâmico que as campanhas eleitorais, é possível não apenas o mecanismo de autocontrole, mas também a aplicação do modelo de controle externo das atividades, com a criação de órgãos da sociedade civil que consigam atestar a existência ou não de transparência e democracia interna com base em parâmetros mínimos previamente estabelecidos.

É de se pensar, inclusive, se a possibilidade de controle desses parâmetros não permitiria a adoção de critérios mais razoáveis para permissão do funcionamento partidário – em substituição da sempre discutida cláusula de barreira – filtrando assim a representatividade através de critérios mais amplos de atividade e não apenas com base no número de candidatos eleitos para uma das casas do legislativo, tornando possível, assim, a manutenção de partidos que, independentemente da quantidade de eleitos, cumprem o papel constitucionalmente estabelecido para as agremiações partidárias, respeitando também os demais princípios constitucionais em suas atividades.

A crise de representatividade crescente nos mostra que uma discussão das medidas possíveis para resgate da credibilidade dos partidos – e agentes – políticos é urgente. Para isso, propõe-se aqui que os limites da autonomia partidária sejam repensados em novo contexto, obviamente que não visando controlar a atuação – necessariamente livre – dos partidos políticos, mas permitindo transparência para controle social das estruturas internas, bem como garantindo canais pelos quais os próprios filiados possam exigir dos partidos o cumprimento de outros preceitos constitucionais.

Referências

ABBI; FEBRABAN. *Função de Compliance (julho/2003)*. Disponível em: <http://abbi.com.br/download/funcaodeCompliance09._pdf>. Acesso em: nov. 2017.

AIETA, Vânia Siciliano. *Partidos políticos*. Estudos em homenagem ao Prof. Siqueira Castro. Rio de Janeiro: Lumen Juris, 2006. t. IV.

BAQUERO, Marcello. *A vulnerabilidade dos partidos políticos e a crise da democracia na América Latina*. Porto Alegre: Ed. Universidade/UFRGS, 2000.

BIELGELMAN, Martin T. *Building a world-class compliance program*. Hoboken, NJ: John Wiley, 2008.

CANDELORO, Ana Paula P. Compliance – Ferramenta estratégica para as boas práticas de governança corporativa. *INC Empreendedor*, 2 jun. 2011. Disponível em: <http://www.incorporativa.com.br/mostranews.php?id=6337>. Acesso em: nov. 2017.

CANOTILHO, J. J. Gomes. *Direito constitucional*. 6. ed. Coimbra: Almedina, 1993.

COIMBRA, Marcelo de Aguiar; MANZI, Vanessa A. *Manual de compliance*. São Paulo: Atlas, 2010.

FIORAVANTI, Maurizio. *Costituzione e popolo sovrano*. La Costituzione italiana nella storia del costituzionalismo moderno. 2. ed. Bologna: Il Mulino, 2004.

FLEISCHER, David. Os partidos políticos. In: AVELAR, Lúcia; CINTRA, Antônio Octávio (Org.). *Sistema político brasileiro*: uma introdução. Rio de Janeiro: Konrad-Adenauer-Stiftung; São Paulo: Editora Unesp, 2007.

GOMES, José Jairo. *Direito eleitoral*. 8. ed. São Paulo: Atlas, 2012.

HESSE, Konrad. *Elementos de direito constitucional da República Federal da Alemanha*. Porto Alegre: Sergio Antonio Fabris Editor, 1998.

JELLINEK, Georg. *Reforma y mutación de la Constitución*. Tradução de Christian Förster. Madrid: Centro de Estudios Constitucionales, 1991.

KELSEN, Hans. *A democracia*. 2. ed. São Paulo: WMF Martins Fontes, 2000.

LEITE, Cassio Prudente Vieira. Estado de partidos e Estado com partidos: considerações sobre as nuances do sistema partidário brasileiro e seus reflexos sobre a representação política. *Revista Brasileira de Direito Eleitoral*, ano 3, n. 5, p. 13-40, jul./dez. 2011.

MACIEL, Adhemar Ferreira. Partidos políticos: propaganda eleitoral. *Revista de Direito Público*, São Paulo, n. 82, p. 174-178, abr./jun. 1987.

MEZZAROBA, Orides. *Introdução ao direito partidário brasileiro*. 2. ed. Rio de Janeiro: Lumen Juris, 2004.

SALGADO, Eneida Desiree. *Constituição e democracia*. Tijolo por tijolo em um desenho (quase) lógico: vinte anos de construção do projeto democrático brasileiro. Belo Horizonte: Fórum, 2007.

SALGADO, Eneida Desiree. *Princípios constitucionais eleitorais*. Belo Horizonte: Fórum, 2015.

SALGADO, Eneida Desiree; BERNARDELLI, Paula. A inocuidade da reforma política a fórceps ou a escolha do eleitor antes e depois da Resolução nº 22.610 do Tribunal Superior Eleitoral ou, ainda, como diria o poeta, os lírios não nascem das leis. *Revista Brasileira de Direito Eleitoral*, Belo Horizonte, ano 3, n. 5, jul./dez. 2011.

SILVA, José Afonso da. *Curso de direito constitucional positivo*. 33. ed. São Paulo: Malheiros, 2010.

SILVA, José Nepomuceno da. *As alianças e as coligações partidárias*. Belo Horizonte: Del Rey, 2003.

SILVA, Virgílio Afonso da. Partidos e reforma política. *Revista Brasileira de Direito Público*, v. 11, p. 9-19, 2005.

VIRGA, Pietro. *Liberta giuridica e diritti fondamentalli*. Milano: Giufrè, 1977 *apud* SILVA, José Afonso da. *Curso de direito constitucional positivo*. 33. ed. São Paulo: Malheiros, 2010.

ZILIO, Rodrigo López. *Direito eleitoral*. 3. ed. Porto Alegre: Verbo Jurídico, 2012.

Informação bibliográfica deste texto, conforme a NBR 6023:2002 da Associação Brasileira de Normas Técnicas (ABNT):

BERNARDELLI, Paula. Compliance de partidos e campanhas: um mecanismo de transparência, publicidade e democracia intrapartidária. In: PINHEIRO, Celia Regina de Lima; SALES, José Edvaldo Pereira; FREITAS, Juliana Rodrigues (Coord.). *Constituição e processo eleitoral*. Belo Horizonte: Fórum, 2018. p. 161-178. ISBN 978-85-450-0571-1.

O EXERCÍCIO DE MANDATO ELETIVO NO PROCESSO DEMOCRÁTICO A PARTIR DE CANDIDATURAS AVULSAS: UMA BREVE ANÁLISE SOBRE SUA (IN)CONSTITUCIONALIDADE

Orlando Moisés Fischer Pessuti
Rafaele Balbinotte Wincardt

1 Introdução

"Se há política, há partidos".[1] Como bem elucida Ana Cláudia Santano, a organização político-partidária alcançou posição essencial na democracia moderna, tornando-se inexorável a qualquer regime representativo. Contudo, permanecem crescentes as discussões acerca do verdadeiro papel dessas organizações na sociedade atual, perpetuando-se, inclusive, o questionamento sobre a necessidade de sua existência.

O fortalecimento dos partidos sob à égide de uma gestão de poder democrática e da verdadeira expressão do pluralismo político, com o exercício de suas funções como entidade estável e o escopo de realizar uma comunicação plena entre sociedade e Estado,[2] proporciona uma abertura partidária cada vez mais crescente, que pretende abraçar o pluralismo social existente.

---

[1] SANTANO, Ana Claudia. A democracia, a sociedade e os partidos políticos: uma análise da eventual existência de uma crise das organizações partidárias. *Quaestio Iuris*, Rio de Janeiro, v. 10, n. 3, 2017. p. 1271. Disponível em: <http://www.e-publicacoes.uerj.br/index.php/quaestioiuris/article/view/17578/21093>. Acesso em: set. 2017.

[2] SANTANO, Ana Claudia. Vamos discutir os deveres dos partidos na democracia brasileira? *Jota*, 1º mar. 2016. Disponível em: <https://jota.info/colunas/e-leitor/e-leitor-vamos-discutir-os-deveres-dos-partidos-na-democracia-brasileira-01032016>. Acesso em: set. 2017.

Ocorre muitas vezes que, alcançado o *status* de "partido", o exercício de funções tão sensíveis ao Estado Democrático resta prejudicado ou mostra-se cada vez mais insipiente em relação às razões de sua criação, a ponto de o debate sobre a possibilidade de pessoas sem filiação a partidos políticos concorrerem em eleições estar cada dia mais evidente, inclusive, perante à Corte Suprema.

A Constituição da República dispõe, em seu art. 14, §3º, sobre as condições de elegibilidade, na forma da lei: (i) a nacionalidade brasileira; (ii) o pleno exercício dos direitos políticos; (iii) o alistamento eleitoral; (iv) o domicílio eleitoral na circunscrição; (v) a filiação partidária e (vi) a idade mínima conforme o cargo. Assim, constitui-se exigência ao exercício do *ius honorum* a filiação a uma organização político-partidária. Ainda, conforme o art. 9º da Lei nº 9.504/97, só pode concorrer quem estiver filiado ao partido pelo qual vai disputar, no prazo mínimo de seis meses antes das eleições.

Portanto, a filiação partidária não é apenas um óbice imposto à candidatura avulsa, mas fundamenta parte substancial das opções constitucionais feitas para o sistema político brasileiro.[3] Contudo, o argumento que surge, ao contrário, traz à baila a disposição da Convenção Americana sobre Direitos Humanos, da qual o Brasil é signatário, em que se garante que todos os cidadãos devem gozar do direito "de ser eleitos em eleições periódicas autênticas", sendo tal direito limitado "exclusivamente por motivos de idade, nacionalidade, residência, idioma, instrução, capacidade civil ou mental, ou condenação por juiz competente, em processo penal" (art. 23, item 1, letra "b" e item 2).

Da leitura do texto da Convenção é possível inferir, de fato, que a filiação partidária não figura entre as limitações que poderiam obstar o exercício dos direitos políticos. Além disso, é certo que a previsão do tratado sobre a participação do cidadão na vida política e a existência de eleições periódicas e autênticas representa regra intrínseca às democracias modernas, ideia também promovida pela Constituição brasileira. A discussão exsurge, no entanto, na constatação de que o Pacto de São José apenas admitiria a limitação dos direitos políticos por um rol taxativo de questões, em função do termo *exclusivamente*, entre as quais não se inclui a filiação ao partido político.[4]

---

[3] SILVEIRA, Marilda de Paula. Candidaturas sem partido, eleição sem ficha limpa. *Jota*, 3 out. 2017. Disponível em: <https://www.jota.info/colunas/e-leitor/candidaturas-sem-partido-eleicao-sem-ficha-limpa-03102017>. Acesso em: nov. 2017.

[4] MENDES, Anna Paula Oliveira. Afinal, as candidaturas avulsas são admitidas no ordenamento brasileiro? *Carta Capital*, 5 out. 2017. Disponível em: <http://justificando.cartacapital.com.

Em breve, o Supremo Tribunal Federal deverá julgar a possibilidade de candidatos disputarem eleições sem partido, com a pretensão de afastar a filiação partidária como condição de elegibilidade, em caso sob a relatoria do Ministro Roberto Barroso, fato que escancara a proeminência do tema e a real necessidade de se discutir as candidaturas avulsas.

Posto que impossível abarcar todos os desdobramentos inerentes ao tema, busca-se expor, preliminarmente e em linhas gerais, os argumentos levantados à possibilidade das candidaturas sem partido, destacando os debates insurgentes acerca do *status* da Convenção ante a previsão constitucional. Na sequência, considera-se necessário analisar os argumentos contrários às candidaturas avulsas, a partir de quão intransponível é grau da exigência constitucional e sua essencialidade no sistema político. Por fim, recorrendo-se a uma análise crítica, pretende-se identificar se as candidaturas avulsas são admitidas, afinal, no ordenamento brasileiro, e eventuais consequências.

Para tanto, reputou-se adequada a utilização de uma metodologia descritiva, partindo de pesquisas bibliográficas e jurisprudenciais, todas pertinentes a um embasamento crítico da matéria, a fim de compreender se a luta agonística em um cenário democrático e plural teria limites, vez que afeta diretamente uma previsão constitucional com reflexos inevitáveis ao ordenamento *infra*, bem como aos demais preceitos da Constituição que versam sobre os direitos e deveres dos partidos políticos. Afeta, na verdade, o próprio significado de pluralismo e implica uma seleção de quais lutas seriam reconhecidas como legítimas,[5] partindo do pressuposto de uma necessária articulação entre a representatividade e a complexa composição social atual, tocando em um tema muito mais complexo, precursor de uma reforma política sistêmica.

2 Convenção Americana de Direitos Humanos: a exigência da filiação partidária pode ser flexibilizada?

No Brasil, a filiação a um partido político configura-se condição de elegibilidade, na medida em que sem a filiação a alguma entidade partidária não há candidatura a cargo eletivo (art. 14, §3º, inc. V). Como

---

br/2017/10/05/afinal-as-candidaturas-avulsas-sao-admitidas-no-ordenamento-brasileiro/>. Acesso em: nov. 2017.

5   MOUFFE, Chantal. *Agonística* – Pensar el mundo politicamente. Buenos Aires: Fondo de Cultura Económica, 2014. p. 14-32.

pondera Marcelo Peregrino, no sistema político já é possível encontrar candidatos avulsos de seus partidos, de forma que o problema do sistema eleitoral reside mais na liberdade e autonomia para os eleitos, em relação ao partido, do que o contrário.[6]

Certo é que, no quadro atual, não se admite a representação política fora do esquema partidário. E isso não só no aspecto prático, mas também no jurídico. Ainda que a crise política instaurada no cenário brasileiro não tenha origem nos partidos políticos, com certeza encontra-se como consequência. E tal descrédito das instituições partidárias foi um dos gatilhos que gerou a discussão sobre a possibilidade de representação avulsa e individual, sem a devida filiação partidária.

Até então, a jurisprudência do Tribunal Superior Eleitoral era pacífica quanto à impossibilidade das candidaturas avulsas, entretanto, já há decisões da Justiça Eleitoral em sentido contrário. É o caso da decisão da 132ª Zona Eleitoral, de Aparecida de Goiás/GO, na qual o juiz concedeu tutela antecipada autorizando o autor a realizar seu registro de candidatura nas eleições gerais de 2018 de forma avulsa/ independente, sem estar filiado a quaisquer partidos políticos, podendo concorrer ao mandato que lhe convier.[7]

Por sua vez, o Agravo em Recurso Extraordinário nº 1.054.490, de relatoria do Ministro Barroso, consiste em pedido de registro de candidatura de forma avulsa ao cargo de prefeito da cidade do Rio de Janeiro nas eleições de 2016, formulado por Rodrigo Mozzomo, e tem como argumento principal, do mesmo modo, a violação a tratados internacionais de direitos humanos que preveem a ampla participação

---

[6] FERREIRA, Marcelo Ramos Peregrino. Candidaturas avulsas e o Sistema Interamericano de Direitos Humanos. *Conjur*, 12 jun. 2017. Disponível em: <http://www.conjur.com.br/2017-jul-12/marcelo-peregrino-candidaturas-avulsas-sistema-interamericano-direitos-humanos>. Acesso em: set. 2017.

[7] "Pet 25-54.2017.6.09.0132 Aparecida de Goiânia – GO / Protocolo: 28450/2017 / Requerido: União Federal. Pacto São José da Costa Rica, art. 300 do CPC, CONCEDO A TUTELA DE URGÊNCIA autorizando o autor MAURO JUQUEIRA a realizar seu registro de candidatura nas Eleições Gerais de 2018, de forma avulsa/independente, sem estar filiado a quaisquer partidos políticos, podendo concorrer ao mandato que lhe convier. Determino a citação, via precatória, da União Federal, representada pela Advocacia Geral da União, para, caso queira, apresentar sua defesa no prazo de 03 (três) dias. Diante da relevância da matéria, a especificidade do tema objeto da demanda e repercussão social, bem como a potencialidade de aportar elementos úteis para a solução do processo nomeio todos os Partidos Políticos, que estejam vigentes em nível nacional como AMICUS CURIAE (art. 138, caput, do CPC) na presente demanda, determinando a citação, via precatória, de todas agremiações partidárias, em nível nacional, para caso queiram, se manifestarem no prazo de 03 (três) dias. Do mesmo modo, nomeio, ainda, como AMICUS CURIAE, a UNAJUF União Nacional dos Juízes Federais. determinando a citação, via precatória, para caso queira, se manifestar no prazo de 03 (três) dias. Publique-se. Registre-se. Intimem-se. Aparecida de Goiânia, 22 de setembro de 2017. HAMILTON GOMES CARNEIRO – Juiz Eleitoral".

na vida política. No julgamento do ARE nº 1.054.490,[8] a Corte "acenou vividamente" para a possibilidade de suprimir a exigência de filiação partidária como condição de elegibilidade, sob o pretexto de conformar o direito de ser votado ao Pacto de São José da Costa Rica.[9]

A regra constitucional explícita no art. 14, §3º, V da Constituição e até agora intocada é o ponto central do debate. A Procuradoria Geral da República argumenta que, por ausência de proibição constitucional, é possível haver candidaturas avulsas no Brasil. O parecer da PGR defende que a Convenção Americana sobre Direitos Humanos impediria que a filiação partidária fosse imposta como óbice intransponível ao pleno exercício dos direitos políticos.[10]

Em parecer feito a pedido do Instituto dos Advogados de São Paulo (Iasp), o advogado Eduardo Muylaert afirma que a possibilidade de candidaturas avulsas não coloca em risco o sistema de partidos, mas, ao revés, "introduz novos elementos no panorama da disputa, com todas as limitações que uma candidatura avulsa tem de enfrentar".[11]

Importa, pois, analisar a posição da Corte Interamericana ante a questão. Peregrino aponta que o sistema interamericano já tratou das candidaturas avulsas em duas oportunidades, Caso Yatama *vs.* Nicarágua, de 2005 e Caso Castañeda Gutman *vs.* México, em 2008.[12] E, de maneira geral, salvo o artigo de Marcelo Peregrino, o tratamento

---

[8] O extrato da ata do julgamento do Pleno na questão de ordem é o seguinte: "O Tribunal, nos termos do voto do Relator, resolveu questão de ordem por ele suscitada, no sentido de superar-se a prejudicialidade do recurso, vencidos, nesse ponto, os Ministros Alexandre de Moraes, Ricardo Lewandowski, Gilmar Mendes e Marco Aurélio, e, por unanimidade, atribuir repercussão geral à questão constitucional constante dos autos. Ausente, justificadamente, o Ministro Dias Toffoli. Presidiu o julgamento a Ministra Cármen Lúcia. Plenário, 5.10.2017" (STF. *Pesquisa avançada* – 974 – Possibilidade de candidaturas avulsas para pleitos majoritários. Disponível em: <http://stf.jus.br/portal/jurisprudenciaRepercussao/verAndamentoProcesso. asp?incidente=5208032&numeroProcesso=1054490&classeProcesso=ARE&numeroTema=974>. Acesso em: dez. 2017).

[9] GRESTA, Roberta Maia; SALGADO, Eneida Desiree. Candidaturas avulsas: pode o STF examinar um requerimento de candidatura de 2016? *Carta Capital*, 11 out. 2017. Disponível em: <http://justificando.cartacapital.com.br/2017/10/11/candidaturas-avulsas-pode-o-stf-examinar-um-requerimento-de-candidatura-de-2016/#_edn1>. Acesso em: dez. 2017.

[10] EM PARECER para o Iasp, Eduardo Muylaert apoia candidaturas sem partido. *Conjur*, 3 out. 2017. Disponível em: <https://www.conjur.com.br/dl/parecer-mp-avulsa.pdf>. Acesso em: dez. 2017.

[11] EM PARECER para o Iasp, Eduardo Muylaert apoia candidaturas sem partido. *Conjur*, 3 out. 2017. Disponível em: <https://www.conjur.com.br/dl/parecer-mp-avulsa.pdf>. Acesso em: dez. 2017.

[12] FERREIRA, Marcelo Ramos Peregrino. Candidaturas avulsas e o Sistema Interamericano de Direitos Humanos. *Conjur*, 12 jun. 2017. Disponível em: <http://www.conjur.com.br/2017-jul-12/marcelo-peregrino-candidaturas-avulsas-sistema-interamericano-direitos-humanos>. Acesso em: set. 2017.

da matéria tem sido o de citar apenas o Caso Yatama *vs.* Nicarágua e ignorar o Caso Castañeda Gutman *vs.* México. Pois, segundo ele, há o silêncio da doutrina e das cortes eleitorais a respeito da Convenção Americana de Direitos Humanos.[13]

Em 2005, a Corte Interamericana se manifestou sobre os direitos políticos no precedente Yatama *vs.* Nicarágua, caso em que várias pessoas foram impedidas de participar do pleito municipal do ano 2000 nas regiões autônomas do Atlântico Norte e Atlântico Sul, em função de uma resolução restritiva emitida pelo Conselho Supremo Eleitoral.

Os candidatos de Yatama já haviam participado das eleições de 1990 e 1996 como "organização de subscrição popular", vez que era permitida a participação política desde que se reunisse um mínimo de 5% (cinco por cento) de eleitores na respectiva circunscrição eleitoral, inscritos na lista de eleitores da eleição anterior. Na eleição do ano 2000 tal disposição foi suprimida pela lei eleitoral 9 (nove) meses antes das eleições, admitindo-se, exclusivamente, a atuação por meio de partidos políticos, o que constituía meio impróprio e desconhecido daquelas populações indígenas.[14]

Diante das circunstâncias, o Yatama acabou por não apresentar candidato, não tendo participado das eleições municipais do ano 2000 em virtude do indeferimento de seu registro, pela Justiça Especializada, considerando o descumprimento do tempo mínimo de seis meses da existência do partido antes das eleições. Assim, a Corte entendeu que a exigência de constituição do partido político foi "atentadora aos direitos políticos dos envolvidos, porque representava um grave obstáculo à sua efetiva participação política". O estado da Nicarágua foi condenado pela violação do art. 23 da Convenção Americana, entre outros dispositivos.[15]

Contudo, a especificidade do caso aponta que a decisão da Corte se justifica vez que os órgãos eleitorais não respeitaram o devido

---

[13] FERREIRA, Marcelo Ramos Peregrino. *O controle de convencionalidade da Lei da Ficha Limpa*: direitos políticos e inelegibilidades. Rio de Janeiro: Lumen Juris, 2015; BASTOS JUNIOR, Luiz Magno P.; SANTOS, Rodrigo Mioto. Levando a sério os direitos políticos fundamentais: inelegibilidade e controle de convencionalidade. *Revista Direito GV*, 24 jun. 2015.

[14] FERREIRA, Marcelo Ramos Peregrino. Candidaturas avulsas e o Sistema Interamericano de Direitos Humanos. *Conjur*, 12 jun. 2017. Disponível em: <http://www.conjur.com.br/2017-jul-12/marcelo-peregrino-candidaturas-avulsas-sistema-interamericano-direitos-humanos>. Acesso em: set. 2017.

[15] FERREIRA, Marcelo Ramos Peregrino. Candidaturas avulsas e o Sistema Interamericano de Direitos Humanos. *Conjur*, 12 jun. 2017. Disponível em: <http://www.conjur.com.br/2017-jul-12/marcelo-peregrino-candidaturas-avulsas-sistema-interamericano-direitos-humanos>. Acesso em: set. 2017.

processo judicial e porque a limitação atingia diretamente os direitos comunitários das populações indígenas. Diferentemente do contexto brasileiro, as restrições foram introduzidas alguns meses antes das eleições e revogaram expressamente a possibilidade de as "asociaciones de suscripción popular" participarem do processo eleitoral.[16]

No Caso Castañeda Gutman *vs.* México, de 2008, discutiu-se a possibilidade de concorrência ao cargo de presidente do México sem a necessária filiação ao partido político, com fundamento no art. 23 da Convenção Americana. Nesse caso, houve a manifestação cautelar da Corte, conferindo ao autor o registro de candidato à presidente. O julgado demonstra que é possível a criação de limitações desde que realizada sob respaldo social e objetive o fortalecimento da democracia.[17]

Conforme Peregrino observa, ao analisar a restrição de um direito fundamental, a Corte Interamericana indaga a necessidade da limitação para o funcionamento de uma sociedade democrática. E, nesse sentido, examina se as hipóteses para o afastamento da capacidade eleitoral passiva se encontram naqueles casos *numerus clausus* apontados pela Convenção Americana em seu art. 23.[18]

Esse caso retrata situação bastante semelhante a que está submetida ao STF: violação ao art. 23.1.b da Convenção diante do monopólio partidário. E a posição da Corte Interamericana foi que o monopólio partidário não é uma violação em si, na medida em que o "Estado garanta ampla oportunidade de participação na vida política".[19] Garantida tal oportunidade, esclarece que os Estados signatários do Pacto podem definir seus sistemas eleitorais com liberdade.

> O direito e a oportunidade de votar e permanecer eleito pelo artigo 23 (1) (b) da Convenção Americana é regularmente exercido em eleições periódicas e autênticas realizadas por sufrágio universal e igual e por voto secreto que garante a livre expressão da vontade dos eleitores. Mas,

---

[16] SILVEIRA, Marilda de Paula. Candidaturas sem partido, eleição sem ficha limpa. *Jota*, 3 out. 2017. Disponível em: <https://www.jota.info/colunas/e-leitor/candidaturas-sem-partido-eleicao-sem-ficha-limpa-03102017>. Acesso em: nov. 2017.

[17] Ver mais em: CARVALHO, Volgane Oliveira. O caso Castañeda Gutman vs. Estados Unidos Mexicanos e seus reflexos sobre a lei das inelegibilidades (Lei complementar nº 64/1990). *Estudos Eleitorais*, Brasília, v. 9, n. 2, p. 106-122, maio/ago. 2014. Disponível em: <http://bibliotecadigital.tse.jus.br/xmlui/handle/bdtse/1622>. Acesso em: set. 2017.

[18] CARVALHO, Volgane Oliveira. O caso Castañeda Gutman vs. Estados Unidos Mexicanos e seus reflexos sobre a lei das inelegibilidades (Lei complementar nº 64/1990). *Estudos Eleitorais*, Brasília, v. 9, n. 2, p. 106-122, maio/ago. 2014. Disponível em: <http://bibliotecadigital.tse.jus.br/xmlui/handle/bdtse/1622>. Acesso em: set. 2017.

[19] SILVEIRA, Marilda de Paula. Candidaturas sem partido, eleição sem ficha limpa. *Jota*, 3 out. 2017. Disponível em: <https://www.jota.info/colunas/e-leitor/candidaturas-sem-partido-eleicao-sem-ficha-limpa-03102017>. Acesso em: nov. 2017.

além dessas características do processo eleitoral (eleições periódicas e autênticas) e dos princípios do sufrágio (universal, igual, secreto, refletindo a livre expressão da vontade popular), *a Convenção Americana não estabelece uma modalidade específica ou um sistema eleitoral particular através do qual os direitos de voto e eleição devem ser exercidos* [...]. A Convenção limita-se a estabelecer certos padrões dentro dos quais os Estados podem legitimamente e devem regular os direitos políticos, desde que tais regulamentos atinjam os requisitos de legalidade, estejam direcionados a cumprir um propósito legítimo, sejam necessários e proporcionais; isto é, sejam razoáveis de acordo com os princípios da democracia representativa. (Grifos nossos)

Ademais, a Corte Interamericana entendeu a necessidade de filiação partidária como um interesse público imperativo, considerando, para tanto, a necessidade de criar e fortalecer os sistemas partidários diante da realidade histórica, política e social, a necessidade de uma organização mais eficaz no processo eleitoral tendo em vista o grande número de eleitores, a necessidade de financiamento predominantemente público, a fim de "assegurar o desenvolvimento de eleições autênticas e livres em igualdade de condições" e, por derradeiro, a imprescindibilidade de fiscalização dos recursos utilizados nas eleições.[20]

No entanto, uma das principais teses que servem ao questionamento em pauta é o *status* jurídico que a Convenção assume perante à previsão constitucional. Levanta-se o argumento de que os tratados relativos aos direitos humanos, desde que incorporados ao direto nacional entre 5.10.1988 e a entrada em vigor da EC nº 45/2004, têm estatura de emendas à Constituição, por força do art. 5º, §2º, da Carta Magna. Assim, o art. 14, §3º, V não permaneceria vigente na própria Constituição vez que "emendado".

Outra tese acostada pelos favoráveis à possibilidade das candidaturas avulsas defende que os tratados internacionais integram a ordem jurídica em caráter supralegal e que, desse modo, a regulamentação da filiação partidária "nos termos da lei" seria incompatível com a Convenção Americana. Dessa forma, a regulamentação legal não seguiria vigente e o art. 14, §3º, V, norma de eficácia contida, na classificação de José Afonso da Silva, perderia aplicação.[21]

---

[20] FERREIRA, Marcelo Ramos Peregrino. Candidaturas avulsas e o Sistema Interamericano de Direitos Humanos. *Conjur*, 12 jun. 2017. Disponível em: <http://www.conjur.com.br/2017-jul-12/marcelo-peregrino-candidaturas-avulsas-sistema-interamericano-direitos-humanos>. Acesso em: set. 2017.

[21] À exemplo do que ocorreu com a prisão do depositário infiel, REs nºs 349.703 e 466.343 e HC nº 87.585.

Sobre isso, Marilda Silveira traz ao debate um terceiro paradigma envolvendo a Convenção: o caso López Mendoza *vs.* Venezuela, de 2011.[22] Nessa ocasião, o tema em pauta não é a filiação partidária, mas a possibilidade de negar candidatura àqueles condenados em processos administrativos, como ocorre no Brasil, por meio das disposições da Lei de Inelegibilidades (Lei nº 64/90, alterada pela Lei nº 135/10), chamada Lei da Ficha Limpa. A Corte debateu o fato de o Sr. Leopoldo López Mendoza sofrer sanção disciplinar por atuar com conflito de interesses, sendo categórica ao afirmar que o "o direito político de ser eleito, somente pode ser limitado por uma condenação judicial emanada de juiz competente, em um processo penal", de forma que restou vencido o voto que pretendia que a restrição da elegibilidade fosse possível em outras espécies de condenações, além da penal.[23]

Ou seja, ainda que se evoque o argumento do *status* jurídico que o Supremo Tribunal Federal atribui aos tratados internacionais (supralegal ou emenda constitucional), a Convenção se sobreporia à lei complementar, desmantelando o sistema legislativo que impede candidaturas por condenações cíveis, eleitorais e administrativas (LC nº 64/90). Como afirma Marilda Silveira, o que acabou "surpreendendo à comunidade acadêmica e aqueles que militam na Justiça Eleitoral foi que o tema tenha chegado ao STF contestando a filiação partidária e não a Lei de Inelegibilidades".[24]

3 A fundamentalidade decorrente do art. 14, §3º, V e a impossibilidade das candidaturas sem partido

A questão perpetua-se buscando incompatibilidades. "Sem incompatibilidade com a Convenção, não há incompatibilidade com a Constituição ou com a lei".[25] Restou consolidado pelo Supremo

---

[22] SILVEIRA, Marilda de Paula. Candidaturas sem partido, eleição sem ficha limpa. *Jota,* 3 out. 2017. Disponível em: <https://www.jota.info/colunas/e-leitor/candidaturas-sem-partido-eleicao-sem-ficha-limpa-03102017>. Acesso em: nov. 2017.

[23] SILVEIRA, Marilda de Paula. Candidaturas sem partido, eleição sem ficha limpa. *Jota,* 3 out. 2017. Disponível em: <https://www.jota.info/colunas/e-leitor/candidaturas-sem-partido-eleicao-sem-ficha-limpa-03102017>. Acesso em: nov. 2017.

[24] SILVEIRA, Marilda de Paula. Candidaturas sem partido, eleição sem ficha limpa. *Jota,* 3 out. 2017. Disponível em: <https://www.jota.info/colunas/e-leitor/candidaturas-sem-partido-eleicao-sem-ficha-limpa-03102017>. Acesso em: nov. 2017.

[25] SILVEIRA, Marilda de Paula. Candidaturas sem partido, eleição sem ficha limpa. *Jota,* 3 out. 2017. Disponível em: <https://www.jota.info/colunas/e-leitor/candidaturas-sem-partido-eleicao-sem-ficha-limpa-03102017>. Acesso em: nov. 2017.

Tribunal Federal[26] que os tratados internacionais de direitos humanos ratificados pelo Brasil que não possuírem aprovação pelas duas Casas do Congresso Nacional, em dois turnos, por três quintos dos votos, adquirem, então, o *status* jurídico de supralegalidade, apenas, tal qual ocorre com o chamado Pacto de San José da Costa Rica ou Convenção Americana de Direitos Humanos. Nesse caso, encontra-se hierarquicamente superior à legislação ordinária, mas não pode sobrepor-se às normativas constitucionais. Ou seja, nas palavras de Roberta Gresta e Eneida Desiree Salgado, "interpretado sem muito esforço, o artigo [art. 23 da Convenção] aniquila praticamente todas as hipóteses de inelegibilidade trazidas pela famigerada Lei da Ficha Limpa (LC 135/2010)".[27]

No entanto, ainda que pudesse ser reclamado um conflito entre o disposto no Pacto e a previsão constitucional, a última deveria prevalecer. Pois a filiação partidária constitui parte fundamental das opções constitucionais dedicadas às particularidades do sistema político brasileiro. O termo *partido político* possui cerca de 20 ocorrências no texto constitucional e é a instituição responsável por registrar a candidatura do principal cargo do Executivo, o de presidente da República (art. 77, §2º, CF).

Para além disso, indica Marilda Silveira, a articulação partidária tornou-se parte imprescindível nos processos políticos-administrativos (arts. 53 e 54, CF), além da representação proporcional das mesas e comissões, função precípua na composição do processo legislativo e na eleição proporcional do Legislativo (arts. 58 e 45, CF).

É possível considerar que, no momento contemporâneo, as entidades partidárias assumem um verdadeiro "monopólio" do sistema eleitoral, definindo, até mesmo, o perfil das ações realizadas pelo Estado.[28] E não poderia ser de outra forma, vez que a democracia brasileira tem seu fundamento na força e qualidade de seus partidos políticos.[29] No entendimento de Caggiano, inclusive, a agremiação partidária assume a posição de "mecanismo de comunicação", atuando

---

[26] Recurso Extraordinário nº 466.343/São Paulo.

[27] GRESTA, Roberta Maia; SALGADO, Eneida Desiree. Candidaturas avulsas: pode o STF examinar um requerimento de candidatura de 2016? *Carta Capital*, 11 out. 2017. Disponível em: <http://justificando.cartacapital.com.br/2017/10/11/candidaturas-avulsas-pode-o-stf-examinar-um-requerimento-de-candidatura-de-2016/#_edn1>. Acesso em: dez. 2017.

[28] GOMES, José Jairo. *Direito eleitoral*. 12. ed. São Paulo: Atlas, 2016. p. 109.

[29] SANTANO, Ana Claudia. Vamos discutir os deveres dos partidos na democracia brasileira? *Jota*, 1º mar. 2016. Disponível em: <https://jota.info/colunas/e-leitor/e-leitor-vamos-discutir-os-deveres-dos-partidos-na-democracia-brasileira-01032016>. Acesso em: set. 2017.

para o "recrutamento dos governantes e à socialização política".[30] Pois, sem eles, setores sociais podem encontrar-se excluídos ou prejudicados, mitigando os fundamentos democráticos.

Consoante Paulo Bonavides, existem alguns aspectos de relevância diferenciada quando se fala em organizações político-partidárias, que é (i) a identificação com um grupo social, somada a (ii) um princípio de organização, os quais se pautam por (iii) ideias e princípios que movem e inspiram seus participantes a fim de (iv) tomar o poder, sobretudo, sob (v) um sentimento de manutenção desse poder ou domínio do governo, quando o alcança, enfim.[31]

A democracia representativa partidária é resultado, portanto, do fracasso da ideia de "democracia representativa" do pensamento liberal clássico, em que bastava ao representante a função formal, determinando as prioridades para o Estado.[32] O conceito de representação política não se verificava reunido em "partidos políticos",[33] não haviam critérios de representatividade. Pois, enquanto para o liberalismo a vontade geral era posta como "unidade e mito legitimador do Estado", para a democracia representativa subsequente a legitimação dos órgãos de representação política encontra-se, fundamentalmente, na articulação e interação de interesses das mais variadas camadas e níveis sociais, cuja realização se dá pelos partidos políticos.[34]

Conforme Celso Ribeiro Bastos, o partido político é necessário. É uma necessidade, inclusive, do próprio governo, pois somente através da representação político-partidária são obtidos o apoio da sociedade e a participação dos grupos sociais na consecução dos objetivos governamentais.[35]

Note-se ainda que a filiação partidária é distinta das demais condições de elegibilidade elencadas no art. 14, §3º, CF. Os outros quesitos não repercutem no sistema eleitoral ou até mesmo na forma

---

[30] CAGGIANO, Mônica Herman Salem. *Direito parlamentar e direito eleitoral*. São Paulo: Manole, 2004. p. 105.

[31] BONAVIDES, Paulo. *Ciência política*. 17. ed. São Paulo: Malheiros, 2010. p. 372.

[32] MEZZAROBA, Orides. (Re)pensar o partido político como instrumento fundamental para consolidação da democracia representativa. In: SALGADO, Eneida Desiree. DANTAS, Ivo (Coord.). *Partidos políticos e seu regime jurídico*. Curitiba: Juruá, 2013. p. 168.

[33] MEZZAROBA, Orides. (Re)pensar o partido político como instrumento fundamental para consolidação da democracia representativa. In: SALGADO, Eneida Desiree. DANTAS, Ivo (Coord.). *Partidos políticos e seu regime jurídico*. Curitiba: Juruá, 2013. p. 168.

[34] MEZZAROBA, Orides. (Re)pensar o partido político como instrumento fundamental para consolidação da democracia representativa. In: SALGADO, Eneida Desiree. DANTAS, Ivo (Coord.). *Partidos políticos e seu regime jurídico*. Curitiba: Juruá, 2013. p. 169.

[35] BASTOS, Celso Ribeiro. *Curso de direito constitucional*. São Paulo: Celso Bastos, 2002.

de governo, são apenas condições isoladas que informam óbices ao exercício da candidatura. Já o monopólio partidário, por sua vez, caracteriza uma opção constitucional legítima, a qual fundamenta e possui importantes repercussões em todo o sistema de governo.[36] Não foi a mero bel-prazer que o constituinte inseriu o inc. V, mas há uma verdadeira base democrática em que, conforme leciona Santano, a representação política torna-se um meio pelo qual o partido leva aos órgãos e instituições as demandas socais e envolve-os nas questões de política pública.[37]

A eleição de representantes pelos cidadãos é uma das realizações do princípio da representação política, corolário do Estado Democrático de Direito, evidenciando a manifestação da vontade popular, vez que os representantes "expressarão as demandas sociais pelas quais foram eleitos". Considerando a evolução político-partidária, o problema que persiste na contemporaneidade é a expressão da vontade popular dentro de um complexo de vontades individuais. Se os partidos políticos são também responsáveis pela formação e manifestação da vontade popular, são instrumentos de redução dessa complexidade. Assim, devem saber como canalizar esse processo de forma a expressar efetivamente a pluralidade que existe.[38]

A crítica insurgente, que toca tanto à decisão da 132ª Vara Eleitoral de Goiás, como ao recurso extraordinário em repercussão geral no Supremo, diz com a posição ativista do Poder Judiciário. No dizer de Anna Paula Oliveira Mendes, "é verdade que o país vive uma crise política e que há quem vislumbre nas candidaturas avulsas a sua saída. Entretanto, neste caso, a saída não deve ser pela porta do judiciário".[39] Conforme Roberta Gresta e Eneida Desiree:

> Para chegar a esse ponto, o STF precisou de uma manobra processual de escandalosa nulidade processual: admitir a julgamento um recurso extraordinário patentemente inadmissível, transformando-o, na

---

[36] SILVEIRA, Marilda de Paula. Candidaturas sem partido, eleição sem ficha limpa. *Jota*, 3 out. 2017. Disponível em: <https://www.jota.info/colunas/e-leitor/candidaturas-sem-partido-eleicao-sem-ficha-limpa-03102017>. Acesso em: nov. 2017.

[37] SANTANO, Ana Claudia. A democracia, a sociedade e os partidos políticos: uma análise da eventual existência de uma crise das organizações partidárias. *Quaestio Iuris*, Rio de Janeiro, v. 10, n. 3, 2017. p. 1287. Disponível em: <http://www.e-publicacoes.uerj.br/index.php/quaestioiuris/article/view/17578/21093>. Acesso em: set. 2017.

[38] Idem.

[39] MENDES, Anna Paula Oliveira. Afinal, as candidaturas avulsas são admitidas no ordenamento brasileiro? *Carta Capital*, 5 out. 2017. Disponível em: <http://justificando.cartacapital.com.br/2017/10/05/afinal-as-candidaturas-avulsas-sao-admitidas-no-ordenamento-brasileiro/>. Acesso em: nov. 2017.

prática, em uma ação constitucional destinada a efetuar controle de constitucionalidade em abstrato. Como propulsor dessa decisão, está o indisfarçado ímpeto do tribunal de atuar no espaço político próprio à conformação dos sistemas eleitorais.[40]

Contudo, não se propõe este estudo a analisar a posição do Supremo Tribunal Federal, mas tão somente apresentar o cenário de crise que se instalou com tal decisão, para além da crise política já enfrentada há anos pelo Estado brasileiro.

4   As implicações e consequências: uma análise crítica

Conforme estudo realizado pelo Tribunal Superior Eleitoral e enviado ao STF, avaliando a possibilidade de candidatos se lançarem sem partido para concorrer às eleições de 2018, concluiu-se que a "possibilidade desse tipo de candidatura compromete totalmente a segurança da eleição brasileira". Desse modo, considerando que todos os programas de apuração e votação já estão prontos, apenas para detecção de eventuais falhas, a aceitação de candidatos sem partido para as eleições do ano que vem poderia provocar a insegurança no processo de votação e na totalização dos votos, pois promoveria alterações nos programas utilizados atualmente.[41]

Para além disso, todo o sistema proporcional eleitoral prevê a distribuição de vagas a partidos para as Câmaras dos Deputados, Distrital e de Vereadores, bem como para Assembleias Legislativas, e não para candidatos individuais. Outra questão pragmática diz com o registro do candidato, que, quando inserido no sistema de Registro de Candidaturas, inicia-se com o número do partido. Uma alteração que geraria custos.[42]

Nesse sentido, a Lei de Partidos nº 9.096/95 regulamentou como deve se dar a criação dos partidos, estabelecendo requisitos para que,

---

[40] GRESTA, Roberta Maia; SALGADO, Eneida Desiree. Candidaturas avulsas: pode o STF examinar um requerimento de candidatura de 2016? *Carta Capital*, 11 out. 2017. Disponível em: <http://justificando.cartacapital.com.br/2017/10/11/candidaturas-avulsas-pode-o-stf-examinar-um-requerimento-de-candidatura-de-2016/#_edn1>. Acesso em: dez. 2017.

[41] ESTUDO do TSE avalia possibilidade de candidaturas avulsas para 2018. *Tribunal Superior Eleitoral*, 3 out. 2017. Disponível em: <http://www.tse.jus.br/imprensa/noticias-tse/2017/Outubro/estudo-do-tse-avalia-possibilidade-de-candidaturas-avulsas-para-2018?utm_source=dlvr.it&utm_medium=twitter>. Acesso em: dez. 2017.

[42] ESTUDO do TSE avalia possibilidade de candidaturas avulsas para 2018. *Tribunal Superior Eleitoral*, 3 out. 2017. Disponível em: <http://www.tse.jus.br/imprensa/noticias-tse/2017/Outubro/estudo-do-tse-avalia-possibilidade-de-candidaturas-avulsas-para-2018?utm_source=dlvr.it&utm_medium=twitter>. Acesso em: dez. 2017.

logo que registrada a personalidade jurídica, o estatuto da organização seja registrado no Tribunal Superior Eleitoral. Para tanto, admite-se o registro do partido de caráter nacional que, no período de dois anos, comprove o apoio de eleitores não filiados, correspondente ao mínimo de 0,5% dos votos dados na última eleição geral para a Câmara dos Deputados – excluindo-se os votos nulos e em branco – distribuídos por um terço, ou mais, dos estados, com um mínimo de 0,1% do eleitorado que haja votado em cada um deles.[43] É esse registro, também, que permite que o partido participe efetivamente do processo de candidatura eleitoral, receba os recursos provenientes do fundo partidário e tenha acesso gratuito ao rádio e televisão – o chamado direito de antena. Ainda, assegura a exclusividade da denominação partidária, bem como a sigla e os símbolos, vedando a utilização por qualquer outra agremiação.[44]

Ou seja, não havendo a candidatura por meio da filiação partidária, não há como realizar esse controle de representatividade – ainda que mínimo –, quiçá a realização das funções a que se pretende o candidato. É abrir campo às arbitrariedades e a um déficit de representação.

Quanto às campanhas eleitorais, exsurge problema no horário eleitoral, vez que é calculado conforme a representatividade dos partidos na Câmara dos Deputados. Em relação à totalização dos votos, no quadro atual, as vagas são calculadas a partir do quociente partidário com base no total de votos do partido, fator que também restaria prejudicado.[45]

Quando discutido assunto perante a Corte Interamericana, esta entendeu que a exigência de filiação partidária não contrariava o disposto na Convenção. De proa, a Corte ressaltou imperativa uma interpretação da Convenção de maneira conjunta, entendendo, assim, que "as causas de restrição dos direitos políticos têm como único propósito evitar a possibilidade de discriminação dos indivíduos no exercício desses direitos".[46] Isto é, como já foi aventado, na medida em que não sejam impostos parâmetros desproporcionais, nada impede que os próprios estados possam regular o exercício político, dentro de sua autonomia e soberania. Conforme destacado entendimento da Corte:

---

[43] GOMES, José Jairo. *Direito eleitoral*. 12. ed. São Paulo: Atlas, 2016. p. 115.

[44] GOMES, José Jairo. *Direito eleitoral*. 12. ed. São Paulo: Atlas, 2016. p. 116.

[45] ESTUDO do TSE avalia possibilidade de candidaturas avulsas para 2018. *Tribunal Superior Eleitoral*, 3 out. 2017. Disponível em: <http://www.tse.jus.br/imprensa/noticias-tse/2017/Outubro/estudo-do-tse-avalia-possibilidade-de-candidaturas-avulsas-para-2018?utm_source=dlvr.it&utm_medium=twitter>. Acesso em: dez. 2017.

[46] MENDES, Anna Paula Oliveira. Afinal, as candidaturas avulsas são admitidas no ordenamento brasileiro? *Carta Capital*, 5 out. 2017. Disponível em: <http://justificando.cartacapital.com.br/2017/10/05/afinal-as-candidaturas-avulsas-sao-admitidas-no-ordenamento-brasileiro/>. Acesso em: nov. 2017.

O caso de exclusividade de indicação por partidos políticos aos cargos eletivos de nível federal é uma medida idônea a produzir o resultado legítimo perseguido de organizar de maneira eficaz os processos eleitorais, com o fim de realizar eleições periódicas, autênticas, por sufrágio universal e igual, e por voto secreto que garanta a livre expressão da vontade do voto dos eleitores de acordo com o estabelecido na Convenção Americana.[47]

A Corte assentou que a decisão sobre qual sistema optar é definição política do Estado, conforme disponham as normas constitucionais, pois a Convenção estabelece linhas gerais aptas a determinar conteúdos mínimos de direitos públicos, permitindo aos Estados que, dentro dos parâmetros da Convenção, regulem tais direitos conforme suas necessidades históricas, políticas, sociais e culturais.

Então, sobre o art. 23 e exatamente sobre a exigência de filiação partidária, é possível dizer que, para a Corte Interamericana, o monopólio partidário para a apresentação de candidaturas não é incompatível com os princípios e regras do Pacto. A própria decisão no caso Castañeda Gutman *vs.* Estados Unidos Mexicanos evidencia tal interpretação. No caso brasileiro, a decisão resta ainda mais óbvia em face de a exigência de filiação constar no texto original da Constituição e não trazer distinções (com exceção para militares).[48]

Não se pode extrair do Pacto de San José da Costa Rica qualquer imposição de candidaturas independentes, avulsas ou sem partido, na medida em que a própria Corte assim não entende.[49]

Como afastar uma exigência constitucional expressa? Além disso, como dito, uma decisão judicial que possibilite abertura às candidaturas avulsas corrobora a insegurança jurídica já experimentada pela crise. Na medida em que todos os institutos políticos perpassam a existência e a atuação idônea dos partidos políticos, surgem variadas questões decorrentes da regulamentação infraconstitucional que seriam afetadas

---

[47] MENDES, Anna Paula Oliveira. Afinal, as candidaturas avulsas são admitidas no ordenamento brasileiro? *Carta Capital*, 5 out. 2017. Disponível em: <http://justificando.cartacapital.com.br/2017/10/05/afinal-as-candidaturas-avulsas-sao-admitidas-no-ordenamento-brasileiro/>. Acesso em: nov. 2017.

[48] GRESTA, Roberta Maia; SALGADO, Eneida Desiree. Candidaturas avulsas: pode o STF examinar um requerimento de candidatura de 2016? *Carta Capital*, 11 out. 2017. Disponível em: <http://justificando.cartacapital.com.br/2017/10/11/candidaturas-avulsas-pode-o-stf-examinar-um-requerimento-de-candidatura-de-2016/#_edn1>. Acesso em: dez. 2017.

[49] MENDES, Anna Paula Oliveira. Afinal, as candidaturas avulsas são admitidas no ordenamento brasileiro? *Carta Capital*, 5 out. 2017. Disponível em: <http://justificando.cartacapital.com.br/2017/10/05/afinal-as-candidaturas-avulsas-sao-admitidas-no-ordenamento-brasileiro/>. Acesso em: nov. 2017.

pela possibilidade das candidaturas sem partido. Na crítica de Gresta e Salgado,

> É assim que, ignorando a distinção entre controle concreto e controle abstrato da Constituição e vilipendiando o princípio da inércia da jurisdição, o STF voluntariou-se, quase como terceira casa parlamentar, para ingressar no debate político sobre as candidaturas avulsas.[50]

Em função da constante "inconstância" das decisões do Supremo Tribunal Federal, não se pode, pois, antecipar qualquer resposta sobre o mérito, mas as autoras defendem que todo o empenho para conhecer de um recurso já "estéril" não se bastaria para o reconhecimento da constitucionalidade do monopólio partidário.[51]

Para além disso, sugerem que o parecer favorável apresentado pela Procuradoria Geral da República "vem em um momento em que membros do Ministério Público, e também ao Poder Judiciário, sinalizam o interesse em ser candidatos".[52] Pois, em um contexto em que há crise partidária, como sinônimo de corruptibilidade, "não se pode ignorar a conveniência em possibilitar a promotores e magistrados que se candidatem sem o inconveniente de associarem seus nomes a partidos políticos".[53]

Vez que a filiação partidária funda competências de um sistema eleitoral constitucional, o tema das candidaturas avulsas atira e acerta em muitas limitações que os direitos constitucional e eleitoral brasileiros constroem ao exercício da capacidade eleitoral passiva, inclusive, quanto à Lei das Inelegibilidades.

---

[50] GRESTA, Roberta Maia; SALGADO, Eneida Desiree. Candidaturas avulsas: pode o STF examinar um requerimento de candidatura de 2016? *Carta Capital*, 11 out. 2017. Disponível em: <http://justificando.cartacapital.com.br/2017/10/11/candidaturas-avulsas-pode-o-stf-examinar-um-requerimento-de-candidatura-de-2016/#_edn1>. Acesso em: dez. 2017.

[51] GRESTA, Roberta Maia; SALGADO, Eneida Desiree. Candidaturas avulsas: pode o STF examinar um requerimento de candidatura de 2016? *Carta Capital*, 11 out. 2017. Disponível em: <http://justificando.cartacapital.com.br/2017/10/11/candidaturas-avulsas-pode-o-stf-examinar-um-requerimento-de-candidatura-de-2016/#_edn1>. Acesso em: dez. 2017.

[52] GRESTA, Roberta Maia; SALGADO, Eneida Desiree. Candidaturas avulsas: pode o STF examinar um requerimento de candidatura de 2016? *Carta Capital*, 11 out. 2017. Disponível em: <http://justificando.cartacapital.com.br/2017/10/11/candidaturas-avulsas-pode-o-stf-examinar-um-requerimento-de-candidatura-de-2016/#_edn1>. Acesso em: dez. 2017.

[53] GRESTA, Roberta Maia; SALGADO, Eneida Desiree. Candidaturas avulsas: pode o STF examinar um requerimento de candidatura de 2016? *Carta Capital*, 11 out. 2017. Disponível em: <http://justificando.cartacapital.com.br/2017/10/11/candidaturas-avulsas-pode-o-stf-examinar-um-requerimento-de-candidatura-de-2016/#_edn1>. Acesso em: dez. 2017.

5   Conclusão

No dizer de Celso Campilongo, a revelação de que a representação política é uma instituição em crise compreende desde as razões de distanciamento e/ou aproximação entre representados e representantes, a burocratização própria das entidades partidárias, a ausência de controle dos mandatários, o desajuste entre as formas políticas e econômicas, de forma que possui intrínseca relação com a crise do trabalho, do capital, inclusive, da organização e função do Estado.[54]

Assim, para fins deste estudo, poderia ser considerado um partido de qualidade aquele que é ativo no Estado, que apresenta candidaturas, fomentando o debate público e representando, efetivamente, uma classe de interesses. Ou seja, que possua identidade.[55]

O pluripartidarismo pregado pela Constituição não é traduzido em número de siglas ou coligações. Ao revés, é consolidado quando o eleitor efetivamente se identifica com uma opção e confia nela seus interesses e vontades particulares, para que, em uma vontade geral e programa partidário, seja instaurado na competição política e alcance o poder, implementando medidas eficazes à realização dessa vontade. Bem assim o real pluralismo político, em que o direito das minorias encontra, então, preservação e confere voz e apoio social a suas causas, através de uma agremiação que caracterize sua representatividade.

Seja como for, o reconhecimento de que a Convenção deva prevalecer nesse caso, provocando a conseguinte admissão das candidaturas avulsas no Brasil, significa, por simetria, afastar grande parte da Lei da Ficha Limpa, na medida em que a aplicação do art. 23 do Pacto deve ser sistemática e não isolada. Com o advento dessa discussão, inicia-se um debate necessário e aguardado sobre o controle de convencionalidade das inelegibilidades.

Sem dúvida, a vinda à superfície da discussão das candidaturas avulsas encontra seu fundamento e principal motivo na discussão acerca da crise de representação. E, se for realizada uma análise detida, hoje o que se têm são candidaturas avulsas revestidas de uma chancela partidária.

---

[54] CAMPILONGO, Celso F. *Representação política e ordem jurídica*: os dilemas da democracia liberal. São Paulo: USP, 1987. p. 96-132.

[55] LAPALOMBARA, Joseph *apud* GOMES, José Jairo. *Direito eleitoral*. 12. ed. São Paulo: Atlas, 2016. p. 111-112.

Inegável é que o sistema político e partidário merece reformas, ainda mais quando se trata de "democracia intrapartidária".[56] No entanto, uma decisão judicial pela supressão do monopólio partidário do sistema eleitoral, fora de uma efetiva e planejada "reforma política sistêmica", significaria retirar os alicerces constitucionais fundantes da democracia representativa brasileira.

Referências

BASTOS JUNIOR, Luiz Magno P.; SANTOS, Rodrigo Mioto. Levando a sério os direitos políticos fundamentais: inelegibilidade e controle de convencionalidade. *Revista Direito GV*, 24 jun. 2015.

BASTOS, Celso Ribeiro. *Curso de direito constitucional*. São Paulo: Celso Bastos, 2002.

BONAVIDES, Paulo. *Ciência política*. 17. ed. São Paulo: Malheiros, 2010.

CAGGIANO, Mônica Herman Salem. *Direito parlamentar e direito eleitoral*. São Paulo: Manole, 2004.

CAMPILONGO, Celso F. *Representação política e ordem jurídica*: os dilemas da democracia liberal. São Paulo: USP, 1987.

CARVALHO, Volgane Oliveira. O caso Castañeda Gutman vs. Estados Unidos Mexicanos e seus reflexos sobre a lei das inelegibilidades (Lei complementar nº 64/1990). *Estudos Eleitorais*, Brasília, v. 9, n. 2, p. 106-122, maio/ago. 2014. Disponível em: <http://bibliotecadigital.tse.jus.br/xmlui/handle/bdtse/1622>. Acesso em: set. 2017.

EM PARECER para o Iasp, Eduardo Muylaert apoia candidaturas sem partido. *Conjur*, 3 out. 2017. Disponível em: <https://www.conjur.com.br/dl/parecer-mp-avulsa.pdf>. Acesso em: dez. 2017.

ESTUDO do TSE avalia possibilidade de candidaturas avulsas para 2018. *Tribunal Superior Eleitoral*, 3 out. 2017. Disponível em: <http://www.tse.jus.br/imprensa/noticias-tse/2017/Outubro/estudo-do-tse-avalia-possibilidade-de-candidaturas-avulsas-para-2018?utm_source=dlvr.it&utm_medium=twitter>. Acesso em: dez. 2017.

FERREIRA, Marcelo Ramos Peregrino. Candidaturas avulsas e o Sistema Interamericano de Direitos Humanos. *Conjur*, 12 jun. 2017. Disponível em: <http://www.conjur.com.br/2017-jul-12/marcelo-peregrino-candidaturas-avulsas-sistema-interamericano-direitos-humanos>. Acesso em: set. 2017.

FERREIRA, Marcelo Ramos Peregrino. *O controle de convencionalidade da Lei da Ficha Limpa*: direitos políticos e inelegibilidades. Rio de Janeiro: Lumen Juris, 2015.

GOMES, José Jairo. *Direito eleitoral*. 12. ed. São Paulo: Atlas, 2016.

GRESTA, Roberta Maia; SALGADO, Eneida Desiree. Candidaturas avulsas: pode o STF examinar um requerimento de candidatura de 2016? *Carta Capital*, 11 out. 2017. Disponível

---

[56] SILVEIRA, Marilda de Paula. Candidaturas sem partido, eleição sem ficha limpa. *Jota*, 3 out. 2017. Disponível em: <https://www.jota.info/colunas/e-leitor/candidaturas-sem-partido-eleicao-sem-ficha-limpa-03102017>. Acesso em: nov. 2017.

em: <http://justificando.cartacapital.com.br/2017/10/11/candidaturas-avulsas-pode-o-stf-examinar-um-requerimento-de-candidatura-de-2016/#_edn1>. Acesso em: dez. 2017.

MENDES, Anna Paula Oliveira. Afinal, as candidaturas avulsas são admitidas no ordenamento brasileiro? *Carta Capital*, 5 out. 2017. Disponível em: <http://justificando. cartacapital.com.br/2017/10/05/afinal-as-candidaturas-avulsas-sao-admitidas-no-ordenamento-brasileiro/>. Acesso em: nov. 2017.

MEZZAROBA, Orides. (Re)pensar o partido político como instrumento fundamental para consolidação da democracia representativa. In: SALGADO, Eneida Desiree. DANTAS, Ivo (Coord.). *Partidos políticos e seu regime jurídico*. Curitiba: Juruá, 2013.

MOUFFE, Chantal. *Agonística* – Pensar el mundo politicamente. Buenos Aires: Fondo de Cultura Económica, 2014.

SANTANO, Ana Claudia. A democracia, a sociedade e os partidos políticos: uma análise da eventual existência de uma crise das organizações partidárias. *Quaestio Iuris*, Rio de Janeiro, v. 10, n. 3, 2017. Disponível em: <http://www.e-publicacoes.uerj.br/index.php/quaestioiuris/article/view/17578/21093>. Acesso em: set. 2017.

SANTANO, Ana Claudia. Vamos discutir os deveres dos partidos na democracia brasileira? *Jota*, 1º mar. 2016. Disponível em: <https://jota.info/colunas/e-leitor/e-leitor-vamos-discutir-os-deveres-dos-partidos-na-democracia-brasileira-01032016>. Acesso em: set. 2017.

SILVEIRA, Marilda de Paula. Candidaturas sem partido, eleição sem ficha limpa. *Jota*, 3 out. 2017. Disponível em: <https://www.jota.info/colunas/e-leitor/candidaturas-sem-partido-eleicao-sem-ficha-limpa-03102017>. Acesso em: nov. 2017.

Informação bibliográfica deste texto, conforme a NBR 6023:2002 da Associação Brasileira de Normas Técnicas (ABNT):

PESSUTI, Orlando Moisés Fischer; WINCARDT, Rafaele Balbinotte. O exercício de mandato eletivo no processo democrático a partir de candidaturas avulsas: uma breve análise sobre sua (in)constitucionalidade. In: PINHEIRO, Celia Regina de Lima; SALES, José Edvaldo Pereira; FREITAS, Juliana Rodrigues (Coord.). *Constituição e processo eleitoral*. Belo Horizonte: Fórum, 2018. p. 179-197. ISBN 978-85-450-0571-1.

SISTEMA PROPORCIONAL BRASILEIRO E LEI Nº 13.488/2017: UMA ANÁLISE DA MODIFICAÇÃO DO ART. 109, §2º, DO CÓDIGO ELEITORAL

Polianna Pereira dos Santos
Júlia Rocha de Barcelos
Nicole Gondim Porcaro

1 Introdução

A Lei nº 9.504, de 1997, foi criada com a finalidade de se tornar a Lei Geral das Eleições, de modo que, diferentemente da prática até então adotada, não fosse mais necessária a promulgação de uma nova lei para cada eleição.

Nada obstante, o que se verifica é que de 1997 até o presente momento houve mais modificações na Lei nº 9.504 do que eleições. Há, inclusive, alterações legislativas que sequer chegaram a ser implementadas, eis que em virtude do princípio da anualidade eleitoral[1] não puderam ser aplicadas na eleição imediatamente posterior à sua promulgação e, passada a eleição, já sobreveio nova reforma.[2]

Nessa linha, em 2017 foram promulgadas as leis nº 13.487 e nº 13.488, ambas de 6 de outubro, no limite do prazo para que pudessem ser aplicadas às eleições gerais de 2018.[3] A Lei nº 13.488, objeto de análise

---

[1] É o que se extrai do art. 16 da Constituição da República, segundo o qual "A lei que alterar o processo eleitoral entrará em vigor na data de sua publicação, não se aplicando à eleição que ocorra até um ano da data de sua vigência".

[2] Foi o que ocorreu com algumas das normas da Lei nº 12.891, de 11.12.2013, referentes a financiamento e à propaganda.

[3] Também foi promulgada a Emenda Constitucional nº 97, de 4.10.2017, a qual altera o art. 17 da Constituição para vedar as coligações partidárias nas eleições proporcionais. Inobstante,

no presente estudo, é bastante exemplificativa desse "reformismo",[4] notadamente ao se verificar a finalidade declarada em sua ementa, de "promover reforma no ordenamento político-eleitoral", sem, contudo, detalhar os aspectos principais a serem modificados.

Ainda assim, verifica-se que entre as alterações promovidas pela lei está a modificação do sistema de distribuição das cadeiras nas eleições para os cargos que seguem o sistema proporcional no Brasil – vereadores, deputados estaduais, deputados distritais e deputados federais – por meio da alteração do §2º do art. 109 do Código Eleitoral.

Neste breve estudo serão analisadas as modificações realizadas, bem como suas justificativas e os possíveis efeitos a serem observados nas próximas eleições.

Para tanto, é necessário apresentar primeiramente uma breve revisão sobre sistemas eleitorais, especificamente sobre o sistema proporcional brasileiro, seguida da apresentação do funcionamento desse sistema antes e após as modificações legislativas. Nesse ponto, serão analisados o Projeto de Lei nº 8.612/2017, que culminou na promulgação da Lei nº 13.488/2017, bem como suas emendas e substitutivos. Por fim, com o intuito de traçar um prognóstico para as próximas eleições gerais, faremos uma simulação com os resultados das últimas eleições gerais, de 2014.[5]

Importante destacar que após anos sem alterações em dispositivos do Código Eleitoral que tratam do sistema proporcional –[6] sobretudo das fórmulas – a Lei nº 13.165/2015 alterou profundamente o sistema, o que sem dúvida traz impactos cumulativos nas alterações promovidas pela Reforma de 2017. Por isso, serão consideradas na análise as alterações promovidas pela Lei nº 13.165, de 2015, além da Ação Direta de Inconstitucionalidade (ADI) nº 5.420 proposta pelo procurador-geral

---

a vedação somente passará a viger nas eleições de 2020, de modo que esse dispositivo não será objeto de análise direta no presente estudo.

[4] A expressão *reformismo* está sendo utilizada no texto como ironia. Diferentemente da compreensão de movimento social com o fim de promover uma sociedade mais igualitária, o *reformismo* eleitoral ou as reiteradas alterações legislativas promovidas nas leis eleitorais não seguem, via de regra, uma linha ou uma lógica sistemática, e não têm como impacto ou como efeito direto a promoção da igualdade.

[5] Não se pretende, com isso, afirmar que os resultados das eleições seriam necessariamente os mesmos, mas sim observar o efeito da nova regra nos resultados disponíveis, de forma a realizar um prognóstico em relação a este ponto.

[6] Os arts. 106, 107, 108 e 109 do Código Eleitoral, que de forma mais específica regulamentam o sistema proporcional, haviam sofrido alterações em 1985. Após a Constituição da República, foram modificados tão somente pela Lei nº 9.504, de 1997, para deixar de considerar o voto branco no cálculo do quociente eleitoral. Após 18 anos esses dispositivos voltam a ser modificados pelo legislador com a Lei nº 13.165, e agora, com a Lei nº 13.488, de 2017.

da República, apontando inconstitucionalidade nos incs. I a III do art. 109 do Código Eleitoral, cujo texto fora alterado pela lei.

2 Sistemas eleitorais[7]

Jairo Nicolau[8] esclarece que o sistema eleitoral é "[...] o conjunto de regras que define como em uma determinada eleição o eleitor pode fazer suas escolhas e como os votos são contabilizados para serem transformados em mandatos (cadeiras no Legislativo ou chefia do Executivo)".

Assim, a representação política varia em conformidade com o sistema adotado – seja na definição das candidaturas e campanhas, de forma prévia, seja na escolha dos eleitores, e, *a posteriori*, na atuação política dos eleitos. A definição do sistema eleitoral gera grande impacto no exercício da democracia, especificamente na democracia representativa. Nas palavras de Paulo Bonavides,[9] "o sistema eleitoral adotado num país pode exercer – e em verdade exerce – considerável influxo sobre a forma de governo, a organização partidária e a estrutura parlamentar, refletindo até certo ponto a índole das instituições e a orientação política do regime".

É possível indicar algumas variáveis relevantes[10] na definição e diferenciação dos sistemas eleitorais: a magnitude[11] da circunscrição[12] e sua distribuição geográfica;[13] a forma de apresentação das candidaturas

---

[7] Esse tópico contém excertos do artigo SANTOS, Polianna Pereira dos. Sistema proporcional brasileiro e Lei 13165/2015: um breve estudo sob o prisma da qualidade da democracia. *Revista Ballot*, Rio de Janeiro, v. 2, n. 1, p. 245-285, jan./abr. 2016.

[8] NICOLAU, Jairo Marconi. *Sistemas eleitorais*. 5. ed. Rio de Janeiro: FGV, 2004. p. 10.

[9] BONAVIDES, Paulo. *Ciência política*. São Paulo: Malheiros, 2012. p. 265.

[10] Trata-se das variáveis apresentadas por Eneida Desiree Salgado, citando Luis Virgílio Afonso da Silva (SILVA, Luis Virgílio Afonso da. *Sistemas eleitorais*: tipos, efeitos jurídico-políticos e aplicação ao caso brasileiro. São Paulo: Malheiros, 1999. p. 41).

[11] Magnitude, representada pela sigla "M", diz respeito à quantidade de mandatos a serem definidos em cada circunscrição. Diferencia, basicamente, distritos uninominais, em que se pretende eleger apenas um representante, de modo que a magnitude é igual a um (M = 1), e distritos plurinominais, em que se pretende eleger mais de um representante (M > 1).

[12] Considerando circunscrição divisão eleitoral do espaço territorial, em vistas da realização do pleito. Adota-se, por convenção, o termo *circunscrição* ao tratar-se de sistemas majoritários e proporcionais, e *distrito*, ao tratar-se de sistemas mistos ou distritais.

[13] A forma que esses mandatos serão distribuídos na circunscrição e a definição geográfica dessas circunscrições também são relevantes. O ideal, num ambiente democrático, é que estes desenhos sejam previamente realizados, de forma isenta de interesses políticos partidários.

(pessoal[14] ou pelos partidos políticos);[15] a modalidade do voto e a fórmula eleitoral adotada. Eneida Desiree Salgado, discorrendo sobre as fórmulas eleitorais, esclarece:

> [...] há uma pluralidade de fórmulas eleitorais e inúmeras variações em seu desenho. No entanto, é possível classificar as fórmulas eleitorais a partir de seu princípio fundamental, e assim apresentar aquelas que se baseiam no princípio majoritário, aquelas que se relacionam à representação proporcional e, finalmente, as que buscam a combinação de ambos os princípios.[16]

Nesse ponto, é relevante notar que cada país, ao adotar tal ou qual modelo, adéqua-o às suas realidades políticas e contingenciais, de modo que é possível afirmar que há tantos sistemas eleitorais quantos são os países.

O Brasil adota os sistemas majoritário e proporcional: o primeiro para os cargos do Poder Executivo e para o Senado Federal e o segundo para os demais cargos do Poder Legislativo.[17]

Pelo sistema majoritário, mais simples, são eleitos os candidatos que obtiverem o maior número de votos: os eleitores escolhem seu candidato e votam nominalmente.[18]

Já no modelo de sistema proporcional adotado no Brasil o eleitor escolhe seu candidato entre aqueles apresentados em lista não ordenada por um partido político ou uma coligação. Os eleitores podem optar por votar nominalmente em um candidato, ou somente na legenda partidária e é o voto nominal recebido pelos candidatos que definirá a ordem da diplomação.

Os partidos podem ainda se coligar, sem obrigatoriedade de vinculação entre as candidaturas em âmbito nacional, estadual, distrital ou municipal.[19] As coligações formadas apresentam lista conjunta de candidatos e o cálculo do quociente eleitoral é feito com base nos votos obtidos pela coligação: somam-se todos os votos obtidos por

---

[14] Denominado lista aberta ou *panaches*.

[15] Denominado listas fechadas, em que há um monopólio dos partidos políticos em apresentar candidatos.

[16] SALGADO, Eneida Desiree. *Sistemas eleitorais*: experiências iberoamericanas e características do modelo brasileiro. Belo Horizonte: Fórum, 2012. p. 149.

[17] Conforme arts. 27, 45, 46 e 77 da CRFB/88, bem como arts. 83, 84, 86, 105 a 113 do Código Eleitoral.

[18] Há nuances no sistema majoritário brasileiro que não serão abordadas neste trabalho, por não ser este o sistema objeto do estudo. Para melhor compreensão do tema, recomenda-se a leitura de NICOLAU, Jairo Marconi. *Sistemas eleitorais*. 5. ed. Rio de Janeiro: FGV, 2004.

[19] Conforme a redação dada pela Emenda Constitucional nº 52/2006 ao art. 17, §1º da CFRB/88.

todos os candidatos e aqueles obtidos pelos partidos, considerando a possibilidade de voto em legenda. Importa ressaltar que a formação de legenda não implica a criação de uma nova legenda para a coligação, com um número próprio.[20]

2.1 Distribuição das vagas no sistema proporcional brasileiro

A contabilização dos votos no sistema proporcional adotado pelo Brasil e sua transformação em vagas nas casas legislativas ocorre em etapas: (a) calcula-se, primeiramente, o quociente eleitoral (art. 106, do Código Eleitoral);[21] (b) na sequência, calcula-se o quociente partidário (art. 107, do Código Eleitoral);[22] (c) em seguida, verifica-se, no âmbito do partido/coligação, se os candidatos mais votados[23] obtiveram um percentual mínimo de votos nominais (art. 108, do Código Eleitoral);[24] (d) faz-se, então, conforme seja necessário, a repartição dos restos eleitorais (art. 109, Código Eleitoral);[25] para, por fim, (e) definir os candidatos que irão ocupar as vagas.

---

[20] Nesse ponto cabe destacar que a Emenda Constitucional nº 97, de 2017, alterou o art. 17, §1º da Constituição da República para proibir a formação de coligações nas eleições proporcionais, mas a modificação somente passará a viger a partir das eleições de 2020, conforme dispõe o art. 2º da EC nº 97/2017, conforme já pontuado, razão pela qual essa modificação não será objeto central de análise no presente estudo.

[21] "Art. 106. Determina-se o quociente eleitoral dividindo-se o número de votos válidos apurados pelo de lugares a preencher em cada circunscrição eleitoral, desprezada a fração se igual ou inferior a meio, equivalente a um, se superior".

[22] "Art. 107. Determina-se para cada Partido ou coligação o quociente partidário, dividindo-se pelo quociente eleitoral o número de votos válidos dados sob a mesma legenda ou coligação de legendas, desprezada a fração".

[23] Em quantidade correspondente ao número de cadeiras obtidas pelo partido/coligação pelo cálculo do quociente partidário.

[24] "Art. 108. Estarão eleitos, entre os candidatos registrados por um partido ou coligação que tenham obtido votos em número igual ou superior a 10% (dez por cento) do quociente eleitoral, tantos quantos o respectivo quociente partidário indicar, na ordem da votação nominal que cada um tenha recebido. Parágrafo único. Os lugares não preenchidos em razão da exigência de votação nominal mínima a que se refere o caput serão distribuídos de acordo com as regras do art. 109".

[25] "Art. 109. Os lugares não preenchidos com a aplicação dos quocientes partidários e em razão da exigência de votação nominal mínima a que se refere o art. 108 serão distribuídos de acordo com as seguintes regras: I – dividir-se-á o número de votos válidos atribuídos a cada partido ou coligação pelo número de lugares definido para o partido pelo cálculo do quociente partidário do art. 107, mais um, cabendo ao partido ou coligação que apresentar a maior média um dos lugares a preencher, desde que tenha candidato que atenda à exigência de votação nominal mínima; II – repetir-se-á a operação para cada um dos lugares a preencher; III – quando não houver mais partidos ou coligações com candidatos que atendam às duas exigências do inciso I, as cadeiras serão distribuídas aos partidos que apresentem as maiores médias. §1º O preenchimento dos lugares com que cada partido ou coligação

Para o presente estudo tem especial relevância o passo "d", referente à distribuição de sobras, o qual foi objeto de modificação pela Lei nº 13.488/2017, bem como pela Lei nº 13.165/2015. Inobstante, é imprescindível considerar toda a sistemática da distribuição de vagas no sistema proporcional brasileiro para analisar adequadamente as alterações legislativas.

Na regulação anterior à Lei nº 13.488/2017, somente o partido – ou coligação – que atingisse um número mínimo de votos tinha o direito a obter vaga na casa legislativa.[26] Esse "número mínimo de votos" é obtido por meio do cálculo do quociente eleitoral, que decorre da divisão do número total de votos válidos[27] pelo número de vagas a serem preenchidas na casa legislativa (magnitude da circunscrição).[28] Deve-se desprezar, no resultado obtido, a fração inferior a 0,5, e considerar equivalente a um a fração superior a 0,5.

Assim, o cálculo do quociente eleitoral (QE) pode ser representado pela seguinte formula:

$$QE = \frac{\text{votos válidos}}{\text{nº de cadeiras em disputa}}$$

A quantidade de vagas obtidas por cada partido ou coligação varia conforme o número de vezes que este ultrapassa o quociente eleitoral. Esse "número de vezes" é obtido por meio do cálculo do quociente partidário, que decorre da divisão da quantidade de votos válidos obtida pelo partido ou coligação pelo valor do quociente eleitoral, desprezada qualquer fração. O cálculo do quociente partidário (QP) pode ser representado pela seguinte equação:

---

for contemplado far-se-á segundo a ordem de votação recebida por seus candidatos. §2º Somente poderão concorrer à distribuição dos lugares os partidos ou as coligações que tiverem obtido quociente eleitoral".

[26] Esse é exatamente o ponto afetado pela reforma de 2017, que será detalhado nos próximos tópicos. Por hora cabe destacar que, no primeiro momento, segue sendo necessário que o partido alcance uma votação mínima para conseguir alguma vaga na Casa Legislativa.

[27] Não são computados como válidos os votos nulos ou em branco. É o que dispõe o art. 5º da Lei nº 9.504/97, segundo o qual "Nas eleições proporcionais, contam-se como válidos apenas os votos dados a candidatos regularmente inscritos e às legendas partidárias".

[28] A magnitude da circunscrição é delimitada pela Constituição da República. Desse modo, deve ser observada a quantidade de vagas disponíveis nas casas legislativas – Câmara dos Deputados, Assembleia Legislativa e Câmara dos Vereadores – de acordo com os preceitos contidos, respectivamente, nos arts. 45, §1º, 27, 29, IV, 32, §3º.

$$QP = \frac{\text{votos válidos (partido ou coligação)}}{\text{quociente eleitoral}}$$

Nesse ponto a Lei nº 13.165/2015 estabeleceu a exigência de um mínimo de votação nominal para os candidatos a fim de determinar se poderão ou não ocupar as cadeiras obtidas pelo partido ou coligação após a definição do quociente partidário. Esse percentual mínimo deve ser considerado antes mesmo da distribuição das sobras.

Assim, após a definição inicial de quantas cadeiras o partido ou coligação obteve com o cálculo do quociente partidário, será necessário verificar se há, no partido ou coligação, tantos candidatos quantas são as cadeiras obtidas que tenham, no mínimo, votação nominal de 10% do quociente eleitoral.

Se, portanto, o partido ou a coligação obtiveram na distribuição de quociente partidário dez vagas, mas apenas cinco candidatos possuem, individualmente, votação referente a, pelo menos, 10% do quociente eleitoral, as outras cinco vagas obtidas serão redistribuídas, juntamente com as sobras.

Com efeito, considerando o fato de que as frações decorrentes do cálculo do quociente partidário devem ser desprezadas, há eventual-mente sobra de vagas não distribuídas entre os partidos ou coligações. Poderá haver ainda vagas a serem redistribuídas em virtude da exigência do percentual mínimo de votação nominal.

Nesse caso, adotando-se a sistemática de maiores médias definidas no art. 109 do Código Eleitoral, deve-se dividir o número de votos atribuídos a cada partido ou coligação pelo número de lugares por eles obtidos (através do quociente partidário), mais um.[29] O cálculo dos restos eleitorais (R) podia ser assim representado:

$$R = \frac{\text{nº de votos obtidos (partido ou coligação)}}{\text{nº de vagas obtidas} + 1}$$

Desse modo, o partido ou coligação que atingissem a maior média lograriam mais uma vaga na casa legislativa. Esse cálculo deveria se

---

[29] O "um" somado ao número de vagas já obtidas pelo partido ou coligação representa a vaga (restos) que ele pretende obter. O sistema adotado para cálculo das sobras é o das maiores médias, portanto, aquele partido ou coligação que, somada a vaga pretendida às já obtidas permanecer com maior média, recebe a vaga.

repetir até que se esgotassem as sobras, sempre acrescendo ao quociente da equação a nova vaga obtida, quando for o caso.

A distribuição das vagas remanescentes também foi alterada pela Lei nº 13.165/2015, que foi, nesse ponto, objeto da Ação Direta de Inconstitucionalidade – ADI nº 5.420, proposta pelo procurador-geral da República (PGR).

Isso pois, no texto anterior do art. 109, que fazia referência ao "número de vagas obtido pelo partido", destacava-se a necessidade de acrescentar ao quociente da equação a nova vaga obtida, no caso de haver modificação decorrente da distribuição das vagas remanescentes. Após a reforma de 2015, contudo, passou-se a referir ao "número de lugares definido para o partido pelo cálculo do quociente partidário do art. 107", o que se apresenta como um divisor fixo. É dizer, a cada repetição do cálculo para repartição das vagas remanescentes, o resultado seria o mesmo para cada partido/coligação.

Este, precisamente, o ponto questionado na ADI, em cuja petição inicial consta:

> Pelo critério da Lei 13.165/2015, o partido ou coligação que obtiver a maior média na primeira operação de atribuição das vagas remanescentes logrará todas as demais. Isso implica severa distorção das regras do sistema de representação proporcional, pois, ao final da distribuição das sobras, a composição das casas legislativas não guardará respeito à votação conquistada pelas forças políticas.

Assim, segundo o PGR, o art. 4º da Lei nº 13.165/2015, no trecho em que modifica o art. 109 do Código Eleitoral, seria inconstitucional por violar o sistema de representação proporcional previsto no art. 45 da Constituição da República.[30] Desse modo, o autor da ADI pleiteou a concessão de medida cautelar para a suspensão da eficácia das normas impugnadas – especificamente art. 4º da Lei nº 13.165/2015, no trecho em que dá nova redação ao art. 109, I a III do Código Eleitoral.

Essa medida cautelar foi parcialmente concedida, por decisão monocrática do Ministro Relator Dias Toffoli, datada de 3.12.2015, que determinou a suspensão da eficácia da expressão "número de lugares definido para o partido pelo cálculo do quociente partidário do art.

---

[30] Cumpre destacar que no corpo da petição inicial questiona-se, para além do cálculo da distribuição das vagas remanescentes, a instituição de um mínimo de votação nominal prevista no art. 108 do Código Eleitoral após as modificações promovidas pela Lei nº 13.165/2015. No entanto, ao delimitar o objeto da petição, o autor apenas questionou o novo texto do art. 109 do Código Eleitoral, não fazendo o mesmo com relação ao art. 108.

107", constante no art. 109, I, do Código Eleitoral, alterado pela Lei nº 13.165/2015, determinando-se a manutenção do critério de cálculo anterior à edição da lei.

O ministro compreende que a adoção de um divisor fixo na distribuição das vagas remanescentes "desnatura o sistema proporcional no cálculo das sobras eleitorais", eis que evidenciaria a "a desconsideração da distribuição eleitoral de cadeiras baseada na proporcionalidade (art. 45 da CF/88), que é intrínseca ao sistema proporcional".

Assim, uma vez que o mérito da ADI ainda não foi julgado pelo plenário,[31] permanece a adoção da sistemática definida anteriormente no art. 109 do Código Eleitoral, considerando-se, contudo, a observância do percentual mínimo de votos nominais para os candidatos do partido/coligação.[32]

Desse modo, somente quando não houver "mais partidos ou coligações com candidatos que atendam às duas exigências do inc. I, as cadeiras serão distribuídas aos partidos que apresentem as maiores médias", nos termos do art. 109, III, do Código Eleitoral.

Se, todavia, nenhum partido ou coligação atingir o quociente eleitoral, adota-se a sistemática do princípio majoritário, conforme disposição expressa do art. 111, do Código Eleitoral. Nesse caso, serão considerados eleitos os candidatos com maior número de votos nominais.

Após a definição do quociente partidário e distribuição de vagas remanescentes, ou seja, uma vez estabelecida a quantidade de vagas a serem preenchidas pelo partido ou coligação, passa-se à indicação de quais são os candidatos a serem empossados. Isso ocorre em função da quantidade de votos nominais obtidos, de forma que são empossados os candidatos mais votados, segundo a votação nominal.[33]

---

[31] Segundo andamento processual do sítio do Supremo Tribunal Federal, a ação está conclusa ao relator desde 20.7.2016 (BRASIL. Supremo Tribunal Federal. *ADI 5420*. Disponível em: <http://portal.stf.jus.br/processos/detalhe.asp?incidente=4891075>. Acesso em: 15 nov. 2017).

[32] No que tange à parte final do art. 109, I, CE, que inseriu a exigência de votação nominal mínima referente a 10% do quociente eleitoral para distribuição das vagas remanescentes, o min. relator não identificou inconstitucionalidade ou distorção do sistema proporcional, "uma vez que não excluiu do processo de distribuição das vagas a essencialidade da quantidade de votos total obtida pelo partido ou coligação, uma vez que esse dado – apurado pelo quociente partidário – continua sendo considerado na distribuição de vagas aos partidos". O ministro destaca, inclusive, entendimento segundo o qual a exigência de votação nominal mínima estabelecida pela novel lei reforça uma característica que é peculiar ao sistema brasileiro: "o voto do eleitor brasileiro, mesmo nas eleições proporcionais, em geral, se dá em favor de determinado candidato".

[33] Importa pontuar que não eram – nem passam a ser, após as reformas – realizados novos cálculos para assegurar a representatividade dos partidos que compõem a Coligação eventualmente formulada (cálculo intracoligacional). Esse tema não será objeto de aprofundamento no presente estudo, e a esse respeito indica-se a leitura do artigo de CAMPOS,

3 Reforma de 2017: a Lei nº 13.488/2017 e o PL nº 8.612/2017

Conforme destacado na introdução, há uma tendência de reformas na legislação eleitoral que comumente ocorrem no ano anterior ao das eleições, com leis promulgadas às pressas no limite do prazo para a sua aplicação na eleição seguinte. Foi o que aconteceu em 2015, com a Lei nº 13.165, e em 2017, com as leis nº 13.487 e nº 13.488.[34]

Nesse sentido, o projeto de lei que culminou com a promulgação da Lei nº 13.488/2017 foi apresentado em 19.9.2017, pela Comissão Especial para Análise, Estudo e Formulação de Proposições Relacionadas à Reforma Política.[35] Na mesma data foi apresentado o Requerimento de Urgência nº 7.280/2017, aprovado pelo Plenário da Câmara no dia seguinte.

A versão original do projeto de lei previa nos arts. 14 a 16 a adoção, para eleição de deputados federais, deputados estaduais, deputados distritais e vereadores, do sistema majoritário plurinominal, o "distritão",[36] amplamente criticado pela doutrina jurídica e por cientistas políticos.[37] Contudo, em 2.10.2017 foi apresentado um substitutivo ao PL, no qual já não mais constava dispositivo referente a esse sistema.

Adriana; SANTOS, Polianna. Democracia, direitos políticos e sistema proporcional brasileiro: reflexões sobre a adoção de cálculo intracoligacional. In: VITA, Jonathan Barros; DIZ, Jamile Bergamaschini Mata; BAEZ, Narciso Leandro Xavier (Org.). *Direitos fundamentais e democracia III*. 1. ed. Florianópolis: Conpedi, 2014. v. III. Disponível em: <http://publicadireito.com.br/artigos/?cod=8cec19a74549d78a>. Acesso em: 25 dez. 2017.

[34] A discussão e votação do PL nº 8.616/2017 (nº 110/17 no Senado Federal) se deram de forma simultânea às do PL nº 8.703/2017 (nº 206/17 no Senado), que deu origem à Lei nº 13.487. A PEC nº 282/2016 (nº 33/2017 no Senado), que deu origem à EC nº 97/2017, tramitou por mais tempo, mas foi aprovada em data próxima a dos projetos supramencionados, tendo a votação no Senado se dado no dia 3.20.2017.

[35] BRASIL. Câmara dos Deputados. *PL 8612/2017*. Disponível em: <http://www.camara.gov.br/proposicoesWeb/fichadetramitacao?idProposicao=215199>. Acesso em: 15 nov. 2017.

[36] "Art. 14. Os deputados federais, deputados estaduais, deputados distritais e vereadores serão eleitos, na respectiva circunscrição, por sistema majoritário plurinominal. Parágrafo único. Nas eleições federais, estaduais e distritais a circunscrição será o Estado ou o Distrito Federal, e nas municipais, o Município. Art. 15. Não será permitido o registro de candidato, embora para cargos diferentes, por mais de uma circunscrição ou para mais de um cargo na mesma circunscrição. Art. 16. Estarão eleitos os candidatos mais votados da respectiva circunscrição, na ordem de sua votação nominal, até o número total de representantes do Estado, do Distrito Federal ou do Município. §1º Em caso de empate entre candidatos de um e outro sexo, será tida como eleita a mulher e, em caso de empate entre candidatos do mesmo sexo, o mais idoso. §2º Serão suplentes os candidatos mais votados não eleitos da circunscrição, na ordem da votação recebida".

[37] Em relação às críticas, destaca-se: GRESTA, Roberta Maia. O Distritão e a reforma política à luz de velas. *Carta Capital: Justificando*, 11 ago. 2017. Disponível em: <http://justificando. cartacapital.com.br/2017/08/11/o-distritao-e-reforma-politica-luz-de-velas/>. Acesso em: 1º

Na Sessão Plenária nº 284, de 2.10.2017, quando foram apresentados o substitutivo e o parecer por sua aprovação, o Deputado Weverton Rocha, líder do Partido Democrático Trabalhista, apelou para que os deputados e senadores se reunissem para atingir um consenso a respeito do projeto de lei.[38] O apelo foi secundado pelo Deputado Celso Pansera, do Partido do Movimento Democrático Brasileiro, segundo o qual seria necessário "ter algumas regras mínimas definidas pela Câmara dos Deputados e pelo Senado Federal para as eleições do ano que vem".

Em 4.102017 foi o PL votado nas sessões extraordinárias nºs 290 e 292, tendo-lhe sido apresentadas quarenta e oito emendas.

Foi a Emenda de Plenário nº 1, datada de 26.9.2017, de autoria da Deputada Alice Portugal, do Partido Comunista do Brasil, que propôs a modificação do art. 109, §2º, do Código Eleitoral,[39] sob a seguinte justificativa:

> O quociente como regra para definir as ocupações das vagas é uma regra legítima. No entanto utilizar este cálculo como uma cláusula de exclusão, em uma eleição que pode não haver coligações, é perverso, excludente e antidemocrático.
>
> O quociente eleitoral é uma regra perversa porque retira a possibilidade de candidatos muito bem avaliados nas eleições de assumirem cadeiras no parlamento. Além de impedir o acesso universal de todo candidato

---

dez. 2017; e CIENTISTAS políticos dizem não ao distritão. *Associação Brasileira de Ciência Política*, 13 ago. 2017. Disponível em: <https://cienciapolitica.org.br/noticias/2017/08/cientistas-politicos-dizem-nao-ao-distritao>. Acesso em: 1º dez. 2017. Ambos referentes à adoção do sistema no âmbito da Proposta de Emenda à Constituição nº 77/2003.

[38] "Presidente nós precisamos fazer um apelo a todos os Líderes e Deputados desta casa. Hoje são 2 de outubro. Nós temos praticamente de hoje, segunda-feira à quarta-feira, estourando início da quinta-feira, com a boa vontade do Senado, para as duas casas se entenderem e chegarmos a um denominador comum e conseguirmos votar alguma coisa. [...] estamos conseguindo uma coisa inédita nesta Casa: não fazer acordo, não entrar num entendimento, mínimo que seja. [...] Eu sugiro, Sr. Presidente, Sr. Relator, que tiremos o dia de hoje ainda, porque temos tempo e estamos acostumados a trabalhar até altas horas da noite, e sentemos à mesa para exaurir esse assunto e ver se conseguimos mandar, definitivamente, esse texto para o Senado até amanhã à noite ou, estourando, quarta de manhã. Vamos ver se os Senadores vão ter também boa vontade para construir uma força-tarefa e fazer um acordo para votar essa tão esperada, pelo menos, reforma eleitoral, porque não é mais reforma política – está longe de ser uma reforma política. Que haja, pelo menos, uma regra prévia e clara para a eleição do ano que vem, porque todo mundo está realmente muito preocupado em saber como vai para as ruas, como vai ser a eleição no ano que vem, do jeito que está a legislação" (BRASIL. Câmara dos Deputados. *Discursos e notas taquigráficas* – PL 8612/2017. Disponível em: <http://www2.camara.leg.br/deputados/discursos-e-notas-taquigraficas/discursos-em-destaque/pl-8612-de-2017-promove-ampla-reforma-politico-eleitoral/projeto-de-lei-no-8-612-de-2017-reforma-politico-eleitoral>. Acesso em: 15 nov. 2017).

[39] "§2º Poderão concorrer à distribuição dos lugares todos os partidos e coligações que participaram do pleito".

[*sic*], o quociente privilegia as grandes forças políticas em detrimento dos pequenos partidos

A necessidade de transpor a barreira do quociente eleitoral força a realizar coligações. Aliás, as coligações se justificam muito em razão do quociente eleitoral. Sem o quociente vários partidos se sentiriam mais confortáveis e mais propensos a concorrer às eleições de forma autônoma, sem os arranjos das coligações.

De outro lado, partidos que não se coligarem praticamente inviabilizam suas candidaturas, porque sempre será necessário ter votações épicas a conseguir eleger sozinhos seus candidatos.[40]

Com esse entendimento propomos a presente emenda para permitir o acesso de todos os partidos, independentemente de terem alcançado quociente eleitoral, para concorrem [*sic*] a distribuição das vagas, mesmo que em segunda rodada.[41]

Nas sessões plenárias, notadamente a nº 290, houve inúmeras críticas à excessiva celeridade da tramitação e à "modéstia" do projeto, que foi tornado o mais enxuto possível para que houvesse possibilidade de aprovação.[42]

---

[40] Chama atenção o fato de que, em grande medida, a justificativa apresentada tem relação com a possibilidade de formação de coligações – que sofreu modificações a partir da EC nº 97/2017. Ademais, as manifestações em plenário a respeito da criação (Lei nº 13.487) e distribuição (Lei nº 13.488) dos recursos do Fundo de Financiamento de Campanha, além da vedação de coligações a partir de 2020 (EC nº 97), identificaram um "desequilíbrio de forças entre os maiores partidos e os partidos menores", nos termos utilizados pela Deputada Luiza Erundina. Assim, pode-se pensar na modificação realizada no sistema proporcional como um contraponto a essas alterações.

[41] As emendas plenárias nºs 79 e 80 ao Projeto de Lei nº 5.735/2013 – que originou a Lei nº 13.165/2015 – propuseram alterações semelhantes ao artigo, não tendo as modificações sido aprovadas, contudo. As justificações apresentadas foram, respectivamente, que o sistema vigente distorceria o resultado "permitindo que candidatos menos votados assumam as vagas das sobras" e que a exclusão dos partidos "fere o princípio da eleição proporcional" (BRASIL. Câmara dos Deputados. *PL 5734/2013*. Disponível em: <http://www.camara.gov.br/proposicoesWeb/fichadetramitacao?idProposicao=580148>. Acesso em: 15 nov. 2017).

[42] O Deputado Júlio Delgado do Partido Socialista Brasileiro pontuou que "fazer uma reforma política a 2 dias do prazo para vigorar no ano que vem é não fazer algo direito. Fazer no apagar das luzes do prazo é fazer uma reforma que vai ficar capenga". Também o Deputado Davidson Magalhães do PCdoB apontou que "nós estamos aqui discutindo uma reforma eleitoral. Na verdade, não é uma reforma política. Não foge do script de todas as reformas políticas que têm sido feitas nos últimos anos, sempre de maneira açodada, sem uma discussão mais profunda". O Deputado Diego Garcia do Partido Humanista da Solidariedade chegou a afirmar que "para tentar atender a todos os pedidos, de todos os colegas, de todos os partidos, acabou virando um balaio de gatos a proposta". A Deputada Luiza Erundina do Partido Socialismo e Liberdade registrou que "Infelizmente, ao longo dos meses, as pretensões foram sendo reduzidas, as expectativas se frustrando e hoje temos uma colcha de retalhos, que está sendo construída num tecido com parte que vem do Senado, parte que está vindo desta Casa, através da Comissão Especial, e mais uma PEC como proposta da bancada feminina" (BRASIL. Câmara dos Deputados. *Discursos e*

O relator, Deputado Vicente Cândido, após lamentar não ter sido possível fazer uma reforma política "mais ousada" apresentou seu parecer no seguinte sentido:

> Todas as emendas apresentadas atendem, em linhas gerais, aos requisitos constitucionais e de juridicidade e adequação financeira e orçamentária.
>
> Quanto ao mérito, embora reconheçamos os bons propósitos da maioria das alterações propostas, acolheremos apenas aquelas que nos parecem contribuir para o entendimento e o acordo entre as bancadas, dada a situação de urgência na deliberação desta matéria, que não nos permite, neste momento, aprofundar a discussão de temas mais controversos ou complexos neste momento [sic].
>
> Concluo o voto, assim, no sentido da constitucionalidade, juridicidade, boa técnica legislativa e redação, compatibilidade financeira e orçamentária de todas as emendas e, no mérito, da aprovação das EMP 1, 5, 38, 45 e 47, que incorporamos ao substitutivo na forma de uma subemenda substitutiva global, ora anexada. Quanto as demais emendas, o voto é pela rejeição.

Assim, na condição de parte da Subemenda Substitutiva Global, foi a modificação do art. 109, §2º, do Código Eleitoral, aprovada em 4.10.2017 na Câmara dos Deputados. Destaca-se, nesse ponto, que não foram registradas falas no plenário relacionadas especificamente à modificação do art. 109, §2º, do Código Eleitoral.[43]

No Senado, a votação ocorreu em 5.10.2017, inexistindo igualmente registros de manifestações referentes à mudança sob análise.[44] Nesse sentido, o Parecer nº 174/2017-PLEN-SF, pela "constitucionalidade, juridicidade e regimentalidade do projeto", registrou de modo genérico:[45]

> No tocante à constitucionalidade, cabe registrar que a Carta Magna confere competência privativa à União para legislar sobre direito eleitoral,

---

notas taquigráficas – PL 8612/2017. Disponível em: <http://www2.camara.leg.br/deputados/discursos-e-notas-taquigraficas/discursos-em-destaque/pl-8612-de-2017-promove-ampla-reforma-politico-eleitoral/projeto-de-lei-no-8-612-de-2017-reforma-politico-eleitoral>. Acesso em: 15 nov. 2017).

[43] A maioria das manifestações – quando referentes ao tema do projeto – versavam sobre a criação e distribuição do fundo de financiamento de campanhas eleitorais.

[44] Também no que tange à Lei nº 13.165/2015, em consulta aos documentos disponibilizados no sítio eletrônico da Câmara dos Deputados sobre a tramitação do PL nº 5.735/2013 e da promulgação da lei, não foram localizados textos que aprofundassem o debate sobre a importância/necessidade de modificar os dispositivos do Código Eleitoral no que concerne à distribuição de vagas obtidas nas eleições proporcionais.

[45] BRASIL. Senado Federal. PL 110/17. Disponível em: <https://www25.senado.leg.br/web/atividade/materias/-/materia/131127>. Acesso em: 15 dez. 2017.

bem como competência ao Congresso Nacional para dispor sobre essa matéria, nos termos dos arts. 22, I, e 48, *caput*.

Do ponto de vista do mérito, a proposição vem preencher lacunas na legislação eleitoral, cuja correção se impunha para as próximas eleições, aperfeiçoando especialmente as normas sobre financiamento de campanhas e propaganda eleitoral.

Trata-se de matéria cuja deliberação é urgente, tendo em vista os prazos constitucionais para que as novas normas possam se aplicar às eleições de 2018.

Ademais, temos que considerar que a proposição é resultado não apenas das negociações feitas entre os partidos políticos na Câmara dos Deputados, como entre aquela Casa e o Senado Federal, que resultaram na aprovação, pela Câmara Baixa, sem alterações, do Projeto de Lei do Senado (PLS) nº 206, de 2017, que *altera as Leis nºs 9.096, de 19 de setembro de 1995, e 9.504, de 30 de setembro de 1997, para instituir o Fundo Especial de Financiamento de Campanha (FEFC) e extinguir a propaganda partidária no rádio e na televisão.*

Ainda nos termos desse amplo entendimento, os ajustes que ainda se fazem necessários para a compatibilização das matérias serão objeto de veto pelo Presidente da República.

Com isso, teremos condições de regulamentar as próximas eleições, permitindo que as campanhas se realizem de forma regular e que os eleitores tenham acesso à todas as propostas e possam decidir com conhecimento de causa.

Em estudos anteriores, Carlos Ranulfo Melo analisou o tema da reforma política em perspectiva comparada na América do Sul e pontuou que o Brasil – juntamente com o Chile – seria um dos países com maiores dificuldades de implementar de fato reforma política. Destacou, contudo, duas agendas de reforma, uma das quais estaria centrada no aperfeiçoamento da representação proporcional no Brasil. O autor destacou:

> [...] a ocorrência de um processo de reforma política depende de como se combinam pressões sociais e constituição de maiorias legislativas. A depender de como isso se dá, as reformas podem ser bem sucedidas, ainda que os objetivos imediatos dos reformadores sejam suplantados pela dinâmica política, fracassar completamente em seus objetivos ou simplesmente não acontecer ou fazê-lo de forma muito limitada.[46]

---

[46] MELO, Carlos Ranulfo. Reforma política em perspectiva comparada na América do Sul. In: AVRITZER, Leonardo; ANASTASIA, Fátima (Ed.). *Reforma política no Brasil*. Belo Horizonte: Editora UFMG, 2007. p. 61.

As reformas de 2015 e 2017 seguem um padrão de alterações pontuais na legislação eleitoral. Muito embora se pudessem dizer presentes, com relação à reforma de 2015, pressões sociais decorrentes das manifestações populares de 2013, a Lei nº 13.165 foi aprovada com alguma urgência, não necessariamente incluindo a participação de setores da sociedade interessados em pautar a reforma política. Do mesmo modo, muito embora tenha sido constituída em outubro de 2016 uma Comissão Especial na Câmara para estudar e propor uma reforma política ampla e fundamentada, observa-se que muito pouco restou das propostas originais, tamanha a pressão por uma aprovação rápida que pudesse ser aplicada já no ano seguinte.[47]

3.1 Quociente eleitoral e cláusula de barreira

Diante do cenário delineado nos tópicos anteriores, tem-se que até as eleições de 2016 o partido ou a coligação que não obtivessem votos em quantidade superior ao quociente eleitoral não teriam representação na casa legislativa, nos termos do disposto no art. 109, §2º do Código Eleitoral. O quociente eleitoral representava, portanto, cláusula de barreira, a limitar o acesso à casa legislativa aos partidos ou coligações que atingissem um mínimo de representatividade, quantificável a partir do somatório da votação de legenda e da votação nominal em seus candidatos.

As cláusulas de barreira, também chamadas de cláusulas de exclusão, são mecanismos que podem afetar a representação e até mesmo a participação e sobrevivência de partidos políticos, como esclarece Jairo Nicolau:[48]

> A cláusula de exclusão determina que um partido só poderá obter representação caso receba, pelo menos, um determinado contingente de votos. [...] A principal justificativa é que a proporcionalidade extrema poderia produzir um legislativo muito fragmentado, que afetaria a governabilidade.

Segundo Giusti Tavares, o quociente eleitoral consiste em "cláusula de exclusão implícita", que é "definida por uma participação relativa mínima na totalidade dos votos válidos na eleição em pauta" e que

---

[47] Registra-se que o Relatório Parcial nº 1 da Comissão foi apresentado em abril de 2017 e está disponível no sítio oficial da Câmara dos Deputados, juntamente aos relatórios parciais nºs 2 e 3, que o seguiram.

[48] NICOLAU, Jairo Marconi. *Sistemas eleitorais*. 5. ed. Rio de Janeiro: FGV, 2004. p. 51.

representava tradição brasileira, desde o Código Eleitoral de 1932. Para o autor:

> Operando sobre circunscrições de magnitude elevada, os sistemas proporcionais viabilizam a representação política, segundo a magnitude relativa dos sufrágios de cada um, para todos os partidos minimamente relevantes, assim definidos aqueles que tenham logrado pelo menos o cociente eleitoral, que funciona, na tradição brasileira, desde o Código Eleitoral de 1932, como requisito de ingresso – ou cláusula de exclusão – do partido na Câmara dos Deputados e nas assembléias legislativas estaduais brasileiras.[49]

Eneida Desiree, por sua vez, ensina que a cláusula de barreira – embora geradora de impacto na formação das casas legislativas – é na verdade elemento estrutural do regime de partidos políticos, e não elemento de caracterização do sistema eleitoral.[50]

A nova redação do §2º do art. 109 do Código Eleitoral não faz com que o quociente eleitoral deixe de ser uma cláusula de barreira, já que permanece a exigência de que, em um primeiro momento, o partido tenha número suficiente de votos válidos para superar a quantidade definida nessa primeira fase e ocupar uma vaga no parlamento. É dizer, quando a maioria das vagas é distribuída, no momento definição das vagas preenchidas por quociente partidário, somente os partidos que superem em votos o quociente eleitoral conseguirão pelo menos uma vaga.

Inobstante, verifica-se que, com a mudança na lei, a barreira deixa de funcionar como limite absoluto. Antes da reforma de 2017, o partido que não alcançasse o quociente eleitoral não teria chance de obter vaga alguma. Já com a nova redação do referido dispositivo, segundo o qual "poderão concorrer à distribuição dos lugares todos os partidos e coligações que participaram do pleito", o partido que não alcançou o quociente eleitoral ainda assim poderá participar da distribuição das vagas remanescentes.

Interessante destacar que, ao discorrer sobre o modelo proporcional adotado no Brasil, Eneida Desiree trouxe, em 2012, a proposta de reforma "dirigida à maior efetivação do princípio do pluralismo

---

[49] TAVARES, José Antônio Giusti. O problema do cociente partidário na teoria e na prática brasileiras do mandato representativo. *Dados*, Rio de Janeiro, v. 42, n. 1, p. 63-110, 1999. Disponível em: <http://www.scielo.br/scielo.php?script=sci_arttext&pid=S0011-52581999000100005&lng=en&nArm=iso>. Acesso em: 1º dez. 2017.

[50] SALGADO, Eneida Desiree. *Sistemas eleitorais*: experiências iberoamericanas e características do modelo brasileiro. Belo Horizonte: Fórum, 2012. p. 141.

político", no exato sentido promovido pela reforma de 2017, isto é, permitindo a participação de partidos que não houvessem alcançado o quociente partidário na distribuição das sobras. A autora explica que, com essa alteração, "intensificaria-se a participação das minorias no debate político e nas instituições públicas, aprimorando-se a democracia brasileira, normativamente tão ambiciosa".[51]

Essa finalidade, de "efetivação do princípio do pluralismo político" por meio do aumento da participação das minorias no debate político será considerada em nossa análise de dados.

Segundo a autora, o pluralismo é um dos princípios estruturantes da Constituição da República de 1988[52] e dá o contorno da concepção de democracia preconizada por esta Constituição –[53] uma democracia inclusiva.[54] Assim, o pluralismo político é o "fundamento do princípio constitucional da necessária participação das minorias no debate público e nas instituições políticas".[55]

Desiree Salgado aponta ainda a relação entre a adoção do sistema proporcional e a garantia da pluralidade de ideias, e esclarece, fazendo referência a Dalmoro e Fleischer:[56]

> Para realizar o princípio constitucional da participação das minorias e ao mesmo tempo evitar coligações entre partidos sem qualquer concordância ideológica, afastando o mercado do tempo de horário eleitoral gratuito, uma possibilidade é quebrar a exigência de que apenas os partidos que atinjam o quociente eleitoral possam participar das sobras na distribuição de cadeiras.[57]

---

[51] SALGADO, Eneida Desiree. *Sistemas eleitorais*: experiências iberoamericanas e características do modelo brasileiro. Belo Horizonte: Fórum, 2012. p. 170.

[52] SALGADO, Eneida Desiree. *Princípios constitucionais estruturantes do direito eleitoral*. 2010. 356 f. Tese (Doutorado em Direito do Estado) – Universidade Federal do Paraná, Curitiba, 2010. p. 59.

[53] SALGADO, Eneida Desiree. *Princípios constitucionais estruturantes do direito eleitoral*. 2010. 356 f. Tese (Doutorado em Direito do Estado) – Universidade Federal do Paraná, Curitiba, 2010. p. 20.

[54] SALGADO, Eneida Desiree. *Princípios constitucionais estruturantes do direito eleitoral*. 2010. 356 f. Tese (Doutorado em Direito do Estado) – Universidade Federal do Paraná, Curitiba, 2010. p. 24.

[55] SALGADO, Eneida Desiree. *Princípios constitucionais estruturantes do direito eleitoral*. 2010. 356 f. Tese (Doutorado em Direito do Estado) – Universidade Federal do Paraná, Curitiba, 2010. p. 218.

[56] DALMORO, Jefferson; FLEISCHER, David. Eleição proporcional: os efeitos das coligações e o problema da proporcionalidade. In: KRAUSE, Silvana; SCHMITT, Rogério (Org.). *Partidos e coligações eleitorais no Brasil*. São Paulo: Editora da Unesp, 2005. p. 108

[57] SALGADO, Eneida Desiree. *Princípios constitucionais estruturantes do direito eleitoral*. 2010. 356 f. Tese (Doutorado em Direito do Estado) – Universidade Federal do Paraná, Curitiba, 2010. p. 230.

Cabe anotar, por fim, que em 2006 o Supremo Tribunal Federal tratou do tema cláusula de barreira em sede de controle concentrado de constitucionalidade, nas ADIs nºs 1.351 e 1.354. A Corte não se dedicou a uma análise minudente sobre a possibilidade de aplicação de algum tipo de cláusula de barreira, ou sobre a definição de cláusula de barreira, mas deixou claro que o formato proposto para o art. 13 da Lei nº 9.096/95 seria por demais restritivo, a inviabilizar a atuação e eventualmente a sobrevivência de alguns partidos. Apontou, ainda, que o quociente eleitoral é uma cláusula de barreira, ou mesmo a barreira suficiente e necessária, dispensando outras mais.

4 Aplicação da nova redação do §2º do art. 109, do CE ao resultado das eleições de 2014: análise de dados

Para tentar compreender melhor as alterações trazidas pela Lei nº 13.488/2017 ao sistema proporcional brasileiro, buscamos simular o resultado da última eleição geral com as novas previsões legais. Questionamos, portanto, o possível impacto da reforma: se essas regras trazidas pela reforma de 2017 valessem para as eleições de 2014 – nossas últimas eleições regionais –, qual seria o efeito da possibilidade de partidos que não alcançaram o quociente eleitoral obterem alguma vaga na distribuição das vagas remanescentes? Nesse ponto, serão consideradas também as modificações realizadas pela Lei nº 13.165/2015, para que a análise corresponda ao ordenamento jurídico aplicável às próximas eleições gerais, de 2018.

4.1 Metodologia

Para o presente estudo, foram analisados os resultados obtidos nas eleições gerais de 2014, para o cargo de deputado federal, em todos os estados da Federação.[58]

A metodologia contou com quatro fases principais:

1) coleta dos dados da eleição de 2014 no sítio oficial do Tribunal Superior Eleitoral,[59] notadamente os votos obtidos por cada

---

[58] No presente estudo, considerando os limites da pesquisa, optamos por realizar a análise considerando a eleição para deputado federal. As eleições para deputado estadual ou vereador exigiriam a realização de estudo específico.

[59] BRASIL. Tribunal Superior Eleitoral. *Estatísticas eleitorais 2014* – Quocientes eleitoral e partidário. Disponível em: <http://www.tse.jus.br/eleitor-e-eleicoes/estatisticas/eleicoes/eleicoes-anteriores/estatisticas-candidaturas-2014/estatisticas-eleitorais-2014-resultados>. Acesso em: 1º dez. 2017.

partido ou coligação, quociente eleitoral e vagas obtidas pelo quociente partidário;

2) verificação do preenchimento do requisito de votação nominal mínima de 10% do quociente eleitoral, para os candidatos eleitos, de modo a averiguar se algum perderia a vaga com a aplicação da redação do art. 108 do CE, dada pela Lei nº 13.165/2015;

2.1) caso não cumprido o requisito, consideração da vaga na distribuição de vagas remanescentes;

3) distribuição das vagas remanescentes, por meio do cálculo da média, considerando todos os partidos e coligações que participaram do pleito, nos termos da nova redação do art. 109, §2º, conferida pela Lei nº 13.488/2017;

3.1) eventual redistribuição das vagas de acordo com a nova regra e comparação dos resultados;

4) verificação do preenchimento do requisito de votação nominal mínima de 10% do quociente eleitoral, para os candidatos eleitos, de modo a averiguar se algum perderia a vaga com a aplicação da redação do art. 109, do CE, dada pela Lei nº 13.165/2015.

5) comparação dos resultados sem a regra e com a regra em todos os estados.

4.2 Votação nominal mínima

Conforme pontuado, deve ser considerada na presente análise a votação nominal mínima de 10%, segundo redação do art. 108 inaugurada com a Lei nº 13.165 de 2015.[60]

Analisando os dados sobre estatísticas e resultados das eleições de 2014 do TSE, é possível concluir que, entre todos os deputados federais eleitos em todos os estados brasileiros, apenas dois não teriam atingido o mínimo de votação nominal exigido pela legislação eleitoral.

Em São Paulo, Marcelo Squassoni, eleito pelo quociente partidário, e Fausto Ruy Pinato, eleito por média, ambos do PRB, não atingiram os

---

[60] A Reforma de 2015, ao inserir a necessidade de observância de um percentual de votação nominal mínimo, traz um elemento que enaltece em alguma medida o personalismo na política, eis que se valoriza a votação nominal mais que a votação obtida pelo partido ou coligação como um todo. No presente estudo não nos aprofundaremos na compreensão sobre o perfil de representatividade promovido – ou pretendido – pelo sistema proporcional brasileiro. Indicamos para leitura sobre o tema: SANTOS, Polianna Pereira. *Voto e qualidade da democracia*: as distorções do sistema proporcional brasileiro. Belo Horizonte: D'Plácido, 2017.

30.380 votos – correspondentes a 10% do quociente eleitoral – obtendo, respectivamente, 30.315 e 22.097 votos. A tabela a seguir demonstra como ficaria a nova divisão de vagas.

TABELA 1
Votação deputado federal por partido/coligação e
cadeiras por partido – São Paulo 2014

Partido/ coligação	Votos	QE	Vagas por QP	Vagas pela média	Vagas por QP mínimo 10%	Vagas pela média após Lei nº 13.488
SD	501.003	303.803	1	0	1	0
PSDC	30.083	303.803	0	0	0	0
PCB	10.853	303.803	0	0	0	0
PDT	454.473	303.803	1	0	1	0
PRB	2.241.552	303.803	7	1	6	0
PHS/PRP	252.205	303.803	0	0	0	0
PMDB/PROS/ PP/PSD	2.635.036	303.803	8	1	8	1
PCO	5.343	303.803	0	0	0	0
PSDB/DEM/PPS	5.537.630	303.803	18	2	18	3
PSL/PTN/PMN/ PTC/PT do B	350.882	303.803	1	0	1	0
PSOL/PSTU	462.992	303.803	1	0	1	0
PSB	1.192.210	303.803	3	1	3	1
PR	1.701.667	303.803	5	1	5	1
PTB	701.693	303.803	2	0	2	0
PV	955.373	303.803	3	0	3	0
PT/PC do B	3.170.003	303.803	10	1	10	2
PSC	828.477	303.803	2	1	2	1
PEN	176.184	303.803	0	0	0	0
PPL	25.138	303.803	0	0	0	0
PRTB	33.397	303.803	0	0	0	0
Total	21.266.194	6.076.060	62	8	61	9

Fonte: Elaboração própria com base em dados do Tribunal Superior Eleitoral.[61]

---

[61] BRASIL. Tribunal Superior Eleitoral. *Estatísticas eleitorais 2014* – Quocientes eleitoral e partidário. Disponível em: <http://www.tse.jus.br/eleitor-e-eleicoes/estatisticas/eleicoes/

Assim, teríamos uma vaga a mais para ser distribuída pela média, sendo que o PRB não poderia, a princípio, participar da divisão por não possuir mais candidatos com a votação nominal exigida.[62] As vagas seriam redistribuídas às coligações com as maiores médias, PT/PC do B e PSDB/DEM/PPS – conforme método demonstrado no item seguinte –, e assumidas pelos candidatos José de Paula Neto (PC do B), com 82.105 votos, e Antônio Carlos de Mendes Thame (PSDB), com 106.676 votos.

A mudança legislativa em análise teve como justificativa "o fim da figura de puxador de votos nas eleições proporcionais", conforme divulgado pelo Senado Federal em notícia em seu sítio eletrônico.[63] Inobstante, os dados mostram que apenas dois de 513 deputados federais eleitos não atingiriam o mínimo legal exigido. Essa constatação pode estar relacionada a uma maior tendência de votação nominal pelo eleitorado brasileiro.[64]

4.3 Distribuição de vagas remanescentes

Para ilustrar a metodologia colacionamos a seguir a tabela utilizada para analisar a votação em Rondônia, onde houve alteração do resultado em razão da modificação procedida pela Lei nº 13.488/2017.

---

eleicoes-anteriores/estatisticas-candidaturas-2014/estatisticas-eleitorais-2014-resultados>. Acesso em: 1º dez. 2017.

[62] Essa participação somente poderia ocorrer, nos termos do art. 109, III, do Código Eleitoral, "quando não houver mais partidos ou coligações com candidatos que atendam às duas exigências do inciso I" – que incluem o percentual mínimo de votação nominal – momento em que as cadeiras serão distribuídas aos partidos que apresentarem as maiores médias.

[63] BRASIL. Senado votou propostas para dar mais transparência às eleições e reduzir custos. *Senado Federal*, Brasília, 21 dez. 2015. Disponível em: <http://www12.senado.leg.br/noticias/materias/2015/12/21/senado-votou-propostas-para-dar-mais-transparencia-as-eleicoes-e-reduzir-custos/tablet>. Acesso em: 15 nov. 2017.

[64] Sobre o tema, sugere-se a leitura do artigo *Anacronismo do sistema proporcional de lista aberta no Brasil – Ocaso das razões originárias de sua adoção*, que entre outros pontos destaca o "voto natural" do brasileiro, o voto uninominal, para um determinado candidato (PEREIRA, Rodolfo Viana; GELAPE, Lucas de Oliveira. Anacronismo do sistema proporcional de lista aberta no Brasil. *Revista de Informação Legislativa*, v. 52, n. 205, p. 261-279, jan./mar. 2015. Disponível em: <http://www2.senado.gov.br/bdsf/item/id/509952>. Acesso em: 26 out. 2015).

TABELA 2
Votação deputado federal por partido/coligação antes e depois da Lei nº 13.488 – Rondônia 2014

Partido/coligação	Votos	QE	Vagas por QP	Vagas pela média	Vagas por QP mínimo 10%	Nova média votos/ vagas + 1	1ª vaga após Lei nº 13.488	Nova média	2ª vaga	Vagas distri- buídas
PSOL/PSTU	7074	99809	0	0	0	7074				
PMDB/PRTB/PC do B/ PDT/PRP/PSB/PTB/ PSL/PTN	404643	99809	4	1	4	80928				
PT	90970	99809	0	0	0	90970			1	1
PSDB/PSDC/PSD/ PEN/SD/PHS/PSC/ PMN/PT do B/PRB/ DEM	184062	99809	1	1	1	92031	1	61354		1
PP/PR/PPS/PTC/PV/ PROS	111726	99809	1	0	1	55863				
Total	798475		6	2	6					2

Fonte: Elaboração própria com base em dados do Tribunal Superior Eleitoral.[65]

Em Rondônia, nas eleições de 2014, seis vagas foram distribuídas regularmente por meio do quociente partidário, restando duas vagas para serem distribuídas pelo sistema de maiores médias. Constatou-se que todos os partidos que receberam vagas por meio do quociente partidário possuíam candidatos com votação suficiente (superior a 10% do quociente eleitoral) para ocupar essas vagas, nos termos do art. 108, do Código Eleitoral. Conforme visto, a fórmula para a distribuição das vagas remanescentes, por meio da qual se extrai a média do partido/ coligação, é:

$$\text{Média} = \frac{\text{total de votos válidos do partido/coligação}}{(\text{vagas obtidas} + 1)}$$

Devendo ser repetido o cálculo a cada vaga obtida pelo partido/ coligação. A sexta coluna da tabela mostra os resultados dessa operação.

---

[65] BRASIL. Tribunal Superior Eleitoral. *Estatísticas eleitorais 2014* – Quocientes eleitoral e partidário. Disponível em: <http://www.tse.jus.br/eleitor-e-eleicoes/estatisticas/eleicoes/ eleicoes-anteriores/estatisticas-candidaturas-2014/estatisticas-eleitorais-2014-resultados>. Acesso em: 1º dez. 2017.

Como o PT não recebeu uma quantidade de votos igual ou superior ao quociente eleitoral, não entrou na distribuição de vagas em 2014. Removendo essa barreira e incluindo-o na distribuição das vagas remanescentes, como preconizado pela nova lei, a sua média lhe confere uma vaga, enquanto a coligação encabeçada pelo PMDB, que já possuía 4 vagas, a perde. Como o candidato mais votado do PT, Anselmo de Jesus Abreu, obteve 24.696 votos, número superior a 10% do quociente eleitoral (9.980), estaria apto a ocupar a cadeira resultante da nova distribuição, mudando assim o resultado das eleições.

Aplicando essa nova sistemática de distribuição de cadeiras, o resultado das eleições sofre alteração em cinco estados: Rio de Janeiro, Goiás, Mato Grosso, Amapá e Rondônia.[66]

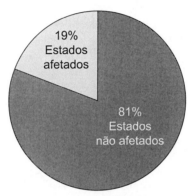

GRÁFICO 1 – Efeito da alteração do art. 109, §2º, do Código Eleitoral, na eleição de deputados federais, considerando os estados da Federação

Fonte: Elaboração própria com base em dados do Tribunal Superior Eleitoral.[67]

Entre esses estados, apenas no Rio de Janeiro a coligação que obteria uma nova vaga na redistribuição (PHS/PTN) não a ocuparia, porque o candidato mais votado, Anabal Barbosa de Souza (PHS), recebeu 16.404 votos, ficando aquém dos 10% do quociente eleitoral (16.681). Assim, ao fim não houve alteração na ocupação das cadeiras naquele estado.

---

[66] Conforme gráfico do presente artigo.
[67] BRASIL. Tribunal Superior Eleitoral. *Estatísticas eleitorais 2014* – Quocientes eleitoral e partidário. Disponível em: <http://www.tse.jus.br/eleitor-e-eleicoes/estatisticas/eleicoes/eleicoes-anteriores/estatisticas-candidaturas-2014/estatisticas-eleitorais-2014-resultados>. Acesso em: 1º dez. 2017.

Vale frisar que nos estados em que a votação sofreu alguma alteração o partido ou coligação beneficiada atingiu um número de votos muito próximo ao quociente eleitoral: Rio de Janeiro, 86%, Amapá, 89%, Goiás e Rondônia, 91% e Mato Grosso, 98%. O único estado em que não houve alteração, embora a coligação não eleita mais bem votada tenha atingido percentual parecido, foi o Ceará, com 87% do quociente eleitoral. Nele, contudo, a coligação mais bem votada teve mais da metade dos votos totais e, junto com a segunda, conseguiu quase a totalidade dos votos, concentrando a distribuição. Nos outros estados, as coligações que não obtiveram vagas tiveram uma votação percentualmente bem inferior.

A modificação legislativa sob análise, portanto, alteraria os resultados da eleição de quatro estados, dando oportunidade a partidos que se aproximaram do quociente eleitoral e tiveram candidatos bem votados de ocupar uma cadeira no Poder Legislativo. Importante notar, ainda assim, que seriam apenas quatro entre 513 cadeiras.

Destacam-se, assim, as alterações que seriam provocadas na representação partidária na Câmara dos Deputados. Nesse sentido, a tabela a seguir demonstra quantos partidos estavam representados na casa legislativa ao final das eleições de 2014 e simula quantos estariam representados ao se aplicar as novas regras.

TABELA 3
Representação partidária antes e depois das leis
n°s 13.165 e 13.488 – Eleições 2014 *(continua)*

Votação deputado federal por estado antes e depois das leis n°s 13.165 e 13.488 – Eleições 2014								
Estado	Votos	QE	Vagas por QP (total)	Vagas pela média (total)	Nova distribuição de vagas por QP mín. 10%	Nova distri-buição de vagas pela média	Partidos repre-sentados (resultado original)	Partidos represen-tados (após reformas)
AC	399.201	49.900	7	1	7	1	5	5
AL	1.384.584	153.843	8	1	8	1	9	9
AM	1.658.407	207.301	7	1	7	1	7	7
AP	386.084	48.260	4	4	4	4	8	8
BA	6.646.541	170.424	36	3	36	3	16	16
CE	4.367.020	198.501	19	3	19	3	14	14
DF	14.54.063	181.758	6	2	6	2	8	8
ES	1.794.470	179.447	7	3	7	3	9	9
GO	3.032.760	178.398	15	2	15	2	10	11
MA	3.130.492	173.916	14	4	14	4	14	14

TABELA 3
Representação partidária antes e depois das leis
nºs 13.165 e 13.488 – Eleições 2014

(conclusão)

Votação deputado federal por estado antes e depois das leis nºs 13.165 e 13.488 – Eleições 2014							
Estado	Votos	QE	Vagas por QP (total)	Vagas pela média (total)	Nova distribuição de vagas por QP mín. 10%	Nova distribuição de vagas pela média	Partidos representados (resultado original)	Partidos representados (após reformas)
MG	10.135.045	191.227	28	5	28	5	19	19
MS	1.276.893	159.612	6	2	6	2	6	6
MT	1.454.612	181.826	5	3	5	3	7	7
PA	3.756.049	220.944	15	2	15	2	12	12
PB	1.936.819	161.402	9	3	9	3	10	10
PE	4.483.227	179.329	23	2	23	2	12	12
PI	1.733.434	173.343	9	1	9	1	6	6
PR	5.665.222	188.841	25	5	25	5	15	15
RJ	7.673.438	166.814	40	6	40	6	16	16
RN	1.580.871	197.609	7	1	7	1	8	8
RO	798.475	99.809	6	2	6	2	6	7
RR	238.099	29.762	6	2	6	2	8	8
RS	5.942.063	191.679	28	3	28	3	11	11
SC	3.376.535	211.033	14	2	14	2	7	7
SE	1.052.826	131.603	7	1	7	1	8	8
SP[68]	21.266.194	303.803	62	8	61	9	18	18
TO	733.225	91.653	7	1	7	1	6	6

Fonte: Elaboração própria com base em dados do Tribunal Superior Eleitoral.[69]

Nota-se que apenas em dois estados apurou-se uma diferença no número de partidos representados: Goiás e Rondônia. Em ambos ocorreria a alteração de uma vaga e o correspondente acréscimo de uma legenda.

Em Goiás, o PSD – que originalmente elegeu 2 deputados, e sua coligação, 13 – perderia uma vaga para o PRP – cuja coligação não alcançou o quociente eleitoral e, portanto, não elegeu ninguém em 2014.

---

[68] Em São Paulo, como já demonstrado, dois candidatos do PRB que não tiveram votação mínima de 10% do quociente eleitoral perdem suas vagas, que são redistribuídas pela média para o PSDB e PC do B.

[69] BRASIL. Tribunal Superior Eleitoral. *Estatísticas eleitorais 2014* – Quocientes eleitoral e partidário. Disponível em: <http://www.tse.jus.br/eleitor-e-eleicoes/estatisticas/eleicoes/eleicoes-anteriores/estatisticas-candidaturas-2014/estatisticas-eleitorais-2014-resultados>. Acesso em: 1º dez. 2017.

Em Rondônia, o PT – que disputou sozinho as eleições e não conseguiu obter votação equivalente ao quociente eleitoral – ganharia uma vaga conquistada pelo PMDB, que por sua vez perderia a vaga que conquistou pela média, permanecendo com duas vagas conquistadas pelo quociente partidário.

Já em Mato Grosso e Amapá ocorre outro fenômeno: o número de partidos representados permanece o mesmo, com um partido substituindo outro. Em Mato Grosso o PSC perde sua única vaga para o PSD, cuja coligação com votação insuficiente não elegera ninguém. A coligação do PSC originalmente elegera cinco deputados, e sob as novas regras ainda teriam quatro – metade das oito vagas do estado.

No Amapá o PSD também conquista uma vaga, a única do PTB. Nesse caso, a coligação integrada pelo PTB continua elegendo apenas sua vaga por quociente partidário, perdendo a vaga pela média.

Assim, há pouca alteração no quadro geral. PSDB, PT, PRP e PC do B ganham uma vaga cada, o que é mais significante para o PRP, que elegeu apenas três deputados federais em 2014. PMDB, PSC e PTB, todos bem representados na Câmara dos Deputados, perdem também uma vaga cada. O caso mais curioso é do PSD, que perde a vaga de um estado, mas ganha duas de outros, a indicar, nessa análise preliminar, que as novas regras podem não beneficiar ou prejudicar nenhuma legenda especificamente. Para permitir conclusões nesse sentido, seria necessário comparar os resultados efetivos de mais eleições.

5   Considerações finais

A revisão do sistema proporcional brasileiro é uma das pautas de reforma política há muito tempo, seja para modificação na forma de apresentação de listas, proibição de coligações, ou mesmo a modificação do próprio sistema.[70] Apesar disso, por muitos anos não houve alterações significativas na legislação sobre o sistema proporcional, até as reformas de 2015 e 2017.

O Congresso Nacional, mesmo quando há esforços para a realização de uma reforma precedida dos necessários estudos – por meio da criação de uma comissão especial na Câmara, por exemplo –, ainda deixa que o "imediatismo" das mudanças pautem o debate, tanto em plenário quanto com a sociedade civil, com o fim único de atender ao princípio da anualidade e lograr aplicar as alterações legislativas na

---

[70] Nesse sentido, o plenário do Senado aprovou em 21.11.2017 dois projetos de lei do Senado (PLS) que têm por finalidade instituir o voto distrital misto nas eleições proporcionais, quais sejam, o PLS nº 86/2017 e o PLS nº 345/2017.

próxima eleição. Essa tendência parece ser mantida mesmo quando o assunto é o sistema eleitoral.[71]

É o que identificamos na análise das discussões e justificativas da alteração legislativa ora analisada, especificamente sobre o papel do quociente eleitoral e a possibilidade de participação na distribuição das vagas remanescentes de partidos que inicialmente não tenha alcançado o quociente eleitoral. Alguns autores, como Jairo Nicolau, apontam que essa possibilidade está relacionada a uma amplificação da participação das minorias nas casas legislativas, inclusive alertando para potenciais dificuldades de governabilidade em função de eventual multiplicidade de partidos.

Eneida Desiree defende a alteração – sugerindo-a mesmo antes de sua implementação –, com base na defesa da "efetivação do princípio do pluralismo político". Com o presente estudo buscamos ver, portanto, se os possíveis resultados traduzem essa finalidade relacionada à intensificação da participação das minorias no debate público.

No que se refere à análise dos dados, contudo, registra-se que ainda que possamos realizar experimentos para testar possíveis impactos dessas alterações, é importante lembrar que os efeitos somente serão percebidos em médio e longo prazo, e a política – de modo muito específico, a disputa eleitoral – não é um jogo de soma zero.[72] Não conseguimos desenhar um quadro ideal para dizer com certeza quais serão os impactos dessas modificações, que podem ser alterados com o passar dos anos – como normalmente ocorre.[73]

É o que nos demonstra o resultado observado no estado do Ceará. Isso porque este foi o único estado em que não houve alteração, embora a coligação não eleita mais bem votada tenha atingido percentual elevado – 87% do quociente eleitoral. Nesse caso, a coligação mais bem votada teve mais da metade dos votos totais e, junto com a segunda,

---

[71] Apesar disso, modificações mais drásticas como a mudança do sistema para adoção de sistema misto, distrital ou mesmo "distritão" não foram aprovadas, como apontado *supra*.

[72] Referimo-nos à teoria dos jogos, segundo a qual um jogo de soma zero é aquele em que necessariamente se um ganha – e o que ganha – o outro perde – na mesma medida.

[73] A título de exemplo, podemos citar a campanha do Deputado Jean Wyllys, nas eleições de 2016, chamando os eleitores de seu partido a escolher um candidato e votar nominalmente no candidato. A finalidade era evitar o risco de perder vagas no caso de seus candidatos não alcançarem um percentual mínimo de votação nominal conforme exigido por lei a partir da Reforma de 2015, já que o partido recebia um percentual de votos de legenda considerável. Um outro efeito possível em médio e longo prazo é os partidos optarem por reduzir o número de candidatos, para concentrar esforços e verbas e evitar a fragmentação do voto dentro do próprio partido. A campanha referida pode ser consultada em JEAN Wyllys. *Facebook*. Disponível em: <https://www.facebook.com/jean.wyllys/videos/1184398791608126/>. Acesso em: 17 dez. 2017.

conseguiu quase a totalidade dos votos, concentrando a distribuição. É dizer, a quantidade de partidos na disputa eleitoral, a formação de coligações, a quantidade de listas à disposição dos eleitores e o percentual de votação que essas listas alcançam – sejam de coligações ou de partidos – fazem muita diferença.

De todos os vinte e sete estados, somente em cinco haveria alguma alteração decorrente da modificação legislativa promovida pela reforma de 2017, sendo que em um desses – Rio de Janeiro – a alteração não se efetiva porque o candidato Anabal Barbosa de Souza (PHS) não obteve o percentual de votação nominal mínima exigido a partir da reforma de 2015 (10% do quociente eleitoral).

Assim, ao fim, em apenas quatro estados houve efetiva modificação de cadeiras. Nada obstante, em apenas dois desses estados – Rondônia e Goiás – houve modificação na quantidade de partidos representados, conforme se viu na Tabela 3. Em Mato Grosso, o PSC perde sua única vaga para o PSD, e no Amapá o PSD também conquista uma vaga, a única do PTB naquele estado.

Inobstante, o estudo realizado demonstra que a modificação na regra de fato pode beneficiar partidos "menores" na circunscrição, ou seja, aqueles com votações inferiores ao quociente eleitoral. Contudo, a modificação não seria tão impactante ao se considerar o universo de 513 cadeiras na Câmara dos Deputados.

Haveria, portanto, nesse contexto, pouca alteração no quadro geral: PSDB, PT, PRP e PC do B ganham uma vaga cada, o que é mais significante para o PRP, que elegeu apenas três deputados federais em 2014. PMDB, PSC e PTB, todos bem representados na Câmara dos Deputados, perdem também uma vaga cada.

Cabe observar que entre os partidos que poderiam, conforme essa simulação, obter novas cadeiras estão alguns de grande representação nacional: o PSDB, que possui atualmente uma bancada com 47 deputados em exercício[74] e o PT, com 57.[75] O PC do B, com representação um pouco menor, já possui atualmente 12 deputados em exercício.[76]

---

[74] BRASIL. Câmara dos Deputados. *Resultado da Pesquisa*. Disponível em: <http://www.camara.leg.br/internet/deputado/Dep_Lista.asp?Legislatura=55&Partido=PSDB&SX=QQ&Todos=None&UF=QQ&condic=QQ&forma=lista&nome=&ordem=nome&origem=None>. Acesso em: 26 dez. 2017.

[75] BRASIL. Câmara dos Deputados. *Resultado da Pesquisa*. Disponível em: <http://www.camara.leg.br/internet/deputado/Dep_Lista.asp?Legislatura=55&Partido=PSDB&SX=QQ&Todos=None&UF=QQ&condic=QQ&forma=lista&nome=&ordem=nome&origem=None>. Acesso em: 26 dez. 2017.

[76] BRASIL. Câmara dos Deputados. *Resultado da Pesquisa*. Disponível em: <http://www.camara.leg.br/internet/deputado/Dep_Lista.asp?Legislatura=55&Partido=PSDB&SX=QQ&

Desse modo, considerando-se o viés do pluralismo político e de representação e participação das minorias, apenas no caso do PRP, que atualmente possui apenas um deputado em exercício,[77] é que se identificaria o cumprimento da referida finalidade.

A alteração legislativa em análise, ao permitir que os partidos políticos que não alcançaram o quociente eleitoral participem da distribuição das vagas remanescentes, cria de fato uma nova possibilidade de ingresso e de representação legislativa para partidos que teriam sua presença nas casas legislativas absolutamente inviabilizada. No entanto, na prática, e considerando as demais regras correlatas – sobretudo a exigência de votação nominal mínima trazida pela reforma de 2015 –, pode ser que a reforma represente mais uma situação de engenharia constitucional, com baixo impacto na promoção do pluralismo político.

A simulação de resultados proposta neste estudo precisa ser comparada com resultados reais e seus efeitos testados por mais de uma eleição de mesma natureza para que seja possível apresentar conclusões efetivas sobre a mudança do instituto. Para tanto, seria importante manter as regras por um período maior de tempo, a fim de permitir a sua verificação.

Referências

BONAVIDES, Paulo. *Ciência política*. São Paulo: Malheiros, 2012.

BRASIL. Câmara dos Deputados. *Deputado Nivaldo Albuquerque*. Disponível em: <http://www.camara.leg.br/internet/deputado/dep_Detalhe.asp?id=5830885>. Acesso em: 26 dez. 2017.

BRASIL. Câmara dos Deputados. *Discursos e notas taquigráficas* – PL 8612/2017. Disponível em: <http://www2.camara.leg.br/deputados/discursos-e-notas-taquigraficas/discursos-em-destaque/pl-8612-de-2017-promove-ampla-reforma-politico-eleitoral/projeto-de-lei-no-8-612-de-2017-reforma-politico-eleitoral>. Acesso em: 15 nov. 2017.

BRASIL. Câmara dos Deputados. *Pesquisa Deputados*. Disponível em: <http://www2.camara.leg.br/deputados>. Acesso em: 26 dez. 2017.

BRASIL. Câmara dos Deputados. *PL 5734/2013*. Disponível em: <http://www.camara.gov.br/proposicoesWeb/fichadetramitacao?idProposicao=580148>. Acesso em: 15 nov. 2017.

BRASIL. Câmara dos Deputados. *PL 8612/2017*. Disponível em: <http://www.camara.gov.br/proposicoesWeb/fichadetramitacao?idProposicao=215199>. Acesso em: 15 nov. 2017.

Todos=None&UF=QQ&condic=QQ&forma=lista&nome=&ordem=nome&origem=None>. Acesso em: 26 dez. 2017.

[77] BRASIL. Câmara dos Deputados. *Deputado Nivaldo Albuquerque*. Disponível em: <http://www.camara.leg.br/internet/deputado/dep_Detalhe.asp?id=5830885>. Acesso em: 26 dez. 2017.

BRASIL. Câmara dos Deputados. *Resultado da Pesquisa*. Disponível em: <http://www.camara.leg.br/internet/deputado/Dep_Lista.asp?Legislatura=55& Partido =PSDB&SX=QQ&Todos=None&UF=QQ&condic=QQ&forma=lista&nome=&ordem =nome&origem=None>. Acesso em: 26 dez. 2017.

BRASIL. *Código Eleitoral*. Brasília. Disponível em: <http://www.planalto.gov.br/ccivil_03/leis/l4737.htm>. Acesso em: 15 nov. 2017.

BRASIL. *Constituição da República Federativa do Brasil de 1988*. Brasília, 5 out. 1988. Disponível em: <http://www.planalto.gov.br/ccivil_03/constituicao/constituicaocompilado.htm>. Acesso em: 15 nov. 2017.

BRASIL. *Emenda Constitucional n. 52*. Brasília, 8 mar. 2006. Disponível em: <http://www.planalto.gov.br/ccivil_03/constituicao/Emendas/Emc/emc52.htm>. Acesso em: 15 nov. 2017.

BRASIL. *Emenda Constitucional n. 97*. Brasília, 4 out. 2017. Disponível em: <http://www.planalto.gov.br/ccivil_03/constituicao/Emendas/Emc/emc97.htm>. Acesso em: 15 nov. 2017.

BRASIL. *Lei 13.165*. Brasília, 29 set. 2015. Disponível em: <http://www.planalto.gov.br/ccivil_03/_ato2015-2018/2015/lei/l13165.htm>. Acesso em: 15 nov. 2017.

BRASIL. *Lei 13.487*. Brasília, 6 out. 2017. Disponível em: <http://www.planalto.gov.br/ccivil_03/_ato2015-2018/2017/lei/L13487.htm>. Acesso em: 15 nov. 2017.

BRASIL. *Lei 13.488*. Brasília, 6 out. 2017. Disponível em: <http://www.planalto.gov.br/ccivil_03/_ato2015-2018/2017/lei/L13488.htm>. Acesso em: 15 nov. 2017.

BRASIL. *Lei das Eleições*. Brasília. 30 set. 1997. Disponível em: <http://www.planalto.gov.br/ccivil_03/leis/L9504.htm>. Acesso em: 15 nov. 2017.

BRASIL. Senado Federal. *PL 110/17*. Disponível em: <https://www25.senado.leg.br/web/atividade/materias/-/materia/131127>. Acesso em: 15 dez. 2017.

BRASIL. Senado votou propostas para dar mais transparência às eleições e reduzir custos. *Senado Federal*, Brasília, 21 dez. 2015. Disponível em: <http://www12.senado.leg.br/noticias/materias/2015/12/21/senado-votou-propostas-para-dar-mais-transparencia-as-eleicoes-e-reduzir-custos/tablet>. Acesso em: 15 nov. 2017.

BRASIL. Supremo Tribunal Federal. *ADI 5420*. Disponível em: <http://portal.stf.jus.br/processos/detalhe.asp?incidente=4891075>. Acesso em: 15 nov. 2017.

BRASIL. Tribunal Superior Eleitoral. *Estatísticas eleitorais 2014* – Quocientes eleitoral e partidário. Disponível em: <http://www.tse.jus.br/eleitor-e-eleicoes/estatisticas/eleicoes/eleicoes-anteriores/estatisticas-candidaturas-2014/estatisticas-eleitorais-2014-resultados>. Acesso em: 1º dez. 2017.

CAMPOS, Adriana; SANTOS, Polianna. Democracia, direitos políticos e sistema proporcional brasileiro: reflexões sobre a adoção de cálculo intracoligacional. In: VITA, Jonathan Barros; DIZ, Jamile Bergamaschini Mata; BAEZ, Narciso Leandro Xavier (Org.). *Direitos fundamentais e democracia III*. 1. ed. Florianópolis: Conpedi, 2014. v. III. Disponível em: <http://publicadireito.com.br/artigos/?cod=8cec19a74549d78a>. Acesso em: 25 dez. 2017.

CIENTISTAS políticos dizem não ao distritão. *Associação Brasileira de Ciência Política*, 13 ago. 2017. Disponível em: <https://cienciapolitica.org.br/noticias/2017/08/cientistas-politicos-dizem-nao-ao-distritao>. Acesso em: 1º dez. 2017.

DALMORO, Jefferson; FLEISCHER, David. Eleição proporcional: os efeitos das coligações e o problema da proporcionalidade. In: KRAUSE, Silvana; SCHMITT, Rogério (Org.). *Partidos e coligações eleitorais no Brasil*. São Paulo: Editora da Unesp, 2005.

GRESTA, Roberta Maia. O Distritão e a reforma política à luz de velas. *Carta Capital: Justificando*, 11 ago. 2017. Disponível em: <http://justificando.cartacapital.com.br/2017/08/11/o-distritao-e-reforma-politica-luz-de-velas/>. Acesso em: 1º dez. 2017.

MELO, Carlos Ranulfo. Reforma política em perspectiva comparada na América do Sul. In: AVRITZER, Leonardo; ANASTASIA, Fátima (Ed.). *Reforma política no Brasil*. Belo Horizonte: Editora UFMG, 2007.

NICOLAU, Jairo Marconi. *Sistemas eleitorais*. 5. ed. Rio de Janeiro: FGV, 2004.

PEREIRA, Rodolfo Viana; GELAPE, Lucas de Oliveira. Anacronismo do sistema proporcional de lista aberta no Brasil. *Revista de Informação Legislativa*, v. 52, n. 205, p. 261-279, jan./mar. 2015. Disponível em: <http://www2.senado.gov.br/bdsf/item/id/509952>. Acesso em: 26 out. 2015.

SALGADO, Eneida Desiree. *Princípios constitucionais estruturantes do direito eleitoral*. 2010. 356 f. Tese (Doutorado em Direito do Estado) – Universidade Federal do Paraná, Curitiba, 2010.

SALGADO, Eneida Desiree. *Sistemas eleitorais*: experiências iberoamericanas e características do modelo brasileiro. Belo Horizonte: Fórum, 2012.

SANTOS, Polianna Pereira dos. Sistema proporcional brasileiro e Lei 13165/2015: um breve estudo sob o prisma da qualidade da democracia. *Revista Ballot*, Rio de Janeiro, v. 2, n. 1, p. 245-285, jan./abr. 2016.

SANTOS, Polianna Pereira. *Voto e qualidade da democracia*: as distorções do sistema proporcional brasileiro. Belo Horizonte: D'Plácido, 2017.

SILVA, Luis Virgílio Afonso da. *Sistemas eleitorais*: tipos, efeitos jurídico-políticos e aplicação ao caso brasileiro. São Paulo: Malheiros, 1999.

TAVARES, José Antônio Giusti. O problema do cociente partidário na teoria e na prática brasileiras do mandato representativo. *Dados*, Rio de Janeiro, v. 42, n. 1, p. 63-110, 1999. Disponível em: <http://www.scielo.br/scielo.php?script=sci_arttext&pid=S0011-52581999000100005&lng=en&nArm=iso>. Acesso em: 1º dez. 2017.

Informação bibliográfica deste texto, conforme a NBR 6023:2002 da Associação Brasileira de Normas Técnicas (ABNT):

SANTOS, Polianna Pereira dos; BARCELOS, Júlia Rocha de; PORCARO, Nicole Gondim. Sistema proporcional brasileiro e Lei nº 13.488/2017: uma análise da modificação do art. 109, §2º, do Código Eleitoral. In: PINHEIRO, Celia Regina de Lima; SALES, José Edvaldo Pereira; FREITAS, Juliana Rodrigues (Coord.). *Constituição e processo eleitoral*. Belo Horizonte: Fórum, 2018. p. 199-229. ISBN 978-85-450-0571-1.

ELEIÇÕES 2.0:
A CONEXÃO ENTRE PROCESSO ELEITORAL E TECNOLOGIA

Diogo Rais

Introdução

No dia 26.8.2015 o queniano Julius Yego conquistou, no arremesso de dardos, a medalha de ouro no Campeonato Mundial de Atletismo em Pequim. A proeza foi concretizada por um lançamento de dardo a 92,72 metros de distância, vencendo a competição em primeiro lugar e superando, em quatro metros, o lançamento feito pelo segundo colocado. Mas o que isso tem a ver com a tecnologia?

Julius não tinha treinador nem conhecia outros atletas da modalidade, mas, ligou o seu computador, se conectou à internet e se esforçou para aprender tudo o que podia sobre a modalidade.

Passou a assistir a vídeos de lançamento de dardos no YouTube, em especial, os vídeos do recordista mundial Jan Zelezny, atleta da República Tcheca e, mesmo sem nunca ter se conhecido o campeão tcheco e ter que conviver com uma distância de mais de dez mil quilômetros entre ele e seu ídolo, os vídeos com os lançamentos de Jan puderam "treinar" Julius.

Se é possível aprender a lançar dardos e se tornar um campeão mundial de atletismo a partir da tecnologia, o que não seria possível aprender ou conquistar através dessa ferramenta?

A tecnologia e a internet em si modificaram nossa relação com o tempo, com o espaço e com o mundo. Ninguém imaginava que seria possível, a partir de um celular, chamar um táxi ou carro particular que o levará, guiado pelo GPS, até o local indicado. Ou conversar por meio de redes sociais com seus familiares, ou seus ídolos, ou até desconhecidos. Ou, ainda, participar de uma reunião, no outro lado do planeta, sem sair da própria casa, entre tantos outros exemplos que, até pouco tempo, sequer eram imagináveis.

Esse novo universo revoluciona a nossa vida, e toda revolução faz barulho e cria facilidades e necessidades; não exigindo apenas ajustes em nossa rotina, mas também coragem e disposição para enfrentar novos desafios.

Neste artigo se buscará a visão panorâmica da relação entre a tecnologia e o processo eleitoral, identificando algumas de suas formas de utilização e alguns de seus desafios na cronologia desse processo.

1 Antes da eleição

O *Título.Net* foi um projeto lançado em julho de 2009 e teve por objetivo a facilitação do procedimento de alistamento eleitoral, transferência de domicílio ou revisão dos dados cadastrais pela internet, franqueando a qualquer cidadão brasileiro o início de seu preenchimento e requisição.

Contudo, esse serviço não eliminou completamente o atendimento nos cartórios eleitorais. O processo permaneceu sendo concluído nos cartórios, embora tenha facilitado seu início, preenchimento e execução.

Depois de fazer a solicitação pela internet, os eleitores devem comparecer ao atendimento da Justiça Eleitoral, com os documentos exigidos, para concluir os serviços pedidos no *Título.Net* e receber o título eleitoral ou as alterações que forma solicitadas.

Mas o Tribunal Superior Eleitoral avançou ainda mais no compromisso de facilitar a emissão do título eleitoral e, no dia 1º.12.2017, lançou um aplicativo disponível para as plataformas *iOS* e *Android*, desenvolvidos por técnicos da Justiça eleitoral, denominado *e-Título*.

A ideia do aplicativo foi uma iniciativa do Tribunal Regional Eleitoral do Acre, tendo sido incentivada e adotada pelo Tribunal Superior Eleitoral (TSE) com abrangência nacional.

O aplicativo permite que os eleitores obtenham uma cópia virtual do seu título de eleitor e, para aqueles que possuem biometria cadastrada, há a possibilidade de votar com o *e-Título*. "Ao inserir no aplicativo o número do seu título eleitoral, seu nome, o nome da mãe e do pai e a data de nascimento, o *e-Título* será validado e liberado. Ao ser acessado pela primeira vez, o documento será gravado e ficará disponível ao eleitor".[1]

---

[1] BRASIL. Tribunal Superior Eleitoral. *Aplicativo e-Título da Justiça Eleitoral permite ao eleitor votar com documento digital*. Brasília, 1º dez. 2017. Disponível em: <http://www.tse.jus.br/

Contudo, a inovação não se limita a uma via digital do título de eleitor; esta versão conta com mais informações que o título físico, tendo foto do eleitor, dados acerca da biometria, quitação eleitoral, local de votação e um *QR code*[2] para validação na seção eleitoral, caso o eleitor queira votar com este documento.

O *QR code* no *e-Título* é utilizado para cruzar as informações do aplicativo com a base de dados da Justiça Eleitoral.

O aplicativo apresenta, ao menos, duas vantagens principais. Para a Justiça Eleitoral, representa uma diminuição nos custos com a emissão do título de eleitor em papel, sobretudo pelos esforços humanos empregados na confecção do título tradicional, ocupando os funcionários e a estrutura da Justiça Eleitoral. E, para o eleitor, representa maior facilidade na obtenção de seus dados eleitorais.

Durante a cerimônia de lançamento do aplicativo, o presidente do TSE à época, Ministro Gilmar Mendes, afirmou que a Justiça Eleitoral busca sempre estar na vanguarda das inovações tecnológicas que possam proporcionar uma prestação de serviço ao eleitor mais rápida, transparente, segura e confiável.

Até o dia 5.12.2017, 110 mil usuários já haviam baixado o aplicativo e 66 mil emitido o *e-Título*.

2 Na eleição

Apesar de a primeira *urna eletrônica* ter sido utilizada no país em 1996, a história das "máquinas de votar" inicia em 1932 com o primeiro Código Eleitoral brasileiro, prevendo em seu art. 57 a possibilidade da utilização das "máquinas de votar".[3]

---

imprensa/noticias-tse/2017/Dezembro/aplicativo-e-titulo-da-justica-eleitoral-permite-ao-eleitor-votar-com-documento-digital>. Acesso em: 27 jan. 2018.

[2] É um código de barras em 2D que pode ser escaneado pela maioria dos aparelhos celulares que têm câmera fotográfica. Esse código, após a decodificação, passa a ser um trecho de texto, um *link* e/ou um *link* que irá redirecionar o acesso ao conteúdo publicado em algum *site* (PRASS, Ronaldo. Entenda o que são os 'QR Codes', códigos lidos pelos celulares. *Globo.com*, 10 maio 2011. Disponível em: <http://g1.globo.com/tecnologia/noticia/2011/05/entenda-o-que-sao-os-qr-codes-codigos-lidos-pelos-celulares.html>. Acesso em: 2 fev. 2018).

[3] "Art. 57. Resguarda o sigilo do voto um dos processos mencionados abaixo. I – Consta o primeiro das seguintes providencias: 1) uso de sobrecartas oficiais, uniformes, opacas, numeradas de 1 a 9 em séries, pelo presidente, á medida que são entregues aos eleitores; 2) isolamento do eleitor em gabinete indevassável, para o só efeito de introduzir a cédula de sua escolha na sobrecarta e, em seguida, fecha-la; 3) verificação da identidade da sobrecarta, a vista do número e rubricas; 4) emprego de uma suficientemente ampla para que se não acumulem as sobrecartas na ordem em que são recebidas. II – Consta o segundo das seguintes providencias: 1) registro obrigatório dos candidatos, até 5 dias antes da eleição;

Contudo, apenas em 1960 a primeira urna mecânica foi desenvolvida. O equipamento elaborado por Sócrates Puntel não pôde ser utilizado, visto que não oferecia acessibilidade na distribuição dos equipamentos, bem como era incapaz de assegurar o sigilo do voto e garantir credibilidade à apuração.[4]

Mas foi em 1986 que a Justiça eleitoral brasileira iniciou seu processo de informatização, criando o cadastro único informatizado de eleitores. Esse recadastramento, "além de impossibilitar a inscrição do mesmo eleitor em diversos estados da federação (e, com isso, impedir o voto duplo ou triplo), possibilitou uma série de ações de modernização",[5] como: 1) instalação de um parque computacional próprio para o Tribunal Superior Eleitoral, para os 27 tribunais regionais eleitorais e para as 2.854 zonas eleitorais de todo o país; e 2) implementação de uma rede de transmissão de dados, interligando todo o parque computacional.[6]

Mas o primeiro modelo de "máquina de votar" que pôde ser utilizado em todo o país foi desenvolvido em 1995. O TSE formou uma comissão especializada cujos líderes eram pesquisadores do Instituto Nacional de Pesquisas Espaciais (INPE) e do Centro Técnico Aeroespacial (CTA), que definiram requisitos funcionais para o projeto,[7] contando com a colaboração de especialistas de diversas áreas, como informática, eletrônica e comunicações, da Justiça Eleitoral, Ministério da Ciência e Tecnologia, Ministério das Comunicações e das Forças Armadas.[8]

A princípio a urna era denominada coletor eletrônico de votos (CEV) e tinha por objetivos tanto identificar medidas que permitissem a automação do processo de votação quanto definir medidas que viabilizassem sua implementação nos municípios brasileiros.[9]

---

2) uso das máquinas de votar, regulado oportunamente pelo Tribunal Superior, de acordo com o regime deste Código".

[4] BRASIL. Tribunal Superior Eleitoral. *Urna eletrônica*: 20 anos a favor da democracia. Brasília: Tribunal Superior Eleitoral, 2016. p. 12.

[5] TAVARES, André Ramos; RAIS, Diogo. O voto eletrônico no Brasil. *Revista de Estudos Eleitorais Escola Judiciária Eleitoral*, v. 6, n. 3, set./dez. 2011. Disponível em: <http://www.tse. jus.br/hotsites/catalogo-publicacoes/pdf/estudos_eleitorais/estudos_eleitorias_v6_n3.pdf>. Acesso em: 25 jan. 2018.

[6] TSE, 2010.

[7] BRASIL. Tribunal Superior Eleitoral. *Urna eletrônica*. Disponível em: <http://www.tse.jus. br/eleitor-e-eleicoes/eleicoes/urna-eletronica/urna-eletronica#ancora-2>. Acesso em: 3 jan. 2018.

[8] BRASIL. Tribunal Superior Eleitoral. *Urna eletrônica*: 20 anos a favor da democracia. Brasília: Tribunal Superior Eleitoral, 2016. p. 15.

[9] BRASIL. Tribunal Superior Eleitoral. *Urna eletrônica*: 20 anos a favor da democracia. Brasília: Tribunal Superior Eleitoral, 2016. p. 15.

A primeira eleição com votação eletrônica no país ocorreu em 1996, e nela a utilização das urnas eletrônicas foi parcial. As urnas foram utilizadas apenas nas capitais dos estados, e nos municípios com mais de 200 mil eleitores, perfazendo o total de 57 cidades pelo país, com exceção do estado do Rio de Janeiro, o qual utilizou as urnas eletrônicas em todos os municípios. Assim, em 1996, aproximadamente 100 milhões de eleitores votaram por meio das urnas eletrônicas, o que atinge quase um terço dos eleitores brasileiros.

Mas, na eleição seguinte, em 1998, dois terços do eleitorado brasileiro já votaram por meio de urna eletrônica, reservando às eleições ocorridas em 2000 o espaço digital para todos os eleitores brasileiros, tendo ocorrido a votação por meio de urnas eletrônicas em todo o país.[10]

A urna eletrônica também é um dos componentes responsáveis pela *apuração da votação*. Ao término da votação o presidente da seção eleitoral emite o boletim de urna (BU) como produto final da apuração dos votos realizados naquela urna.

Esse instrumento é o relatório impresso, emitido em cinco vias pela urna eletrônica, trazendo a identificação da seção eleitoral, a identificação da urna, o número de eleitores que compareceram e votaram e o resultado dos votos por candidato e por legenda, sem fazer nenhuma correspondência entre o eleitor e o voto depositado.

Todas as cinco vias devem ser assinadas pelo presidente da seção, bem como pelos representantes ou fiscais dos partidos políticos. Uma das vias deve ser afixada em local visível na própria seção na qual a urna operou. A segunda via deve ser entregue aos representantes dos partidos políticos, devendo ser as vias remanescentes encaminhadas ao cartório eleitoral conjuntamente à ata da seção.

Os dados obtidos são salvos e criptografados em uma mídia de resultado. Posteriormente essa mídia é encaminhada à zona eleitoral, em caso de pleito municipal, ou ao Tribunal Regional Eleitoral, nos demais pleitos. Caso se trate de local de difícil acesso, a transmissão é realizada por meio de satélite.

Diante do recebimento das mídias de resultado os tribunais regionais eleitorais ou as zonas eleitorais iniciam o procedimento de totalização. A totalização dos votos é o procedimento realizado para somar os dados constantes dos boletins de urna e obter o resultado do pleito eleitoral.

---

[10] BRASIL. Tribunal Superior Eleitoral. *Urna eletrônica*: 20 anos a favor da democracia. Brasília: Tribunal Superior Eleitoral, 2016. p. 15.

O primeiro passo desse procedimento é a verificação da assinatura digital da mídia de resultado que deve estar criptografada. Diante da validade desta, é assegurada a integridade das informações contidas na memória. O segundo passo é a decifração dos dados criptografados e a verificação de inconsistências.

Posteriormente, o Tribunal Regional Eleitoral (TRE) encaminha ao TSE a totalização dos boletins de urna daquele estado, e o TSE é responsável pela totalização das informações de todos os estados.

Vale indicar também como uma outra abordagem entre a tecnologia e o processo eleitoral a utilização de *biometria nas urnas eletrônicas*. A identificação biométrica busca a segurança no ato da votação e consiste em um equipamento acoplado à urna eletrônica capaz de identificar o eleitor por meio das impressões digitais, confrontando-as com o banco de dados da Justiça Eleitoral.

Além da urna eletrônica e da identificação biométrica, o processo eleitoral também conta com o sistema *Divulga*, que permite a qualquer interessado acompanhar o resultado da apuração em tempo real, por meio de consulta ao *site* ou instalação de aplicativos em plataformas móveis.

Mas não é apenas antes e durante a realização das eleições que a tecnologia encontra o processo eleitoral. Já que a campanha eleitoral é a principal interface entre os candidatos e os eleitores, é justamente neste momento que a tecnologia impõe os maiores desafios ao processo eleitoral.

3 Na campanha eleitoral

Na busca do engajamento da sociedade na campanha eleitoral, em especial, pela participação no financiamento de campanha, é que a tecnologia também está presente no processo eleitoral.

Desde 2009 nossa normatização eleitoral permite a doação por meio de *site* na internet, mas, após a reforma eleitoral de 2017, um novo passo foi dado e avançamos rumo ao engajamento financeiro digital e coletivo.

Foi permitido às eleições de 2018 o financiamento coletivo virtual por intermédio do *crowdfunding*, prática conhecida no Brasil como "vaquinha eletrônica", na qual doadores individuais doam para uma mesma causa formando um todo financeiro coletivo.

Em 2018, pela primeira vez, será permitido o uso dessa tecnologia para o financiamento de campanha, buscando o engajamento financeiro digital e coletivo da população na campanha eleitoral.

Mas no cenário da campanha eleitoral o principal impacto parece estar no campo da comunicação, mais precisamente na propaganda eleitoral.

A normatização brasileira optou por restringir a propaganda eleitoral. Na busca do controle e da isonomia entre os candidatos, a legislação brasileira proibiu a propaganda eleitoral, conforme o art. 36 da Lei Geral das Eleições (Lei nº 9.504, de 1997), sendo permitida apenas após o dia 15 de agosto do ano da eleição.

Além de ser proibida na maior parte do tempo, a propaganda eleitoral, quando permitida, é rigorosamente controlada no Brasil, tendo limites de diversas ordens: ora diante de seu conteúdo (limitações materiais), ora diante de sua forma (limitações formais), ora diante do tempo (limitações temporais).[11]

E todo esse controle da propaganda eleitoral ficou ao encargo da Justiça Eleitoral, porém, com a chamada revolução da comunicação (<http://www.thecommunicationrevolution.com.br/>), essa missão encontrou um desafio em uma nova dimensão.

Antes tínhamos um único caminho da comunicação, que era traçado entre um emissor e muitos receptores e dependia de um emissor com capacidade de alcançar muitos receptores, conhecido como comunicação "de um para muitos", como ocorre com as emissoras de televisão, rádio e imprensa, mas atualmente esse modelo já não parece ser exclusivo.

Hoje temos também uma via de comunicação chamada "de muitos para muitos". Atualmente, todos podem se manifestar pela internet, podendo, inclusive, conquistar uma audiência extraordinária, tendo perfis digitais que já alcançaram mais de 297 milhões de seguidores, como é o caso dos perfis digitais do jogador de futebol Cristiano Ronaldo,[12] podendo impactar uma audiência muito maior do que aquela possível pelos meios tradicionais.

Além disso, o papel entre emissor e receptor não é tão estanque e sequer tão distante um do outro, ao menos não como era antigamente. Na internet aquele que emite a informação é também aquele que a recebe, gerando uma fusão desses papéis por intermédio da interação, em outras palavras, uma informação pode ser lida pelo receptor e,

---

[11] RAMOS, Luciana de Oliveira; RAIS, Diogo. *A liberdade de expressão e o controle sobre o conteúdo da propaganda eleitoral*: uma perspectiva comparada. No prelo.

[12] REI das redes: Cristiano Ronaldo é o mais seguido do planeta. *Veja*, 31 out. 2017. Disponível em: <https://veja.abril.com.br/placar/cristiano-ronaldo-e-a-pessoa-com-mais-seguidores-nas-redes/>. Acesso em: 28 jan. 2018.

instantaneamente, ser comentada por ele mesmo, fundindo, portanto, os papéis de emissor e receptor.

Embora repleta de limites, a propaganda eleitoral sempre teve uma aplicação confusa, e isso se dá diante de sua dependência de tantos fatos concretos e da análise caso a caso, sem contar o breve tempo em que pode ser difundida e a necessidade da rápida reação, caso fira os limites legais.

Mas, em abstrato, é possível definir a propaganda eleitoral como uma "espécie de propaganda que tem a finalidade precípua de divulgar ideias e programas dos candidatos [...] oportunidade que a legislação eleitoral atribuiu ao candidato para exteriorizar o símbolo real do mandato representativo partidário".[13]

Mas como não é essencial a vinculação do conteúdo propagado com o sujeito candidato ou pré-candidato, qualquer manifestação favorável ou contrária a determinado candidato poderia ser considerada propaganda eleitoral?

A dificuldade dessa resposta representa o fato de que, durante a atividade concreta, nem sempre é tão simples identificar a propaganda eleitoral, afinal, como distinguir uma propaganda eleitoral, positiva (aquela que fala bem de algum candidato) ou negativa (aquela que fala mal de algum candidato) de uma opinião cidadã favorável ou desfavorável?

E, nesse cenário em que a comunicação se dá instantaneamente de muitos para muitos, seria todo esse conteúdo passível de controle da Justiça Eleitoral? Se sim, como lidar com tudo isso, ampliando aos milhões os jurisdicionados sob o radar da Justiça Eleitoral?

A aproximação de qualquer pessoa com essas ferramentas potentes de comunicação parece abalar a lógica de controle da propaganda eleitoral, ao menos, com o rigor que vinha sendo tratado.

Desde 2009 possuímos uma seção específica para tratar do tema na lei geral das eleições. Atualmente, contamos com dez artigos regulando a propaganda eleitoral na internet, porém, sua estrutura está baseada na vedação de participação das pessoas jurídicas (exceto partidos políticos) e na vedação de investimentos financeiros, proibindo a propaganda paga na internet.

Mas com a reforma de 2017 foi autorizado o *impulsionamento de conteúdo* por parte do candidato, partido político ou coligação.

---

[13] RAMAYANA, Marcos. *Direito eleitoral*. 13. ed. Rio de Janeiro: Impetus, 2012. p. 442.

Impulsionamento é a adoção de mecanismo pago que potencializa o alcance e a divulgação da informação para atingir usuários que, organicamente, não teriam acesso a esse conteúdo. Embora autorizado aos partidos, coligações e candidatos, o impulsionamento foi vedado às demais pessoas físicas e jurídicas.[14]

Como estratégia de fiscalização e com o objetivo de manter o mesmo patamar entre as possibilidades de impulsionamento entre todos os candidatos, partidos políticos e coligações, foi proibida a utilização de impulsionamento de conteúdos e ferramentas digitais não disponibilizadas pelo provedor da aplicação de internet. Essa vedação se mantém, ainda que eventual aplicação exógena (fora do provedor de aplicação) seja gratuita.

Ainda com esses objetivos, a redação da lei de 2017, exigiu que o provedor de aplicação de internet que possibilite o impulsionamento pago de conteúdos deverá contar com canal de comunicação com seus usuários.

A reforma de 2017 também alterou um dos artigos mais agressivos em matéria de propaganda eleitoral na internet, o art. 57-I da Lei Geral de Eleições, que se refere à suspensão de todo o conteúdo informativo do *site*, caso deixem de cumprir as determinações normativas.

Em sua redação original, vigente até 2017, havia a possibilidade de suspensão por vinte e quatro horas de todo o conteúdo. Desde sua inclusão em nosso ordenamento, o que ocorreu em 2009, sua redação era a seguinte:

> Art. 57-I. A requerimento de candidato, partido ou coligação, observado o rito previsto no art. 96, a Justiça Eleitoral poderá determinar a suspensão, por vinte e quatro horas, do acesso a todo conteúdo informativo dos sítios da internet que deixarem de cumprir as disposições desta Lei. (Incluído pela Lei nº 12.034, de 2009)

Mas com as mudanças de 2017 a redação do art. 57-I foi atualizada da seguinte maneira:

> Art. 57-I. A requerimento de candidato, partido ou coligação, observado o rito previsto no art. 96 desta Lei, a Justiça Eleitoral poderá determinar, *no âmbito e nos limites técnicos de cada aplicação de internet, a suspensão do acesso a todo conteúdo veiculado que deixar de cumprir as disposições desta Lei, devendo o número de horas de suspensão ser definida proporcionalmente*

---

[14] Art. 32, XIII da minuta de resolução sobre propaganda eleitoral elaborada pelo TSE.

à gravidade da infração cometida em cada caso, observado o limite máximo de vinte e quatro horas. (Redação dada pela Lei nº 13.488, de 2017)[15]

A principal mudança nesse dispositivo parece ir de encontro às peculiaridades de cada empresa de tecnologia, reconhecendo uma nova relação entre o direito eleitoral e a internet. Uma relação que continua exigindo efetividade das decisões judiciais e responsabilidade, mas reconhecendo as limitações operacionais e a relevância da internet no âmbito da liberdade de expressão.

Em uma análise conjunta às alterações do art. 58, da Lei Geral das Eleições, referente ao direito de resposta na internet, a reforma de 2017 modificou o art. 58, §3º, IV, vejamos:

> Art. 58. A partir da escolha de candidatos em convenção, é assegurado o direito de resposta a candidato, partido ou coligação atingidos, ainda que de forma indireta, por conceito, imagem ou afirmação caluniosa, difamatória, injuriosa ou sabidamente inverídica, difundidos por qualquer veículo de comunicação social. [...]
>
> §3º Observar-se-ão, ainda, as seguintes regras no caso de pedido de resposta relativo a ofensa veiculada: [...]
>
> IV – em propaganda eleitoral na internet: (Incluído pela Lei nº 12.034, de 2009) [...].

A redação original da alínea "a" era a seguinte:

> a) deferido o pedido, a divulgação da resposta dar-se-á no mesmo veículo, espaço, local, horário, página eletrônica, tamanho, caracteres e outros elementos de realce usados na ofensa, em até quarenta e oito horas após a entrega da mídia física com a resposta do ofendido; (Incluído pela Lei nº 12.034, de 2009)

Com a reforma de 2017, a alínea "a", passou a ter a seguinte redação:

> a) deferido o pedido, *o usuário ofensor deverá divulgar a resposta do ofendido em até quarenta e oito horas após sua entrega em mídia física, e deverá empregar nessa divulgação o mesmo impulsionamento de conteúdo eventualmente contratado nos termos referidos no art. 57-C desta Lei e* o mesmo veículo, espaço, local, horário, página eletrônica, tamanho, caracteres e outros

---

[15] Em itálico, o trecho novo da reforma de 2017.

elementos de realce usados na ofensa; (Redação dada pela Lei nº 13.488, de 2017) [...].[16]

Esse é outro dispositivo alterado pela reforma de 2017 e que procura se sintonizar com essa nova linha entre a internet e as eleições, especificando que cabe ao usuário ofensor a divulgação da resposta do ofendido.

O direito de resposta tem uma dimensão de punição, na qual se determina a publicação de uma resposta do ofendido, mesmo contra a vontade do ofensor, mas possui outra dimensão: a de educação. Com a especificação de que cabe ao ofensor a publicação, essas duas dimensões são atendidas, e a alteração se afina com a prática da internet, em especial, das redes sociais de que cabe ao usuário a gestão de sua conta, inclusive quando tem, contra si, a determinação de um direito de resposta.

Mas outros desafios são impostos ao direito eleitoral e à Justiça Eleitoral durante a campanha. A título de exemplo, menciona-se aqui o uso do *big data* e o desafio das *fake news*.

3.1 *Big data*

Inteligência artificial e *big data* podem parecer elementos de um mundo futurista e distante de nós, mas quando olhamos ao nosso redor, percebemos que todos nós já utilizamos, algumas vezes, seus benefícios.

Quando procuramos algo pela internet, ou quando utilizamos GPS como o Waze, ou aplicativos como o WhatsApp, ou ainda quando realizamos uma compra ou uma pesquisa de algum produto e recebemos instantaneamente sugestões de outros produtos, estamos usando, ao menos um pouco, a inteligência artificial e o *big data*.

César Augusto da Silva Martins, em sua dissertação de mestrado, defendida na Escola de Engenharia da Universidade do Minho com o título *Arquitetura de um sistema de análise de dados big data no modelo cloud computing*, realça a dificuldade de se definir precisamente o que é *big data*, e essa dificuldade surge diante da grande diversidade de definições existentes, em suas palavras:

> Pode ser entendido como um conjunto de dados muito grande, o que não permite uma fácil utilização dos mesmos por parte dos sistemas de gestão de bases de dados relacionais (Sikka, et al., 2012).

---

[16] Em itálico, o trecho novo da reforma de 2017.

- Consiste na mineração de grandes volumes de dados estruturados e não estruturados através da utilização de ferramentas não tradicionais como o Hadoop (Soares, 2013).

- Os dados *big data* devem estar de acordo com aos critérios da IBM que são descritos através dos 3V's: Volume, Variedade, Velocidade (Stonebraker, 2012).

- É uma inovação em computação na última década, pois muito recentemente perceberam o seu potencial na recolha, organização e exploração dos dados sobre diversas perspectivas.[17]

O termo *big data* apareceu inicialmente em um artigo científico publicado nos anais do evento Visualization em 1997.[18] Os autores usaram o termo *big data* para descrever um desafio comum na década de 1990: supercomputadores gerando enormes quantidades de informações que não podem ser processadas e visualizadas da forma convencional. Em 1999, J. Mashey apresentou uma palestra intitulada *O big data e a próxima onda de problemas, soluções e oportunidades do stress na infraestrutura* (*Big data and the next wave of infrastress problems, solutions, opportunities*, em tradução livre dos autores).[19]

Quando surgiram as primeiras abordagens teóricas relativas a *big data*, eram 3 Vs (volume, variedade e velocidade), mas com o trabalho realizado por toda a comunidade científica e acadêmica da área surgiram mais dois Vs, de veracidade e de valor:[20]

- Volume – representa uma grande quantidade de dados a ser recolhida e analisada.

- Variedade – corresponde a uma utilização de diferentes estruturas de dados, como dados estruturados, não estruturados e semiestruturados.

- Velocidade – permite mostrar a rapidez com que os dados são processados.

---

[17] MARTINS, César Augusto da Silva. *Arquitetura de um sistema de análise de dados big data no modelo cloud computing*. Dissertação (Mestrado) – Escola de Engenharia, Universidade do Minho, 2014. Disponível em: <http://repositorium.sdum.uminho.pt/bitstream/1822/35218/1/Tese_PG21441_C%C3%A9sar_Martins_Mestrado_Sistemas_Informa%C3%A7%C3%A3o_2014.pdf>. Acesso em: 22 dez. 2017.

[18] COX & ELLSWORTH, 1997.

[19] RAIS; CASTRO. *A comunicação política em tempos de big data e inteligência artificial*: a campanha digital de Donald Trump e o futuro do marketing eleitoral brasileiro. No prelo.

[20] Stonebraker (2012) *apud* MARTINS, César Augusto da Silva. *Arquitetura de um sistema de análise de dados big data no modelo cloud computing*. Dissertação (Mestrado) – Escola de Engenharia, Universidade do Minho, 2014. Disponível em: <http://repositorium.sdum.uminho.pt/bitstream/1822/35218/1/Tese_PG21441_C%C3%A9sar_Martins_Mestrado_Sistemas_Informa%C3%A7%C3%A3o_2014.pdf>. Acesso em: 22 dez. 2017.

- Veracidade – permite classificar as fontes de dados, tendo em conta aspectos como qualidade, precisão e atualidades dos dados.
- Valor – corresponde ao valor que informação dos dados terá no processo de tomada de decisão.[21]

O *big data* no âmbito eleitoral pode contribuir para a busca de respostas fundamentais, como: quem é o meu eleitor? Qual a opinião das pessoas sobre as minhas propostas? Será que os eleitores gostaram da postagem que eu fiz ontem?

Milhares de opiniões e dados são gerados diariamente pelos usuários das redes sociais e podem contribuir para o monitoramento e busca de respostas a essas perguntas com o uso de ferramentas de *analytics* voltadas para análise de grande quantidade de dados, ou seja, o *big data*.

Segundo Santos, apenas nas eleições presidenciais de 2014, assuntos relacionados ao tema chegaram a 39 milhões de tuítes e cerca de 674 milhões de postagens no Facebook (incluindo curtidas e comentários), no período de julho a outubro de 2014.[22]

Para dar conta dessa avalanche de informações, podem ser aplicadas técnicas e sistemas avançados de estatística e de computação com algoritmos de *machine learning* (aprendizado de máquina) e outras tecnologias que possibilitam encontrar padrões auxiliando na tomada de decisões de forma rápida e amparada em um estudo de comportamento. Santos indica como uma técnica já aplicada com sucesso em áreas de inteligência analítica voltadas para *marketing* o Support Vector Machine (SVM – Máquinas de Vetores de Suporte) – algoritmo que busca padrões para classificação de dados.

Segundo o autor, o SVM pode ser utilizado para inferir a opinião, a satisfação e até o sentimento dos eleitores usuários das redes sociais. Outra técnica indicada por Santos é o algoritmo de classificação *k-means*. O objetivo, nesse caso, é encontrar grupos de eleitores com similaridade ou dissimilaridade de opiniões. Exemplificando, o autor afirma que "grupos de eleitores que demonstrem interesse em candidatos

---

[21] MARTINS, César Augusto da Silva. *Arquitetura de um sistema de análise de dados big data no modelo cloud computing*. Dissertação (Mestrado) – Escola de Engenharia, Universidade do Minho, 2014. Disponível em: <http://repositorium.sdum.uminho.pt/bitstream/1822/35218/1/Tese_PG21441_C%C3%A9sar_Martins_Mestrado_Sistemas_Informa%C3%A7%C3%A3o_2014.pdf>. Acesso em: 22 dez. 2017.

[22] SANTOS, Wesley. Uso de ferramentas de analytics e big data nas eleições de 2016 será o grande diferencial. *SAS Brasil*, 2016. Disponível em: <https://www.sas.com/pt_br/insights/articles/analytics/big-data-analytics-diferencial-eleicao.html>. Acesso em: 2 fev. 2018.

que defendam políticas voltadas a sustentabilidade ou melhorias no transporte público em detrimento ao uso de carros, entre outros exemplos" podem ser segmentados.[23]

Mas o *big data* pode estar presente inclusive no incentivo do engajamento social na política e na fiscalização do uso da máquina e do dinheiro público.

A *startup* Serenata de Amor (<serenatadeamor.org>) traz alguns exemplos dessa prática. Utilizando-se da ciência de dados por um projeto aberto, a empresa fiscaliza gastos públicos e compartilha as informações de forma acessível a qualquer pessoa interessada.

A Serenata criou a Rosie, que é uma inteligência artificial capaz de analisar cada um dos gastos de deputados federais e senadores feitos em exercício de sua função, identificando suspeitas e incentivando a população a questioná-los. E, para que a população consiga entender de forma mais fácil e didática a informação gerada pelo robô Rosie, a *startup* criou uma outra iniciativa chamada Jarbas, que é um *site* no qual é possível navegar pelos gastos e descobrir mais sobre cada suspeita.

Mas, em um novo mundo de dados, com tantas facilidades e muitos desafios, a grande dificuldade que surge é como identificar a veracidade de uma informação, distinguido as informações verdadeiras das falsas, percebendo e buscando reação adequada diante dos perfis falsos, notícias ou afirmações falsas ou enganosas, para isso, enfrentaremos a seguir o tema das *fake news*.

3.2 *Fake news*

Não é fácil definir *fake news*, em especial em um contexto com uma utilização tão diversa – ora se indica como uma notícia falsa, ora como se fosse uma reportagem deficiente ou parcial, ora como se fosse uma agressão a alguém ou a alguma ideologia. Mas pretendendo ser prático, *fake news* são notícias falsas, mas que parecem ser verdadeiras.

Elas são enganosas, se revestem de diversos artifícios para enganar o leitor buscando sua curiosidade e difusão daquele conteúdo. Não é uma ficção, é mentira revestida de artifícios que lhe conferem aparência de verdade.

Fake news não é uma novidade na sociedade, mas a escala em que pode ser produzida e difundida é o que a eleva à nova categoria,

---

[23] SANTOS, Wesley. Uso de ferramentas de analytics e big data nas eleições de 2016 será o grande diferencial. *SAS Brasil*, 2016. Disponível em: <https://www.sas.com/pt_br/insights/articles/analytics/big-data-analytics-diferencial-eleicao.html>. Acesso em: 2 fev. 2018.

poluindo e colocando em xeque todas as demais notícias, afinal, como descobrir a falsidade de uma notícia?

No geral não é tão fácil descobrir uma notícia falsa, pois há a criação de um novo "mercado" com as empresas que produzem e disseminam *fake News*, constituindo verdadeiras indústrias que "caçam" cliques a qualquer custo, ou, ainda, que tentam interferir no jogo político eleitoral, e muitas vezes são remuneradas por isso.[24]

Infelizmente é muito comum o uso das primeiras vítimas como uma espécie de elo para compor uma corrente difusora das *fake news*. Assim, aquelas pessoas que de boa-fé acreditaram estar em contato com uma verdadeira notícia, passam – ainda que sem perceber – a colaborar com a disseminação e difusão dessas notícias falsas.

Mas não é impossível detectá-las e combatê-las, há técnicas e cuidados que colaboram para mudar esse cenário, sendo a educação digital uma ferramenta para fortalecer ainda mais a liberdade de expressão e o uso democrático da internet.

Há algumas agências de *fact-checking* cujo principal objetivo é checar as informações que circulam na rede, fazendo uma espécie de investigação da informação e comprovando sua análise indicando sobre a falsidade ou não daquele conteúdo.

No Brasil já temos algumas agências de *fact-checking* operando com sucesso, entre elas, mencionam-se aqui três agências brasileiras que também são filiadas à *International Fact-Checking Network*, são elas: Agência Pública (https://apublica.org/), Agência Lupa (http://piaui. folha.uol.com.br/lupa/) e Aos Fatos (https://aosfatos.org/).

A Agência Aos Fatos traduziu para o português diversos manuais para facilitar o trabalho de checagem, entre eles destaco o guia de autoria de Jack Werner, jornalista sueco especializado em desvendar boatos em redes sociais que foi produzido pela *International Fact-Checking Network* por ocasião do Dia Internacional do *Fact-Checking*.

Em síntese, os noves passos para checar um boato, segundo o manual traduzido, são os seguintes:[25]

1) Reconheça

Lendas urbanas e boatos seguem um formato específico. Geralmente, têm poucos detalhes e possuem uma trama cujo fim é frequentemente dramático, triste, nojento, esquisito ou engraçado. [...]

---

[24] RAIS, Diogo. O que é fake news? *Mackenzie*, 13 abr. 2017. Disponível em: <http://portal. mackenzie.br/fakenews/noticias/arquivo/artigo/o-que-e-fake-news/>. Acesso em: 2 fev. 2018.

[25] Confira a íntegra do guia em COMO checar boatos em 9 passos. *Aos Fatos*, 7 abr. 2017. Disponível em: <https://aosfatos.org/noticias/como-checar-boatos-em-9-passos/>.

2) Procure pelo viés ideológico

Pessoas compartilham factoides para reforçar suas crenças pessoais. Por isso, as preferências ideológicas do narrador podem ser usadas a seu favor na hora de checar. [...] Todos somos sugestionáveis a informações que parecem verdadeiras para cada um de nós. Perguntar a si mesmo se algo é muito bom para ser verdade nunca é tão importante quanto a própria vontade de que aquele conteúdo seja verídico. [...]

3) Procure por nomes, lugares, datas e imagens [...]

Nas redes sociais, mesmo as histórias cujo foco são pessoas comuns, boatos geralmente vêm acompanhados de imagens, nomes e lugares. Dê um Google! Procure pelos nomes e lugares mencionados e limite a busca para o período de tempo mencionado na história.

Use o Google Reverse Images [<images.google.com>] ou o Tinyeye [<www.tineye.com>] para checar imagens. Se você quiser checar um vídeo do YouTube, use a ferramenta da Anistia Internacional [<citizenevidence. amnestyusa.org>].

Identifique e faça uso de qualquer rastro de evidência que você encontrar – e, se você não achar nenhum fato concreto na história, como nomes, datas, imagens – é bem possível que seja mentira.

4) Leia os comentários

Comentários são frequentemente destrutivos, mas eles podem ser valiosos como fonte de pesquisa". É comum que haja alguns comentários questionando a história antes mesmo de você tê-la escrutinado. Esses comentaristas podem ter feito alguma pesquisa e publicado por ali, portanto dê uma olhada. Não há razão para refazer investigação se alguma outra pessoa já o fez antes.

5) Procure pela fonte

Boatos dificilmente têm origem numa testemunha ocular ou mesmo no personagem central da história. Em vez disso, a fonte normalmente é descrita como "o amigo do primo do sobrinho do irmão do me pai". [...] Esse é um indicativo de que pode se tratar de um boato. Encontrar a verdadeira fonte não é impossível, e dificilmente elas têm credibilidade.

6) Procure por elementos centrais da história [...]

Procurar por elementos-chave da história no Google e no Facebook pode ajudar a encontrar diferentes versões. Muitas versões diferentes da mesma história são indicadores de que você está diante de um boato.

7) Pergunte às pessoas envolvidas na história [...]

8) Consulte os especialistas em folclore

Se checadores não verificaram a história ainda, procure-os. [...] Eles podem dizer se reconhecem o boato como tal ou se é uma nova lenda urbana. Se forem realmente bons, estarão à disposição para ajudá-lo, sobretudo porque eles mesmos querem saber o que há de novo no mundo da boataria.

9) Descreva com detalhes [...]

Uma checagem que aborda de maneira rasa a história falsa não é tão convidativa quanto aquela que mostra o caminho da sua investigação, os elementos de outras histórias semelhante e o impacto que essas mentiras podem ter na sociedade.

Mas além da identificação das notícias falsas buscando o uso da informação para vencer a desinformação, vale lembrar que desde 2009 nossa normatização eleitoral, pelo art. 57-H da Lei Geral das Eleições (Lei nº 9.504/97), já previa punição de multa de R$5.000,00 (cinco mil reais) a R$30.000,00 (trinta mil reais) para quem realizar propaganda eleitoral na internet, atribuindo indevidamente sua autoria a terceiro, inclusive a candidato, partido ou coligação.

Com a Lei nº 12.891 de 2013, esse dispositivo passou a criminalizar a contratação direta ou indireta de grupo de pessoas com a finalidade específica de emitir mensagens ou comentários na internet para ofender a honra ou denegrir a imagem de candidato, partido ou coligação; indicando como punição a detenção de 2 (dois) a 4 (quatro) anos e multa de R$15.000,00 (quinze mil reais) a R$50.000,00 (cinquenta mil reais), conforme previsão no art. 57-H, §1º da Lei Geral das Eleições. Enquadrando como agente não somente aquele que contratou, mas também as pessoas contratadas para este fim, entretanto, a punição indicada para essas pessoas é um pouco menos severa, sendo punível com detenção de 6 (seis) meses a 1 (um) ano, com alternativa de prestação de serviços à comunidade pelo mesmo período, e multa de R$5.000,00 (cinco mil reais) a R$30.000,00 (trinta mil reais), disposição prevista no art. 57-H, §2º da Lei Geral das Eleições.

A reforma de 2017 avançou ainda mais na temática das publicações falsas, em especial, diante dos perfis *fake* (falsos), prevendo expressamente a proibição da veiculação de conteúdos de cunho eleitoral mediante cadastro de usuário de aplicação de internet com a intenção de falsear identidade, prevista no art. 57-B, §2º da Lei Geral das Eleições.

Como punição à eventual violação dessa disposição, a nova norma sujeita o usuário responsável pelo conteúdo e, quando comprovado seu prévio conhecimento, o beneficiário, à multa no valor de R$5.000,00 (cinco mil reais) a R$30.000,00 (trinta mil reais) ou em valor equivalente ao dobro da quantia despendida, se esse cálculo superar o limite máximo da multa, prevista no art. 57-B, §2º da Lei nº 9.504/97.

Mas, além das facilidades e dos desafios que a tecnologia provoca durante a campanha eleitoral, é possível encontrar ainda transformações provocadas pela tecnologia no âmbito da fiscalização das regras eleitorais e sua aplicação.

4 Na fiscalização

A tecnologia também ampliou a transparência do financiamento eleitoral, permitindo que qualquer pessoa saiba, durante a campanha, todas as doações realizadas para cada candidato pelo *Sistema de Prestação de Contas Eleitorais (SPCE)* na página oficial da Justiça Eleitoral.[26]

Nas eleições de 2016, o Tribunal Superior Eleitoral disponibilizou, em âmbito nacional, o aplicativo *Pardal* para dispositivos móveis (*smartphones* e *tablets*). Esse aplicativo permite ao eleitor denunciar infrações eleitorais, por meio do envio de textos, vídeos, fotos ou áudios contendo informações que auxiliem a Justiça Eleitoral na fiscalização e na manutenção da regularidade das campanhas eleitorais.

No aplicativo Pardal, os ilícitos eleitorais estão classificados em:

1) propaganda eleitoral;
2) compra de votos;
3) uso da máquina pública;
4) crimes eleitorais;
5) doações e gastos eleitorais; e
6) outros.

As notícias dos ilícitos foram encaminhadas automaticamente para bancos de dados com acesso do Ministério Público Eleitoral, sendo também informado o Tribunal Regional Eleitoral competente.

Sobre o aplicativo Pardal, o secretário de Tecnologia da Informação do TSE, Giuseppe Janino, explicou que qualquer cidadão, diante de uma irregularidade, como exemplo, estando diante de um *outdoor* com propaganda eleitoral, poderia tirar uma foto enviando essa evidência para a Justiça Eleitoral regional, que fará todo o trâmite de análise da denúncia. "Permite ainda que o cidadão comum fiscalize e moralize a utilização das campanhas de forma muito eficiente e democrática, em benefício de todo o processo eleitoral".[27]

Para as denúncias de ilícitos eleitorais foram exigidos do denunciante o seu nome e o número do Cadastro de Pessoas Físicas, mas a

---

[26] BRASIL. Tribunal Superior Eleitoral. *Justiça Eleitoral aprimora mecanismos para incentivar eleitor a fiscalizar candidatos*. Brasília, 22 ago. 2016. Disponível em: <http://www.tse.jus.br/imprensa/noticias-tse/2016/Agosto/justica-eleitoral-aprimora-mecanismos-para-incentivar-eleitor-a-fiscalizar-candidatos>. Acesso em: 25 jan. 2018.

[27] BRASIL. Tribunal Superior Eleitoral. *Justiça Eleitoral aprimora mecanismos para incentivar eleitor a fiscalizar candidatos*. Brasília, 22 ago. 2016. Disponível em: <http://www.tse.jus.br/imprensa/noticias-tse/2016/Agosto/justica-eleitoral-aprimora-mecanismos-para-incentivar-eleitor-a-fiscalizar-candidatos>. Acesso em: 25 jan. 2018.

autoridade responsável por tratar a denúncia poderia garantir o sigilo da identidade do denunciante quando solicitado.

O Pardal foi desenvolvido em 2012 pelo TRE do Espírito Santo. No pleito de 2014, o aplicativo também foi utilizado de forma localizada por alguns estados e, agora, será ampliado para todo o país. Alguns TREs também permitiram que as denúncias fossem realizadas pelo *site* por um serviço de denúncia *on-line* ou por meio de sua ouvidoria.

Pouco antes da realização do segundo turno das eleições municipais de 2016, o TSE anunciou que recebeu 61.961 registros de irregularidades pelo aplicativo Pardal. Desse total, mais de 29 mil foram denúncias sobre irregularidades em propagandas eleitorais e 10.636 a respeito de crimes eleitorais.

Pelo aplicativo também foram enviadas acusações relativas à compra de votos, no total, foram mais de 7 mil denúncias nessa categoria.

De acordo com o levantamento realizado e divulgado pelo TSE, São Paulo foi o estado recordista de denúncias pelo aplicativo Pardal, com um total de 12.961 registros. Em segundo lugar apareceu o estado da Paraíba, com 5.662 registros de denúncias e em terceiro Pernambuco, com 5.416.[28]

Conclusão

Diante das inovações tecnológicas, foi possível perceber diversos momentos em que há o encontro entre as facilidades e os desafios no processo eleitoral, seja por atividades anteriores à campanha eleitoral, como o *e-Título* e o *Título.Net*, seja durante a realização das eleições, como ocorre com o cadastro eletrônico, com a urna eletrônica, com a adoção da biometria e com o sistema *Divulga*.

Durante a campanha eleitoral também foram constatados diversos pontos de contato entre a tecnologia e o processo eleitoral, em especial, pelo incentivo ao financiamento coletivo digital (*crowdfunding*) e pelos desafios na nova era da comunicação, permitindo uma comunicação de "muitos para muitos" e ampliando não apenas os atores envolvidos no processo eleitoral, mas, também, os desafios da campanha eleitoral com a adoção do *big data* e com a disseminação das *fake news*.

---

[28] BRASIL. Tribunal Superior Eleitoral. *Justiça Eleitoral recebeu mais de 61 mil denúncias de irregularidades pelo aplicativo Pardal*. Brasília, 24 out. 2016. Disponível em: <http://www.tse.jus.br/imprensa/noticias-tse/2016/Outubro/tse-recebeu-mais-de-61-mil-denuncias-de-irregularidades-pelo-aplicativo-pardal>. Acesso em: 25 jan. 2018.

Na fiscalização do cumprimento das regras eleitorais, a tecnologia também encontrou o seu espaço revolucionando a prestação de contas e a transparência dos gastos e doações eleitorais, além de transferir para a palma de qualquer pessoa a possibilidade de produzir provas e realizar denúncias de possíveis transgressões às normas eleitorais, sobretudo as que se referem à campanha eleitoral.

Com facilidades ou com desafios, a tecnologia impõe um novo ritmo, exigindo disposição e criatividade para enfrentar as mudanças. Muitas tecnologias facilitam nosso dia a dia, assim como facilitam a concretização do processo eleitoral, mas outras abalam algumas estruturas e impõem novos desafios.

Mas penso que precisamos aprender a viver neste novo mundo, tanto com suas facilidades, quanto com seus desafios, enfrentando cada momento com o cuidado e a preocupação de não interferir na evolução e na liberdade que envolve a cidadania e o processo eleitoral, afinal, não podemos nem deveríamos buscar o "desligamento" da internet ou da evolução tecnológica, mas, sim, unir forças com as novas tecnologias buscando sua utilização para vencer os novos desafios que elas mesmas impõem.

Referências

BRASIL. Tribunal Superior Eleitoral. *Aplicativo e-Título da Justiça Eleitoral permite ao eleitor votar com documento digital*. Brasília, 1º dez. 2017. Disponível em: <http://www.tse.jus.br/imprensa/noticias-tse/2017/Dezembro/aplicativo-e-titulo-da-justica-eleitoral-permite-ao-eleitor-votar-com-documento-digital>. Acesso em: 27 jan. 2018.

BRASIL. Tribunal Superior Eleitoral. *Justiça Eleitoral aprimora mecanismos para incentivar eleitor a fiscalizar candidatos*. Brasília, 22 ago. 2016. Disponível em: <http://www.tse.jus.br/imprensa/noticias-tse/2016/Agosto/justica-eleitoral-aprimora-mecanismos-para-incentivar-eleitor-a-fiscalizar-candidatos>. Acesso em: 25 jan. 2018.

BRASIL. Tribunal Superior Eleitoral. *Justiça Eleitoral recebeu mais de 61 mil denúncias de irregularidades pelo aplicativo Pardal*. Brasília, 24 out. 2016. Disponível em: <http://www.tse.jus.br/imprensa/noticias-tse/2016/Outubro/tse-recebeu-mais-de-61-mil-denuncias-de-irregularidades-pelo-aplicativo-pardal>. Acesso em: 25 jan. 2018.

BRASIL. Tribunal Superior Eleitoral. *Urna eletrônica*. Disponível em: <http://www.tse.jus.br/eleitor-e-eleicoes/eleicoes/urna-eletronica/urna-eletronica#ancora-2>. Acesso em: 3 jan. 2018.

BRASIL. Tribunal Superior Eleitoral. *Urna eletrônica*: 20 anos a favor da democracia. Brasília: Tribunal Superior Eleitoral, 2016.

COMO checar boatos em 9 passos. *Aos Fatos*, 7 abr. 2017. Disponível em: <https://aosfatos.org/noticias/como-checar-boatos-em-9-passos/>.

MARTINS, César Augusto da Silva. *Arquitetura de um sistema de análise de dados big data no modelo cloud computing*. Dissertação (Mestrado) – Escola de Engenharia, Universidade do Minho, 2014. Disponível em: <http://repositorium.sdum.uminho.pt/bitstream/1822/35218/1/Tese_PG21441_C%C3%A9sar_Martins_Mestrado_Sistemas_Informa%C3%A7%C3%A3o_2014.pdf>. Acesso em: 22 dez. 2017.

PRASS, Ronaldo. Entenda o que são os 'QR Codes', códigos lidos pelos celulares. *Globo. com*, 10 maio 2011. Disponível em: <http://g1.globo.com/tecnologia/noticia/2011/05/entenda-o-que-sao-os-qr-codes-codigos-lidos-pelos-celulares.html>. Acesso em: 2 fev. 2018.

RAIS, Diogo. O que é fake news? *Mackenzie*, 13 abr. 2017. Disponível em: <http://portal.mackenzie.br/fakenews/noticias/arquivo/artigo/o-que-e-fake-news/>. Acesso em: 2 fev. 2018.

RAIS; CASTRO. *A comunicação política em tempos de big data e inteligência artificial*: a campanha digital de Donald Trump e o futuro do marketing eleitoral brasileiro. No prelo.

RAMAYANA, Marcos. *Direito eleitoral*. 13. ed. Rio de Janeiro: Impetus, 2012.

RAMOS, Luciana de Oliveira; RAIS, Diogo. *A liberdade de expressão e o controle sobre o conteúdo da propaganda eleitoral*: uma perspectiva comparada. No prelo.

REI das redes: Cristiano Ronaldo é o mais seguido do planeta. *Veja*, 31 out. 2017. Disponível em: <https://veja.abril.com.br/placar/cristiano-ronaldo-e-a-pessoa-com-mais-seguidores-nas-redes/>. Acesso em: 28 jan. 2018.

SANTOS, Wesley. Uso de ferramentas de analytics e big data nas eleições de 2016 será o grande diferencial. *SAS Brasil*, 2016. Disponível em: <https://www.sas.com/pt_br/insights/articles/analytics/big-data-analytics-diferencial-eleicao.html>. Acesso em: 2 fev. 2018.

TAVARES, André Ramos; RAIS, Diogo. O voto eletrônico no Brasil. *Revista de Estudos Eleitorais Escola Judiciária Eleitoral*, v. 6, n. 3, set./dez. 2011. Disponível em: <http://www.tse.jus.br/hotsites/catalogo-publicacoes/pdf/estudos_eleitorais/estudos_eleitorias_v6_n3.pdf>. Acesso em: 25 jan. 2018.

Informação bibliográfica deste texto, conforme a NBR 6023:2002 da Associação Brasileira de Normas Técnicas (ABNT):

RAIS, Diogo. Eleições 2.0: a conexão entre processo eleitoral e tecnologia. In: PINHEIRO, Celia Regina de Lima; SALES, José Edvaldo Pereira; FREITAS, Juliana Rodrigues (Coord.). *Constituição e processo eleitoral*. Belo Horizonte: Fórum, 2018. p. 231-251. ISBN 978-85-450-0571-1.

A TUTELA PREVENTIVA COMO INSTRUMENTO CAPAZ DE GARANTIR O DEVIDO PROCESSO ELEITORAL: DO CARÁTER NÃO ABSOLUTO DA LIBERDADE À INFORMAÇÃO AO CONTROLE DO CONTEÚDO DAS *FAKE NEWS**

Juliana Rodrigues Freitas
Luiz Fernando Casagrande Pereira

1   Introdução

Uma das preocupações que mais atormentam os debates e influenciam os estudos eleitorais atualmente perpassa a disseminação das *fake news* e os efeitos causados pela potencialização da sua divulgação, nas mídias sociais.

Isso porque nos parece inegável que a principal celeuma que a propaganda eleitoral enfrenta, e, nessa toada, o período que a antecipa, é a de mensurar em que medida as notícias publicizadas nas redes sociais podem impactar, positiva ou negativamente, a sociedade e, assim, influenciar o resultado das eleições.

Indiscutível que a liberdade à informação, diante do contexto da sua fundamentalidade em nível nacional e reconhecidamente um direito humano, é um dos pilares que erguem o Estado Democrático de Direito, sendo imprescindível para a efetivação da democracia no nosso país.

---

* Artigo publicado na *Revista do Advogado*, da Associação dos Advogados de São Paulo, n. 138, em junho de 2018.

Do mesmo modo, também identificamos que as liberdades de informação e de expressão, que figuram numa relação de proximidade, cumplicidade e mesmo complementaridade, não são absolutas – como, aliás, nenhuma das liberdades o é – e devem ser exercidas, acima de tudo, com responsabilidade.

Diante de um contexto em que se preza pela garantia do devido processo eleitoral, marcado que deve ser pelo forte debate – e embate – na arena democrática, de modo a permitir que os cidadãos, partícipes do processo de escolha dos seus representantes, possam discutir, acompanhar, amadurecer e, assim, tornar-se conscientes politicamente, responsáveis pelas suas decisões, ações e omissões, nada mais lúcido que, na era digital, as redes sociais também sirvam de palco para essa manifestação democrática.

E na arena democrática virtual, as redes trazem consigo a potencialização de todos os atos que, quando praticados nas relações reais ou pessoais, não geram os mesmos impactos, em razão da sua (bem) menor difusão.

E, então, sob a perspectiva do direito processual eleitoral, admite-se a tutela preventiva como instrumento capaz de coibir, através do controle de conteúdo das *fake news*, as consequências avassaladoras e incontornáveis que uma notícia falsa pode gerar, fulminado, assim, a legitimidade material do processo democrático, porque influenciadora, em potencial, do (não) êxito do resultado logrado nas urnas.

2   A liberdade de informação e a sua indispensabilidade para o devido processo eleitoral

A informação[1] representa um dos principais pilares para a efetivação e consolidação da democracia, nos seus distintos níveis de manifestação: seja através da participação direta da sociedade na definição de políticas públicas, que se almeja sejam implementadas para garantir a satisfação das necessidades sociais, ou pela fiscalização da verba destinada às finalidades justificadoras do Estado; durante o processo de escolha dos representantes, como legítimos mandatários do poder do povo para administrar e legislar, precipuamente, na esfera política, no exercício indireto da democracia; ou mesmo quando,

---

[1]   Reconhecida inicialmente pela Organização das Nações Unidas, durante a primeira sessão realizada em 14.12.1946 pela sua Assembleia Geral, ocasião em que foi adotada a Resolução nº 59 (1), afirmando que: "A liberdade de informação constitui um direito humano fundamental e [...] a pedra de toque de todas as liberdades a que se dedica a ONU".

numa atuação conjunta de sociedade e Estado, são realizadas consultas plebiscitárias ou referendárias e iniciados projetos de lei corroborando, uma vez mais, a consciência que todos devemos ter para que o nosso agir – e suas consequências – reflitam o que queremos, as nossas perspectivas e expectativas sobre a realidade que nos circunda, quaisquer que sejam os motivos.

Considerando que a informação é um dos instrumentos democráticos mais eficazes no combate à corrupção, inclusive, como mecanismo de consolidação da responsabilidade política, tão necessária para a efetivação de um Estado Democrático de Direito, é essencial que sejamos livres, não apenas para obtermos informações sob o domínio do Estado, mas (muito) mais que isso, para que as nossas liberdades estejam (também) relacionadas ao fluxo de informações atinentes a dado contexto sociopolítico.[2]

E, desde que não exista liberdade, não podemos sequer conceber um Estado Democrático de Direito, que requer, entre outros aspectos, uma participação ativa e consciente da sociedade, seja na gestão, na fiscalização, como na escolha dos seus representantes, num movimento que deveria seguir as regras do jogo democrático (BOBBIO, 2000), considerando-se:

a) que o órgão político máximo, com função legislativa, e os órgãos da administração e de chefia de Estado devem ser compostos de membros eleitos direta ou indiretamente pelo povo;

b) participação indistinta de todos os cidadãos – independentemente da raça, gênero, religião etc. –, atingida a maioridade, na escolha dos seus representantes;

c) voto paritário;

d) *liberdade de voto do eleitor, de acordo com suas próprias convicções formadas também livremente;*

e) liberdade de escolha do eleitor, no sentido de serem apresentadas, durante o processo eleitoral, reais alternativas ou opções de candidatos capazes de representar o interesse da coletividade;

---

[2] A Declaração Universal dos Direitos Humanos (DUDH), adotada pela Assembleia Geral da ONU em 1948, é considerada a declaração primordial dos direitos humanos internacionais. Em seu art. 19, que tem efeito vinculante e obriga todos os Estados como direito internacional consuetudinário, garante a liberdade de expressão e informação nos seguintes termos: "Todos têm o direito à liberdade de opinião e expressão; este direito inclui a liberdade de expressar opiniões sem interferência e de buscar, receber e transmitir informações e ideias por quaisquer meios e sem limitações de fronteiras".

f) aplicação do princípio da maioria, sem desprezar não apenas a existência, como a participação, voz e voto da minoria, permitindo-lhe, ainda, a possibilidade de vir a tornar-se maioria.[3]

Diante desse contexto, a informação do eleitor é, sem dúvidas, um dos principais pilares que erguem a democracia, de modo a impulsionar a atuação efetiva de todos na tomada de decisões que os afetam, mediata ou imediatamente.

E estimular a democratização das sociedades a partir, entre outros valores, dessa liberdade de informação significa propulsionar um cenário político-participativo mais equilibrado (STIGLITZ, 2002), porque menos vulnerável e sujeito aos abusos que podem ser cometidos por quem usa da manipulação para subjugar aos seus mandos (e desmandos) os destinatários das (in)verdades ditas como informações necessárias para subsidiar posicionamentos, diminuindo, sem dúvidas, a margem da livre convicção, fator crucial para a concretização da democracia.

Faz-se imprescindível, então, para a democratização das sociedades que o eleitor, ao estar informado, possa assumir posições, promover ideias, decidir sobre o programa político ou candidato que melhor representem e defendam os valores de dado contexto social e que estão mais aptos a gerir a coisa pública; portanto, escolher quem pode, em nome do povo, compor as esferas do poder.

A liberdade do eleitor não está adstrita, portanto, a (qualquer) informação. Simplesmente, porque consiste na liberdade à informação condizente com os atos e fatos relacionados àquilo que for essencial para a formação da sua livre e consciente convicção, perpassando, nessa toada, todas as fases que constituem o devido processo eleitoral.

---

[3] Interessante a leitura da obra de Cass Sunstein, para quem a regra da maioria não pode ser concebida como uma simples mudança de *status quo*, visto que durante o processo de deliberação política deve ser observado um método de discussão, consulta e persuasão, durante o qual a minoria que não teve os seus interesses atendidos será ouvida e instigada, por meio da persuasão da maioria, a conciliar os seus objetivos com os que serão positivados, considerando que toda e qualquer modificação deve ser justificada como sendo o instrumento mais hábil para alcançar e satisfazer as necessidades sociais, finalidade para a qual o Estado foi (e é) concebido. Assim, para justificar a democracia, Sunstein entende que todo processo político, cujo resultado depende da aprovação de uma maioria, deve ser marcado por um procedimento de deliberação, discussão, consulta e persuasão; portanto, para o autor, a minoria que não teve os seus interesses atendidos será persuadida a concordar com a medida priorizada durante determinado processo democrático, não simplesmente por entender que a decisão legislativa é a que melhor corresponde aos seus anseios, mas por ter consciência e estar convencida de que numa futura discussão ou debate poderá vir a tornar-se maioria durante a deliberação política (SUNSTEIN, 2000, p. 133-137).

Sob a perspectiva dos candidatos, titulares do direito fundamental político manifestado no exercício da capacidade de serem escolhidos como representantes do povo, situa-se o dever de informar os seus eleitores sobre o que realmente fizeram durante os mandatos eletivos para os quais foram escolhidos – se for o caso – bem como esclarecer quais as ações políticas que pretendem desenvolver durante a gestão que se seguirá ao pleito eleitoral caso sejam eleitos pelo povo.

Parece-nos muito evidente que, para o eleitor, não importam, ou não deveriam importar, outras facetas do candidato, a não ser aquela concernente à sua atuação na seara política; isto é, considerando que todos exercemos distintos papéis na sociedade, o que toca à seara da privacidade do candidato deve ser resguardado, porque, ao lado da liberdade à informação do eleitor acerca do candidato, situa-se o direito à intimidade e à vida privada daquele que, além de candidato, é cidadão:

> As informações que circulam sobre nossa intimidade deveriam estar sob o nosso domínio, e, assim, para que seja caracterizado o seu caráter pessoal, deve-se observar: o papel da vontade; a definição do que seja "obtenção de informação"; a compreensão do termo "uso de informação"; e a natureza ampla de informação "pessoal". (SAMPAIO, 2014, p. 282)

A fronteira mais frequentemente aparente da intimidade se dá com a liberdade de imprensa e expressão ou, coletivamente, do direito à informação. Não há como se antecipar, de modo absoluto e candente, uma prevalência abstrata de um ou outro direito fundamental. Tudo depende da situação de conflito, a considerarem-se, por exemplo, o tipo de informação captada e publicada, o lugar da captação, o comportamento do titular do direito, o interesse público e a objetividade na divulgação da notícia. Um homem público detém uma expectativa de intimidade menor do que um cidadão comum, sendo legítimo revelar certos aspectos de sua intimidade que interfiram ou possam concretamente interferir em sua atividade ou profissão. Os eleitores podem ter um legítimo interesse na divulgação do estado de saúde do candidato a um cargo eletivo, se, por exemplo, vier a não permitir o seu livre exercício, caso eleito. Será, por igual, lícita a divulgação da vida opulenta que leva um servidor público, clara e comprovadamente incompatível com suas rendas, ou um líder de uma seita, financiada por fundos recolhidos em campanhas televisivas. Ilegítima será, no entanto, a afirmação, por um jornal ou *blog*, da homossexualidade de um político sem mais (SAMPAIO, 2014, p. 283).

De outra forma, todos nós temos uma projeção de alcance público e outra, particular, e quanto maior a nossa inserção na seara pública, menores os limites da nossa vida privada; quanto maior for o interesse público acerca da nossa pessoa, menor a esfera da nossa privacidade, que, a despeito disso, deve ser sempre preservada, porque, inclusive, reconhecida em nível constitucional (art. 5º, inc. X, Constituição Federal de 1988 – CF/1988).

Os partidos políticos, (ainda) fundamentais que são para a efetivação da democracia (nos termos do art. 14, §3º, inc. V, da CF),[4] não deveriam se valer do manto e da regulamentação das matérias *interna corporis*, para, então, definirem as suas políticas intrapartidárias, ignorando os pilares democráticos, como os do pluralismo político, da igualdade e da liberdade.

Assim, desde a definição dos candidatos aptos a representá-los, perpassando a distribuição, aos candidatos, do fundo partidário[5] e do fundo especial de campanha, além dos tempos nas mídias para a veiculação da propaganda eleitoral, até a composição dos cargos do mais alto escalão das executivas; tudo, indistintamente, deveria ser devidamente informado à sociedade, independentemente de qualquer solicitação formalizada por parte dos cidadãos, baseando-se no mecanismo de transparência ativa e observando os axiomas democráticos. E, mais que isso: não apenas informar também os próprios filiados, que, na maioria das vezes, se situam à mercê de todos esses processos decisórios intrapartidários, como, inclusive, transferir o poder de decisão da cúpula partidária para a base constituída pelos

---

[4] CF/1988: "Art. 14. A soberania popular será exercida pelo sufrágio universal e pelo voto direto e secreto, com valor igual para todos, e, nos termos da lei, mediante: [...] §3º São condições de elegibilidade, na forma da lei: [...] V – a filiação partidária".

[5] "O Tribunal, por maioria e nos termos do voto do Relator, julgou procedente a ação direta para: i) declarar a inconstitucionalidade da expressão 'três', contida no art. 9º da Lei 13.165/2015, eliminando o limite temporal até agora fixado; ii) dar interpretação conforme à Constituição ao art. 9º da Lei 13.165/2015 de modo a (a) equiparar o patamar legal mínimo de candidaturas femininas (hoje o do art. 10, §3º, da Lei 9.504/1997, isto é, ao menos 30% de cidadãs), ao mínimo de recursos do Fundo Partidário a lhes serem destinados, que deve ser interpretado como também de 30% do montante do Fundo alocado a cada partido, para as eleições majoritárias e proporcionais, e (b) fixar que, havendo percentual mais elevado de candidaturas femininas, o mínimo de recursos globais do partido destinados a campanhas lhe seja alocado na mesma proporção; iii) declarar a inconstitucionalidade, por arrastamento, do §5º-A e do §7º do art. 44 da Lei 9.096/1995. Vencidos, em parte, os Ministros Marco Aurélio e Gilmar Mendes, por terem julgado parcialmente procedente a ação, e o Ministro Ricardo Lewandowski, por tê-la julgado procedente em maior extensão. Falaram: pela Procuradoria-Geral da República – PGR, o Dr. Luciano Mariz Maia, Vice-Procurador-Geral da República; pelo amicuscuriae Academia Brasileira de Direito Eleitoral e Político – ABRADEP, a Dra. Polianna Pereira dos Santos; e, pelo amicuscuriae Cidadania Estudo Pesquisa Informação e Ação – CEPIA, a Dra. Lígia Fabris Campos. Ausente, justificadamente, o Ministro Celso de Mello. Presidiu o julgamento a Ministra Cármen Lúcia. Plenário, 15.3.2018. Ainda pendente de publicação" (STF. Ação Direta de Inconstitucionalidade nº 5.617. Rel. Min. Edson Fachin).

filiados. Aí, então, poderíamos começar a conjecturar, de fato, a tão almejada democracia intrapartidária, essencial para a consolidação do nosso Estado Democrático de Direito.

Às funções políticas do Estado, o dever de informar o eleitor, responsável direto pela composição da sua estrutura, decorre das suas atribuições previstas em nível constitucional, e configura princípio irretocável da Administração Pública, como se nos apresenta o *caput* do art. 37 da CF.

Mas, talvez, um dos principais e mais basilares dos aspectos que permeiam essa discussão esteja relacionado à educação: nossa sociedade não é educada para se informar e, a partir de então, formar a sua própria convicção acerca dos problemas que nos assolam, nossas prioridades e as demandas de ordem pública.

Da mesma forma, o eleitor (ainda) não tem educação política e, assim, atribui, inúmeras vezes, a um patamar de diminuta importância a sua mais nobre função em uma coletividade, que é o poder para decidir quem serão os responsáveis para, em seu nome: gerir a coisa pública, criando e efetivando políticas; administrar o dinheiro público, destinado aos cofres do Estado, a peso de muito suor dos que mais são onerados com a alta tributação que se aplica no nosso sistema; e definir os rumos, os sonhos e as angústias, as decepções e os louros de uma sociedade durante o período de um mandato eletivo.

Essa educação política dos eleitores é essencial para que possamos construir uma sociedade de fato consciente da sua importância no devido processo eleitoral, e porque composta de quem propulsiona a democracia e protagonista que é, em potencial, de toda e qualquer mudança que possa vir a ser realizada com o intuito de desconstituir um *status quo* que já, há muito, não satisfaz o mínimo necessário para garantir o respeito à dignidade da vida dos seus mais nobres sujeitos: o povo brasileiro!

Sem educação, não há informação, porque a liberdade à informação, inclusive para saber que somos dela titulares, pressupõe que conheçamos minimamente a nossa realidade para que, a partir das informações obtidas, possamos influenciar direta e imediatamente nos rumos das decisões que nos alcançarão; e, dessa feita, a educação potencializada pela informação, ao tempo em que diminui o poder de manipulação que tanto contamina as relações de poder, liberta o eleitor consciente, emancipando-o, em razão da sua educação, afastando-o da cegueira e da ignorância políticas, em razão da informação!

Com a base de educação política bem fomentada, pode-se, inclusive, evitar as fraudes, ainda tão comuns, como ocorre nas candidaturas fictícias de mulheres,[6] seja porque o eleitor precisa se informar sobre os candidatos apresentados pelos partidos políticos, como eles pensam e o que pretendem desenvolver, caso eleitos (e, assim, poder identificar que uma (ou várias) mulher(es) lançada(s) pelo partido político desconhece(m), inclusive, o fato de sua candidatura); seja porque a própria candidata, acaso conhecedora e ciente da candidatura fictícia, não se permitirá atuar de forma fraudulenta, com o fito de burlar a legislação e permitir, assim, a perpetuação da opressão do gênero feminino, também na política.

E, então, nesse caso, quando os partidos políticos e os próprios candidatos optam por fraudar a legislação, violando, também, a liberdade de informação do eleitor, ao lançar candidaturas fictícias, cabe à Justiça Eleitoral julgar firmemente e responsabilizar a todos, indistintamente, considerando que, como também atores do processo eleitoral, deveriam zelar por sua lisura e retidão.

---

[6] O Tribunal Regional Eleitoral do Estado do Piauí reconheceu, em sede de ação de investigação judicial eleitoral, que a constatação de fraude para o alcance da cota de gênero vicia toda a chapa: "RECURSOS. AÇÃO DE INVESTIGAÇÃO JUDICIAL ELEITORAL. ELEIÇÕES MUNICIPAIS 2016. PRELIMINAR. AUSÊNCIA DE LITISCONSÓRCIO PASSIVO NECESSÁRIO. NÃO ACOLHIMENTO. MÉRITO. FRAUDE. ABUSO DO PODER POLÍTICO. BURLA AO INSTITUTO DAS COTAS DE GÊNERO. VIOLAÇÃO AO ART. 10, §3º, LEI Nº. 9.504/97 E AO ART. 5º, I, DA CF/88. COMPROVAÇÃO. A CONSTATAÇÃO DE FRAUDE NA COTA DE GÊNERO MACULA TODA A CHAPA, PORQUANTO O VÍCIO ESTÁ NA ORIGEM. CASSAÇÃO DOS DIPLOMAS E REGISTROS DOS CANDIDATOS ELEITOS, SUPLENTES E NÃO ELEITOS, RESPECTIVAMENTE, OS QUAIS CONCORRERAM AO PLEITO PELAS CHAPAS PROPORCIONAIS CONTAMINADAS PELA FRAUDE. NULIDADE DOS VOTOS ATRIBUÍDOS AOS CITADOS CANDIDATOS, RECONTAGEM TOTAL DOS VOTOS E NOVO CÁLCULO DO QUOCIENTE ELEITORAL. INELEGIBILIDADE. SANÇÃO DE CARÁTER PERSONALÍSSIMA. ALCANÇA OS CANDIDATOS QUE DERAM CAUSA AO ILÍCITO. RECURSOS PARCIALMENTE PROVIDOS. 1. Os fatos narrados na inicial não foram atribuídos aos Presidentes das Agremiações. Preliminar de ausência de litisconsórcio rejeitada. 2. Candidaturas registradas com único propósito de preencher o regramento do art. 10, §3º, da Lei 9.504/97. Manifesto desvio de finalidade, comprometendo a lisura, a normalidade e a legitimidade das eleições proporcionais, circunstâncias que se amoldam às condutas previstas no art. 22, incisos XIV e XVI, da Lei Complementar 64/90. 3. A existência de vício ou fraude na cota de gênero contamina toda a chapa, porquanto o vício está na origem, ou seja, o seu efeito é ex tunc e, assim, impede a disputa por todos os envolvidos. 4. Reconhecida a fraude, devem ser cassados os diplomas e registros dos candidatos eleitos, suplentes e não eleitos, respectivamente, declarando nulos os votos a eles atribuídos, com a imperiosa recontagem total dos votos e novo cálculo do quociente eleitoral. 5. Em não havendo prova da participação efetiva dos demais candidatos, e diante do caráter personalíssimo da inelegibilidade prevista no art. 22, XIV, LC 64/90, seu alcance restringe-se às candidatas fictícias, pois concorreram para efetivação da fraude às cotas de gênero, porquanto conscientemente disponibilizaram seus nomes para fins de registro de candidatura, sem a intenção de disputar o pleito eleitoral de 2016. 6. Não existindo comprovação da participação dos candidatos majoritários, deve ser mantida a sentença que julgou improcedente o pedido nessa parte. 7. Recursos parcialmente providos" (TRE-PI. AIJE nº 19.392 – Valença do Piauí/PI. Rel. Astrogildo Mendes de Assunção Filho, j. 12.9.2017. DJe, t. 176, p. 17-18, 27 set. 2017).

Depois da viragem jurisprudencial introduzida pelo Recurso Especial (REspe) nº 1-49/2015,[7] que ampliou o cabimento da AIME para coibir fraude à lei, a Justiça Eleitoral reconheceu, no julgamento do REspe nº 243-42,[8] do município José de Freitas/PI, que fraudes no

---

[7] "Conceito de fraude e propositura de AIME. O Plenário do Tribunal Superior Eleitoral, por unanimidade, assentou que se enquadra no conceito de fraude, para fins de cabimento da ação de impugnação de mandato eletivo (art. 14, §10, da Constituição Federal), a violação do percentual de candidaturas exigido no §3º, art. 10, da Lei nº 9.504/1997, que dispõe: §3º Do número de vagas resultante das regras previstas neste artigo, cada partido ou coligação preencherá o mínimo de 30% (trinta por cento) e o máximo de 70% (setenta por cento) para candidaturas de cada sexo. Na hipótese, o juízo da 24ª Zona Eleitoral/PI extinguiu, sem resolução do mérito, ação de impugnação de mandato eletivo ajuizada em desfavor de candidatos eleitos ao cargo de vereador, no pleito de 2012, sob a acusação de suposta fraude eleitoral caracterizada pela adulteração de documento e falsificação de assinaturas para o preenchimento do percentual mínimo de candidaturas previsto em lei. Em concordância, o Tribunal Regional Eleitoral manteve a decisão de piso ao argumento de que o conceito de fraude, para os fins de cabimento da ação de impugnação de mandato eletivo (AIME), é restritivo, alcançando somente atos tendentes a afetar a vontade do eleitor. O Ministro Henrique Neves (relator) ressaltou inicialmente que o Tribunal de origem proferiu acórdão em consonância com o posicionamento até então adotado por esta Corte, no sentido de que a fraude que enseja a AIME diz respeito ao processo de votação, nela não se inserindo questões alusivas à inelegibilidade ou a outros vícios passíveis de atingir, de forma fraudulenta, o processo eleitoral. Entretanto, o relator salientou a necessidade de superar esse entendimento, passando-se a interpretar o termo fraude, estampado no art. 14, §10, da Constituição Federal, de forma ampla, a englobar todas as situações de fraude – inclusive a de fraude à lei – que possam afetar a normalidade das eleições e a legitimidade do mandato obtido. Ressaltou ainda que a AIME deve ser admitida como instrumento processual para preservar a legitimidade e a normalidade das eleições contra toda sorte de abuso, corrupção ou fraude, não cabendo impor limitações ao texto constitucional que não estejam previstas na própria Constituição Federal. Prosseguiu afirmando que a norma constitucional supracitada deve ser considerada com as demais regras e princípios contidos na Lei Maior, de forma a permitir a harmonização das hipóteses de cabimento da AIME com os fins legítimos das eleições que reflitam a vontade popular, livres de influências ilegítimas, tal como consta do §9º do art. 14 da Constituição Federal. Dessa forma, concluiu que, na espécie, a extinção da ação de impugnação de mandato sem julgamento de mérito, ao fundamento de que a suposta violação do percentual mínimo de candidaturas não se enquadraria no conceito de fraude, deve ser reformada, possibilitando o devido prosseguimento da ação proposta. O Tribunal, por unanimidade, deu provimento ao recurso especial, determinando o retorno dos autos ao TRE do Piauí para, afastando o argumento de inviabilidade da via eleita, permitir que a ação de impugnação de mandato eletivo siga seu curso normal e legal, nos termos do voto do relator" (Recurso Especial Eleitoral nº 149 – José Freitas/PI. Rel. Min. Henrique Neves da Silva, j. 4.8.2015).

[8] "RECURSO ESPECIAL. AÇÃO DE INVESTIGAÇÃO JUDICIAL ELEITORAL. FRAUDE. PERCENTUAIS DE GÊNERO. CAPTAÇÃO ILÍCITA DE SUFRÁGIO. 1. Não houve ofensa ao art. 275 do Código Eleitoral, pois o Tribunal de origem entendeu incabível o exame da fraude em sede de ação de investigação judicial eleitoral e, portanto, não estava obrigado a avançar no exame do mérito da causa. 2. 'É pacífico o entendimento jurisprudencial desta Corte no sentido de que o partido político não detém a condição de litisconsorte passivo necessário nos processos nos quais esteja em jogo a perda de diploma ou de mandato pela prática de ilícito eleitoral' (AgR-AI nº 1307-34, rel. Min. Marcelo Ribeiro, DJE de 25.4.2011). 3. Para modificar a conclusão da Corte de origem e assentar a existência de oferta de benesse condicionada ao voto ou de ato abusivo com repercussão econômica, seria necessário o reexame do conjunto probatório dos autos, providência inviável em sede de recurso especial

cumprimento das quotas de gênero são modalidade de abuso do poder político, sindicáveis pela AIJE, afastando, assim, o entendimento segundo o qual, após o deferimento do registro, fatos ulteriores comprobatórios da fraude não poderiam provocar a atuação jurisdicional.

Nesse mesmo compasso e seguindo o mesmo fundamento de fraude à Lei nº 9.504/1997 (Lei das Eleições), mais especificamente no seu art. 10, §3º, que estabelece a exigência de candidaturas de gênero acompanhando o percentual de 70% e 30%, o Tribunal Regional Eleitoral de São Paulo cassou, no Recurso Eleitoral nº 370-54/2016,[9] o diploma

---

(Súmulas 7 do STJ e 279 do STF). 4. É possível verificar, por meio da ação de investigação judicial eleitoral, se o partido político efetivamente respeita a normalidade das eleições prevista no ordenamento jurídico – tanto no momento do registro como no curso das campanhas eleitorais, no que tange à efetiva observância da regra prevista no art. 10, §3º, da Lei das Eleições – ou se há o lançamento de candidaturas apenas para que se preencha, em fraude à lei, o número mínimo de vagas previsto para cada gênero, sem o efetivo desenvolvimento das candidaturas. 5. Ainda que os partidos políticos possuam autonomia para escolher seus candidatos e estabelecer quais candidaturas merecem maior apoio ou destaque na propaganda eleitoral, é necessário que sejam assegurados, nos termos da lei e dos critérios definidos pelos partidos políticos, os recursos financeiros e meios para que as candidaturas de cada gênero sejam efetivas e não traduzam mero estado de aparências. Recurso especial parcialmente provido" (TSE. REspe nº 24.342 – José de Freitas/PI. Rel. Henrique Neves da Silva, j. 16.8.2016. *DJe*, t. 196, p. 65-66, 11 out. 2016).

[9] "RECURSO ELEITORAL. ELEIÇÕES 2016. AÇÃO DE INVESTIGAÇÃO JUDICIAL ELEITORAL. ABUSO DO PODER DE AUTORIDADE E FRAUDE ELEITORAL. SENTENÇA DE IMPROCEDÊNCIA. COTAS DE GÊNERO. ART. 10, §3º, DA LEI Nº 9.504/97. – QUESTÕES INICIAIS DE ORDEM PÚBLICA. ADEQUAÇÃO DA VIA ELEITA. 'PODEM SER APURADOS INCLUSIVE EM SEDE DE AIJE, COM FUNDAMENTO EM EVENTUAL ABUSO DO PODER POLÍTICO POR PARTE DO PARTIDO/COLIGAÇÃO E DE SEUS REPRESENTANTES, QUE SUPOSTAMENTE FORJARAM CANDIDATURAS FEMININAS, E ATÉ MESMO COM FUNDAMENTO NA CONFIGURAÇÃO DE FRAUDE À LEI, EM PRIMAZIA DO PRINCÍPIO DA INAFASTABILIDADE DE JURISDIÇÃO, (.), A FIM DE SE GARANTIR A LISURA DO PLEITO' (TSE – RESP ELEITORAL Nº 24342, REL. MIN. HENRIQUE NEVES DA SILVA, DJE – 11/10/2016, VOTO-VISTA DA MIN. LUCIANA CHRISTINA GUIMARÃES LÓSSIO). IMPOSSIBILIDADE DE COLIGAÇÃO PARTIDÁRIA FIGURAR NO POLO PASSIVO. – MÉRITO. CANDIDATURAS FICTÍCIAS. ATINGIMENTO DE COTA PARA O SEXO FEMININO APENAS COM O FIM DE SE ELEGEREM MAIS CANDIDATOS. CUMPRIMENTO DE MERA FORMALIDADE. ATO DESPROVIDO DE CONTEÚDO VALORATIVO E SEM INCENTIVO À PARTICIPAÇÃO FEMININA NA POLÍTICA. A APRESENTAÇÃO DE MERO ESPECTRO DAS CANDIDATURAS FEMININAS AQUI QUESTIONADAS CONFIGURA FRAUDE AO DISPOSITIVO EM COMENTO E CONSEQUENTE ABUSO DO PODER COM A GRAVIDADE NECESSÁRIA A MACULAR A LISURA DO PLEITO DE 2016. JUSTIFICATIVAS PARA A AUSÊNCIA DE QUALQUER ATO DE CAMPANHA EVIDENTEMENTE CONTRÁRIAS AOS FATOS AUFERIDOS E COMPROVADOS NOS PRESENTES AUTOS. FRAUDE ELEITORAL CONFIGURADA. APLICAÇÃO DA SANÇÃO DE INELEGIBILIDADE DO ART. 22, XIV, DA L.C. Nº 64/90, TÃO SOMENTE QUANTO AOS RESPONSÁVEIS PELA CONDUTA. PENA DE CASSAÇÃO A TODOS AQUELES QUE FORAM DIRETAMENTE BENEFICIADOS PELO ATO ILEGAL, JÁ QUE POSSIBILITOU O DEFERIMENTO DO REGISTRO DO DEMONSTRATIVO DE REGULARIDADE DE ATOS PARTIDÁRIOS – DRAP DA COLIGAÇÃO 'SD, PMN, PROS' E, CONSEQUENTEMENTE, VIABILIZOU SUAS CANDIDATURAS AO PLEITO PROPORCIONAL DE 2016 E AS RESPECTIVAS ELEIÇÕES, AINDA QUE COMO

de três vereadores eleitos em 2016, na cidade de Santa Rosa de Viterbo, e o registro de todos os 22 candidatos de uma coligação composta pelo Partido da Solidariedade (SD), pelo Partido da Mobilização Nacional (PMN) e pelo Partido Republicano da Ordem Social (Pros).

Portanto, contraria os termos constitucionais reduzir a liberdade do eleitor a toda e qualquer informação, considerando que todos os atores, que estão envolvidos nesse processo político, possuem também responsabilidade coletiva.

3 A responsabilidade política como responsabilidade coletiva: um olhar sob a perspectiva de Hannah Arendt

O discurso de pseudoautoisenção daqueles que gritam aos quatro cantos não terem culpa pela ausência de políticas definidas e executadas pelo Estado, exatamente porque não depositaram o seu voto no gestor com mandato vigente, não os imuniza de todos os malefícios decorrentes de uma má administração pública, assim como não os impede de serem alcançados por uma gestão eficiente; justamente porque, em uma democracia, todos, indistintamente, são destinatários e responsáveis pelas escolhas e decisões ditadas em nome do poder soberano.

A responsabilidade política, que é uma responsabilidade coletiva, deve ser entendida como um caso especial de responsabilidade vicária, de acordo com a qual tornamo-nos responsáveis por escolhas que não fazemos, mas que realizadas em nosso nome; e o mesmo já não se pode afirmar em relação à culpa, porque não existe culpa vicária, considerando-se que ninguém se sente culpado pelo acontecimento de coisas sem que tenha dele participado (ARENDT, 2004, p. 213).

> [...] duas condições têm de estar presentes para a responsabilidade coletiva: devo ser considerado responsável por algo que não fiz, e a razão para a minha responsabilidade deve ser o fato de eu pertencer a um grupo (um coletivo), o que nenhum ato voluntário meu pode dissolver, isto é, o meu pertencer ao grupo é completamente diferente de uma parceria de negócios que posso dissolver quando quiser. (ARENDT, 2004, p. 216)

SUPLENTES. SENTENÇA REFORMADA. DE OFÍCIO, EXTINÇÃO DO FEITO, SEM JULGAMENTO DE MÉRITO, QUANTO À COLIGAÇÃO RECORRIDA, NOS TERMOS DO ART. 485, INCISO VI, DO CPC. NO MÉRITO, RECURSO PROVIDO, PARA JULGAR PROCEDENTE A AÇÃO DE INVESTIGAÇÃO JUDICIAL ELEITORAL" (TRE-SP. RE nº 37.054 – Santa Rosa de Viterbo/SP. Rel. Claudia Lúcia Fonseca Fanucchi, j. 1º.8.2017. *DJESP*, 8 ago. 2017).

E porque essa responsabilidade política é genuinamente uma responsabilidade coletiva, ela não mais existirá desde que abandonemos o núcleo social em que vivemos, deixando para trás nossa comunidade; e como somos seres que vivemos em comunidades, por natureza, esse "abandono de responsabilidade" implicaria trocar uma comunidade por outra, portanto, uma responsabilidade por outra (ARENDT, 2004, p. 217).

> [...] nenhum padrão moral, individual e pessoal de conduta será capaz de nos escusar da responsabilidade coletiva. Essa responsabilidade vicária por coisas que não fizemos, esse assumir as consequências por atos de que somos inteiramente inocentes, é o preço que pagamos pelo fato de levarmos a nossa vida não conosco mesmos, mas entre nossos semelhantes, e de que a faculdade de ação, que, afinal, é a faculdade política par excellence, só pode ser tornada real numa das muitas e múltiplas formas de comunidade humana. (ARENDT, 2004, p. 225)

E exatamente porque recai sobre nós essa responsabilidade vicária, precisamos ter a exata compreensão e percepção dos pilares sobre os quais se assenta uma sociedade democrática, para que nossas ações sigam no fluxo da sua consolidação e efetivação, sendo a informação um dos principais alicerces dessa sociedade democrática, oxigenando-a e mantendo vivo um ideal de governo de todos, para todos.

É importante estabelecermos, então, que a consciência coletiva é fundamental para demarcar a responsabilidade política dos cidadãos, cuja liberdade de escolha dos candidatos capazes de representá-los e controle da gestão pública estão direta e imediatamente relacionados à informação que é obtida acerca desses candidatos; portanto, essa responsabilidade vicária alcança, inclusive, os que têm o dever de informar, ao (não) garantir, assim, o livre fluxo de informações.

No que toca ao papel das mídias, no Relatório do Desenvolvimento Humano de 2002 – Aprofundar a Democracia em um Mundo Fragmentado, elaborado pelo Programa das Nações Unidas para o Desenvolvimento (PNUD) (RELATÓRIO..., 2002), considerou-se que é possível que nenhuma reforma seja tão significativa para fazer as instituições democráticas funcionarem quanto a reforma das mídias: a construção de meios de comunicação diversos e plurais, livres e independentes, que alcancem acesso e divulgação em massa, e que apresentem informações precisas e imparciais.

Meios de comunicação livres e independentes são, sem margem para dúvidas, um pilar crucial da democracia, tanto que, em muitos países, novas liberdades de imprensa e tecnologias permitem aos meios de comunicação contribuírem mais para a política democrática, abrindo debates públicos e denunciando a corrupção e os abusos; mesmo que, a despeito disso, ao redor do mundo, ainda haja restrições às liberdades cívicas básicas – como os direitos de livre expressão, de reunião e de informação...

Responsabilidade mútua, considerando que, se de um lado temos a necessária transparência na gestão dos bens e interesses públicos, de outro, há o compromisso do cidadão não apenas de acompanhar e fiscalizar todo o funcionamento da Administração Pública, mas de reivindicar que a sua opinião, ideia ou decisão sejam norteadoras para a composição dos espaços de poder – ainda que os não eletivos – e definidoras das tomadas de decisões.

E, nesse contexto de informação, mídia e internet, apresenta-se a democracia virtual, impulsionada pela aceleração de conhecimento e divulgação de informação, e assentada sobre o que consideramos serem os seus quatro pilares:

- a educação digital relacionada a nossa consciência e conhecimento necessários sobre o que podemos/devemos socializar, como fazê-lo, quando e para quem;
- o agir com responsabilidade e ética, considerando que o computador ou qualquer outro instrumento tecnológico não se responsabiliza pelos atos praticados por seus operadores; não servindo, assim, de um mecanismo de blindagem de culpa ou filtro de honestidade;
- a desburocratização das informações, visto que a agilidade e a celeridade da internet permitem um mais rápido e fácil alcance daquilo que deve se tornar de conhecimento público;
- e, por fim, as novas demandas da era digital, também relacionadas às questões concernentes à informação, que não podem ser sanadas analogicamente; e, para tanto, precisamos *mudar o algoritmo do nosso pensar para buscarmos e identificarmos soluções "digitais" para os problemas que nos são apresentados pelo cenário virtual.*

E a necessidade premente de observarmos esses elementos se justifica em razão da lisura e retidão que devem ser atribuídas ao processo eleitoral, de modo que os candidatos eleitos representem de fato, e não apenas virtualmente, o querer de uma maioria consciente e não simplesmente influenciada por *fake news* ou absorvida e enternecida pela potencializada disseminação de notícias por robôs.

E, se sim, as redes compõem um núcleo fulcral para a disseminação da informação e, portanto, um elemento ímpar para a consolidação e efetivação da liberdade à informação do eleitor, também apresentam alguns efeitos colaterais, por nós considerados o anverso da democracia virtual, esta que se assenta no pluralismo político, na igualdade e na liberdade.

Assim, a formação das "bolhas ideológicas" ou "virtuais" cria um sentimento comum de que verdades absolutas existem, fulminando de morte a tolerância à diversidade de pensar que erige o pluralismo político ao *status* de princípio constitucional (art. 1º, inc. V, CF/1988); bem como o excesso de restrição da propaganda eleitoral nas redes se contrapõe à imprescindível liberdade que deve permear todo o processo eleitoral, e o emprego maciço de esforços para disseminar as *fake news* pende a balança da igualdade, porque o impacto gerado pelas inverdades, inclusive (ou principalmente) quando não explicitadas, é sempre muito maior e avassalador do que o alcançado pelas *true news*.

De fato, a manipulação precisa ser sedutora, porque, quanto mais sedutora, melhor acobertará o tanto que se pretende ocultar... e nada mais sedutor que uma mentira mascarada do que uma verdade escancarada!

Aliás, para além daquilo que é objetivamente (com)provado, o que pode ser considerado verdade ou mentira se relativiza muito em função da carga valorativa, enraizada e influenciada pelo subjetivismo de cada um de nós.

Ocorre que não apenas durante o processo eleitoral, mas em todas as relações humanas, e no exercício das nossas liberdades, as inverdades – ou *fake news* – compõem a própria essência do ser humano, que é falho, por natureza; e, nesse contexto de imperfeição, mente ou simplesmente transmuda, de acordo com a sua perspectiva sociocognitiva ou seus interesses, os elementos que integram uma situação concreta.

Importante nesse ponto é identificarmos, com responsabilidade, os impactos gerados em razão do que está sendo por nós divulgado, e, por outro lado, ao receptor da informação, cabe crivar, com parcimônia, todos os códigos que lhe foram emitidos.

4   A tutela preventiva como mecanismo de proteção da disseminação das *fake news* e instrumento de garantia do devido processo eleitoral

A certeza de que as *fake news* são utilizadas, inclusive (ou principalmente) durante o processo eleitoral, não pode, sob nenhuma perspectiva, limitar a manifestação da liberdade, ainda que saibamos que, nas mídias sociais, a potencialização da disseminação de notícias por robôs pode ser tão devastadora a ponto de influenciar positiva ou negativamente o resultado das eleições, dependendo da carga subjetivo-valorativa que lhes for atribuída.

E mesmo durante o período de processo eleitoral, quando não será considerada propaganda antecipada a livre manifestação político--ideológica do pré-candidato, desde que não se faça pedido explícito de voto (art. 3º, Resolução nº 23.551-TSE e art. 36-A, Lei nº 9.504/1997),[10] devemos sim considerar o uso irrestrito, porém consciente, das mídias sociais para a promoção da imagem e do posicionamento daquele que pretende lançar-se a um cargo eletivo, principalmente, diante de um contexto em que a propaganda eleitoral é realizada num exíguo período que gira em torno de 45 dias, de acordo com a previsão do art. 36 da Lei nº 9.504/1997, que a permite, tão somente, a partir de 16 de agosto do ano eleitoral (art. 2º da Resolução nº 23.551-TSE).

Não podemos atribuir censura prévia, vedada que é constitucionalmente – mais precisamente no art. 5º, inc. IX, do texto constitucional federal –, às postagens ou manifestações da liberdade de informação e

---

[10] Resolução nº 23.551-TSE, que dispõe sobre propaganda eleitoral, utilização e geração do horário gratuito e condutas ilícitas em campanha eleitoral nas eleições de 2018. "Art. 3º Não configuram propaganda eleitoral antecipada, desde que não envolvam pedido explícito de voto, a menção à pretensa candidatura, a exaltação das qualidades pessoais dos pré-candidatos e os seguintes atos, que poderão ter cobertura dos meios de comunicação social, inclusive via internet (Lei nº 9.504/1997, art. 36-A, caput, incisos I a VII e parágrafos): I – a participação de filiados a partidos políticos ou de pré-candidatos em entrevistas, programas, encontros ou debates no rádio, na televisão e na internet, inclusive com a exposição de plataformas e projetos políticos, observado pelas emissoras de rádio e de televisão o dever de conferir tratamento isonômico; II – a realização de encontros, seminários ou congressos, em ambiente fechado e a expensas dos partidos políticos, para tratar da organização dos processos eleitorais, da discussão de políticas públicas, dos planos de governo ou das alianças partidárias visando às eleições, podendo tais atividades ser divulgadas pelos instrumentos de comunicação intrapartidária; III – a realização de prévias partidárias e a respectiva distribuição de material informativo, a divulgação dos nomes dos filiados que participarão da disputa e a realização de debates entre os pré-candidatos; IV – a divulgação de atos de parlamentares e de debates legislativos, desde que não se faça pedido de votos; V – a divulgação de posicionamento pessoal sobre questões políticas, inclusive em redes sociais, blogues, sítios eletrônicos pessoais e aplicativos (apps); VI – a realização, a expensas de partido político, de reuniões de iniciativa da sociedade civil, de veículo ou meio de comunicação ou do próprio partido político, em qualquer localidade, para divulgar ideias, objetivos e propostas partidárias; VII – campanha de arrecadação prévia de recursos na modalidade prevista no inciso IV do §4º do art. 23 da Lei nº 9.504/1997. §1º É vedada a transmissão ao vivo por emissoras de rádio e de televisão das prévias partidárias, sem prejuízo da cobertura dos meios de comunicação social (Lei nº 9.504/1997, art. 36-A, §1º). §2º Nas hipóteses dos incisos I a VI do caput, são permitidos o pedido de apoio político e a divulgação da pré-candidatura, das ações políticas desenvolvidas e das que se pretende desenvolver (Lei nº 9.504/1997, art. 36-A, §2º)".

de expressão, em razão do receio pelo mau uso das mídias sociais ou pelo efeito potencializado atribuído à divulgação de eventuais *fake news*. De outra forma, porém, a despeito da vedação constitucional a toda e qualquer manifestação que caracterize censura, nada obsta a concessão de tutela preventiva e específica para vedar a veiculação de *fake news* (ou de qualquer outro conteúdo ilícito). Isso não é censura prévia. Não se pode censurar previamente antes de se conhecer o conteúdo a ser veiculado. Agora, flagrada a existência de *fake news* (conteúdo conhecido), a tutela jurisdicional recomendada é a preventiva, com facilidade na hipótese de repetição de conteúdo ilícito (MARINONI, 1995, p. 110-111).

A *tutela ressarcitória na forma específica* (direito de resposta, art. 58 da Lei Eleitoral) sempre ocupou preferência no ambiente da tutela jurisdicional eleitoral e no controle de conteúdo.[11] A preferência pelo direito de resposta decorre de interpretação obtusa do que seja a vedação à censura prévia. É importante superar este falso óbice à efetividade. O direito eleitoral não prescinde da tutela preventiva, fundamentalmente porque não se ajusta à tutela ressarcitória.

Não é desnecessário lembrar que não há ressarcimento pelo equivalente no direito eleitoral (= indenização). Ou é tutela preventiva ou é ressarcimento na forma específica (direito de resposta). É natural a prevalência da tutela preventiva, considerando-se a sua natureza *estrarisarcitoria e o fato de o dano no direito eleitoral ser* "insuscetível de medir-se com o metro da pecúnia" (MOREIRA, 1980, p. 24).[12]

Com a exclusão do ressarcimento pelo equivalente, no direito eleitoral, a tutela reparatória (*pós-ilícito*) é uma "magra consolazione" (RICOLFI, [s.d.], p. 166). A reparação é orientada ao passado, no sentido de eliminar o efeito danoso já produzido; a inibitória tem uma função eminentemente preventiva, orientada ao futuro, isto é, a evitar futura ou nova violação; ou, em outros termos, a fazer cessar o ilícito ou prevenir a sua ocorrência.

O art. 497 do Novo Código de Processo Civil (CPC) consagrou expressamente a tutela inibitória (antes deferida com fundamento no art. 461 do CPC/1973). Uma tutela exclusivamente contra o ilícito. Se for possível identificar o risco de veiculação de conteúdo ilícito, sem representar censura prévia (o que só existe na vedação a conteúdo ainda não identificado), a tutela jurisdicional eleitoral entra em cena para

---

[11] Sobre o tema da tutela preventiva e específica no direito eleitoral, conferir Silva (2010).

[12] O dano é mera consequência eventual do ilícito (BENUCCI, 1957, p. 563).

evitar o próprio ilícito e sua consequência eventual: o dano eleitoral; a repercussão indevida no processo eleitoral.

Como a tutela inibitória não tem relação com o dano (e, portanto, também não com o elemento subjetivo),[13] há redução do campo da cognição, expurgando-se do processo tudo o que for estranho à aferição do ilícito ou perigo de ilícito. Impõe-se, por isso, a sumarização da tutela preventiva no direito eleitoral, pois dano e, consequentemente, culpa não lhe dizem respeito. Isso é fundamental em uma área do direito tão orientada pela celeridade. E a cognição, reconhece-se em boa doutrina, também "é instrumento técnico de adequação do processo ao direito material" (MACHADO, 1998, p. 84).

Essa limitação do campo cognitivo se dá no plano horizontal, no âmbito do material submetido à cognição (WATANABE, 1987, p. 89 e ss.).[14] A cognição continua exauriente, mas restringe o objeto em atenção às demandas do direito substancial. Importante reiterar que essa limitação de cognição tem aplicação prática importante na coibição célere de conteúdo ilícito no contencioso eleitoral.[15] Especialmente porque no direito eleitoral vale a "tutela da imediaticidade" (RAMAYANA, 2008, p. 38). E vale porque "na seara eleitoral a urgência é maior" (PELEJA JÚNIOR; BATISTA, 2010, p. 43).

E é claro que a tutela inibitória em controle de conteúdo não prescinde de uma tutela provisória (de urgência ou de evidência). Basta que se demonstre a ameaça da divulgação (ou repetição de divulgação) (RAPISARDA; TARUFFO, 1991, p. 7; SPADONI, 2002, p. 56). É *ainjunction quiatimet da common law* (GROSSEN, 1959, p. 430).

Há quem possa dizer que é excessivamente arriscado vedar conteúdo de propaganda eleitoral em cognição sumária. É um receio desprovido de fundamento. O juízo sumário não é superficial, como pensam muitos, mas sim "exame atento e consequente [...] em face de um material probatório ainda incompleto". É por isso que a expressão

---

[13] "Art. 497. Na ação que tenha por objeto a prestação de fazer ou de não fazer, o juiz, se procedente o pedido, concederá a tutela específica ou determinará providências que assegurem a obtenção de tutela pelo resultado prático equivalente. Parágrafo único – Para a concessão da tutela específica destinada a inibir a prática, a reiteração ou a continuação de um ilícito, ou a sua remoção, é irrelevante a demonstração da ocorrência de dano ou da existência de culpa ou dolo".

[14] Há quem fale, para a hipótese, em limitação espacial da cognição (DIAS, 2003, p. 90).

[15] Marinoni, depois de fixar o campo próprio da inibitória, exclusivamente voltada contra o ilícito, concluiu: "Estas considerações não são apenas relevantes para o delineamento dogmático da tutela inibitória, mas também para sua efetiva e adequada aplicação prática" (MARINONI, p. 38).

cognição superficial não pode autorizar "decisão irrefletida".[16] E mais. Também ao contrário do que pensam muitos, "o risco de erro judiciário derivado de cognição exauriente com aquele resultante de cognição menos profunda" *é aproximado, quando não equivalente* (BODART, 2014, p. 89). O juiz eleitoral tem a obrigação de sindicar a licitude do conteúdo e considerar a possibilidade de uma tutela inibitória provisória.

Com o Novo CPC, essa construção ganha o aporte da *tutela de evidência*. Agora, sempre que houver uma *defesa inconsistente*, o art. 311 do Novo CPC oferece *uma regra* aberta que autoriza a concessão de antecipação de tutela independentemente de urgência (MITIDIERO, 2015, p. 796). O inc. IV do art. 311 prevê a tutela de evidência para os casos de a petição inicial estar instruída "com prova documental suficiente dos fatos constitutivos do direito do autor, a que o réu não oponha prova capaz de gerar dúvida razoável". Este caso também indica, em verdade, julgamento antecipado da lide.

Certo é que o controle de conteúdo, desde que não seja censura prévia – porque não cabe realizá-la –, se resolve no direito eleitoral em tutela preventiva, mais especificamente em tutela provisória em inibitória.

5 Conclusão

A massificação e a robotização da divulgação das informações nas redes virtuais, sem dúvida alguma, causam uma série de impactos nas relações, das mais variadas espécies, e, como não poderia deixar de ser, também nas relações políticas.

Considerando que num Estado Democrático de Direito não se pode admitir controle prévio do conteúdo que se pretende externalizar como consequência da manifestação das liberdades de expressão e de pensamento, ambas de caráter fundamental, e reconhecendo que o ser humano age imbuído pelas suas paixões e interesses, inegável que, na arena democrática virtual, o debate político pode tornar-se mais acirrado, inclusive, pela proliferação das *fake news* e a sua interferência no resultado do processo eleitoral.

Como a responsabilidade política que deve impulsionar cada um dos atores desse período de vibrante manifestação democrática é um elemento imprescindível, porém, extremamente subjetivo, que deve ser construído muito mais a partir da consciência político-cidadã do que por qualquer outro meio, não se pode permitir que aqueles que

---

[16] Como se apanha da percuciente análise de Flach (2009, p. 82) sobre o tema.

forem alcançados pela divulgação de uma *fake news*, também durante o processo eleitoral, tornem-se reféns e fiquem à mercê da ausência de normas elaboradas *num algoritmo ajustado à velocidade da era digital.*

A finalidade do direito é a de atribuir justiça às relações sociais, independentemente de estabelecidas no plano real ou virtual, e nada mais injusto do que permitir que um candidato permaneça destinatário de uma série de inverdades, capazes de influenciar no resultado da sua manifestação e projeção política, repercutindo, desta feita, no exercício dos direitos políticos.

Assim, definindo os próprios limites para a atuação jurisdicional, não cabe nem à norma nem ao julgador censurar, previamente, a manifestação de um cidadão, mas lhes cabe coibir o conteúdo atentatório das liberdades, principalmente, quando direcionadas à efetivação da democracia no nosso país, como as liberdades políticas, e, diante também dessa realidade virtual, está a tutela preventiva como instrumento processual apto a garantir o livre exercício dos direitos políticos, seja pelo eleitor, que deve se informar sobre os candidatos que pretendem lançar-se a um cargo eletivo, seja por quem, no exercício da capacidade eleitoral passiva, pretende conquistar a confiança política, a empatia e o voto de um número suficiente de eleitores que lhe permita a eleição.

Referências

ARENDT, Hannah. *Responsabilidade e julgamento.* São Paulo: Companhia das Letras, 2004.

BOBBIO, Norberto. Verbete "Democracia". In: BOBBIO, Norberto; MATTEUCCI, Nicola; PASQUINO, Gianfranco. *Dicionário da política.* 5. ed. Tradução de João Ferreira (Coord.). Brasília: Editora Universidade de Brasília, 2000. 2 v.

BODART, Bruno Vinícius da Rós. *Tutela de evidência.* São Paulo: Revista dos Tribunais, 2014.

DIAS, Jean Carlos. *Tutelas de urgência*: princípio sistemático da fungibilidade. Curitiba: Juruá, 2003.

DIDIER JR., Fredie *et al. Breves comentários ao Novo Código de Processo Civil.* São Paulo: Revista dos Tribunais, 2015.

FLACH, Daisson. *A verossimilhança no processo civil e sua aplicação prática.* São Paulo: Revista dos Tribunais, 2009.

GROSSEN, Jaques Michel. L'azione in prevenzione al difuori dei giudizi immobiliari. *Rivista di Diritto Processuale,* Padova, 1959.

MACHADO, Antonio Claudio da Costa. *Tutela antecipada.* São Paulo: Oliveira Mendes, 1998.

MARINONI, Luiz Guilherme. Observações sobre a tutela antecipatória. *Revista de Processo,* São Paulo, n. 79, 1995.

MARINONI, Luiz Guilherme. *Tutela inibitória*: individual e coletiva. São Paulo: Revista dos Tribunais, 2012.

MOREIRA, José Carlos Barbosa. Tutela sancionatória e tutela preventiva. In: MOREIRA, José Carlos Barbosa. *Temas de direito processual* – Segunda série. São Paulo: Saraiva, 1980.

PELEJA JÚNIOR, Antônio Veloso; BATISTA, Fabrício Napoleão Teixeira. *Direito eleitoral* – Aspectos processuais. Curitiba: Juruá, 2010.

RAMAYANA, Marcos. *Direito eleitoral*. 8. ed. Rio de Janeiro: Impetus, 2008.

RAPISARDA, Cristina; TARUFFO, Michele. Inibitoria (azione). In: RAPISARDA, Cristina *et al*. *Enciclopedia Giuridica Treccani*. Roma: Treccani, 1991. v. 17.

RELATÓRIO do Desenvolvimento Humano 2002. *PNUD*, 29 jun. 2002. Disponível em: <http://www.br.undp.org/content/brazil/pt/home/library/idh/relatorios-de-desenvolvimento-humano/relatorio-do-desenvolvimento-humano-20002.html>. Acesso em: 25 mar. 2018.

RICOLFI, Marco. *I segni distintivi* – Diritto interno e comunitario. Torino: G. Giappichelli, [s.d.].

SAMPAIO, José Adércio Leite. Dos direitos e deveres individuais e coletivos. In: CANOTILHO, J. J. Gomes *et al*. *Comentários à Constituição do Brasil*. São Paulo: Saraiva, 2014.

SILVA, Fernando Matheus. A tutela específica no direito eleitoral. *Revista Brasileira de Direito Eleitoral* – RBDE, v. 2, n. 3, jul./dez. 2010.

SPADONI, Joaquim Felipe. *Ação inibitória*: a ação preventiva prevista no artigo 461 do CPC. São Paulo: Revista dos Tribunais, 2002.

STIGLITZ, J. Transparency in Government. In: WORLD BANK INSTITUTE. *The right to tell*: the role of the mass media in economic development. Washington, D.C.: World Bank Publications, 2002.

SUNSTEIN, Cass. *The partial Constitution*. Cambridge, Massachusetts; Londres: Harvard University Press, 2000.

WATANABE, Kazuo. *Da cognição no processo civil*. São Paulo: Revista dos Tribunais, 1987.

Informação bibliográfica deste texto, conforme a NBR 6023:2002 da Associação Brasileira de Normas Técnicas (ABNT):

FREITAS, Juliana Rodrigues; PEREIRA, Luiz Fernando Casagrande. A tutela preventiva como instrumento capaz de garantir o devido processo eleitoral: do caráter não absoluto da liberdade à informação ao controle do conteúdo das fake news. In: PINHEIRO, Celia Regina de Lima; SALES, José Edvaldo Pereira; FREITAS, Juliana Rodrigues (Coord.). *Constituição e processo eleitoral*. Belo Horizonte: Fórum, 2018. p. 253-272. ISBN 978-85-450-0571-1.

O PROTAGONISMO DO PODER JUDICIÁRIO NO ÂMBITO DA AIME E DA AIJE

Andréa Ribeiro de Gouvêa

1 Introdução

A Constituição Federal, no capítulo reservado aos direitos políticos, traz previsão de ação constitucional de natureza civil, designada ação de impugnação de mandato eletivo (AIME), cujo objetivo é apurar e coibir condutas que possam corromper o resultado das eleições mediante abuso de poder econômico, corrupção ou fraude.

Além disso, estabelece causas de inelegibilidade (constitucionais) e prevê a possibilidade de lei complementar estabelecer outras causas (infraconstitucionais) com o fim de proteger a probidade administrativa, a moralidade para exercício de mandato, considerada a vida pregressa do candidato, a moralidade e legitimidade das eleições contra a influência do poder econômico ou o abuso do exercício de função, cargo, ou emprego na administração direta ou indireta.

O diploma infraconstitucional que regula o sistema de inelegibilidades é a Lei Complementar nº 64/90. No bojo dessa lei, foi prevista outra ação, de cunho infraconstitucional, denominada investigação judicial eleitoral (AIJE), com o objetivo de apurar uso indevido, desvio ou abuso do poder econômico ou do poder de autoridade, ou utilização indevida de veículos ou meios de comunicação social, em benefício de candidato ou de partido político.

No que se refere à AIME, imperioso realçar que, antes de alcançar *status* constitucional, tal instrumento judicial de impugnação ao mandato eletivo já constava no ordenamento jurídico pátrio, tendo como primeira referência legislativa o art. 23 da Lei nº 7.493, de 16.6.1986, que disciplinou o pleito de 1986, nos seguintes termos:

A diplomação não impede a perda do mandato, pela Justiça Federal, em caso de sentença julgada, quando se comprovar que foi obtido por meio de abuso do poder político ou econômico.

Após dois anos, o art. 24 da Lei nº 7.664, de 29.6.1988, que disciplinou o pleito municipal do mesmo ano, trouxe idêntica previsão de ação impugnatória do mandato, com a seguinte redação:

> Art. 24. O mandato eletivo poderá ser impugnado ante a Justiça Eleitoral após a diplomação, instruída a ação com as provas conclusivas de abuso de poder econômico, corrupção ou fraude e transgressões eleitorais.
>
> Parágrafo único. A ação de impugnação de mandato tramitará em segredo de justiça, respondendo o autor, na forma da lei, se temerária ou de manifesta má-fé.

Durante a Assembleia Nacional Constituinte, o constituinte José Paulo Bisol[1] apresentou emenda à proposta apresentada por Lysâneas Maciel, relator do anteprojeto da subcomissão que tratou dos direitos políticos, direitos coletivos e garantias, prevendo o cabimento da ação de impugnação de mandato eletivo nas mesmas hipóteses previstas na mencionada legislação infraconstitucional, isto é, abuso de poder econômico, corrupção, fraude e transgressões eleitorais.

Após intenso debate, a redação que se sagrou vencedora suprimiu o termo *transgressões eleitorais*, e a ação de impugnação de mandato eletivo acabou por ser positivada da forma como a vemos hoje: inserida no Título II, destinado aos demais remédios constitucionais (direitos e garantias fundamentais), e constituindo-se na única ação constitucional apta a, uma vez comprovados os ilícitos ali indicados, cassar um mandato eletivo conferido pelo povo através do voto popular.

Por ter sido gravada pelo constituinte de jusfundamentalidade formal e material é que, segundo Carlos Eduardo Frazão, a ação de impugnação de mandato eletivo ostenta uma *prefered posicion* em relação às demais ações eleitorais. Porém, não obstante essa posição preferencial, o fato é que, decorridos praticamente trinta anos da promulgação da Constituição Federal, o legislador ordinário jamais tratou de regulamentá-la da forma como o fez com as demais ações constitucionais previstas no Título II da CRFB (mandado de segurança, *habeas corpus*, *habeas data*, mandado de injunção, ação popular).

---

[1] BRASIL. Assembleia Nacional Constituinte. *Anteprojeto da Comissão da Soberania e dos Direitos e Garantias do Homem e da Mulher*. Brasília: Centro Gráfico do Senado Federal, 1987. v. 69. Disponível em: <http://www.camara.gov.br/internet/constituicao20anos/DocumentosAvulsos/vol-69.pdf>.

Esse silêncio, por certo, não impede a aplicação da norma, pois, como bem realça o mencionado doutrinador, tendo-lhe sido outorgado todo o regime jurídico ínsito aos direitos fundamentais, possui aplicabilidade imediata, nos termos do art. 5º, §1º, da Constituição, "prescindindo, portanto, de *interpositio legislatoris* para sua procedimentalização".[2]

Impera, aqui, a liberdade de conformação do legislador, explicitada de maneira bastante elucidativa por Ana Paula de Barcellos:

> [...] não legislar é uma das possibilidades disponíveis ao legislador, só sendo possível falar de um dever constitucional de legislar nas hipóteses previstas pela Constituição. [...] não existe um dever geral de legislar oponível ao Legislativo, que tem a liberdade institucional de escolher o que vai ou não regulamentar. O dever de legislar só se verifica nas hipóteses previstas pela Constituição, devendo-se reconhecer, dentro dos limites daquilo que a Constituição definitivamente obriga ou proíbe, a discricionariedade estrutural do legislador.[3]

Todavia, embora a aplicação da norma esteja garantida, a omissão legislativa, no caso, traz consequências de outra ordem: a ocupação desse espaço vazio de poder regulamentar pelo Judiciário.

2 Objetivo do presente trabalho

Fixadas essas premissas, o objetivo do presente trabalho é apresentar questionamentos, a partir do estudo da interpretação que vem sendo conferida aos institutos relacionados às ações de impugnação de mandato eletivo e de investigação judicial eleitoral, a fim de investigar se a Justiça Eleitoral está atuando, no ponto, nos limites da deficiência legislativa e com respeito aos "pactos semânticos" historicamente estabelecidos quanto às suas hipóteses de cabimento. Para o fim específico deste breve ensaio, as normas a serem analisadas com maior profundidade são

- CF/88:

> Art. 14. [...]
>
> §9º Lei complementar estabelecerá outros casos de inelegibilidade e os prazos de sua cessação, a fim de proteger a probidade administrativa,

---

[2] FUX, Luiz; FRAZÃO, Carlos Eduardo. *Novos paradigmas do direito eleitoral*. Belo Horizonte: Fórum, 2016. p. 308.

[3] BARCELLOS, Ana Paula de. Direito e política. Silêncio do legislador, interpretação e analogia. In: SARMENTO, Daniel (Coord.). *Jurisdição constitucional e política*. Rio de Janeiro: Forense, 2015. p. 667.

a moralidade para exercício de mandato considerada vida pregressa do candidato, e a normalidade e legitimidade das eleições contra a influência do poder econômico ou o abuso do exercício de função, cargo ou emprego na administração direta ou indireta.

§10. O mandato eletivo poderá ser impugnado ante a Justiça Eleitoral no prazo de quinze dias contados da diplomação, instruída a ação com provas de abuso do poder econômico, corrupção ou fraude.

- LC nº 64/90:

Art. 1º São inelegíveis:

I – para qualquer cargo: [...]

d) os que tenham contra sua pessoa representação julgada procedente pela Justiça Eleitoral, em decisão transitada em julgado ou proferida por órgão colegiado, em processo de apuração de abuso do poder econômico ou político, para a eleição na qual concorrem ou tenham sido diplomados, bem como para as que se realizarem nos 8 (oito) anos seguintes; [...]

j) os que forem condenados, em decisão transitada em julgado ou proferida por órgão colegiado da Justiça Eleitoral, por corrupção eleitoral, por captação ilícita de sufrágio, por doação, captação ou gastos ilícitos de recursos de campanha ou por conduta vedada aos agentes públicos em campanhas eleitorais que impliquem cassação do registro ou do diploma, pelo prazo de 8 (oito) anos a contar da eleição;

Art. 22. Qualquer partido político, coligação, candidato ou Ministério Público Eleitoral poderá representar à Justiça Eleitoral, diretamente ao Corregedor-Geral ou Regional, relatando fatos e indicando provas, indícios e circunstâncias e pedir abertura de investigação judicial para apurar uso indevido, desvio ou abuso do poder econômico ou do poder de autoridade, ou utilização indevida de veículos ou meios de comunicação social, em benefício de candidato ou de partido político, obedecido o seguinte rito: [...]

XIV – julgada procedente a representação, ainda que após a proclamação dos eleitos, o Tribunal declarará a inelegibilidade do representado e de quantos hajam contribuído para a prática do ato, cominando-lhes sanção de inelegibilidade para as eleições a se realizarem nos 8 (oito) anos subsequentes à eleição em que se verificou, além da cassação do registro ou diploma do candidato diretamente beneficiado pela interferência do poder econômico ou pelo desvio ou abuso do poder de autoridade ou dos meios de comunicação, determinando a remessa dos autos ao Ministério Público Eleitoral, para instauração de processo disciplinar, se for o caso, e de ação penal, ordenando quaisquer outras providências que a espécie comportar.

3 Da atuação do Poder Judiciário no âmbito da AIME

3.1 Do rito, da legitimidade ativa, da natureza da sanção

Ao se confrontar com o vazio normativo acima mencionado, a primeira grande questão com a qual se deparou o Poder Judiciário para a efetivação do comando previsto no art. 14, §10, da Constituição, foi estabelecer o rito da ação de impugnação de mandato eletivo.

No julgamento do Recurso Especial nº 9.145,[4] em 1991, o Tribunal Superior Eleitoral debruçou-se sobre uma ação de impugnação de mandato eletivo relativa ao pleito de 1988 e concluiu que "o silêncio normativo sobre a matéria é conducente à observância do rito ordinário".

Em seu voto, o e. Ministro Sepúlveda Pertence aduziu, com precisão, que, "em favor da efetividade da norma constitucional, assumiu a Corte a delicada tarefa de construir pela jurisprudência, à falta de disciplina infraconstitucional dos institutos, a definição de seus contornos de direto material e processual", para, ao final, concluir que, "à falta de disciplina legal específica, a ação de impugnação de mandato eletivo há de submeter-se ao procedimento ordinário, na conformidade do art. 272 C. Pr. Civ., a aplicar-se subsidiariamente ao processo eleitoral não penal".

No julgamento desse recurso, também assentou aquela Corte Superior:

> a perda do mandato, que pode decorrer da ação de impugnação, não é pena, cuja imposição devesse resultar da apuração de crime eleitoral de responsabilidade do mandatário, mas, sim, consequência do comprometimento da legitimidade da eleição por vícios de abuso do poder econômico, corrupção ou fraude.

Em outras palavras, uma vez comprometida a legitimidade do pleito, pode haver cassação do mandato em sede de AIME, em vista de ilícitos praticados por terceiros que não o candidato.

Com o tempo, o incontroverso predomínio do rito ordinário do CPC foi superado, passando a prevalecer o rito da ação de impugnação ao pedido de registro de candidatura – AIRC previsto nos arts. 3º a 7º da LC nº 64/90, sobretudo pela celeridade e objetividade que imprimiria aos feitos, restando assentada, também, a legitimidade ativa ali estabelecida: candidato, partido político, coligação e Ministério Público.

---

[4] REspe nº 9.145/MG, Acórdão nº 12.030, de 25.6.1991. Rel. Min. Hugo Gueiros Bernardes.

3.2 Das hipóteses de cabimento

Se, por um lado, o legislador constituinte não ofereceu qualquer "pista" sobre a legitimidade ativa e o rito da AIME, fez questão de consignar expressamente as seguintes hipóteses para o cabimento da ação: abuso do poder econômico, corrupção e fraude.

Nessa seara, uma análise mais profunda e em perspectiva histórica sobre a jurisprudência do Tribunal Superior Eleitoral revela que o Poder Judiciário, mediante atividade interpretativa, vem paulatinamente promovendo uma "abertura" no campo conceitual dos mencionados ilícitos, de modo a alargar essas hipóteses de cabimento expressamente fixadas pelo Constituinte.

Com efeito, apesar de o abuso de poder político não constar da norma constitucional, no julgamento do REspe nº 28.040/BA,[5] no início do ano de 2008, aquela Corte Superior entendeu que "[...] se o abuso de poder político consistir em conduta configuradora de abuso de poder econômico ou corrupção (entendida essa no sentido coloquial, e não no tecnicamente penal), é possível o manejo da ação de impugnação de mandato eletivo".

Consta do voto do relator, o e. Min. Carlos Ayres Britto, a seguinte afirmação:

> para melhor cumprir os seus eminentes fins tutelares, a Constituição preferiu falar de corrupção naquele sentido coloquial [não tecnicamente penal] de "conspurcação", "degeneração", "putrefação", "degradação", "depravação" [...] Atenta a nossa Lei Fundamental para o mais abrangente raio de alcance material do termo "corrupção", se comparado com o abuso do poder político; pois se toda corrupção do detentor do mandato eletivo, agindo ele nessa qualidade, não deixa de ser um abuso do poder político, a recíproca não é verdadeira. Basta lembrar, por hipótese, o cometimento de autoritarismo ou truculência, que, sendo um nítido abuso do poder político, nem por isso implica ato de corrupção. Ao menos para fins eleitorais.

Daí já se extrai, de forma patente, uma leitura ampliativa do conceito de corrupção, que passa a abarcar qualquer "depravação" do processo eleitoral.

Tal interpretação ampliativa irradiou efeitos com tamanha intensidade que hoje já não se pode mais afirmar que as condutas vedadas *stricto sensu* estão fora do âmbito de incidência da AIME, entendimento

---

5 Rel. Min. Carlos Ayres Britto, Acórdão de 22.4.2008.

até então prevalecente (por exemplo: AI nº 10.466/BA;[6] AAG nº 4311/CE;[7] REspe nº 28.007/BA).[8]

Deveras, no final de 2015, no julgamento do AgR-AIME nº 7-61 (cognominada de "Ação da Chapa Dilma/Temer"), o Tribunal Superior Eleitoral assentou:

> Não parece defensável a tese jurídica de que um ilícito eleitoral que também se qualifica como improbidade administrativa não se enquadra no conceito de corrupção eleitoral do art. 14, §10, da CF/1988, sob pena de se esvaziar o conteúdo jurídico da referida norma de proteção da normalidade e legitimidade do pleito (*Leading case* o Respe nº 28.040/BA, rel. Min. Ayres Britto, julgado em 22.4.2008).

Ora, se a improbidade administrativa pode ser catalogada como ato de corrupção para fins de apuração em AIME, e se os atos ímprobos são, entre outros, aqueles que atentam contra os princípios da Administração Pública, violando os deveres de honestidade, imparcialidade, legalidade, lealdade ou os praticados com desvio de finalidade, não há como afastar a possibilidade de as condutas vedadas serem apuráveis através da ação impugnatória constitucional, uma vez que, por imposição legal (art. 73, §7º, da Lei nº 9.504/97), "as condutas enumeradas no *caput* caracterizam, ainda, atos de improbidade administrativa, a que se refere o art. 11, inciso I, da Lei nº 8.429, de 2 de junho de 1992, e sujeitam-se às disposições daquele diploma legal, em especial às cominações do art. 12, inciso III".

Ou seja, atualmente, mesmo o abuso de poder político estritamente considerado, como o manifestado através de conduta vedada, pode ser enquadrado no termo *corrupção*, para fins de apuração em AIME.

A mesma ampliação ocorreu com o conceito de fraude para fins de propositura da ação de impugnação ao mandato eletivo, a qual, historicamente, era apenas aquela referente ao processo de votação ou apuração da eleição.

Ao julgar o REspe nº 1-49/PI[9] (cognominado "Caso das Candidaturas Laranjas"), assentou a Corte Superior Eleitoral:

> o conceito da fraude, para fins de cabimento da ação de impugnação de mandato eletivo (art. 14, §10, da Constituição Federal) é aberto e

---

[6] Rel. Min. Arnaldo Versiani. *DJe*, 9 out. 2012.

[7] Rel. Min. Gilmar Mendes. *DJ*, 29 out. 2004.

[8] Rel. Min. José Gerardo Grossi. *DJe*, 23 set. 2008

[9] Rel. Min. Henrique Neves da Silva. *DJe*, 21 out. 2015.

pode englobar todas as situações em que a normalidade das eleições e a legitimidade do mandato eletivo são afetadas por ações fraudulentas, inclusive nos casos de fraude à lei.

Tal entendimento foi confirmado no AgR-REspe nº 137,[10] no qual o Tribunal Superior Eleitoral asseverou que, apesar de o candidato ter apresentado todos os documentos exigidos por lei referentes ao seu nome verdadeiro, a ocultação do seu histórico criminal no momento do registro de candidatura, com a clara finalidade de ludibriar o eleitor e burlar a legislação eleitoral, subsume-se ao conceito de fraude para fins de propositura de AIME, por afetar a normalidade das eleições e a legitimidade do mandato eletivo que lhe foi outorgado.

Ou seja, a fraude para fins de AIME pode ser a ação/omissão ocorrida no registro de candidatura (recusa em apresentar histórico de antecedentes, falsificação de assinatura, conluio para cumprimento formal das cotas de gênero, substituições tardias) ou durante a votação/apuração.

Nessa toada, considerando que a leitura conceitual dos ilícitos previstos na norma constitucional foi realizada sob uma concepção "aberta" e "ampliativa", vê-se que restou superada a vontade do legislador constitucional quando confrontada a atual redação do art. 14, §10, que se sagrou vencedora na Constituinte, com a proposta vencida, que incluía como hipóteses de cabimento da ação impugnatória quaisquer "transgressões eleitorais".

Em resumo, segundo a jurisprudência atual, é possível a apuração em AIME de abuso de poder econômico, corrupção (em sentido coloquial, incluindo improbidade, abuso de poder político, conduta vedada) e fraude em sentido amplo, englobando as ações/omissões que importam fraude à lei ou engodo ao eleitor, ocorridas no registro de candidatura, na votação e/ou na apuração.

3.3 Dos efeitos da procedência

Quanto aos efeitos da procedência da AIME, importante assentar que, ante a inexistência de previsão normativa constitucional, não há a possibilidade de aplicação da sanção de multa e declaração de inelegibilidade, mas tão somente da cassação do mandato. Eventuais efeitos secundários e reflexos decorrentes dessa decisão devem ser aferidos na hipótese de futuro pedido de registro de candidatura. E

---

[10] Rel. Min. Gilmar Mendes, Rel. designado o Min. Dias Toffoli. *DJe*, 25 maio 2016.

essa foi, precisamente, a questão tratada pelo TSE no julgamento do RO nº 296-59/SC.[11]

No citado caso, o Ministério Público impugnou registro de candidato ao cargo de deputado federal nas eleições de 2014, sob o fundamento de que sobre ele recaía a hipótese de inelegibilidade prevista no art. 1º, inc. I, "d", da LC nº 64/90, devido à sua condenação em AIME, por decisão transitada em julgado, em virtude de abuso de poder cometido na eleição de 2008.

Sobre tal questão, aquela Corte Superior já havia formado entendimento na eleição de 2010 (RO nº 3.128/94),[12] no sentido de que a inelegibilidade preconizada na alínea "d" do inc. I do art. 1º da LC nº 64/90, com as alterações promovidas pela LC nº 135/2010, referir-se-ia apenas à AIJE de que trata o art. 22 da Lei de Inelegibilidades, e não à AIME ou ao recurso contra expedição de diploma, por não comportarem as causas de inelegibilidade interpretação extensiva.

Apesar de sinalizarem para uma possível mudança futura da jurisprudência, tal entendimento foi novamente adotado na eleição de 2012 (REspe nº 10/62).[13]

Contudo, no julgamento aqui tratado, o Tribunal, por sua maioria, passou a entender que a inelegibilidade prevista na citada alínea "d" deve incidir também no caso de AIME julgada procedente em segundo grau ou por decisão transitada em julgado.

O fundamento da referida decisão centrou-se na alegada inexistência de fator razoável de diferenciação que permita afirmar que está inelegível o cidadão condenado por abuso de poder econômico nas eleições de 2008, em AIJE, enquanto estaria elegível aquele condenado também por abuso de poder no mesmo pleito, porém em AIME, já que ambas as ações têm o abuso como causa de pedir, tramitam sob o mesmo procedimento e acarretam idêntica consequência jurídica – cassação de registro e de diploma –, desde que o abuso seja grave o suficiente para ensejar a severa sanção.

Se por um lado esse entendimento parece coerente com o sistema de inelegibilidades e com os princípios que regem o modelo de interpretação teleológica e sistemática, por outro ele nos deixa o seguinte paradoxo: se a AIME tem como objeto apurar, nos termos da Constituição Federal, além do abuso de poder econômico, os casos de fraude e de corrupção; se, nos termos da jurisprudência, sua procedência em virtude

---

[11] Rel. Min. Gilmar Mendes. *DJe*, 29 set. 2016.

[12] Rel. Min. Hamilton Carvalhido. PSESS de 30.9.2010.

[13] Rel. Min. Laurita Vaz. *DJe*, 10 out. 2013.

de comprovado abuso de poder econômico atrai a inelegibilidade do art. 1º, I, "d", da LC nº 64/90, qual causa de inelegibilidade incidirá nas hipóteses de procedência por fraude e corrupção?

Quanto à corrupção, podemos solucionar a questão levando-se em consideração a incidência do art. 1º, I, "j", da LC nº 64/90. Mas e a fraude?

Não há, na Lei das Inelegibilidades, nenhuma hipótese de inelegibilidade relacionada à procedência de ação cível eleitoral por fraude. Se encaixarmos a AIME julgada procedente por fraude na citada alínea "d", estaremos diante de uma indevida e inconteste interpretação extensiva em sede de regra restritiva de direito fundamental, pois a referida alínea apenas estabelece hipótese de inelegibilidade para a condenação por abuso de poder econômico e político; se negarmos essa possibilidade – e essa foi a conclusão do Tribunal Superior Eleitoral no julgamento do REspe nº 524-31/AM –[14] estaremos dando azo a uma anomalia interpretativa sem precedentes ao cindir as consequências de uma mesma ação constitucional, que se supõe veicular hipóteses de cabimento (abuso de poder econômico, corrupção e fraude) de igual potencialidade lesiva contra a legitimidade e normalidade das eleições.

Em outras palavras, ou se avaliza uma interpretação incontestavelmente extensiva, a fim de se permitir a incidência da alínea "d" também nos casos de AIMEs julgadas procedentes por fraude, apesar de citada norma apenas se referir ao abuso de poder econômico ou político, ou se admite que a fraude apurável em sede de AIME não possui o mesmo grau de lesividade do abuso de poder e, por isso, o legislador não previu a inelegibilidade como consequência dessa outra conduta ilícita.

Nenhuma dessas respostas, porém, parecem adequadas, o que demonstra o insucesso da Justiça Eleitoral ao tentar "arrumar" o sistema de inelegibilidades legalmente previsto, quando analisada a questão em sua integralidade.

Mas isso não é tudo. Além de ampliar as hipóteses de cabimento da AIME e de interferir no sistema de inelegibilidade, a Justiça Eleitoral, também por meio de jurisprudência, está ampliando as hipóteses de cabimento da AIJE.

---

[14] Rel. Min. Luiz Fux. *DJe*, 26 ago. 2016.

4   As causas de pedir da AIJE e a jurisprudência eleitoral

Com efeito, para demonstrar que tal preocupação não se mostra descabida, basta destacar a equiparação dos conceitos de fraude e abuso de poder em sede de AIJE promovida pelo Tribunal Superior Eleitoral no julgamento do REspe nº 243-42/PI.[15]

No caso, coligação partidária ingressou com AIJE alegando que a coligação adversária teria apresentado requerimentos de registro de candidatura ao cargo de vereador para o sexo feminino de forma fraudulenta, com vício de consentimento de três filiadas, que desconheciam o fato de terem sido lançadas candidatas, e falsificação de assinatura de uma delas. Foram chamados a integrar o polo passivo da ação todos os candidatos a vereador registrados pela coligação supostamente autora do ilícito.

Ao julgar o recurso eleitoral, o Regional entendeu pela inadequação da via eleita em relação à fraude eleitoral, afastou a alegação de uso excessivo de recursos financeiros (abuso de poder econômico), e afirmou não haver sido demonstrado de que forma os investigados poderiam ter se utilizado de ato da administração com o objetivo de favorecimento eleitoral.

A coligação autora da AIJE recorreu ao TSE dessa decisão, e no julgamento de tal recurso especial venceu a tese da adequação da via eleita, forte nos seguintes fundamentos:

(i)   A fraude cometida ou conhecida após a análise do DRAP deve ser apurada em tempo e de forma hábeis a preservar a normalidade e a legitimidade das eleições. A possibilidade de apuração dessa fraude apenas em sede de AIME acarretaria um vácuo na prestação jurisdicional durante o transcurso do prazo entre o julgamento do DRAP e a interposição da ação constitucional, havendo, ainda, a possibilidade, no caso de os candidatos favorecidos pela fraude não terem sido eleitos, de essa conduta ilícita não sofrer qualquer apuração, o que ofenderia o princípio da inafastabilidade da jurisdição.

(ii) Apesar de a AIME ser a ação própria e adequada para a averiguação dos fatos apontados nos autos, haja vista ostentarem uma falsa representação da realidade, configurando uma verdadeira fraude, os fatos narrados, diante de

---

[15] Rel. Min. Henrique Neves, julgamento não finalizado, pedido de vista do Min. Herman Benjamim na sessão do dia 17.3.2016.

sua gravidade, podem ser também apurados em AIJE com fundamento em eventual abuso de poder político por parte do partido/coligação e dos respectivos representantes que supostamente forjaram as candidaturas femininas.

(iii) O partido e coligações detêm parcela do poder político não só por receberem e administrarem verbas públicas provenientes do fundo partidário, mas por exercerem poder político em face do eleitorado.

(iv) Sendo o processo instrumento de tutela de direitos, não é admissível que eventual fraude à lei, possivelmente concretizada no forjado lançamento de candidaturas femininas, deixe de ser investigada diante de uma interpretação literal do art. 22, *caput*, da LC nº 64/90, notadamente após o advento da Lei da Ficha Limpa, cujos valores de moralidade e probidade acabam por repercutir na normalidade e legitimidade das eleições.

Tais fundamentos, *data maxima venia*, reforçam o que vem se demonstrando até aqui. A Justiça Eleitoral, a pretexto de proteger a normalidade/legitimidade das eleições, vem promovendo sistemática alteração das definições dos institutos jurídicos eleitorais através de sua jurisprudência, ferindo a coerência e logicidade do sistema.

Com efeito, o próprio TSE já enquadrou fato idêntico ao narrado nessa ação no conceito de fraude para fins de cabimento da AIME no julgamento do REspe nº 149/PI, já citado. O que se alega agora, em sede de AIJE, é que a AIME (que pressupõe mandato) não pode ser ajuizada quando se tratar de candidato não eleito, e que, mesmo quando se tratar de candidato eleito, não haveria ação a ser proposta entre o julgamento definitivo do registro DRAP e a diplomação, o que configuraria uma hipótese de lesão ao direito sem a devida tutela, ofendendo o princípio da inafastabilidade da jurisdição. Daí a defesa do cabimento da AIJE para apuração de tal conduta sob a ótica do abuso de poder político ou mesmo da fraude, a ser sancionada com a declaração de inelegibilidade.

Contudo, a lei não inclui a fraude entre as hipóteses de cabimento da AIJE, tal como o faz a Constituição Federal[16] ao tratar da AIME. E a conduta narrada não pode ser enquadrada no conceito de abuso de poder político.

---

[16] CF/88: "Art. 14. [...] §10. O mandato eletivo poderá ser impugnado ante a Justiça Eleitoral no prazo de quinze dias contados da diplomação, instruída a ação com provas de abuso do poder econômico, corrupção ou fraude".

Em primeiro lugar, porque "poder" é um conceito relacional. É determinação de conduta alheia. Além disso, os partidos políticos são pessoas jurídicas de direito privado,[17] e seus representantes, quando não estão agindo no exercício de alguma função pública, não são detentores de poder político de que possam abusar.

Em linhas gerais, podemos conceituar o poder político como a possibilidade coercitiva que o Estado possui para obrigar a fazer ou não fazer algo, tendo por objetivo suprir necessidades e proteger bens públicos. Ou seja, o poder político se refere ao domínio, faculdade ou jurisdição que o Estado detém para mandar/executar uma ação que afeta os demais, mesmo contra sua vontade, utilizando-se da força, caso seja necessário. Tais características não estão presentes na hipótese de representante partidário que frauda o registro de candidaturas da sua coligação proporcional com o fim de cumprir norma que estabelece percentuais de gênero.

Nesse ponto, importante realçar que a própria LC nº 64/90, em seu art. 19, parágrafo único,[18] diz expressamente que a apuração de punição das transgressões pertinentes ao abuso de poder econômico ou político, em detrimento da liberdade do voto, terão o objetivo de proteger a normalidade e legitimidade das eleições contra a influência do poder econômico ou do abuso do exercício de função, cargo ou emprego na Administração Pública. Tal norma tem por fundamento o disposto no art. 14, §9º, da Constituição, que também faz expressa referência à necessidade de se proteger a normalidade e legitimidade das eleições contra o abuso do exercício de função, cargo ou emprego na Administração direta ou indireta.

Há, ainda, norma insculpida no art. 5º da Lei nº 4.898/65 – que regula o direito de representação e o processo de responsabilidade civil, administrativa e penal nos casos de poder de autoridade – estabelecendo que "considera-se autoridade, para os efeitos desta lei, quem exerce

---

[17] Lei nº 9.096/95: "Art. 1º O partido político, pessoa jurídica de direito privado, destina-se a assegurar, no interesse do regime democrático, a autenticidade do sistema representativo e a defender os direitos fundamentais definidos na Constituição Federal".

[18] LC nº 64/90: "Art. 19. As transgressões pertinentes à origem de valores pecuniários, abuso do poder econômico ou político, em detrimento da liberdade de voto, serão apuradas mediante investigações jurisdicionais realizadas pelo Corregedor-Geral e Corregedores Regionais Eleitorais. Parágrafo único. A apuração e a punição das transgressões mencionadas no caput deste artigo terão o objetivo de proteger a normalidade e legitimidade das eleições contra a influência do poder econômico ou do abuso do exercício de função, cargo ou emprego na administração direta, indireta e fundacional da União, dos Estados, do Distrito Federal e dos Municípios".

cargo, emprego ou função pública, de natureza civil, ou militar, ainda que transitoriamente e sem remuneração".

O representante partidário, portanto, ao fraudar o registro da coligação proporcional, não comete abuso de poder político. O simples fato de o partido receber, através do Fundo Partidário, recursos públicos, não desnatura o regime jurídico das suas atividades. Se assim o fosse, os representantes das ONGs sem fins lucrativos que recebem recursos públicos também deteriam parcela de poder público, o que não parece aceitável.

Assim, a conduta narrada é fraude, pura e simplesmente, e não se subsume ao conceito de abuso de poder. Ajustar a conduta ao conceito de abuso de poder político para possibilitar o cabimento da AIJE ou aceitar que a conduta seja apreciada sob o prisma da fraude por meio do citado instrumento processual subverte a tipologia fechada das ações eleitorais (princípio da tipicidade das ações eleitorais).

Sobre a tipicidade das ações eleitorais, o próprio TSE[19] já entendeu:

> não há como se admitir ilimitado exercício do direito de ação na Justiça Eleitoral porque isso implicaria a insegurança dos pleitos, comprometendo o processo eleitoral como um todo, também regido por normas constitucionais, que atendem ao interesse público, daí decorrendo a tipicidade dos meios de impugnação que vigora nesta Justiça Especializada.

Por fim, não impressiona a alegação de que a inviabilidade da AIJE para apurar tal fraude importaria em ofensa ao princípio da inafastabilidade da jurisdição.

Primeiro porque a conduta poderá, em princípio, ser analisada em sede de registro do DRAP. Se os fatos se tornarem públicos depois de superada essa fase, haverá a possibilidade de AIME. Se não for o caso de candidatos eleitos, ainda resta a persecução criminal para apurar eventual falsidade material ou ideológica do representante do partido. Ou seja, não se há falar em inexistência de tutela.

Tal questionamento, todavia, encontra-se superado no âmbito do Tribunal Superior Eleitoral, que optou por realizar um "elastério hermenêutico" para assentar que, segundo a teleologia subjacente à AIJE, cuja finalidade é proteger a legitimidade, a normalidade e a higidez das eleições,

---

[19] AgR-AI nº 4.598/PI. Rel. Min. Fernando Neves. *DJ*, 13 ago. 2004.

o abuso de poder a que se referem os arts. 19 a 22 da LC nº 64/90 deve ser compreendido de forma ampla, albergando condutas fraudulentas e contrárias ao ordenamento jurídico-eleitoral, [pois], a rigor, a fraude nada mais é do que espécie do gênero abuso de poder. (REspe nº 631-84/SC. Rel. Min. Luiz Fux. *DJe*, 5 out. 2016)

5 Conclusão

Se a AIME pode ser proposta para apuração de abuso de poder econômico, corrupção (em sentido coloquial, incluindo improbidade, abuso de poder político, conduta vedada) e fraude em sentido amplo; se a AIJE pode ser proposta para apurar abuso de poder econômico, político, midiático, fraude e qualquer abuso de poder genericamente considerado; se a procedência dessas ações importam em inelegibilidade, a primeira como efeito secundário e a segunda através de expressa declaração, então o panorama atual construído pela jurisprudência é o seguinte: qualquer ilícito que macule a normalidade/legitimidade/higidez do pleito pode acarretar a cassação do registro/diploma/mandato e restringir o *jus honorum* do cidadão, e não apenas aqueles estabelecidos na Constituição e na lei.

Em outras palavras, através de interpretação extensiva das hipóteses de cabimento da AIME e da AIJE, e do uso de conceitos normativos de qualquer modo, como se fossem destituídos de conteúdo, a Justiça Eleitoral vem paulatinamente ampliando, por via reflexa, o espectro de incidência da restrição aos direitos políticos fundamentais, *i.e.* das causas de inelegibilidade, desrespeitando os limites semânticos do direito e contribuindo para o aumento da incerteza jurídica na seara eleitoral.

Referências

ALVIM, Frederico Franco. *Curso de direito eleitoral*. Curitiba: Juruá, 2014.

BARCELLOS, Ana Paula de. Direito e política. Silêncio do legislador, interpretação e analogia. In: SARMENTO, Daniel (Coord.). *Jurisdição constitucional e política*. Rio de Janeiro: Forense, 2015.

BRASIL. Assembléia Nacional Constituinte. *Anteprojeto da Comissão da Soberania e dos Direitos e Garantias do Homem e da Mulher*. Brasília: Centro Gráfico do Senado Federal, 1987. v. 69. Disponível em: <http://www.camara.gov.br/internet/constituicao20anos/DocumentosAvulsos/vol-69.pdf>.

CAPPELLETTI, Mauro. *Juízes legisladores?* Porto Alegre: SAFE, 1999.

COELHO, Margarete de Castro. *A democracia na encruzilhada*. Reflexões acerca da legitimidade democrática da Justiça Eleitoral brasileira para a cassação de mandatos eletivos. Belo Horizonte: Fórum, 2015.

FREITAS, Juarez. *Interpretação sistemática do direito*. 5. ed. São Paulo: Malheiros, 2010.

FUX, Luiz; FRAZÃO, Carlos Eduardo. *Novos paradigmas do direito eleitoral*. Belo Horizonte: Fórum, 2016.

GRAU, Eros Roberto. *Ensaio e discurso sobre a interpretação/aplicação direito*. 4. ed. São Paulo: Malheiros, 2006.

TAVARES, André Ramos; AGRA, Walber de Moura; PEREIRA, Luiz Fernando. *O direito eleitoral e o Novo Código de Processo Civil*. Belo Horizonte: Fórum, 2016.

Informação bibliográfica deste texto, conforme a NBR 6023:2002 da Associação Brasileira de Normas Técnicas (ABNT):

GOUVÊA, Andréa Ribeiro de. O protagonismo do Poder Judiciário no âmbito da AIME e da AIJE. In: PINHEIRO, Celia Regina de Lima; SALES, José Edvaldo Pereira; FREITAS, Juliana Rodrigues (Coord.). *Constituição e processo eleitoral*. Belo Horizonte: Fórum, 2018. p. 273-288. ISBN 978-85-450-0571-1.

DO RECURSO CONTRA A EXPEDIÇÃO DE DIPLOMA

Ludgero Liberato

1 Introdução

O recurso contra a expedição de diploma (RCED) é, sem dúvida, o mais antigo mecanismo processual de tutela jurisdicional das eleições colocado à disposição dos atores do processo eleitoral, a fim de garantir sua validade. Nascido com o Código Eleitoral de 1932, sobreviveu às sucessivas e comuns alterações da legislação eleitoral, sem, contudo, restar incólume.

Nesses mais de oitenta anos de sua aplicação, o RCED deixou de ser a única via processual de acesso à Justiça Eleitoral, passando a conviver com outras ações, mas, sem, com isso, perder sua importância, tanto do ponto de vista acadêmico, quanto do ponto de vista prático, havendo, ainda, novas e antigas discussões que justificam seu estudo.

Justamente por isso é fundamental não apenas conhecer seus principais aspectos – natureza jurídica, cabimento, competência, procedimento, efeitos etc. – mas, também, importa compreender o papel desempenhado por ele dentro do sistema processual eleitoral, ao longo de cada período histórico, análise esta que permitirá enfrentar com maior clareza os frequentes questionamentos oriundos da *práxis* judiciária.

2 O papel do RCED no sistema processual eleitoral ao longo da história

O RCED somente pode ser compreendido a partir da evolução do papel da Justiça Eleitoral brasileira no controle das eleições, desde o período em que sua intervenção era mínima até o momento atual, em que se observa, na experiência eleitoral pátria, grau inédito – e ainda crescente – de judicialização.

Com efeito, embora a criação da Justiça Eleitoral tenha representado uma mudança significativa nos valores existentes à época de seu surgimento – segundo os quais o Poder Judiciário não poderia adentrar na seara que dizia respeito ao processo eleitoral, como forma de garantir a independência dos poderes –, ela nasceu inserida num momento histórico ainda marcado, no campo teórico, pelo predomínio dos valores defendidos pelo Estado Liberal, que tinha como pilares a proteção aos direitos individuais e a intangibilidade da vontade do indivíduo. A suposta isonomia entre as pessoas obrigava o desenvolvimento de uma liberdade de atitudes e de intocabilidade na vontade humana. Inseridos nesse contexto, não é de se estranhar que o direito eleitoral, o direito processual eleitoral e a interpretação dada à legislação pela Justiça Eleitoral refletissem os valores da época. Assim, os valores dominantes do Estado Liberal foram projetados na seara eleitoral, de forma a se implantar um sistema baseado na *proteção do direito individual de votar e ser votado*, na *proteção jurídica do candidato eleito nas urnas* e na *impossibilidade de se interferir no processo de formação da vontade do eleitor*, valores esses que influenciaram a configuração do direito processual criado para sua tutela, caracterizado pela mínima intervenção da Justiça Eleitoral.[1]

Nesse contexto não é demais destacar que houve período em que a Justiça Eleitoral sequer confeccionava as cédulas de votação[2] e sequer realizava registro das candidaturas.[3] Mesmo com a implantação

---

[1] Sobre a forma com que a legislação eleitoral protegeu, ao longo da história, o direito de votar e de ser votado, v. JORGE, Flávio Cheim; LIBERATO, Ludgero; RODRIGUES, Marcelo Abelha. *Curso de direito eleitoral.* 2. ed. rev., atual. e ampl. Salvador: JusPodivm, 2017. p. 389-405.

[2] Até 1965 as cédulas de votação eram confeccionadas pelos próprios partidos e candidatos e distribuídas aos eleitores V. art. 127, §4º, da Lei nº 448/1935; arts. 71 e 76 do Decreto nº 7.586/1945; art. 83 do Código Eleitoral de 1950. Foi o Código Eleitoral de 1965 que, em seu art. 103, I, trouxe a utilização de cédulas oficiais. Nesses casos, os votos dados aos candidatos não registrados eram contabilizados para a legenda. V. TSE. Res. nº 1.518. Rel. F. de Sá, 31.1.1947, *DJ*, 6 fev. 1947.

[3] Nossa primeira codificação eleitoral, o Decreto-Lei nº 21.076/32, não previu o registro de candidatura como regra, exigindo-o apenas nos casos de votação com utilização da máquina de votar (art. 57, II, 1; art. 58, 15º, "b"). Fora dessa hipótese, cada candidato distribuía ao eleitorado a cédula com seu nome e o eleitor depositava a de sua preferência na urna (v. arts. 77 e 81, nº 4, do mencionado decreto). A ausência de registro dos candidatos era uma opção legislativa, pois, segundo o pensamento da época, prestigiava-se a possibilidade de o eleitor escolher seu candidato até o último momento antes do depósito de seu voto na urna. Nesse sentido, afirmava Rocha Cabral que uma "das características do sistema de eleição

destes, como a realização do registro se dava em período extremamente próximo às eleições,[4] e como não havia sido implantada a impugnação dos requerimentos,[5] todas as discussões eram deixadas para as impugnações de cada voto e para o RCED. Em outras palavras, nosso sistema

---

Assis Brasil (AB), que o Código adotou, está no garantir-se ao votante e aos partidos, até o momento de realizar o sufrágio, isto é, de entregar seu voto à mesa receptora, a liberdade de escolha do seu, ou dos seus representantes, tenham ou não sido proclamados candidatos, estejam ou não os seus nomes incluídos em listas registradas" (CABRAL, João C. Rocha. *Código Eleitoral anotado*. Ed. Fac. Similar. Brasília: TSE, 2004. p. 125-126). Carece, porém, por meio de investigação histórica, saber se fora realizada alguma eleição no modelo previsto pelo Código Eleitoral de 1932, uma vez que, já em 1933, o Decreto nº 22.364/33, que cuidou das inelegibilidades para a Assembleia Nacional Constituinte que redigiu a CF/34, criou a exigência de registro de candidaturas, afirmando de forma peremptória, em seu art. 3º, que era obrigatório o registro de todos os candidatos, quer figurassem em listas, quer avulsos.

[4] No Decreto nº 22.364/1933 o prazo para registro se esgotava 5 dias antes da eleição (art. 3º, §1); no Código Eleitoral de 1935, 15 dias antes, para as federais e estaduais, e 5 dias antes, no caso das municipais (art. 85); no Decreto-Lei nº 7.586/1945, 15 dias antes (art. 40); no Código Eleitoral de 1950 o prazo fora mantido (art. 48). Somente com o Código Eleitoral vigente houve maior espaço entre a data fixada para eleições e o prazo para o registro de candidatos, fixando-se o lapso de 90 dias (art. 93).

[5] Narra João Chrisóstomo da Rocha Cabral que o anteprojeto que deu origem ao Código Eleitoral de 1932 previra a possibilidade de qualquer eleitor impugnar o registro, por meio de protesto, de forma que, ultrapassado o prazo estipulado, sem que houvesse qualquer impugnação, não mais se poderia discutir a inelegibilidade do candidato (CABRAL, João C. Rocha. *Código Eleitoral anotado*. Ed. Fac. Similar. Brasília: TSE, 2004. p. 131). Na qualidade de um dos redatores do anteprojeto que deu origem ao Código Eleitoral de 1932 e, posteriormente, de ministro do TSE, dizia ele que "desde que as candidaturas sejam oficialmente publicadas e existam justos motivos para impugná-las por inelegibilidade dos candidatos" os protestos deveriam ser feitos, para evitar eleições inúteis (CABRAL, João C. Rocha. *Código Eleitoral anotado*. Ed. Fac. Similar. Brasília: TSE, 2004. p. 133). A proposta, constante do art. 61 do anteprojeto, não foi acolhida, de forma que em nosso primeiro Código Eleitoral as possibilidades de se atacar o candidato inelegível eram deixadas, todas, para depois da eleição, seja pela impugnação do voto, durante sua apuração, seja pelo recurso contra a expedição de diploma (RCED). A ideia, porém, parece ter sido ouvida pelo Constituinte de 1934, que estabeleceu, expressamente, entre o rol de atribuições da Justiça Eleitoral, julgar a "arguição de inelegibilidade", nome com o qual a impugnação do registro fora chamada pela legislação primitiva. Embora prevista na CF/1934, o Código Eleitoral de 1935 (Lei nº 48/1935) não previu a arguição, nem explicitou sua forma. Em verdade, a proximidade entre o prazo para registro e as eleições acima destacada inviabilizava, na prática, a arguição da inelegibilidade, que acabava por ocorrer apenas após as eleições, por hora da impugnação ao voto ou pelo RCED. Como é sabido, a Justiça Eleitoral foi extinta pela CF/1937, tendo apenas ressurgido com o fim do Estado Novo, com o Decreto-Lei nº 7.586/45, que regulamentou as eleições para a Assembleia Nacional Constituinte de 1946, não havendo menção, também nele, à arguição de inelegibilidade. Manteve-se, inclusive, a lógica da proximidade de prazo entre o registro dos candidatos e as eleições (art. 40). A CF/1946 previu, mais uma vez, a competência para julgar a "arguição de inelegibilidade", em seu art. 119, VI. Todavia, nas eleições que ocorreram nos anos seguintes a ela, aplicou-se o Decreto-Lei nº 7.586/1945, que teve sua vigência revigorada por leis emergenciais (leis nºs 5/1946 e 85/1947). O Código Eleitoral de 1950 (Lei nº 1.1.64/50) igualmente não previu a arguição de inelegibilidade, mantendo, mais uma vez, a proximidade entre eleições e o prazo para o registro dos candidatos (art. 48).

era um modelo de contencioso exclusivamente *pós-eleitoral, i.e.,* após a manifestação do voto do eleitor.

O papel dado ao RCED no sistema processual sofreu impacto quando, diante omissão do legislador em regulamentar a impugnação do registro, o TSE, criou, por meio da Resolução nº 3.515/1950, a arguição de inelegibilidade,[6] mostrando, desde aquela época, o confronto entre as omissões do Poder Legislativo e o ativismo que por vezes ronda a Corte Superior. Em verdade, durante o lapso temporal que vai até 1965, a impugnação do registro esteve regulada exclusivamente por resoluções do TSE.[7]

Iniciou-se, assim, o aumento da intervenção da Justiça Eleitoral na fase anterior à manifestação do voto nas urnas.

Nesse mesmo período, foi dada ao RCED uma característica que ainda o acompanha, qual seja, a limitação das hipóteses de sua utilização. Com efeito, dispôs o art. 170 da Lei nº 1.164/50 que o recurso contra expedição de diploma seria cabível nos casos de: a) inelegibilidade de candidato; b) errônea interpretação da lei quanto à aplicação do sistema de representação proporcional; c) erro de direito ou de fato na apuração final, quanto à determinação do quociente eleitoral ou partidário, contagem de votos e classificação de candidato, ou a sua contemplação sob determinada legenda; d) pendência de recurso anterior, cuja decisão possa influir na determinação de quociente eleitoral ou partidário, inelegibilidade ou classificação de candidato.

Tais hipóteses, em síntese, resumiam-se, genericamente, a vícios do processo de apuração, contagem e totalização dos votos; proclamação de resultados e inelegibilidades. Quanto a esta última, importa relembrar que, nesse período, poucos eram os casos de inelegibilidades previstas pela legislação, mantendo-se a característica do sistema, qual seja, a pequena intervenção da Justiça Eleitoral na formação da vontade do eleitor e na liberdade de escolha dos candidatos.

Esse quadro foi alterado sensivelmente com as mudanças institucionais advindas da implantação dos governos militares.

---

[6] "Art. 8º Do pedido de registro cabe, no prazo de 48 horas, impugnação articulada por parte de candidato ou partido político. Parágrafo único. Apresentado o pedido, será publicado, no órgão oficial, notícia sumária contendo o nome do candidato e do partido ou alianças de partidos que o tenham requerido".

[7] Nas eleições de 1954, o TSE manteve a possibilidade de impugnação ao registro de candidatura, por meio da Resolução nº 4.711/54 (art. 9º). Dessa vez, porém, estendeu aos eleitores a legitimidade anteriormente concedida a partidos políticos e candidatos. Nas eleições de 1958, a sistemática foi mantida pelo art. 12 da Resolução nº 5.780/1958, que aperfeiçoou a impugnação, mencionando expressamente a necessidade de se ofertar o contraditório ao requerente do registro.

Primeiramente, porque foram ampliadas as hipóteses de inelegibilidades, alargando-se, assim, o cabimento do RCED.[8]

Em segundo lugar, porque, com o advento Código Eleitoral de 1965, o RCED passou a ser utilizado, também, para as hipóteses de falsidade, fraude, coação, abuso de poder político e econômico, ou emprego de processo de propaganda ou captação de sufrágios vedado por lei (art. 262, IV).

O reconhecimento do abuso poderia então dar-se de duas formas diversas. Uma delas era a impugnação da votação, perante a Junta Eleitoral, à medida que os votos eram apurados (art. 169 do Código Eleitoral). Negada a impugnação pela Junta, era cabível recurso desta decisão aos Tribunais Regionais (art. 265 do Código Eleitoral), caso em que, depois da reforma de 1966, a prova poderia excepcionalmente ser produzia perante o próprio TRE (art. 266, parágrafo único, do CE), desde que indicada pela parte, por ora da interposição. Vê-se, portanto, que o curto prazo da interposição do recurso, sob pena de preclusão, era fator que diminuía a aplicabilidade do instituto.

A segunda maneira pela qual o abuso poderia ser reprimido foi preceituada no §2º do art. 237 do Código Eleitoral, o qual afirmava que qualquer eleitor ou partido político poderia se dirigir ao corregedor-geral ou regional, relatando fatos e indicando provas, e pedir abertura de investigação para apurar uso indevido do poder econômico, desvio ou abuso do poder de autoridade, em benefício de candidato ou de partido político. Inserida estava, portanto, a investigação judicial eleitoral em nosso sistema, como mecanismo para tutelar a "normalidade e legitimidade das eleições e interesse público primário da lisura eleitoral".

Todavia, há que se observar que essa investigação eleitoral possuía nítida natureza administrativa, de forma que a condução para a apuração dos ilícitos eventualmente praticados, *i.e.*, a *persecutio*, cabia à Justiça Eleitoral, por meio de suas corregedorias.

---

[8] A EC nº 14/65 permitiu ao legislador infraconstitucional criar novos casos de inelegibilidade, para além daqueles previstos no texto constitucional. Para tanto foi promulgada, juntamente com o Código Eleitoral de 1965, a Lei nº 4.738/65, que não apenas previu os casos de inelegibilidade, como também, finalmente, criou, por lei, o procedimento da arguição de inelegibilidade (arts. 7 a 15), popularmente chamada de ação de impugnação de registro de candidatura (AIRC), procedimento este que não mais deixou o sistema jurídico eleitoral. A Constituição Federal de 1967 e a EC nº 1/69, mantendo a tradição iniciada em 1934, também estabeleceram a competência da Justiça Eleitoral para julgar a arguição de inelegibilidade. A menção à arguição de inelegibilidade foi mantida na CF/1967 (art. 130, VI) e na EC nº 1/69 (art. 137, VI). Em 1970, a LC nº 5 substituiu a Lei nº 4.738/65, também prevendo a arguição da inelegibilidade. A CF/88 não previu a competência da Justiça Eleitoral, deixando-a a cargo da legislação complementar. Já na vigência da última carta, a LC nº 64/90 manteve a arguição de inelegibilidade.

Não se deve pensar, porém, que tal investigação tinha natureza inquisitiva, sem contraditório, como se um inquérito policial fosse. Pelo contrário, o §3º do art. 237 determinou a aplicação da Lei nº 1.579/52, que rege as comissões parlamentares de inquérito, à investigação levada a cabo para se apurar a prática de abuso. Dessa forma, ao investigado era garantido o direito de ser intimado da existência de investigação e dos atos praticados.[9]

A principal função dessa investigação era "produzir provas judiciais para serem utilizadas no Recurso contra a Diplomação",[10] com fundamento no art. 262, IV, do Código Eleitoral, fazendo dele a maior arma para o controle (*a posteriori*) das eleições. Ele levava à (ou renovava na) instância superior (que não havia participado diretamente da administração do prélio) todas as questões referentes à eleição, mesmo que ainda pendentes de julgamento.[11]

Assim, essa proteção ao direito de ser votado deu, ao direito processual eleitoral, um nítido caráter *pós-eleitoral*, de modo que as demandas: (i) ou eram ajuizadas após as eleições (recurso contra expedição de diploma); (ii) ou produziam efeitos após as eleições.[12] O sistema processual pós-eleitoral ou de efeitos pós-eleitorais prestigiava, portanto, *o direito de ser votado*.

Outro fator a ser considerado na compreensão do RCED é a proteção *dada ao candidato eleito nas urnas*. Isso porque desde a criação do

---

[9] Nesse sentido, v. TSE. Recurso nº 4.103/RN. Rel. Min. Márcio Ribeiro, j. 13.12.1973. *DJ*, 9 abr. 1974.

[10] CÂNDIDO, Joel José. *Direito eleitoral brasileiro*. 14. ed. rev., atual. e ampl. Bauru: Edipro, 2010. p. 138.

[11] Embora existam sérias discussões sobre a constitucionalidade da supressão de instância feita pelo recurso contra a diplomação, ao se criar uma ação com estrutura recursal, não há como não visualizar em seu esqueleto uma busca por imparcialidade e distanciamento das eleições. Esse foi inclusive o sentir do Ministro Marco Aurélio, durante o julgamento do RCED nº 694. Questionava-se ele: "Será que o alcance da lei não está justamente no deslocamento para evitar que o próprio órgão aprecie?" (TSE. RCED nº 694. Rel. Min. Ari Pargendler. *DJe*, 12 dez. 2008).

[12] Nesse passo, cumpre destacar que a própria doutrina da época sempre deu maior importância às demandas ajuizadas após as eleições, *i.e.*, ao contencioso pós-eleitoral, aduzindo que na seara eleitoral o contencioso jurisdicional propriamente desta natureza, já que tutela uma manifestação concreta, palpável, da vontade popular, conferindo se esta foi "livre, autônoma e determinadora dos resultados obtidos". Os demais controles (anteriores ao escrutínio) teriam caráter preventivo e visariam proteger uma manifestação que ainda é expectativa (PEREIRA, Rodolfo Viana. *Tutela coletiva no direito eleitoral*: controle social e fiscalização das eleições. Rio de Janeiro: Lumen Juris, 2008. p. 27), posição esta abonada pela clássica doutrina constitucionalista, que restringia o contencioso eleitoral para após a manifestação do voto, quando afirmava que o procedimento eleitoral tinha como fases: (i) apresentação das candidaturas; (ii) organização e realização do escrutínio; (iii) contencioso eleitoral (SILVA, José Afonso. *Curso de direito constitucional positivo*. 25. ed. rev. e atual. São Paulo: Malheiros, 2005. p. 377).

RCED há regra, em nosso sistema, segundo a qual enquanto o Tribunal Superior não decidir o recurso interposto contra a expedição do diploma poderá o diplomado exercer o mandato em toda a sua plenitude.

Além dessa proteção, de origem legislativa, é de se considerar que a interpretação dada pelo TSE ao RCED fazia com que ele não fosse efetivo para tutelar o combate aos ilícitos eleitorais. Com efeito, durante muitos anos vigorou o entendimento segundo o qual o RCED exigia prova pré-constituída, não dispondo de espaço para dilação probatória, acabando-se por impedir que uma série de fatos fossem levados a juízo.[13]

Além disso, é de se observar que o prazo de três dias para ajuizamento é extremamente exíguo, além de ser de natureza decadencial, como se verá mais à frente.

Por fim, deve-se levar também em consideração que a diplomação é o último ato do processo eleitoral, de forma que, encerradas as impugnações dessa fase, encerra-se o próprio processo eleitoral, pondo-se fim às discussões nele existentes.

É nesse contexto que, em meio ao processo de redemocratização, a Lei nº 7.493/86, em seu art. 23, estabeleceu que a diplomação não mais impediria a perda do mandato, quando este fosse obtido por meio de abuso de poder político ou econômico. Tal disposição, repetida pela Lei nº 7.664/88, de 29.6.1988, alcançou *status* constitucional poucos meses depois, ao ser prevista no art. 14, §10 da Constituição Cidadã.

Nasceu assim a ação de impugnação de mandato eletivo (AIME), para combater os déficits do recurso contra a expedição de diploma,[14] "nomeadamente à sua restrição quanto ao processo de produção de provas".[15]

Com isso, em casos de abuso de poder econômico passou a ser possível tanto o ajuizamento do RCED quanto o ajuizamento da AIME, criando sobreposição de ações.

Ainda nos primeiros anos após o advento da Constituição Federal, a antiga investigação judicial eleitoral, de natureza administrativa, foi transformada pela LC nº 64/90 em verdadeira ação judicial, recebendo

---

[13] Apesar de a Lei nº 4.961/66 ter permitido a produção probatória em sede de RCED, a jurisprudência do TSE a inadmitiu por anos, especialmente nos casos de abuso de poder econômico, permitindo assim que diversos fatos quedassem impunes (nesse sentido, a título exemplificativo, v. RCED nº 357. Rel. Min. José Guilherme Villela, j. 17.3.1983. *Boletim Eleitoral*, v. 386, t. 1, p. 23).

[14] PEREIRA, Rodolfo Viana. *Tutela coletiva no direito eleitoral*: controle social e fiscalização das eleições. Rio de Janeiro: Lumen Juris, 2008. p. 54.

[15] PEREIRA, Rodolfo Viana. *Tutela coletiva no direito eleitoral*: controle social e fiscalização das eleições. Rio de Janeiro: Lumen Juris, 2008. p. 58.

um procedimento específico, previsto no art. 22 da mencionada lei, sendo tal transformação motivo de louvor durante a tramitação do projeto de lei no Poder Legislativo.[16]

Isso, porém, não significou abalo a nenhum daqueles dois valores – *proteção do direito de ser votado e proteção do candidato eleito* –, pois previa o art. 22, XIV, da LC nº 64/90, que se a AIJE fosse julgada após as eleições, ela não mais poderia surtir efeitos, tendo que ser remetida ao Ministério Público, para o ajuizamento do RCED ou da AIME, regra esta que vigorou até o advento da LC nº 135/2010, momento a partir do qual a AIJE passou a surtir efeitos autonomamente, isto é, sem a necessidade de ajuizamento de RCED ou de AIME.

Deve-se destacar ainda que no final na década de 90 do século passado, com a aprovação da Lei nº 9.840/99, que criou a captação ilícita de sufrágio, o art. 262, IV, do Código Eleitoral foi ampliado, permitindo-se o ajuizamento do RCED também por essa hipótese. Todavia, além disso, permitiu-se, também, o ajuizamento de representação para apuração do ilícito, constante do art. 41-A da Lei das Eleições.

Dessa forma, fácil é perceber que, ao final de 2010, a alegação de grande quantidade de compra de votos poderia dar ensejo ao ajuizamento de uma representação por captação ilícita de sufrágio; uma AIJE; um RCED e uma AIME, criando-se verdadeiro caos ao sistema eleitoral, agravado pelo fato de que, naquela época, o TSE rejeitava a possibilidade de reconhecimento de conexão ou de continência entre ações eleitorais.[17]

Foi em meio a esse contexto que a hipótese prevista no art. 262, IV, do CE fora declarada como não recepcionada pelo TSE, meses

---

[16] Não havia qualquer disposição processual no projeto original da Lei de Inelegibilidades, isto é, o Projeto de Lei Complementar nº 21/1990, de autoria do Senador Jarbas Passarinho, que deu origem à LC 64/90. Sua inserção ocorreu no substitutivo apresentado. Na discussão deste em plenário, o então senador da República que posteriormente se tornaria membro e presidente do STF, Maurício Correia, comemorava: "Quero dizer a V. Exa. que, na parte processual – diria até procedimental – esse é um instrumento da maior significação. Nunca, ao que eu sei, nem a Lei Complementar nº 5, nem outras, nenhuma lei tratou com tamanha percuciência, com tamanha responsabilidade e seriedade, a matéria processual relativamente aos problemas que surgem de desvio de poder econômico, de abuso de poder econômico, enfim, de excessos cometidos durante as campanhas eleitorais. [...] Esse instrumento, na parte processual, permite ao candidato, permite àquele que vai impugnar, permite ao Partido político, à coligação, ao candidato, um instrumento, um manancial extraordinário" (*Diário do Senado*, 27 abr. 1990. p. 1.560).

[17] V., nesse sentido, no TSE: REspE nº 106 – São Gonçalo do Rio Abaixo. Rel. Min. João Otávio de Noronha. *DJe*, 19 nov. 2014; AgRg no REspE nº 26.314. Rel. Min. Caputo Bastos. *DJ*, 22 mar. 2007; REspE nº 26.118. Rel. Min. José Gerardo Grossi. *DJ*, 28 mar. 2007. Tais entendimentos foram superados por ocasião do julgamento do REspE nº 348. Rel. Min. Henrique Neves da Silva. *DJe*, 10 dez. 2015.

antes da revogação do texto legal, por entender-se incompatível com a AIME,[18] acolhendo-se assim o pensamento do Ministro Dias Toffoli, que já havia sustentado a tese em sede acadêmica.[19]

Já os incs. II e III do art. 262 do CE eram de pouquíssima ou nenhuma aplicação, em virtude da utilização da urna eletrônica.[20]

Desse modo, observa-se que o RCED, atualmente, ocupa a menor importância em sua história, restringindo-se às hipóteses de: (i) inelegibilidades supervenientes ao processo de registro; (ii) inelegibilidades constitucionais; e (iii) ausência de condição de elegibilidades.[21]

Mesmo assim é salutar, pois constitui exceção a uma das características do processo eleitoral, qual seja, a aquisição progressiva dos atos (e das fases), permitindo-se a reabertura da discussão sobre a existência, ou não, das condições que, por regra, são apreciadas no registro de candidatura.

Como se sabe uma das acepções da expressão *processo eleitoral* – e que acabou prevalente tanto na legislação quanto na jurisprudência – vincula-o a uma série de atos (fases) cuja finalidade é permitir que se colha a manifestação da vontade popular. Assim, fala-se na fase de alistamento, na fase de apresentação de candidaturas, na campanha eleitoral (propaganda eleitoral, administração financeira), na votação, apuração e proclamação dos resultados e na diplomação.

Cada fase desenrola-se em momento próprio, com data de início e fim, exigindo um esforço da Justiça Eleitoral no cumprimento dos prazos que são firmados. O processo eleitoral é, portanto, delimitado por uma calendarização rigorosa, cujo descumprimento poderia subvertê-lo.[22]

---

[18] V. TSE. RCED nº 884. Rel. Min. José Antônio Dias Tóffoli, j. 17.9.2013. *DJe*, 12 nov. 2013.

[19] Afirmara ele: "Assim, seria apropriado – e esse é o ponto para reflexão – que as fraudes pertinentes às inelegibilidades, e também às elegibilidades constitucionais – excluídas de apuração no RCED – pudessem ser apuradas via ação de impugnação de mandato eletivo, sob pena de se dar prevalência a uma ação prevista em legislação infraconstitucional em detrimento da ação constitucional de impugnação ao mandato eletivo" (TOFFOLI, José Antônio Dias. Breves considerações sobre a fraude ao direito eleitoral. *Revista Brasileira de Direito Eleitoral*, Belo Horizonte, ano 1, n. 1, p. 45-61, jul./dez. 2009. p. 56).

[20] No mesmo sentido, v. ZÍLIO, Rodrigo Lopez. *Direito eleitoral*. 5. ed. rev. e atual. Porto Alegre: Verbo Jurídico, 2016. p. 462; CARVALHO NETO, Tarcísio Vieira. Recurso contra expedição de diploma. *Revista Brasileira de Direito Eleitoral*, ano 3, n. 4, p. 161-177, jan./jun. 2011. p. 166.

[21] É de se observar, também, que, agora, o RCED passou a ser, exclusivamente, um mecanismo *contra* a expedição de diploma. Como já havia observado Tarcísio Vieira de Carvalho Neto, a nomenclatura era incorreta já que, até então, o RCED era cabível também em caso de denegação de diploma (CARVALHO NETO, Tarcísio Vieira. Recurso contra expedição de diploma. *Revista Brasileira de Direito Eleitoral*, ano 3, n. 4, p. 161-177, jan./jun. 2011. p. 162).

[22] AMADO, Maria Elisa Padre Ataíde Ribeiro. *O contencioso eleitoral no direito constitucional português*. Trabalho apresentado à Comissão Nacional de Eleições de Portugal. Lisboa: [s.n.], 1994. p. 44.

Nesse contexto, se, terminada uma fase, pudesse a Justiça Eleitoral determinar o retorno de parte dela, ou sua anulação, correr-se-ia o risco de não se chegar ao fim do processo eleitoral antes da data prevista para o início dos novos mandatos. Surge daí, portanto, a necessidade de que todas as controvérsias acerca de determinada fase sejam resolvidas antes de se passar para uma fase seguinte.

A proibição de se retroceder à fase anterior recebeu, na doutrina portuguesa, a denominação de *princípio da aquisição progressiva dos atos*.[23] Segundo esse princípio, em determinado momento devem ser praticados certos atos sem os quais não é possível passar à fase seguinte. A passagem para uma nova fase pressuporia, assim, que a anterior estivesse definitivamente consolidada, inclusive com o julgamento de todas as questões a ela inerentes.[24]

Outros autores preferem chamá-lo de princípio da *definitividade*, explicitando que, por meio dele, o processo eleitoral se desenvolve mediante uma série de atos ligados ou concatenados, de uma etapa inicial de preparação até uma etapa final, que é a de resultados e declaração da validade da eleição. Nesse caminhar haveria também etapas intermediárias, que necessariamente devem ser declaradas finalizadas para se avançar nos atos posteriores.[25]

Tal princípio figura-nos ter sido adotado pelo Código Eleitoral vigente, com alguns temperamentos, pois a codificação livrou do convalescimento pelo decurso do prazo os vícios do processo eleitoral que tenham natureza constitucional, podendo estes ser novamente arguidos na fase seguinte. É essa a interpretação que exsurge da péssima redação dos arts. 223 e 259 do Código Eleitoral. A crítica ao texto se

---

[23] AMADO, Maria Elisa Padre Ataíde Ribeiro. *O contencioso eleitoral no direito constitucional português*. Trabalho apresentado à Comissão Nacional de Eleições de Portugal. Lisboa: [s.n.], 1994. p. 44.

[24] A esse respeito, Rodolfo Viana Pereira afirma que o princípio da aquisição progressiva dos atos, também conhecido como *teoria da cascata*, ocupa um posto central no controle das eleições no contencioso português, sendo inclusive reconhecido pelo Tribunal Constitucional. Explica ele que "de acordo com esse princípio, todos os litígios relativos às diversas fases do processo eleitoral devem ser dirimidos no interior de cada uma dessas fases e as irregularidades não questionadas no momento oportuno deixam de ser passíveis de apreciação e julgamento. Desse modo, para que se passe à etapa seguinte do processo, devem ser cumpridas todas as determinações legais dentro dos respectivos prazos, bem como resolvidas todas as reclamações, visto que, uma vez aberta nova etapa, as impugnações que a esta não se refiram passam a ser inadmitidas" (PEREIRA, Rodolfo Viana. *Tutela coletiva no direito eleitoral*: controle social e fiscalização das eleições. Rio de Janeiro: Lumen Juris, 2008. p. 75).

[25] ORTIZ MARTINEZ, Carlos. Medios de impugnación en materia electoral. In: BARRAZA, Arturo *et al.* (Org.). *Apuntes de derecho electoral*: una contribución institucional para el conocimiento de la ley como valor fundamental de la democracia. México: El Tribunal, 2000. p. 970-971.

deve, sobretudo, ao art. 259, pela utilização do termo *preclusão* para se referir, em verdade, ao direito material eleitoral.[26] Por mais que se fale em *processo eleitoral*, este tem natureza substancial e não se confunde com os processos judiciais ou administrativos.

Em outras palavras, o que o legislador pretendeu afirmar é que o direito de se anular os vícios de cada fase é submetido à decadência[27] e retirou dessa regra os casos em que se discute matéria constitucional bem como os fatos supervenientes ao momento indicado para a impugnação. A possibilidade de se arguir vícios de natureza constitucional somente decai, portanto, com o término do processo eleitoral,[28] ao menos em relação ao processo eleitoral findo.[29]

Por possuir a capacidade de reabrir fase do processo eleitoral já encerrada é que o RCED deve ser visto como excepcional, interpretando-se restritivamente as hipóteses que dão origem a seu manejo.

3 Natureza jurídica

O RCED tem *nomem juris* de *recurso*, situa-se no título do Código Eleitoral destinado aos *recursos*, tem aparência e tramita sob a forma de recurso, mas não se trata de um *recurso*.[30]

---

[26] Acerca do assunto, Heitor Vitor Mendonça Sica relembra que o termo *preclusão* pode ser concebido em duas acepções, designando dois institutos diversos. Assim, simboliza o fenômeno que impede que a parte pratique o ato depois do transcurso do tempo, depois de já tê-lo praticado, ou depois de praticado ato incompatível (preclusão temporal, consumativa e lógica), bem como o fenômeno que torna imutável uma questão já decidida (SICA, Heitor Vitor Mendonça. *Preclusão processual civil*. São Paulo: Atlas, 2006. p. 91).

[27] Não se pode olvidar as ainda atuais palavras de Agnelo Amorim Filho: "os únicos direitos para os quais podem ser fixados prazos de decadência são os direitos potestativos e, assim, as únicas ações ligadas ao instituto da decadência são as ações constitutivas que têm prazo especial de exercício fixado em lei" (AMORIM FILHO, Agnelo. Critério científico para distinguir a prescrição da decadência e para identificar as ações imprescritíveis. *Revista dos Tribunais*, São Paulo, v. 300, 1997. p. 140).

[28] Nesse sentido é também o pensamento de José Jairo Gomes: "No Direito Eleitoral, a nulidade absoluta funda-se em motivos de ordem constitucional; por isso, não sofre os efeitos da preclusão temporal se não for alegada desde logo. Não sendo alegada em dado momento, poderá sê-lo em outro. Mas nem por isso encontra-se imune a uma limitação temporal, pois findo o processo eleitoral já não poderá ser arguida. Submete-se, portanto, à decadência [...]" (GOMES, José Jairo. Invalidade no direito eleitoral. *Revista Brasileira de Direito Eleitoral*, Belo Horizonte, ano 1, n. 1, p. 63-104, jul./dez. 2009. p. 69).

[29] Não se pode olvidar que uma inelegibilidade infraconstitucional, não arguida em determinado processo eleitoral (reprovação de contas por ato doloso de improbidade administrativa, *v.g.*), pode ser alegada em processo eleitoral vindouro.

[30] Controvertida é a natureza jurídica do RCED. Com efeito, houve quem visse nele um recurso jurisdicional, por compreender a diplomação como ato jurisdicional (COSTA, Tito. *Recursos em matéria eleitoral*. 8. ed. rev., atual. e ampl. São Paulo: Revista dos Tribunais, 2004. p. 115; VELLOSO, Carlos Mário da Silva; AGRA, Walber de Moura. *Elementos de direito eleitoral*. 2.

A propositura do citado remédio, com efeito, acarreta a instauração de um novo processo, com novo procedimento e relação jurídica processual, na medida em que as partes ou interessados e o objeto dessa demanda serão necessariamente distintos daquele procedimento administrativo que acarretou o ato da diplomação.

Não se trata, assim, de recurso, compreendido como extensão do direito de ação e de defesa, mas, sim, de uma ação impugnativa (ação autônoma de impugnação, numa linguagem mais técnica) em que se tem a finalidade de desconstituir o ato jurídico eleitoral da diplomação.

Em que pese estarmos diante de situações que de per si servem de fundamento para qualquer outra demanda eleitoral, o fato é que o legislador deu a esta ação um tratamento recursal. É importante esta observação porque, em razão disso, algumas peculiaridades devem ser observadas quanto a este instituto.

4 Legitimados

Legitimidade é palavra que exprime a ideia de credenciamento para atuar perante dada situação. Há nela inegavelmente certa dose de

---

ed. São Paulo: Saraiva, 2010. p. 311). Todavia, prevalece, na doutrina e na jurisprudência, a corrente segundo a qual o RCED é, em verdade, uma demanda jurisdicional, pois não há prolongamento de uma relação processual anterior, apto a caracterizá-lo como recurso, mas, sim, a formação de uma nova relação processual, visto que a diplomação não seria decisão e sim um ato administrativo (COSTA, Adriano Soares da. *Instituições de direito eleitoral*. 10. ed. rev., ampl. e atual. Belo Horizonte: Fórum, 2016. p. 361-362; PEREIRA, Rodolfo Viana. *Tutela coletiva no direito eleitoral*: controle social e fiscalização das eleições. Rio de Janeiro: Lumen Juris, 2008. p. 54; JARDIM, Torquato Lorena. Das premissas necessárias de um recurso contra a expedição de diploma na hipótese de abuso de poder no sistema constitucional da reeleição sob controle judicial. *Revista Brasileira de Direito Eleitoral*, Belo Horizonte, ano 1, n. 1, p. 215-222, jul./dez. 2009. p. 215; ZÍLIO, Rodrigo Lopez. *Direito eleitoral*. 5. ed. rev. e atual. Porto Alegre: Verbo Jurídico, 2016. p. 528-529). O próprio Walber Agra, em recente artigo, reformulou seu pensamento, reconhecendo a natureza de *ação* (AGRA, Walber de Moura. Revisitações teóricas ao recurso contra expedição de diploma. *Estudos Eleitorais*, v. 8, n. 3, p. 94-112, set./dez. 2013. p. 99). Vê-se, portanto, que ambas as concepções variam em razão da natureza com que concebem o próprio ato de diplomação. Em nosso sentir, porém, a natureza do RCED em nada depende da natureza do ato de diplomação. Ora, é possível o ajuizamento de demandas (ações) tanto para atacarem atos administrativos, tal como a ação anulatória ou o mandado de segurança, como para atacarem decisões judiciais, falando-se, nessa última hipótese, de ações autônomas de impugnação. Por mais que o RCED vise a atacar a diplomação, desconstituindo-a, a natureza desta, por si só, em nada afeta a natureza do RCED. Em verdade, o que importa observar é que o RCED permite levar ao Judiciário um conflito de interesses, para que seja julgado por terceiro imparcial, sendo típica manifestação da atividade jurisdicional. Todavia, não há como negar que o RCED não é verdadeiramente um recurso, tendo em vista que não prolonga nenhuma relação processual já existente. Trata-se, em suma, de uma ação anulatória de um ato administrativo, que é processada formalmente como se recurso fosse, permitindo que a matéria seja apreciada, de imediato, por órgão jurisdicional que não participou da administração das eleições.

transitividade, de caráter relacional perante uma especificidade fática.[31] Assim, pode-se afirmar que a legitimidade para a causa consiste na situação de "coincidência entre a pessoa do autor e a pessoa a quem, em tese, a lei atribui a titularidade da pretensão deduzida em juízo, e a coincidência entre a pessoa do réu e a pessoa contra quem, em tese, pode ser oposta tal pretensão".[32] É "qualidade para estar em juízo, como demandante ou demandado, em relação a determinado conflito trazido ao exame do juiz".[33] Essa é a regra. É como ordinariamente acontece.

Todavia, excepcionalmente, ou melhor, extraordinariamente, permite o ordenamento jurídico, nos casos expressamente previstos em lei, o exercício do direito de ação por quem não é titular do direito material deduzido em juízo. Trata-se da chamada *legitimidade extraordinária*, de cunho precipuamente processual, *i.e.*, sem guardar relação direta com o direito material deduzido.[34]

Nesses casos, pode o ordenamento jurídico autorizar o legitimado extraordinário a agir sem impedir que o legitimado ordinário também atue, falando-se, então, de *legitimidade extraordinária concorrente*. Há casos, porém, em que a legitimidade para a causa é atribuída somente ao legitimado extraordinário, *i.e.*, àqueles que não são titulares da *res in judicium deducta*, ocorrendo assim a chamada *legitimidade extraordinária exclusiva*. Por fim, podem ocorrer casos em que o legitimado extraordinário somente poderá estar em juízo caso o legitimado ordinário se omita em atuar, podendo falar-se em *legitimidade subsidiária*.[35]

Em resumo, aquele que se afirme titular do exercício do direito de ação deve afirmar-se, também, titular da relação jurídica que deduz perante o juízo[36] ou autorizado pelo ordenamento jurídico para buscar a tutela deste em nome próprio.

Feitas essas brevíssimas considerações sobre a legitimidade para a causa, deve-se observar que nas demandas eleitorais, como regra, a legitimidade para o exercício da ação é conferida pela lei unicamente

---

[31] RODRIGUES, Marcelo Abelha. *Manual de direito processual civil*. 6. ed. rev., atual. e ampl. Rio de Janeiro: Forense, 2016. p. 144.

[32] CARNEIRO, Athos Gusmão. *Intervenção de terceiros*. 17. ed. rev. e atual. São Paulo: Saraiva, 2008. p. 41.

[33] DINAMARCO, Cândido Rangel. *Instituições de direito processual civil*. São Paulo: Malheiros, 2001. v. II. p. 303.

[34] RODRIGUES, Marcelo Abelha. *Manual de direito processual civil*. 6. ed. rev., atual. e ampl. Rio de Janeiro: Forense, 2016. p. 149.

[35] CÂMARA, Alexandre Freitas. *Lições de direito processual civil*. 16. ed. rev. e atual. Rio de Janeiro: Lumen Juris, 2007. v. I. p. 130-131.

[36] CÂMARA, Alexandre Freitas. *Lições de direito processual civil*. 16. ed. rev. e atual. Rio de Janeiro: Lumen Juris, 2007. v. I. p. 129.

a quatro entes: candidatos, partidos políticos, coligações e Ministério Público.

Esse sistema de limitação da titularidade ativa a um número restrito de legitimados não é exclusividade do sistema eleitoral brasileiro. Rodolfo Viana Pereira, após comparar o sistema de contencioso pós-eleitoral existente no Brasil, em Portugal e na França, conclui que, como regra, a legitimidade ativa contabiliza quatro categorias: candidatos, eleitores, partidos políticos (e seus congêneres) e autoridades públicas.[37]

Os candidatos compõem a única categoria presente em todos eles e que pode atuar em todos os tipos de eleição. O Brasil não mais confere legitimidade aos eleitores.[38] Já a França não admite a atuação dos partidos políticos. Portugal, por sua vez, não prevê a intervenção de autoridades públicas.

Para ele, nesses países "a regulamentação do direito de ação consagrou uma visão privatista da esfera de controle das eleições",[39] pois limita o direito de ação aos participantes da chamada "esfera política propriamente dita", protegendo unicamente

> o direito subjetivo de participar na eleição como candidato ou eleitor, como se o interesse concreto em torno de um processo eleitoral regular, livre e eficaz pertencesse unicamente àqueles que participam diretamente da atividade de conquista e de atribuição do poder estatal.[40]

Mas se os direitos que podem ser tutelados por meio das ações eleitorais possuíssem titulares determinados ou determináveis, *i.e.*, pertencessem somente aos envolvidos nas eleições, como se explicaria a exclusão da legitimidade do eleitor operada no sistema pátrio com o advento das leis complementares nºs 5/70, 64/90 e com a Lei nº 9.504/97? Como se compatibilizaria a impossibilidade do exercício do direito de ação com a garantia constitucional de acesso ao Judiciário (art. 5º, XXXV, da CF/88)?

Como afirma a doutrina processualista nacional, qualquer "proibição que se faça ao titular do interesse de ir a juízo pleitear sua tutela é inconstitucional, o que faz concluir que não se pode admitir

---

[37] PEREIRA, Rodolfo Viana. *Tutela coletiva no direito eleitoral*: controle social e fiscalização das eleições. Rio de Janeiro: Lumen Juris, 2008. p. 117-118.

[38] Embora o autor não faça menção, os eleitores já foram legitimados no sistema eleitoral pátrio, como se observa no art. 97, §3º, do Código Eleitoral.

[39] PEREIRA, Rodolfo Viana. *Tutela coletiva no direito eleitoral*: controle social e fiscalização das eleições. Rio de Janeiro: Lumen Juris, 2008. p. 117.

[40] PEREIRA, Rodolfo Viana. *Tutela coletiva no direito eleitoral*: controle social e fiscalização das eleições. Rio de Janeiro: Lumen Juris, 2008. p. 127.

a existência de legitimidade exclusiva nos casos em que exista um legitimado ordinário".[41]

Todavia, adotando-se o novel sentir da doutrina e da jurisprudência de que as ações eleitorais tutelam interesses difusos,[42] a limitação dos legitimados ativos pela lei torna-se perfeitamente explicável e até acompanha a opção legislativa nacional em sede de direito processual coletivo.

Com efeito, sendo o direito ao devido processo eleitoral de natureza difusa, os legitimados para a propositura das ações eleitorais agem como legitimados extraordinários exclusivos, *rectius*, como *legitimados autônomos para a condução do processo*, mantendo-se a regra segundo a qual tal possibilidade só encontra amparo constitucional "nos casos em que inexista um titular do direito subjetivo ou da posição jurídica de vantagem afirmada".[43]

Ademais a adoção de legitimados determinados pela lei não foge à sistemática adotada para o processo coletivo no sistema pátrio.

Como explicam Fredie Didier Jr. e Hermes Zaneti Jr., há duas formas de legitimação ativa nas demandas coletivas. Nos sistemas fundados nas *class actions*, a legitimidade é fundada na "adequada representação", *i.e.*, num controle feito pelo juiz, que afere se a parte representa, ou não, a classe. Já o Brasil teria adotado caminho diverso ao estabelecer, na lei, o rol de legitimados para as ações.[44]

Entre os quatro legitimados no sistema eleitoral pátrio, apenas a legitimidade conferida ao candidato poderia ser estranha ao que se observa nas demais ações coletivas do ordenamento jurídico brasileiro.

Com efeito, a legitimidade do Ministério Público para a propositura de ações coletivas encontra sede constitucional no art. 129, III, da CF/88. Não bastasse isso, foram eles expressamente legitimados para a defesa dos interesses difusos pelo art. 82, I, do CDC e também na LACP.

Já os partidos políticos foram legitimados pela Constituição de 1988 para a propositura do mandado de segurança coletivo (art. 5º, LXX, da CF/88). Embora tenha surgido dúvida sobre a abrangência

---

[41] CÂMARA, Alexandre Freitas. *Lições de direito processual civil*. 16. ed. rev. e atual. Rio de Janeiro: Lumen Juris, 2007. v. I. p. 130.

[42] Sobre o tema, v. JORGE, Flávio Cheim; LIBERATO, Ludgero. As ações eleitorais e os mecanismos processuais correlatos: aplicação subsidiária do CPC ou do CDC c/c LACP? *Revista Brasileira de Direito Eleitoral*, v. 6, p. 64-70, 2012.

[43] CÂMARA, Alexandre Freitas. *Lições de direito processual civil*. 16. ed. rev. e atual. Rio de Janeiro: Lumen Juris, 2007. v. I. p. 130.

[44] DIDIER JR., Fredie; ZANETI JR., Hermes. *Curso de direito processual civil*. Processo Coletivo. 2. ed. Salvador: JusPodivm, 2007. v. IV. p. 198-199.

dos interesses que poderiam ser defendidos por eles, mesmo a adoção da corrente restritiva não atrapalha sua legitimidade na seara eleitoral, pois não há como negar que a tomada do Poder, interesse legítimo dos partidos, é uma de suas finalidades partidárias.[45]

Além disso, considerando o controle concentrado de constitucionalidade como "um especial modo de prestar tutela coletiva",[46] vê-se mais uma vez a titularidade dos partidos políticos para a tutela coletiva, pois podem manejar a ação direta de inconstitucionalidade e a declaratória de constitucionalidade, nos termos do art. 103, VIII, da Constituição Federal, não se limitando, nesse caso, aos interesses do partido, mas sendo defensores da ordem jurídica.

A legitimidade das coligações, por sua vez, decorre da legitimidade dos próprios partidos, pois a elas são "atribuídas as prerrogativas e obrigações de partido político no que se refere ao processo eleitoral", obrigando os partidos coligados a "funcionar como um só partido no relacionamento com a Justiça Eleitoral e no trato dos interesses interpartidários" (art. 6º, §1º, da Lei nº 9.504/97).[47]

Por fim, a legitimidade conferida ao candidato poderia causar certa estranheza, num primeiro momento, pelo fato de que o sistema pátrio não confere, a pessoas físicas, legitimidade para a defesa dos interesses difusos, com exceção do ajuizamento de ação popular.

Todavia, a existência do candidato e, posteriormente, do mandatário – caso vença a eleição – foi devidamente aclarada pelo STF, por ocasião do julgamento dos mandados de segurança nºs 26.602, 26.603 e 26.604.

É que, ao analisar a existência da fidelidade partidária, esclareceu-se que o mandatário e, também, o candidato não existem por si sós no sistema pátrio. Gozam eles da representatividade dos interesses dos filiados ao partido político, que os escolheram em convenção partidária e que lhes outorgaram recursos financeiros e poderes. Ademais, corrobora

---

[45] Certamente que a tessitura da representação adequada fixada pelo legislador que paira sobre o Parquet não é a mesma que paira sobre os partidos políticos, embora numa demanda eleitoral o objetivo de ambos seja lutar pela ordem democrática, coibir os ilícitos eleitorais e zelar pela democracia representativa. O Ministério Público é sempre movido única e exclusivamente pelo interesse altruísta e impessoal de zelar pela democracia, enquanto que este, o partido, conjuga a proteção da democracia com um interesse difuso próprio da agremiação política, no sentido de fazer com que sua ideologia prevaleça, licitamente, sobre as demais que estejam em disputa pelos cargos eletivos.

[46] ZAVASCKI, Teori Albino. *Processo coletivo*: tutela de direitos coletivos e tutela coletiva de direitos. 4. ed. São Paulo: Revista dos Tribunais, 2009. p. 241.

[47] Apesar de as coligações não mais existirem após as eleições, o TSE reconhece a legitimidade delas para continuar a propor as ações eleitorais. V., nesse sentido: RCED nº 643. Rel. Min. Fernando Neves da Silva, j. 16.3.2004. *DJ*, 6 ago. 2004.

o entendimento de que os candidatos também foram legitimados para a defesa dos interesses difusos da seara eleitoral (e não para interesses individuais enquanto candidatos) quando se observa que a legitimidade para agir vai além dos limites territoriais da eleição que disputa.[48]

Já a legitimidade passiva é ocupada pelo candidato que foi diplomado e cujo diploma visa a ser desconstituído. Tratando-se de eleições majoritárias em que há formação de uma chapa única, é preciso que o polo passivo seja ocupado pelo vice que compôs a chapa ou, tratando-se de eleição para o Senado, de seu suplente. Nesse caso, o litisconsórcio firmado entre essas pessoas é necessariamente unitário, pois, sendo única e indivisível a chapa, não é possível desconstituir o diploma de um sem que o outro seja atingido. Por isso, para evitar que a coisa julgada se espraie para quem não foi parte, é mister que o vice seja citado para ocupar o polo passivo da demanda.

Nesse contexto, é de se destacar que o atual entendimento do TSE determina a formação do litisconsórcio passivo entre o eleito e seu vice nos processos que poderão acarretar a perda do mandato eletivo, como é o caso do recurso contra expedição de diploma.[49] É o que afirma a Súmula nº 38 do TSE, segundo a qual "Nas ações que visem à cassação de registro, diploma ou mandato, há litisconsórcio passivo necessário entre o titular e o respectivo vice da chapa majoritária".

De outro lado, nega-se tal exigência com relação aos partidos políticos, tal como se observa na Súmula nº 40 do TSE, segundo a qual "O partido político não é litisconsorte passivo necessário em ações que visem à cassação de diploma".

---

[48] É o que afirmava Fávila Ribeiro, ao comentar o art. 3º da Lei Complementar nº 64/90: "Em mencionar 'qualquer candidato' ficou manifesto o propósito de não exigir correlação ou equivalência de cargos em disputa para o exercício da impugnação" (RIBEIRO, Fávila. *Abuso de poder no direito eleitoral*. 3. ed. rev., atual. e ampl. Rio de Janeiro: Forense, 1998. p. 203). No mesmo sentido são as palavras de Joel José Cândido: "a expressão 'candidatos', para essa ação, deve ser tomada em sentido genérico, equivalente a 'qualquer candidato' ou candidato para qualquer cargo, proporcional ou majoritário', independentemente de quem seja o impugnado. Deste modo, um candidato a deputado estadual pode impugnar o pedido de registro de um candidato a senador; este pode fazê-lo em relação a um candidato a governador ou a deputado federal e assim reciprocamente. Caso haja eleição para todos os cargos, um candidato a vereador poderá impugnar o pedido de registro de uma candidatura a Presidente da República, e vice-versa, sem a necessidade de o candidato impugnante concorrer à mesma eleição do impugnado. Basta que ambos sejam candidatos a qualquer eleição, pelo mesmo ou por outro partido" (CÂNDIDO, Joel José. *Direito eleitoral brasileiro*. 14. ed. rev., atual. e ampl. Bauru: Edipro, 2010. p. 133-134).

[49] V. a título ilustrativo, no TSE, AgRg no AI nº 11.963/MG. Rel. Min. Enrique Ricardo Lewandowski, j. 13.4.2010. *DJe*, 11 maio 2010.

5 Causa de pedir (cabimento)

5.1 Inelegibilidade superveniente

Estabelece o art. 262, *caput*, do Código Eleitoral que será cabível recurso contra a expedição de diploma em caso de *inelegibilidade superveniente*. Com isso, quer dizer que somente serão desafiadas, via RCED, as inelegibilidades que surgirem após o esgotamento da possibilidade de se deduzi-las no processo de registro ou na AIRC. Segundo o entendimento do TSE, tal inelegibilidade possui, como marco *ad quem*, a data da eleição.

Com efeito, as inelegibilidades de natureza infraconstitucional que forem anteriores ao prazo de impugnação do registro decaem e não mais poderão ser alegadas.[50] Se surgirem após o decurso desse prazo, mas antes do esgotamento da instância ordinária do processo de registro, poderão ser nele discutidas.[51] Todavia, se surgirem posteriormente a esse momento, mas antes da eleição, somente poderão ser objeto do RCED.

Assim, *v.g.*, se determinado candidato tem suas contas rejeitadas pelo Tribunal de Contas, antes do término do período de impugnação do pedido de registro de candidatura e não for proposta a ação, não mais poderá ser arguido tal empecilho à sua elegibilidade.

Por outro lado, se a decisão que rejeitar as contas se tornar definitiva somente após o prazo de ajuizamento da AIRC e já houver se esgotado a instância ordinária do processo de registro, poderá tal fato ser levado ao conhecimento da Justiça Eleitoral por meio do RCED, como corretamente tem decidido o TSE.[52]

Nesse contexto, não é demais lembrar que inelegibilidade superveniente é aquela que surge após o prazo de impugnação do pedido de registro e não aquela que apenas é conhecida após esse momento,[53]

---

[50] Trata-se de entendimento consolidado na Justiça Eleitoral ainda à época do Código Eleitoral de 1950 e que tem por raiz o disposto no art. 259 do Código Eleitoral: "No recurso de diplomação, as inelegibilidades que podem ser validamente levantadas são unicamente as supervenientes ao registro do candidato, ocorrendo preclusão, no que se refere as existentes por ocasião do registro" (TSE. REspE nº 1607/MG. Rel. Min. Plínio Pinheiro Guimarães, j. 9.3.1951. *Boletim Eleitoral*, v. 4, t. 1, p. 9).

[51] V., no TSE: RO nº 15.429. Rel. Min. Henrique Neves Da Silva, j. 26.8.2014, publicado em sessão em 27.8.2014.

[52] V. nesse sentido, o REspE nº 1.313.059 – Palmeiras/BA. Rel. Min. Cármen Lúcia, j. 24.5.2012. *DJe*, 29 jun. 2012. No mesmo sentido, v. TSE ED no AgRg no REspE nº 950.098.718. Rel. Min. Arnaldo Versiani, j. 22.1.2011. *DJ*, 10 jun. 2011.

[53] TSE. AgRg no REspE nº 35.997/BA. Rel. Min. Arnaldo Versiani, j. 3.10.2011. *DJe*, 3 out. 2011; TSE. AgRg no REspE nº 35.997. Rel. Min. Arnaldo Versiani, j. 6.9.2011. *DJ*, 3 out. 2011.

de forma que cabe aos atores eleitorais, e em especial ao Ministério Público, nos meses que antecedem as eleições, levantar dados sobre aqueles que se mostrarem como eventuais candidatos.

De acordo com o TSE, o termo *ad quem* para o surgimento da inelegibilidade superveniente é a data das eleições,[54] entendimento este que se encontra consolidado no Enunciado nº 47 da súmula do Tribunal.[55]

A posição, contudo, vem sofrendo severas críticas,[56] sobretudo nos casos em que a inelegibilidade não foi reconhecida no processo de registro de candidatura por estar suspensa por decisão judicial, proferida com fundamento no art. 26-C da LC nº 64/90, e ressurge após a data da eleição, mas antes da diplomação.[57] [58]

As críticas, contudo, não se sustentam, com as devidas vênias.

Os precedentes que sedimentam o enunciado sumular foram construídos ao longo de quase duas décadas[59] e guardam plena sintonia com o sistema eleitoral, que, *v.g.*, toma a data da eleição: (i) como marco para algumas incompatibilidades;[60] (ii) como *dies a quo* da fluência de algumas inelegibilidades;[61] e (iii) como marco para aproveitamento de votos dado a candidato inelegível após as eleições. Quanto a esta última hipótese, merece destaque o art. 175, §4º, do Código Eleitoral

---

[54] TSE. AgRg no REspE nº 805/AM. Rel. Min. João Otávio de Noronha, j. 17.9.2015. Também, nesse mesmo sentido, todos do TSE: AgRg no AI nº 41.223/BA. Rel. Min. Maria Thereza Rocha de Assis Moura, j. 25.6.2015; AgRg no REspE nº 35.997/BA. Rel. Min. Arnaldo Versiani, j. 6.9.2011. *DJe*, 3 out. 2011.

[55] "A inelegibilidade superveniente que autoriza a interposição de recurso contra expedição de diploma, fundado no art. 262 do Código Eleitoral, é aquela de índole constitucional ou, se infraconstitucional, superveniente ao registro de candidatura, e que surge até a data do pleito".

[56] V. por todos, ZÍLIO, Rodrigo Lopez. *Direito eleitoral*. 5. ed. rev. e atual. Porto Alegre: Verbo Jurídico, 2016. p. 531-533.

[57] V. no TSE: REspE nº 55.080 – Guaxupé/MG. Rel. Min. Tarcísio Vieira de Carvalho Neto, j. 17.10.2017. *DJe*, 7 dez. 2017.

[58] O TSE admite a possibilidade de se tratar uma inelegibilidade anterior ao registro – mas que não pode ser utilizada para indeferi-lo por estar suspensa, nos termos do art. 26-C – como *superveniente*, caso a revogação da decisão que a suspendia ocorra em momento no qual já não mais pode ser deduzida no processo de registro. V.: REspE nº 12.460. Rel. Min. Gilmar Mendes. *DJe*, 4 mar. 2015 e AgRg no REspE nº 39.310. Rel. Min. Luciana Christina Guimarães Lóssio, j. 1º dez. 2015. *DJe*, 15 fev. 2016.

[59] V. nesse sentido: Recurso Especial Eleitoral nº 18.847. Rel. Min. Fernando Neves da Silva, j. 24.10.2000, publicado em sessão; RCED nº 653 – São Paulo. Rel. Min. Fernando Neves da Silva, j. 15.4.2004. *DJ*, 25 jun. 2004; TSE. REspE nº 1.313.059. Rel. Min. Cármen Lúcia Antunes Rocha. *DJe*, 29 jun. 2012; AgRg no REspE nº 39.310. Rel. Min. Luciana Christina Guimarães Lóssio, j. 1º.12.2015. *DJe*, 15 fev. 2016.

[60] V. art. 1º, II, alíneas "b" a "g" e "i" a "l", da LC nº 64/90.

[61] Esse é o entendimento do TSE sobre o início da inelegibilidade prevista no art. 1º, I, "d". V. Consulta nº 13.115. Rel. Min. Henrique Neves, j. 24.6.2014. *DJe*, 20 ago. 2014.

CELIA REGINA DE LIMA PINHEIRO, JOSÉ EDVALDO PEREIRA SALES, JULIANA RODRIGUES FREITAS (COORD.)
CONSTITUIÇÃO E PROCESSO ELEITORAL

ao permitir o aproveitamento dos votos para os partidos em razão do reconhecimento da inelegibilidade de candidato quando esta ocorre após as eleições, indicando, com clareza, que esse é o marco adotado pelo legislador.

A questão é passível de regulamentação, pelo legislador, em sentido contrário ao entendimento atual, já que a matéria é submetida ao poder de conformação, ante à inexistência de regra constitucional expressa. Todavia, não se pode negar que o entendimento sumulado está em plena consonância com as demais regras que regem as eleições, sendo a interpretação que garante mais sistematicidade.

Além disso, como bem destacado pela Min. Luciana Lóssio, ao relatar o AgRg no REspE nº 39.310, a posição jurisprudencial atual prestigia a segurança jurídica, já que o eleitor, principal ator do processo eleitoral, precisa saber, até o dia do pleito – data em que exercerá o seu direito fundamental de sufrágio –, se o candidato é, ou não, elegível.[62]

5.2   Inelegibilidades constitucionais

Mesmo antes do advento do atual Código Eleitoral, encontra-se, na jurisprudência do TSE, entendimento segundo o qual as inelegibilidades de natureza constitucional não se submetiam à preclusão.[63]

As inelegibilidades de natureza constitucional, mesmo que conhecidas na ocasião do registro de candidatura e não impugnadas, podem ser veiculadas pelo RCED, como decorrência da aplicação do art. 259 do Código Eleitoral.

Na seara jurisprudencial, as hipóteses mais frequentes de admissão pela via do RCED são os casos de inelegibilidade reflexa (art. 14, §7º, da CF/88)[64] e a vedação ao terceiro mandato (art. 14, §5º, da CF/88).[65]

5.3   Ausência de condição de elegibilidade

O TSE possuía firme jurisprudência no sentido de que não era cabível recurso contra a expedição de diploma em casos de ausência de condição de elegibilidade.[66]

---

[62]   TSE. AgRg no REspE nº 39.310. Rel. Min. Luciana Christina Guimarães Lóssio, j. 1º.12.2015. *DJe*, 15 fev. 2016.

[63]   RCED nº 154/PI. Rel. Min. José Duarte Gonçalves da Rocha, j. 20.5.1959. *Boletim Eleitoral*, v. 98, t. 1, p. 88.

[64]   V. TSE. AI nº 3.632/SP. Rel. Min. Fernando Neves, 17.12.2002.

[65]   AI nº 4.494. Rel. Min. Francisco Peçanha Martins, j. 4.3.2004. *DJ*, 16 abr. 2004.

[66]   V. TSE, AgRg no REspE nº 35.845/SC. Rel. Min. Nancy Andrighi, j. 24.8.2011. *DJe*, 24 ago. 2011.

Tal entendimento era completamente dissociado da legislação e, por isso, criticado pela doutrina,[67] na medida em que, tendo as condições de elegibilidade natureza constitucional, previstas no art. 14, §3º da CF/88,[68] não se submeteriam elas à decadência, podendo ser alegadas na fase subsequente, conforme determina o art. 259 do Código Eleitoral.

Com as alterações promovidas pela Lei nº 12.891/2013, o entrave foi superado, dando ensejo a novos questionamentos. Afinal, poderão ser deduzidas, via RCED, somente as hipóteses de ausência de condição de elegibilidade constitucionais ou supervenientes ao registro? Ou seriam elas admitidas sem qualquer restrição?

Ora, em nosso sentir, não há quaisquer motivos para se dar tratamento diverso entre a ausência de condição de elegibilidade e as causas de inelegibilidade, de modo que somente podem dar ensejo ao RCED os casos de ausência de condição de elegibilidade supervenientes ao registro, se infraconstitucionais, ou as ausências de condições de elegibilidade de natureza constitucional.

Quanto a estas, há que se questionar, também, se somente poderá dar ensejo ao RCED o conteúdo mínimo constitucional da condição de elegibilidade ou, de outro lado, se o descumprimento da regulamentação infraconstitucional pode acarretar seu ajuizamento.

Como é sabido, o art. 14, §3º, da CF/88 conferiu ao legislador ordinário a possibilidade de conformar as condições de elegibilidade constitucionalmente previstas, delimitando-as, especificando-as ou fixando formas de cumprimento da exigência.[69] Assim, *v.g.*, à exigência de filiação partidária e de domicílio na circunscrição foram adicionados o período mínimo de seis meses (art. 9º da Lei nº 9.504/97).

Assim, nessas hipóteses, o descumprimento exclusivo da parte prevista na regulamentação infraconstitucional daria ensejo também ao RCED ou estaria acobertado pela preclusão, *rectius*, pela decadência?

---

[67] ZÍLIO, Rodrigo Lopez. *Direito eleitoral*. 5. ed. rev. e atual. Porto Alegre: Verbo Jurídico, 2016. p. 530-531.

[68] Não se desconhece que para o TSE também a legislação infraconstitucional pode criar novas hipóteses de condições de elegibilidade, a exemplo do que foi feito com a exigência de certidão de quitação eleitoral. V., nesse sentido, o AgRg no REspE nº 190.323 – Brasília/DF. Rel. Min. Arnaldo Versiani Leite Soares, j. 15.9.2010, publicado em sessão.

[69] É preciso registrar, porém, que o TSE não vê, no art. 14, §3º, da CF/88 a fixação de um rol taxativo, permitindo a criação de outras condições de elegibilidade, ainda que desvinculadas daquelas estabelecidas no rol constitucional: "[...] 3. As condições de elegibilidade não estão previstas somente no art. 14, §3º, I a VI, da Constituição Federal, mas também na Lei nº 9.504/97, a qual, no art. 11, §1º, estabelece, entre outras condições, que o candidato tenha quitação eleitoral (inciso VI)" (TSE. AgRg no REspE nº 190.323/DF. Rel. Min. Arnaldo Versiani Leite Soares, j. 15.9.2010, publicado na mesma sessão).

Com as devidas vênias ao entendimento contrário,[70] a possibilidade de manejo do RCED deve ser pautada por cautela e por restrição ao seu cabimento, justamente por que se reabre fase do processo eleitoral já encerrada, de modo que não se deve admitir seu ajuizamento pelo descumprimento da regulação feita pelo legislador infraconstitucional. Afinal de contas, se o requisito descumprido fosse de tal importância o legislador constitucional não o teria delegado às vicissitudes da produção legislativa ordinária.

Assim, *v.g.*, se determinado candidato não for filiado a qualquer partido político, tal vício poderá ser deduzido em sede de RCED. De outro modo, sendo ele filiado a partido político, mas sem observar o prazo mínimo de filiação, a matéria estará abrangida pela decadência, caso não impugnada no momento do registro de candidatura.

6 Prazo

Como todas as ações eleitorais, também o RCED é submetido a prazo. Com efeito, dispõe o art. 258, do CE, que deve ser ele "interposto" no prazo de três dias, contados da diplomação.

Trata-se de prazo decadencial, contado na forma do art. 132 do Código Civil,[71] isto é, excluindo-se o dia do começo e incluindo-se o dia final.[72]

Apesar de se tratar de prazo decadencial, é assente que o prazo final é prorrogado para o primeiro dia útil quando cair em recesso forense.

7 Competência

Segundo o art. 22, I, "g", do Código Eleitoral, compete ao TSE julgar as impugnações à expedição de diplomas nas eleições presidenciais. Essa é a única disposição legal acerca da competência para processar e julgar o RCED.

Todavia, criou-se o entendimento de que, em razão do trâmite recursal conferido ao RCED, a competência para o julgamento sempre

---

[70] V. COSTA, Adriano Soares da. *Instituições de direito eleitoral*. 10. ed. rev., ampl. e atual. Belo Horizonte: Fórum, 2016. p. 365.

[71] GOMES, José Jairo. *Direito eleitoral*. 13. ed. rev., atual. e ampl. São Paulo: Atlas, 2017. p. 846; ZÍLIO, Rodrigo Lopez. *Direito eleitoral*. 5. ed. rev. e atual. Porto Alegre: Verbo Jurídico, 2016. p. 529.

[72] A título exemplificativo, v. TSE. AgRg no AI nº 11.450 – São João Batista/SC. Rel. Min. Aldir Guimarães Passarinho Junior, j. 3.2.2011. *DJe*, 17 mar. 2011.

será do órgão jurisdicional imediatamente superior àquele que promoveu a diplomação do candidato eleito.

Seguindo essa regra, cabe aos Tribunais Regionais Eleitorais a competência para processar e julgar os RCEDs ajuizados contra a diplomação de prefeitos, de vice-prefeitos e de vereadores; cabe ao Tribunal Superior Eleitoral processar e julgar o RCED ajuizado contra a diplomação de governadores e seus vices, de deputados estaduais, de deputados federais e distritais, de senadores e seus suplentes, cabendo-lhe, ainda, a competência para julgar o RCED em caso de eleições presidenciais.

Todavia, essa estrutura é submetida a uma série de questionamentos.

Ora, se o RCED é ação, e não recurso, porque iniciá-lo na instância superior àquela que realizou a diplomação? Afinal de contas, o órgão que conduz as eleições também é competente para julgar uma série de ações que podem levar à cassação do registro ou do diploma.

Se a vontade do legislador fosse submeter as demandas que podem levar à cassação do diploma a órgão diferente do que administrou as eleições,[73] por que deslocar então somente o RCED? A interpretação histórica leva à conclusão de que, se esta já foi, um dia, a vontade do legislador, quando o RCED era a única ação eleitoral existente, foi ela completamente abandonada com o passar dos anos.

Ademais, o Código Eleitoral não prevê, expressamente, a competência do TSE para julgar recursos da expedição de diplomas realizadas pelos Tribunais Regionais.

Adicione-se a isso que, nos termos do art. 121, §4º, da CF/88, o TSE é competente apenas para apreciar recursos das decisões dos Tribunais Regionais. A diplomação, porém, pouco tem de ato decisório.

Tais questionamentos são objeto da ADPF nº 167, pendente de apreciação no STF.

O TSE, por sua vez, consolidou seu entendimento na Súmula nº 37, segundo a qual "Compete originariamente ao Tribunal Superior Eleitoral processar e julgar recurso contra expedição de diploma envolvendo eleições federais ou estaduais", mantendo, com isso, a tradição de mais de oitenta anos.

---

[73] Esse foi inclusive o sentir do Ministro Marco Aurélio, durante o julgamento do RCED nº 694. Questionava-se ele: "Será que o alcance da lei não está justamente no deslocamento para evitar que o próprio órgão aprecie?" (TSE. RCED nº 694. Rel. Min. Ari Pargendler. *DJe,* 12 dez. 2008).

8 Procedimento

Embora seja, em essência, uma ação, o RCED adota a estrutura e a forma de um recurso. Disso decorre que a petição inicial da ação também adota a estrutura recursal, sendo praxe oferecer-se a petição de interposição e as razões recursais.

Recebida a petição, é o recorrido quem é intimado (em verdade citado) para contrarrazoar (contestar) no prazo de três dias.

Prevê expressamente o art. 267, §5º, que, se o recorrido juntar novos documentos, terá o autor da ação vista pelo prazo de 48 horas.

Findos esses prazos, o recurso é remetido ao tribunal competente para apreciá-lo.

Embora a lei não seja expressa a respeito, o TSE passou a admitir a possibilidade de dilação probatória, em RCED, tendo a própria decisão fixado os parâmetros para sua produção, assentando que deve ele admitir todos os meios de prova, desde que particularizadamente indicados na petição inicial, cabendo aos relatores rechaçar, motivadamente, todos os requerimentos que se mostrem desnecessários ou protelatórios. Quanto à prova testemunhal, foi ela limitada ao número máximo de seis para cada parte, independentemente da quantidade de fatos e do número de recorrentes ou de recorridos.[74]

A decisão era especialmente importante para a época porque o RCED era cabível para apuração de abuso de poder econômico ou político e para apuração de captação ilícita de sufrágio. Agora, com a limitação da causa de pedir do RCED às hipóteses de inelegibilidades ou de ausência de condições de elegibilidade, poucas vezes será necessária a instrução probatória, já que essas matérias, na maior parte dos casos, são instruídas com provas pré-constituídas.

Caso seja realizada instrução probatória, deve-se aplicar o art. 270, §3º, do Código Eleitoral, de modo a permitir a apresentação de alegações finais, no prazo sucessivo de vinte e quatro horas.

9 Efeitos da decisão

Julgado procedente o RCED, com a cassação de diploma, a decisão – que, pela competência do RCED, será sempre colegiada – poderá produzir efeitos para o diplomado cassado, para o partido político e para as eleições.

---

[74] TSE. RCED nº 671/MA. Rel. Min. Carlos Augusto Ayres De Freitas Britto, j. 25.9.2007. *DJ*, 5 nov. 2007.

O efeito da decisão para aquele que teve seu diploma cassado é a desconstituição do mandato que a ele foi outorgado. Esse efeito, contudo, somente será produzido após o TSE julgar o recurso que tenha sido interposto contra a decisão de Tribunal Regional, conforme dispõe o art. 216 do Código Eleitoral. Em se tratando de RCED julgado originariamente pelo TSE, não há que se aguardar eventual manifestação do STF em sede de recurso extraordinário.

Caso se tratem de eleições regidas sob o sistema proporcional, poder-se-ia questionar se o partido seria afetado pela perda dos votos dados ao diplomado cassado cuja inelegibilidade fora reconhecida, já que, como é sabido, segundo dispõe o art. 175, §3º, do Código Eleitoral, são nulos, para todos os efeitos, os votos dados a candidatos inelegíveis ou não registrados, disposição que há muito se encontra assentada em nossa legislação.[75]

Ocorre, contudo, que, a Lei nº 7.179/83 introduziu o §4º no art. 175 do Código Eleitoral, estipulando que, mesmo os votos dados a candidatos inelegíveis ou com registro cancelado, não seriam totalmente nulos, podendo ser aproveitados para os partidos ou coligações, quando o reconhecimento da inelegibilidade ou o cancelamento de registro ocorresse *após a realização* da eleição a que concorreu o candidato, caso em que os votos seriam contados para o partido ou coligação pelo qual participara da disputa.

Em se tratando de efeitos da procedência de RCED, não há que se cogitar da aplicação do disposto no parágrafo único do art. 16-A da Lei das Eleições, que impede o aproveitamento de voto do candidato *sub judice* para o partido, já que tal hipótese é restrita aos processos de registro de candidatura, não afetando as ações autônomas de impugnação.

Com efeito, em sua primeira manifestação sobre o parágrafo único do art. 16-A, entendeu o TSE, por apertada maioria, que esse dispositivo havia revogado o art. 175, §4º, do Código Eleitoral.[76] Todavia, posteriormente, firmou-se no sentido de que a Lei nº 12.034/09 nada mais fizera do que consolidar, na lei, a interpretação que já era conferida pelo TSE, qual seja, de que os votos daqueles que na data eleição estavam com registros indeferidos ficariam condicionados ao deferimento, inclusive para fins de cômputo para o partido. Dessa

---

[75] O Código Eleitoral de 1935, em seu art. 152, §3º dizia que "Serão nullos os votos dados a candidatos ou a legendas não registrados e a cidadãos inelegíveis". Essa regra veio a ser mantida no atual Código Eleitoral, de 1965, que em seu art. art. 175, §3º, dispõe: "Serão nulos, para todos os efeitos, os votos dados a candidatos inelegíveis ou não registrados".

[76] TSE. AgRg no MS nº 403.463. Rel. Min. Hamilton Carvalhido. Rel. p/ acórdão Min. Marcelo Henriques Ribeiro De Oliveira, j. 15.12.2010, publicado em sessão do dia 16.12.2010.

forma, o parágrafo único do art. 16-A conviveria harmonicamente com o §4º do art. 175, já que este seria aplicável às hipóteses de cassação do registro posteriores a seu deferimento.[77]

Por fim, a decisão que julga procedente o RCED traz consequências também para as eleições.

Até o advento da Lei nº 13.165/15, as regras relativas à anulação das eleições restringiam-se ao art. 224 do Código Eleitoral e seus dois parágrafos. Segundo dispõe a cabeça do mencionado dispositivo, se a nulidade atingir *mais de metade dos votos* do país nas eleições presidenciais, do Estado nas eleições federais e estaduais, ou do município nas eleições municipais, julgar-se-ão prejudicadas as demais votações e o Tribunal marcará dia para nova eleição dentro do prazo de 20 (vinte) a 40 (quarenta) dias.

Em outras palavras, somente se poderia cogitar de novas eleições se fosse preenchida uma condição objetiva, isto é, se a nulidade atingisse mais da metade dos votos, não se levando em consideração, para tal fim, os votos anulados como manifestação apolítica do eleitor no momento do escrutínio, seja ela deliberada ou decorrente de erro.[78] Sem o preenchimento dessa circunstância objetiva, as eleições não eram invalidadas, procedendo-se aos cálculos necessários com os votos reputados válidos. Em se tratando de eleições majoritárias, procedia-se, então, à posse do segundo colocado.

Com o advento da Lei nº 13.165/15, a matéria foi submetida à grande transformação. Isso porque dispõe §3º do art. 224, por ela incluído, que a decisão da Justiça Eleitoral que importe o indeferimento do registro, a *cassação do diploma* ou a perda do mandato de candidato eleito em pleito majoritário acarreta, após o trânsito em julgado, a realização de novas eleições, *independentemente do número de votos anulados*.

A primeira observação quanto a esse dispositivo é que ele se aplica exclusivamente ao pleito majoritário, pois ele disciplina a realização de novas eleições, circunstância que não se justifica no pleito proporcional, que se resolve com o simples afastamento do candidato que teve o registro indeferido ou praticou algum ilícito eleitoral.

---

[77] Nesse sentido v.: "[...] Este Tribunal Superior tem assentado que o disposto no art. 16-A da Lei nº 9.504/97 'não afastou a aplicação do art. 175, §4º, do Código Eleitoral, e sim inseriu na legislação eleitoral um entendimento que já havia sido adotado pela jurisprudência da Corte em julgados anteriores à vigência do referido dispositivo'" (TSE. ED no MS nº 424.332/BA. Rel. Min. Luciana Lóssio, j. 1º.12.2014. *DJe*, 6 nov. 2014).

[78] V. TSE. AgRg no MS nº 3.387/RS. Rel. Min. Humberto Gomes de Barros. *DJ*, 17 fev. 2006; REspE nº 19.845/GO. Rel. Min. Carlos Velloso. *DJ*, 19 set. 2003; REspE nº 19.759/PR. Rel. Min. Carlos Madeira. *DJ*, 14 fev. 2003.

A segunda observação diz respeito ao fato de que tal dispositivo se volta para a nulidade dos votos dados ao candidato que obteve maior votação nominal, isto é, que seria o vencedor, não houvesse o vício, não se podendo cogitar da anulação de eleições em razão do indeferimento do registro daquele que foi derrotado nas urnas.

A grande novidade, entretanto, é a parte final do dispositivo, ao afirmar que a realização de novas eleições independerá do número de votos anulados, quando a anulação for decorrência da prática de ilícitos eleitorais, que ensejam a cassação do diploma ou a perda do mandato eletivo.

A amplitude do novel §3º do art. 224 é tamanha que se poderia cogitar da revogação do próprio *caput*. Isso, porém, não ocorreu, na medida em que continuam sujeitos à exigência de anulação de mais da metade dos votos os casos de nulidade previstos no art. 220 e 221 do Código Eleitoral.[79]

Observe-se, contudo, que esse dispositivo condiciona a realização das eleições ao trânsito em julgado do processo que ensejou a nulidade dos votos. O que se quer, até mesmo por conta das consequências fáticas e jurídicas que as novas eleições proporcionam, é que a situação jurídica do candidato esteja julgada em definitivo pela Justiça Eleitoral e não possa ser objeto de modificação. Não seria, de fato, recomendável que fossem realizadas segundas eleições, empossados os candidatos eleitos e dias após houvesse o retorno dos candidatos eleitos nas primeiras eleições.

A exigência de trânsito em julgado não está relacionada com a eficácia das decisões judicias eleitorais que ensejam o afastamento dos candidatos eleitos, uma vez que essa última hipótese possui regras e disciplinas próprias. Dito de outro modo, a partir do momento que não mais couber recurso dotado de efeito suspensivo, o diplomado cassado deverá deixar o cargo. O trânsito em julgado, referido no dispositivo acima, refere-se exclusivamente à realização das novas eleições.

É de se observar, contudo, que o art. 167, §1º, da Res. nº 23.456/15 do TSE, elaborada para as eleições de 2016, trouxe entendimento

---

[79] Ademais, é possível que haja mais de um candidato com votos anulados (registros indeferidos, AIJE procedente etc.) mas com recursos ainda pendentes, e cuja soma das votações nominais tenha sido superior a cinquenta por cento da votação válida. Nesse caso, se obtiverem vitória em seus recursos, não haverá anulação das eleições. Do contrário, esta se impõe, em obediência ao art. 224, *caput*, que continua vigente. Desse modo, enquanto o art. 224, §3º é voltado exclusivamente para aquele que obteve maior votação nominal, impondo a anulação da eleição independentemente do número de votos recebidos (e anulados), o *caput* é aplicável a todos os candidatos, impondo a realização de novas eleições se forem anulados os votos dos derrotados nas urnas, cujo total seja superior a cinquenta por cento.

no sentido de que uma vez proferida a apreciação pelo TSE, pode este determinar a realização de novas eleições, posição esta que foi consolidada com a declaração incidental de inconstitucionalidade da expressão *trânsito em julgado*.[80] Em outras palavras, a expressão *trânsito em julgado* foi reduzida de modo a não englobar a eventual interposição de recurso extraordinário ao STF.

10 Recurso

Em se tratando de eleições municipais, o RCED é processado e julgado pelos Tribunais Regionais Eleitorais, sendo possível tão somente a interposição de recurso especial eleitoral, no prazo de três dias, com todas limitações decorrentes de sua natureza de recurso excepcional, conforme deflui do art. 276, II, do Código Eleitoral c/c art. 121, §4º, III, da CF/88.

Caso o RCED seja processado e julgado pelo TSE, cabível será apenas o recurso extraordinário, também no prazo de três dias, a luz do que dispõe o Enunciado nº 728 da súmula do STF.[81]

Não há, portanto, possibilidade de interposição de recurso com ampla devolutividade, sendo o acertamento dos fatos realizado em instância única, situação esta que deve ensejar reflexões sobre a ótica do princípio do duplo grau de jurisdição.

Referências

AGRA, Walber de Moura. Revisitações teóricas ao recurso contra expedição de diploma. *Estudos Eleitorais*, v. 8, n. 3, p. 94-112, set./dez. 2013.

AMADO, Maria Elisa Padre Ataíde Ribeiro. *O contencioso eleitoral no direito constitucional português*. Trabalho apresentado à Comissão Nacional de Eleições de Portugal. Lisboa: [s.n.], 1994.

AMORIM FILHO, Agnelo. Critério científico para distinguir a prescrição da decadência e para identificar as ações imprescritíveis. *Revista dos Tribunais*, São Paulo, v. 300, 1997.

CABRAL, João C. Rocha. *Código Eleitoral anotado*. Ed. Fac. Similar. Brasília: TSE, 2004.

---

[80] "[...] 6. É inconstitucional a expressão 'após o trânsito em julgado' prevista no §3º do art. 224 do Código Eleitoral, conforme redação dada pela Lei 13.165/2015, por violar a soberania popular, a garantia fundamental da prestação jurisdicional célere, a independência dos poderes e a legitimidade exigida para o exercício da representação popular [...]" (TSE. REspE nº 13.925. Rel. Min. Henrique Neves da Silva, publicado em sessão de 28.11.2016).

[81] É de três dias o prazo para a interposição de recurso extraordinário contra decisão do Tribunal Superior Eleitoral, contado, quando for o caso, a partir da publicação do acórdão, na própria sessão de julgamento, nos termos do art. 12 da Lei nº 6.055/1974, que não foi revogada pela Lei nº 8.950/1994.

CÂMARA, Alexandre Freitas. *Lições de direito processual civil*. 16. ed. rev. e atual. Rio de Janeiro: Lumen Juris, 2007. v. I.

CÂNDIDO, Joel José. *Direito eleitoral brasileiro*. 14. ed. rev., atual. e ampl. Bauru: Edipro, 2010.

CARNEIRO, Athos Gusmão. *Intervenção de terceiros*. 17. ed. rev. e atual. São Paulo: Saraiva, 2008.

CARVALHO NETO, Tarcísio Vieira. Recurso contra expedição de diploma. *Revista Brasileira de Direito Eleitoral*, ano 3, n. 4, p. 161-177, jan./jun. 2011.

COSTA, Adriano Soares da. *Instituições de direito eleitoral*. 10. ed. rev., ampl. e atual. Belo Horizonte: Fórum, 2016.

COSTA, Tito. *Recursos em matéria eleitoral*. 8. ed. rev., atual. e ampl. São Paulo: Revista dos Tribunais, 2004.

DIDIER JR., Fredie; ZANETI JR., Hermes. *Curso de direito processual civil*. Processo Coletivo. 2. ed. Salvador: JusPodivm, 2007. v. IV.

DINAMARCO, Cândido Rangel. *Instituições de direito processual civil*. São Paulo: Malheiros, 2001. v. II.

GOMES, José Jairo. *Direito eleitoral*. 13. ed. rev., atual. e ampl. São Paulo: Atlas, 2017.

GOMES, José Jairo. Invalidade no direito eleitoral. *Revista Brasileira de Direito Eleitoral*, Belo Horizonte, ano 1, n. 1, p. 63-104, jul./dez. 2009.

JARDIM, Torquato Lorena. Das premissas necessárias de um recurso contra a expedição de diploma na hipótese de abuso de poder no sistema constitucional da reeleição sob controle judicial. *Revista Brasileira de Direito Eleitoral*, Belo Horizonte, ano 1, n. 1, p. 215-222, jul./dez. 2009.

JORGE, Flávio Cheim; LIBERATO, Ludgero. A suspensão da inelegibilidade advinda das decisões judiciais e atribuição de efeito suspensivo aos recursos. *Revista de Processo*, v. 215, 2013.

JORGE, Flávio Cheim; LIBERATO, Ludgero. As ações eleitorais e os mecanismos processuais correlatos: aplicação subsidiária do CPC ou do CDC c/c LACP? *Revista Brasileira de Direito Eleitoral*, v. 6, p. 64-70, 2012.

JORGE, Flávio Cheim; LIBERATO, Ludgero; RODRIGUES, Marcelo Abelha. *Curso de direito eleitoral*. 2. ed. rev., atual. e ampl. Salvador: JusPodivm, 2017.

ORTIZ MARTINEZ, Carlos. Medios de impugnación en materia electoral. In: BARRAZA, Arturo *et al.* (Org.). *Apuntes de derecho electoral*: una contribución institucional para el conocimiento de la ley como valor fundamental de la democracia. México: El Tribunal, 2000.

PEREIRA, Rodolfo Viana. *Tutela coletiva no direito eleitoral*: controle social e fiscalização das eleições. Rio de Janeiro: Lumen Juris, 2008.

RIBEIRO, Fávila. *Abuso de poder no direito eleitoral*. 3. ed. rev., atual. e ampl. Rio de Janeiro: Forense, 1998.

RODRIGUES, Marcelo Abelha. *Manual de direito processual civil*. 6. ed. rev., atual. e ampl. Rio de Janeiro: Forense, 2016.

SICA, Heitor Vitor Mendonça. *Preclusão processual civil*. São Paulo: Atlas, 2006.

SILVA, José Afonso. *Curso de direito constitucional positivo*. 25. ed. rev. e atual. São Paulo: Malheiros, 2005.

TOFFOLI, José Antônio Dias. Breves considerações sobre a fraude ao direito eleitoral. *Revista Brasileira de Direito Eleitoral*, Belo Horizonte, ano 1, n. 1, p. 45-61, jul./dez. 2009.

VELLOSO, Carlos Mário da Silva; AGRA, Walber de Moura. *Elementos de direito eleitoral*. 2. ed. São Paulo: Saraiva, 2010.

ZAVASCKI, Teori Albino. *Processo coletivo*: tutela de direitos coletivos e tutela coletiva de direitos. 4. ed. São Paulo: Revista dos Tribunais, 2009.

ZÍLIO, Rodrigo Lopez. *Direito eleitoral*. 5. ed. rev. e atual. Porto Alegre: Verbo Jurídico, 2016.

Informação bibliográfica deste texto, conforme a NBR 6023:2002 da Associação Brasileira de Normas Técnicas (ABNT):

LIBERATO, Ludgero. Do recurso contra a expedição de diploma. In: PINHEIRO, Celia Regina de Lima; SALES, José Edvaldo Pereira; FREITAS, Juliana Rodrigues (Coord.). *Constituição e processo eleitoral*. Belo Horizonte: Fórum, 2018. p. 289-318. ISBN 978-85-450-0571-1.

UM BREVE ENSAIO SOBRE A REPRESENTAÇÃO POR EXCESSO DE DOAÇÃO ELEITORAL

Ana Claudia Santano
Kamile Moreira Castro

1 Introdução

As doações privadas são uma parte importante de qualquer sistema de financiamento – misto ou privado – de campanhas. É a partir delas que os candidatos ampliam suas capacidades financeiras para se lançar na arena política, bem como é através delas que os doadores-eleitores manifestam a sua preferência política. Nesse sentido, realizar uma doação eleitoral é, também, participar da política para além do voto. Aliás, essa concepção mais global de participação política ressalta a relevância das doações privadas para o sucesso de qualquer projeto eleitoral.[1]

---

[1] As ciências sociais se ocuparam diretamente da formulação de uma tipologia que pudesse catalogar as diversas formas de participação política, e, na impossibilidade de se elencar todas – devido aos limites deste trabalho –, mencionam-se algumas, como persuadir os outros a votar; trabalhar ativamente para partidos ou candidatos; participar das reuniões políticas ou comícios; contribuir com recursos econômicos a partidos e candidatos; ser membro de algum clube político; participar ativamente de organizações comunitárias para a resolução de problemas, manter contato com lideranças locais ou nacionais, seja socialmente ou de forma personalizada; entre outras. Essa lista de atividades que se configuram como participação política permite visualizar que, em algumas delas, é necessário tempo, em outras, habilidades e, em outras, dinheiro. Nesse sentido, cf. VERBA, Sidney; NIE, Norman H.; KIM, Jae On. *The models of democratic participation*: a cross-national comparison. Sage: Beverly Hills, 1971. p. 55 e ss.; e VERBA, Sidney; NIE, Norman H. *Participation in America* – Political democracy and social equality. New York: Harper & Row Publishers, 1972. p. 72.

O Brasil adota um modelo misto de financiamento da política (que abrange as campanhas e os partidos políticos). Nos termos do art. 23, §1º da Lei nº 9.504/97, as doações e contribuições de pessoas físicas ficam limitadas a 10% (dez por cento) dos rendimentos brutos auferidos pelo doador no ano anterior à eleição. Já as pessoas jurídicas, antes autorizadas a realizar doações, foram proibidas de acessar esse canal de participação política, após o julgamento da ADI nº 4.650 pelo Supremo Tribunal Federal.[2]

No entanto, por mais que se configurem em uma forma legítima de manifestação política, as doações necessitam ter um limite, a fim de que o poder econômico não desequilibre a disputa eleitoral. Por serem "dádivas voluntárias periódicas" que têm origem privada, as doações podem oferecer vantagens e desvantagens, que vão desde a possibilidade de solução rápida dos problemas econômicos das agremiações partidárias, até o inconveniente de ser uma arma para exercer influência na agenda política ou uma possível dependência dos partidos ante esses grandes doadores, vendo-se "obrigados" (dentro da dinâmica da troca de favores) a lhes conceder algum tipo de privilégio nos programas do partido, ou inclusive do governo, quando o receptor do aporte de doações alcance parcelas do poder.[3] É justamente esta possível dependência dos partidos políticos e a influência desmedida dos doadores que tornam essa fonte de financiamento tão polêmica, e que a convertem em objeto de uma maior regulação, como são, por exemplo, os limites máximos de doações, as proibições de recursos de determinados doadores, e tantas outras restrições.[4]

Diante disso, o limite imposto pela legislação eleitoral brasileira necessitava de um mecanismo de fiscalização e de sanção, que se encontra no art. 23, §3º da Lei 9.504/97. Nesse dispositivo, em caso de extrapolação do limite de doação, o doador se sujeita ao pagamento de uma multa no valor de até 100% (cem por cento) da quantia em excesso, que será objeto de análise somente pelo Poder Judiciário, por meio de

---

[2] Há diversos trabalhos que tratam sobre esse julgamento. Recomenda-se a leitura da opinião a favor de: SARMENTO, Daniel; OSORIO, Aline. Uma mistura tóxica: política, dinheiro e o financiamento das eleições. In: SARMENTO, Daniel. *Jurisdição constitucional e política*. Rio de Janeiro: Forense, 2015. p. 673-700. Já como opinião contrária, cf. SANTANO, Ana Claudia. Menos proibição e mais transparência: as (falsas) promessas sobre a vedação de doações de pessoas jurídicas no financiamento de campanhas eleitorais. In: AIETA, Vânia; BORGES, Marcelle Mourelle Perez Diós (Org.). *Cadernos da Esdel*. Juiz de Fora: Editar, 2015. v. 1. p. 199-218.

[3] SANTANO, Ana Claudia. *O financiamento da política*: teoria geral e experiências no direito comparado. 2. ed. Curitiba: Íthala, 2016. p. 49 e ss.

[4] GARCÍA COTARELO, Ramón. *Los partidos políticos*. Madrid: Sistema, 1985. p. 198.

um procedimento judicial próprio que possibilite, ao mesmo tempo, verificar a efetiva violação do limite de doação, sem que reste prejudicado o direito ao devido processo do doador. Esta é a representação constante no art. 24-C, §3º da lei mencionada.

Por outro lado, há a sanção de declaração de inelegibilidade do doador que excedeu o limite que se aplica ao caso, constante no art. 1º, I, alínea "p" da Lei Complementar nº 64/90, o que determina a aplicação do rito da ação de investigação judicial eleitoral, do art. 22 do mesmo diploma legal. Verifica-se, portanto, que há penalidades tanto de perfil econômico quanto administrativo, relacionado aos direitos políticos do doador.

Dessa forma, este breve ensaio tratará de alguns aspectos envolvendo a representação por excesso de doação, trazendo suas principais características e problemas de sua aplicação. Ainda que aparente ser de simples manejo, o fato é que a doutrina indica vários pontos nebulosos dessa representação processual, que pode causar falhas inclusive no seu principal objetivo, que é o de prevenir violações ao limite de doação imposto.

2 Doações de pessoas físicas: o que mudou nas últimas reformas?

Como já mencionado, as doações privadas de pessoas físicas fazem parte da legislação sobre financiamento da política brasileira há muito tempo, correspondendo, provavelmente, à forma mais usual de custeio de uma campanha no Brasil. É certo que nos últimos anos essa fonte de financiamento vem perdendo credibilidade,[5] o que compromete a sua eficácia para montar um caixa e realizar uma campanha. Porém, esse fenômeno, apesar de ser mundial, não tira a sua relevância no momento de pensar nas estratégias de arrecadação.

---

[5] No Brasil, não há uma tradição de doações de pessoas físicas para campanhas ou para partidos. Do total de doações realizadas em 2010 e 2012, cerca de 11% e 22,6%, respectivamente, correspondem a doações de pessoas físicas, sendo quase todas praticamente referentes ao autofinanciamento. A redução das fontes de arrecadação, por outro lado, não foi acompanhada de medidas que pudessem mitigar este resultado, como mecanismos de fomento de doações de pessoas físicas a partir de abatimento fiscal de valores. Não há incentivos para as pessoas físicas realizarem doações e mudarem a cultura de participar à distância da política, ainda que isso possa se ver alterado com a introdução do financiamento coletivo de campanhas com a reforma de 2017 (art. 23, IV da Lei nº 9.504/97) (RELATÓRIO PROJETO EXCELÊNCIAS. Quanto vale o voto? Disponível em: <http://www.excelencias.org.br/docs/custo_do_voto.pdf>. Acesso em: 14 dez. 2017).

O limite de doação para pessoas físicas foi arbitrado desde a Lei Orgânica dos Partidos Políticos de 1965, nº 4.740, de 15 de julho, quando se transferia à Justiça Eleitoral a fixação, nos pleitos eleitorais, de limites para donativos, contribuições ou despesas de cada comitê. Essa condição se repetiu na Lei nº 5.682, de 21.7.1971, Lei Orgânica dos Partidos Políticos, sem o estabelecimento de um limite percentual ou nominal.

Por outro lado, o limite de 10% (dez por cento) dos rendimentos brutos auferidos pelo doador no ano anterior à eleição surgiu após o escândalo envolvendo o Ex-Presidente Fernando Collor de Mello, devido a irregularidades em sua campanha. A CPI que resultou no *impeachment* evidenciou as deficiências do modelo então adotado, uma vez que as investigações se concentravam nas atividades de tesoureiro de campanha de Collor,[6] as doações ilegais e o tráfico de influência entre doadores e governo. Na ocasião, foram intensamente debatidas as causas do aumento dos gastos eleitorais, bem como as deficiências da legislação, produzindo a elaboração de um relatório com um capítulo específico sobre o financiamento, acompanhado de sugestões de solução de deficiências.[7] A primeira lei eleitoral posterior à CPI (Lei nº 8.713, de 30.9.1993), de caráter temporário, visava somente à regulação das eleições de 1994, acolhendo algumas das propostas da CPI, trazendo juntamente vários novos dispositivos, como o limite de 10% dos rendimentos brutos auferidos no ano de 1993, anterior às eleições de 1994.[8] Passados quatro anos, foi aprovada a Lei nº 9.504/97, Lei das Eleições, mantendo basicamente o contido na Lei nº 8.713/93.[9]

Esse limite permanece mesmo após tantas reformas e "minirreformas" eleitorais. Mesmo nas negociações havidas para a reforma de 2017 no âmbito da Comissão Especial para Análise, Estudo e Formulação de Proposições Relacionadas à Reforma Política (Cepoliti),

---

[6] Seu nome era Paulo César Siqueira Cavalcante Farias, ou PC Farias, como ficou conhecido.

[7] Inteiro teor do relatório em BRASIL. Congresso Nacional. *Relatório Final da Comissão Parlamentar de Inquérito*. Brasília, 1992. Disponível em: <http://www2.senado.leg.br/bdsf/bitstream/handle/id/88802/CPMIPC.pdf?sequence=4>. Acesso em: 4 dez. 2017.

[8] "Art. 38. A partir da escolha dos candidatos em convenção, pessoas físicas ou jurídicas poderão fazer doações em dinheiro, ou estimáveis em dinheiro, para campanhas eleitorais, obedecido o disposto nesta lei. 1º As doações e contribuições de que trata este artigo ficam limitadas: I – no caso de pessoa física, a dez por cento dos rendimentos brutos no ano de 1993; [...]".

[9] Cf. BACKES, Ana Luiza. Legislação sobre financiamento de partidos e de campanhas eleitorais no Brasil, em perspectiva histórica. *Câmara dos Deputados – Consultoria Legislativa*, Brasília, dez. 2001. Disponível em: <http://pdba.georgetown.edu/Parties/Brazil/Leyes/financiamento.pdf>. Acesso em: 4 dez. 2017.

nenhuma proposta de alteração disso prosperou, mantendo-se um limite percentual, muito influenciado pela pessoa do doador, o que, desde o ponto de vista da isonomia, pode ser algo discutível.[10]

Por outro lado, uma grande modificação veio por conta da alteração do §3º do art. 23 da Lei nº 9.504/97, no que se refere à multa imposta em caso de violação do limite de doação. Antes, essa sanção pecuniária poderia ser de 5 (cinco) a 10 (dez) vezes a quantia em excesso. Com a aprovação da Lei nº 13.488/17, a multa é de 100% da quantia em excesso.

Com isso, tem-se que o limite segue um número percentual, portanto, que varia conforme os rendimentos brutos auferidos pelo doador, sendo o modelo também acompanhado pela multa.

Ainda, tem-se a sanção sobre os direitos políticos do doador, inserida na Lei Complementar nº 64/90 pela LC nº 135/2010, mais conhecida como Lei da Ficha Limpa. Assim, segundo a alínea "p" do inc. I do art. 1º, a pessoa física responsável por doações eleitorais tidas por ilegais por decisão transitada em julgado ou proferida por órgão colegiado da Justiça Eleitoral será declarada inelegível pelo prazo de 8 (oito) anos após a decisão. Essa alínea pode levantar questionamentos sobre a sua constitucionalidade, principalmente por, segundo a doutrina, não abranger o princípio da presunção de inocência, já que traz a possibilidade de a decisão ser proferida por órgão colegiado, não necessitando estar sempre transitada em julgado.[11]

Dessa forma, nota-se que as mudanças que alcançaram as doações de pessoas físicas não foram muitas, enfocando mais o seu sistema de monitoramento e suas consequências.

---

[10] O limite de doação para as pessoas físicas foi objeto de diversos projetos de lei que visavam a uma outra fórmula. Como exemplo, menciona-se o Relatório Parcial nº 3 da Cepoliti, que sugeria um projeto de lei a ser submetido ao Congresso Nacional, propondo alterações no art. 23, §1º da Lei nº 9.504/97. A partir disso, somadas todas as doações realizadas pelo mesmo doador, o PL dispunha sobre o menor valor entre os 10% dos rendimentos brutos auferidos no ano anterior às eleições e 10 (dez) salários mínimos. No entanto, essa alteração sequer chegou a ser votada em Plenário. Nesse sentido, cf. SANTANO, Ana Claudia. *A montanha russa do financiamento de campanhas eleitorais no Brasil: algumas considerações sobre o relatório parcial nº 3 da Comissão Especial para Análise, Estudo e Formulação de Proposições Relacionadas à Reforma Política (CEPOLITI). Resenha eleitoral*, v. 21, n. 1, p. 9-28, 2018.

[11] Nesse sentido, cf. FERREIRA, Marcelo Ramos Peregrino. *O controle de convencionalidade da Lei da Ficha Limpa*: direitos políticos e inelegibilidades. Rio de Janeiro: Lumen Juris, 2015. p. 198 e ss.

3 A identificação da doação irregular – A questão do sigilo

Segundo o art. 24-C da Lei nº 9.504/97, §§2º e 3º, o Tribunal Superior Eleitoral, após a consolidação das informações sobre os valores doados e apurados, encaminha-la-á à Secretaria da Receita Federal do Brasil até 30 de maio do ano seguinte ao da apuração. Logo, a Secretaria da Receita Federal do Brasil fará o cruzamento dos valores doados com os rendimentos da pessoa física e, apurando indício de excesso, comunicará o fato, até 30 de julho do ano seguinte ao da apuração, ao Ministério Público Eleitoral, que poderá, até o final do exercício financeiro, apresentar representação com vistas à aplicação de eventual multa e imposição de inelegibilidade.

Essas medidas foram inseridas na legislação eleitoral por força da Lei nº 13.165/15, mas muito já se debateu sobre a licitude desse cruzamento de dados para a identificação das doações irregulares, já que envolve a questão do sigilo fiscal dos doadores. A discussão iniciou-se a partir da aprovação da Portaria SRF/TSE nº 74, de 10.1.2006 ("Dispõe sobre o intercâmbio de informações entre o Tribunal Superior Eleitoral e a Secretaria da Receita Federal e dá outras providências"), e a Resolução TSE nº 23.217/2010. Com base nesses regramentos, a apreensão dos dados ocorria por decisão do TSE, alcançando exclusivamente os doadores que, ao comparar o valor de sua doação com o seu limite, tivessem identificadas irregularidades que indicassem a prática de uma infração eleitoral. Portanto, o que se pode aferir é que há uma colaboração desses órgãos de controle em prol de uma fiscalização mais efetiva, sem que exista o envio de dados fiscais da Secretaria da Receita Federal para o TSE, mas sim o contrário, o envio pelo TSE do valor das doações e dos respectivos CPFs dos doadores para que a SRF realize o cruzamento das informações.

Cabe ressaltar também que não há extrato bancário ou uma devassa fiscal de todos os contribuintesdoadores. Somente são enviadas ao Ministério Público Eleitoral as informações revelando a lista dos doadores que cometeram, *a priori*, infração eleitoral devido à violação do limite de doação, que são: (i) nome do doador; (ii) valor do aporte; (iii) rendimentos declarados à Receita Federal no ano anterior às eleições. Certamente, o mais polêmico de todos é o referente ao rendimento declarado à Receita Federal, já que todos os demais constam na prestação de contas, que é algo público.[12]

---

[12] Nesse sentido, cf. FERREIRA, Marcelo Ramos Peregrino. A constitucionalidade dos atos regulamentares que permitem o cruzamento de dado fiscal dos doadores de campanha

O convênio firmado entre o TSE e a SRF já foi objeto de análise jurisprudencial. A quebra de sigilo, entendida aqui como a obtenção da informação referente aos rendimentos do doador, deve ser determinada por decisão judicial,[13] tornando a prova ilícita se não tiver sido obtida por esse meio, que deve também ser motivado e circunstanciado.[14] Nessa linha, nem mesmo o convênio realizado entre estes órgãos fiscalizadores poderia suprir a necessidade de autoridade judicial na questão.[15]

No entanto, com a inserção da possibilidade do cruzamento dos dados na lei, parece que a questão, aparentemente, se resolve, já que não se trata mais de atos regulamentários, mas sim de um referendo legislativo desse procedimento de fiscalização, já que, sem o cruzamento de dados, tornar-se-ia bastante difícil monitorar a eficácia do limite de doações imposto pela lei. Contudo, vale lembrar que a Justiça Eleitoral também tutela o direito à privacidade, sendo uma prova ilícita aquela colhida mediante quebra de sigilo fiscal sem autorização judicial prévia, cabendo ao Ministério Público somente a confirmação de que as doações feitas pela pessoa física à campanha eleitoral obedecem ou não aos limites estabelecidos na norma.[16] Dessa forma, nega-se a

---

eleitoral entre a Justiça Eleitoral e a Receita Federal e a possibilidade de seu compartilhamento com o Ministério Público: inexistência de violação à intimidade e à vida privada ou da reserva de jurisdição. *Revista Brasileira de Direito Eleitoral – RBDE*, Belo Horizonte, ano 5, n. 9, p. 83120, jul./dez. 2013. p. 86.

[13] Vid. "Representação. Limite de doação. Ilicitude de prova. – O Tribunal Superior Eleitoral firmou entendimento no sentido de que constitui prova ilícita aquela colhida mediante a quebra de sigilo fiscal do doador, sem autorização judicial, consubstanciada na obtenção de dados relativos aos rendimentos do contribuinte, para subsidiar a representação por descumprimento de limite legal de doação. Agravo regimental não provido" (TSE. Ac. de 27.9.2012 no AgR-REspe nº 28.535. Rel. Min. Arnaldo Versiani).

[14] Cf. "Ação de impugnação de mandato eletivo. Decisão. Juízo eleitoral. Deferimento. Quebra de sigilo fiscal. Medida cautelar. Acórdão regional. Deferimento. Liminar. Sustação. Medida. Ausência de fundamentação. 1. A decisão que defere a quebra de sigilo fiscal deve ser fundamentada, indicando-se expressamente os motivos ou circunstâncias que autorizam a medida. 2. Ausente essa fundamentação, correta a decisão regional que, em ação cautelar, defere liminar a fim de sustar tal providência determinada pelo juiz eleitoral em ação de impugnação de mandato eletivo. [...]" (Ac. nº 5.993, de 1.12.2005. Rel. Min. Caputo Bastos).

[15] "Representação. Doação acima do limite legal. Ilicitude da prova. [...]. 2. Constitui prova ilícita aquela colhida mediante a quebra do sigilo fiscal do doador sem autorização judicial, consubstanciada na obtenção de dados relativos aos rendimentos do contribuinte para subsidiar a representação por descumprimento do limite legal de doação. 3. Este Tribunal já decidiu pela imprescindibilidade da autorização judicial para a quebra do sigilo fiscal, a qual não seria suprida mediante convênio firmado entre a Justiça Eleitoral e a Secretaria da Receita Federal. [...]" (Ac. de 27.9.2012 no AgR-REspe nº 176.972. Rel. Min. Arnaldo Versiani).

[16] "Eleições 2010. Agravo regimental. Recurso especial eleitoral. Representação com base no art. 81, §1º, da Lei nº 9.504/1997. Doação para campanha acima do limite legal. Pessoa jurídica. 1. É ilícita a prova colhida por meio da quebra do sigilo fiscal sem prévia autorização judicial. Na linha da jurisprudência do TSE, 'ao Ministério Público ressalva-se a possibilidade de

possibilidade de "devassa" nas informações fiscais do doador com a devida proteção do seu sigilo fiscal e bancário,[17] mas se autoriza a verificação do cumprimento do limite fixado pela norma.[18]

Por outro lado, é importante mencionar que a declaração retificadora de imposto de renda deve ser considerada no momento da verificação de eventual ilícito. Caso exista suspeita de fraude ou má-fé por parte do doador para a apresentação da declaração, essas não devem ser presumidas,[19] mas sim comprovadas pelo Ministério Público Eleitoral.[20]

4   A multa e o seu efeito (pseudo) dissuasório

Uma metodologia adequada para analisar os impactos de sanções determinadas em lei é a análise econômica do direito. O comportamento

---

requisitar à Secretaria da Receita Federal apenas a confirmação de que as doações feitas pela pessoa física ou jurídica à campanha eleitoral obedecem ou não aos limites estabelecidos na lei. [...] Mesmo com supedâneo na Portaria Conjunta SRF/TSE nº 74/2006, o direito à privacidade, nele se incluindo os sigilos fiscal e bancário, previsto no art. 5º, X, da Constituição Federal, deve ser preservado' [...]". (Ac. de 3.8.2015 no AgR-REspe nº 14.093. Rel. Min. Gilmar Mendes). Contudo, "o acesso, pelo Órgão Ministerial, tão somente à relação dos doadores que excederam os limites legais, mediante o convênio firmado pelo TSE com a Receita Federal, não consubstancia quebra ilícita de sigilo fiscal" (AgR-REspe nº 263-75/CE. Rel. Min. Gilmar Mendes. *DJe*, 18 ago. 2015).

[17] Tanto o sigilo fiscal quanto o bancário fazem parte do direito à privacidade, constantes no art. 5º, XII, referente ao sigilo de dados, não importando se estes se encontram no poder do Estado (Receita Federal) ou de uma instituição privada ou estatal (bancos).

[18] Nesse sentido, cf. voto do Min. Francisco Rezek: "É neste terreno, pois, e não naquele da Constituição da República, que se consagra o instituto do sigilo bancário – do qual já se repetiu *ad nauseam*, neste país e noutros, que não tem caráter absoluto. Cuida-se de instituto que protege certo domínio – de resto nada transcendental, mas bastante prosaico – da vida das pessoas e das empresas, contra a curiosidade gratuita, acaso malévola, de outros particulares, e sempre até o exato ponto onde alguma forma de interesse público reclame sua justificada prevalência" (MS nº 21.7294/DF).

[19] "[...] Doação acima do limite legal. Pessoa física. Declaração. Receita federal. Retificação. Possibilidade. Desprovimento. 1. A retificação da declaração de rendimentos consubstancia faculdade prevista na legislação tributária, cabendo ao autor da representação comprovar eventual vício ou má-fé na prática do ato, haja vista que tais circunstâncias não podem ser presumidas para fins de aplicação das sanções previstas nos arts. 23 e 81 da Lei nº 9.504/97 [...]" (Ac. de 11.3.2014 no AgR-REspe nº 77.925. Rel. Min. Dias Toffoli).

[20] "[...] Recurso Especial Eleitoral. Eleições 2010. Representação. Doação de recursos acima do limite legal. Pessoa jurídica. Art. 81 da lei 9.504/97. Apresentação de declaração retificadora de imposto de renda. Possibilidade. [...] 1. Esta Corte, no julgamento do AgR-AI 1475-36/CE (Rel. Min. Dias Toffoli, DJe de 4.6.2013), decidiu que a declaração retificadora de imposto de renda constitui documento hábil a comprovar a observância do limite de doação de 2% previsto no art. 81, §1º, da Lei 9.504/97. 2. Cabe ao Ministério Público Eleitoral comprovar a existência de má-fé – que não pode ser presumida – quanto à apresentação da declaração retificadora. Incidência, nesse ponto, da Súmula 7/STJ. [...]" (Ac. de 1.8.2013 no AgR-REspe nº 113.787. Rel. Min. Castro Meira).

dos indivíduos dentro de uma sociedade pode ser entendido como um reflexo da forma como a legislação vigente é aplicada. As sanções impostas pelo ordenamento jurídico são ferramentas que podem condicionar o agir das pessoas diante das normas legais. Se essas sanções não têm efetividade ou não são aplicadas de forma devida, não terão resultados na vida social, sendo o contrário também verdadeiro, ou seja, sanções efetivas também são sinônimo de eficiência das normas, com efeito direto no comportamento dos indivíduos. Esse raciocínio é fundamentado na relação dos custos e benefícios, típico das ciências econômicas.

A análise econômica do direito (AED) faz exatamente esse raciocínio.[21] Trata-se da análise teórica dos efeitos da alteração das sanções previstas na lei e na probabilidade da sua aplicação. Os modelos do comportamento à margem da norma consideram que o indivíduo age com base no cálculo que realiza dos custos e benefícios esperados, formando o que a doutrina denomina de princípio da racionalidade.[22]

Entende-se que a adoção dos pressupostos econômicos ao direito é muito útil, já que as normas têm como objetivo central a regulação do

---

[21] Devido aos limites deste trabalho, não é possível dissecar detalhadamente a AED, fato que não impede, contudo, de se fazer um pequeno bosquejo sobre a doutrina clássica. Ronald H. Coase elaborou um trabalho emblemático sobre o tema, estabelecendo o que se denominou posteriormente de "teorema de Coase", que dita que se os agentes envolvidos com externalidades podem negociar (sem custos de transação) a partir de direitos de propriedade bem definidos pelo Estado, o farão e, com isso, chegarão a um acordo em que as externalidades serão internalizadas. Ocorre que a realidade não é isenta de custos, sendo estes geralmente muito altos. É nesse ponto que o direito atua como um condicionante do comportamento dos agentes econômicos (cf. COASE, Ronald H. The problem of social costs. *The Journal of Law and Economics*, v. III, out. 1960. Disponível em: <http://www.econ.ucsb.edu/~tedb/Courses/UCSBpf/readings/coase.pdf>. Acesso em: 4 dez. 2017. p. 15 e ss.). Gary S. Becker também analisou o comportamento humano por meio de pressupostos econômicos. Segundo o autor, o indivíduo calcula a probabilidade de punição e a sua gravidade para a prática de crimes. Os criminosos atuam racionalmente quando verificam que os benefícios do crime superam os custos da pena. Esse estudo causou muita polêmica devido aos desdobramentos morais das conclusões do autor (cf. BECKER, Gary S. Crime and punishment: an economic approach. *The Journal of Political Economy*, v. 76, n. 2, p. 169-217, mar./abr. 1968. Disponível em: <http://www.soms.ethz.ch/sociology_course/becker1968>. Acesso em: 4 dez. 2017). Contudo, provavelmente o autor mais citado na AED é Richard A. Posner, que afirma que o principal fundamento da AED é aportar segurança e previsibilidade ao ordenamento jurídico, uma vez que, da mesma forma que os mercados necessitam de segurança e previsibilidade para ter um funcionamento adequado, a AED é uma ferramenta para dotar de maximização, equilíbrio e eficiência as relações jurídicas (cf. POSNER, Richard A. Values and consequences: an introduction to economic analysis of Law. *John M. Olin Law & Economics Working Paper*, Chicago, n. 53. Disponível em: <http://www.law.uchicago.edu/files/files/53.Posner.Values_0.pdf>. Acesso em: 4 dez. 2017).

[22] DONÁRIO, Arlindo. Análise econômica do direito – Probabilidade umbral. *Instituto Nacional de Administração*, 2010. Disponível em: <http://www.universidade-autonoma.pt/upload/galleries/probabilidade-umbral.pdf>. Acesso em: 4 dez. 2017.

comportamento humano, sendo a economia a área de conhecimento que avalia como o ser humano se comporta e toma as suas decisões em um contexto de recursos escassos, bem como as suas consequências. Sabe-se da dificuldade do direito em explicar realidades sobre as que se faz um juízo de valor, da ausência de instrumento para a realização dessa análise, ou mesmo da inexistência de uma teoria jurídica que explique o comportamento humano. É nessa lacuna que a análise econômica do direito pode ser uma boa ferramenta para a avaliação de prováveis consequências da aplicação de uma legislação específica por parte dos agentes sociais. A análise da forma como estes agentes responderão face à variação de incentivos é um meio objetivo de se obter um diagnóstico mais concreto, superior a um que resulte da mera intuição.[23]

Diante disso, julga-se importante examinar se a multa prevista no §3º do art. 23 da Lei nº 9.504/97 tem efeitos dissuasórios, ou seja, se faz com que um doador se sinta compelido a observar o limite de 10% de seus rendimentos brutos auferidos no ano anterior às eleições em seu aporte, ou se há incentivos para que ele não proceda assim, por não ter receio da aplicação da regra.

Como já dito, antes o sujeito infrator do seu limite de doação se submetia a uma multa de cinco a dez vezes a quantia excedente. Assim, se o valor extrapolava em mil reais o limite de doação, haveria uma multa de cinco a dez mil reais, o que, *a priori*, poderia impactar economicamente o responsável pelo aporte, fazendo-o ter mais cuidado na observância da norma. Já com a regra em vigor, aplica-se uma multa de 100% (cem por cento) sobre o valor excedente, o que, segundo o exemplo aqui exposto, originaria uma multa de mil reais, somente.

Sabe-se dos problemas existentes no sistema de prestação de contas eleitoral. Tanto a elaboração quanto a análise das contas são deficitárias, independentemente do esforço louvável que a Justiça Eleitoral faz para cumprir o seu papel fiscalizador. Nesse ponto, o jogo torna-se de "soma-zero", ou seja, um jogo em que o ganho de um jogador representa necessariamente a perda para o outro.[24] O risco se transforma em válido para um doador mal-intencionado quando

---

[23] Nesse sentido, conceitua Ivo T. Gico Jr.: "A Análise Econômica do Direito, portanto, é o campo do conhecimento humano que tem por objetivo empregar os variados ferramentais teóricos e empíricos econômicos e das ciências afins para expandir a compreensão e o alcance do direito e aperfeiçoar o desenvolvimento, a aplicação e a avaliação de normas jurídicas, principalmente com relação às suas consequências" (GICO JR., Ivo T. Metodologia e epistemologia da análise econômica do direito. *Economic Analysis of Law Review*, v. 1, n. 1, p. 7-33. jan./jun. 2010. p. 8).

[24] Cf. FIANI, Ronaldo. *Teoria dos jogos*. 2. ed. Rio de Janeiro: Elsevier, 2006. p. 35.

ele não teme as consequências, caso seja descoberto, ou quando este temor não abala a sua disposição de violar a lei, como pode ocorrer em situações de sanções brandas. Trata-se de um jogo de probabilidade, de quantos são descobertos ante a imensidão de quebras das regras.[25]

Nesse sentido, discorda-se dos autores que entendem que uma multa como a de antes poderia ser entendida como um confisco.[26] Este tem como conceito "o ato de apreender a propriedade em prol do Fisco, sem que seja oferecida ao prejudicado qualquer compensação em troca. Por isso, o confisco apresenta o caráter de penalização, resultante da prática de algum ato contrário à lei".[27] Já desde o ponto de vista fiscal, é possível conceituar confisco tributário como um ato estatal que, devido a uma obrigação fiscal, transfere injustamente a totalidade ou uma parcela substancial da propriedade do contribuinte ao ente que o tributa, sem retribuição financeira ou econômica por isso.[28]

Ainda, a multa possui natureza distinta de tributo. Enquanto esse é devido a um fato gerador tipificado por lei, nos termos do art. 3º do Código Tributário Nacional, a multa possui claro perfil sancionador, disciplinar, sendo, portanto, aplicada em casos de atos ilícitos por excelência. Sua função é, efetivamente, dissuadir o agente a não praticar a conduta ilícita, observando a norma. Há, portanto, este elemento distintivo entre o tributo e a multa que vem, inclusive, insculpido no artigo acima mencionado.[29]

Se é para condicionar um comportamento do agente, aplicando-se o raciocínio econômico, o valor da multa vigente pode fazer com que o limite de doação imposto pela norma não tenha nenhum efeito, pois o doador, em conluio ou não com o candidato, pode fazer uma leitura

---

[25] Porém, deve-se também considerar as situações de fraude a doadores, quando titulares de CPFs utilizados para justificar um aporte sequer sabem que estão doando recursos para algum candidato. A venda de CPFs é, ainda, uma realidade, muitas vezes descoberta com a notificação judicial do "doador" pela representação movida pelo Ministério Público.

[26] Como SANTOS, Maria Stephany dos. Do efeito confiscatório da multa do art. 23, §3º, da Lei nº 9.504/97. Da ofensa ao art. 150, IV, da Constituição Federal. *Revista Brasileira de Direito Eleitoral – RBDE*, Belo Horizonte, ano 9, n. 16, p. 99-115, jan./jun. 2017.

[27] GOLDSCHMIDT, Fabio Brun. *O princípio do não-confisco no direito tributário*. São Paulo: RT, 2003. p. 45. Aqui se pode citar o art. 243 da Constituição Federal que, em seu parágrafo único, dispõe: "Art. 243. [...] Parágrafo único. Todo e qualquer bem de valor econômico apreendido em decorrência do tráfico ilícito de entorpecentes e drogas afins e da exploração de trabalho escravo será confiscado e reverterá a fundo especial com destinação específica, na forma da lei".

[28] Cf. MACHADO, Hugo de Brito. *Curso de direito tributário*. 22. ed. São Paulo: Malheiros, 2003. p. 47.

[29] "Art. 3º Tributo é toda prestação pecuniária compulsória, em moeda ou cujo valor nela se possa exprimir, que não constitua sanção de ato ilícito, instituída em lei e cobrada mediante atividade administrativa plenamente vinculada".

de que "vale a pena" arriscar, já que, caso seja detectada essa doação, a multa será em baixo valor, efeito que era menor quando a multa se aplicava em valor maior.[30]

Nesse sentido, a alegação de confisco desaparece quando se entende que o pensamento econômico permeia as relações entre doadores de campanha e os candidatos. Se o valor da multa não incentiva a observância da norma por meio desse raciocínio, o limite para os aportes privados não produzirá efeitos. Nem esse limite, nem nenhum outro.[31]

Aliás, deve-se acrescentar aqui que até o modo de pagamento da multa não a torna uma penalidade rígida e que seja capaz de condicionar o comportamento dos agentes. A partir da decisão transitada em julgado do processo, antes o doador deveria efetuar o pagamento da multa no prazo de 30 (trinta) dias, podendo requerer o seu parcelamento em até 60 (sessenta) vezes. Com a aprovação da Lei nº 13.488/17, isso foi alterado, não só no valor da multa, mas também no pagamento. Nos termos do art. 11, §8º, inc. III, da Lei nº 9.504/97, o pagamento da multa pode ser parcelado em até sessenta meses, salvo quando o valor da parcela ultrapassar 5% (cinco por cento) da renda mensal, no caso de cidadão, hipótese em que poderá estender-se por prazo superior, de modo que as parcelas não ultrapassem esse limite.

A cobrança dessas multas segue o disposto na Resolução nº 21.975, de 16.12.2004, bem como na Port. TSE nº 249/2008. Nesse sentido, as multas não satisfeitas dentro do prazo de 30 (trinta) dias do trânsito em julgado serão registradas no livro de multas eleitorais, sendo constituída a certidão de dívida ativa do doador, a qual será remetida à Procuradoria da Fazenda Nacional (PFN), responsável pela cobrança, segundo a Nota nº 102/2013, da PFN.

---

[30] "[...] Doação acima do limite legal. [...] 7. Na linha da orientação que se firmou no âmbito desta Corte, não há efeito confiscatório na aplicação de multa por doação acima do limite legal. 8. A aplicação de multa eleitoral por afronta ao art. 81 da Lei das Eleições decorre da inobservância do teto estabelecido na legislação eleitoral e não ofende os princípios da igualdade e da proporcionalidade, tendo em vista que estabelece critério objetivo e igualitário para todas as empresas. 9. Outrossim, o Tribunal a quo para fixar a condenação avaliou a gravidade da conduta. 10. Diante da ausência de argumentação relevante apta a afastar a decisão impugnada, esta se mantém por seus próprios fundamentos [...]" (Ac. de 13.10.2015 no AgR-REspe nº 51.093. Rel. Min. Maria Thereza de Assis Moura).

[31] Nesse sentido, Hugo de Brito Machado entende que, ao vedar a aplicação deste efeito multiplicador de valores nas multas, dar-se-ia ensejo ao cometimento de mais ilícitos, uma vez que haveria a garantia da vedação do confisco, porém essas multas possuem um caráter educacional, tal como se está aqui defendendo (cf. MACHADO, Hugo de Brito. *Natureza confiscatória das multas fiscais*. Disponível em: <http://www.agu.gov.br/page/download/index/id/892481>. Acesso em: 11 dez. 2017).

Talvez a única medida efetivamente dissuasória pode ser a que torna inelegível o doador que extrapola seu limite no aporte realizado. Porém, como não tem relação com a alegação de confisco e muito menos com a multa – já que se tratam de sanções independentes e distintas entre si –,[32] este tema deve ser objeto de estudo próprio, inclusive devido aos debates sobre pontos de conflito entre a alínea "p", do inc. I, do art. 1º, da LC nº 64/90, e a Constituição Federal de 1988. Vale lembrar que essa inelegibilidade, segundo posição jurisprudencial, não é para qualquer doação acima do limite, mas sim para aquela que compromete a lisura do pleito.[33]

Outra questão é se sobre a multa se aplicaria uma espécie de princípio da insignificância. Ainda que a Justiça Eleitoral possa aplicar os princípios da razoabilidade e proporcionalidade sobre suas decisões, a depender do caso concreto, o fato é que há posição jurisprudencial consolidada no sentido da não aplicação do princípio da insignificância para as doações acima do limite legal,[34] uma vez que se constitui como um

---

[32] "Recurso Especial. Alínea p do inciso I do art. 1º da Lei Complementar nº 64/90. Incidência. 1. As multas eleitorais, em regra, não geram inelegibilidade. O seu pagamento ou parcelamento até a data do registro é matéria que tem reflexo na verificação das condições de elegibilidade do candidato. 2. As multas relativas às doações eleitorais, que tenham sido tidas como ilegais, em processo que observa o rito do art. 22 da LC nº 64/90, além de eventuais reflexos em relação às condições de elegibilidade, atraem a hipótese de inelegibilidade prevista na alínea p do inciso I do art. 1º da LC nº 64/90. Nessa segunda hipótese, o pagamento ou não da multa não influencia a caracterização do impedimento, pois ele não decorre do fato de haver ou não pendência pecuniária, mas da constatação da existência de decisão judicial condenatória que tenha considerado ilegal doação feita por quem pretende se candidatar. 3. Constatada, pela Corte de origem, a existência de condenação em decisão transitada em julgado e a observância do rito do art. 22 da LC nº 64/90, estão presentes os requisitos caracterizadores da inelegibilidade. [...]" (Ac. de 19.2.2013 no REspe nº 42.624. Rel. Min. Henrique Neves).

[33] "[...] Recurso especial. Registro de candidatura. Art. 1º, I, p, da Lei Complementar 64/90. Excesso de doação. Valor inexpressivo. Ausência de impacto na disputa. Desprovimento. – Consoante a jurisprudência deste Tribunal, a inelegibilidade prevista no art. 1º, I, p, da LC 64/90 somente se caracteriza quando o excesso da doação envolve quantia capaz de, ao menos em tese, perturbar a normalidade e a legitimidade das eleições" (Ac de 29.11.2016 no AgR-REspe nº 43.017. Rel. Min. Henrique Neves).

[34] "ELEIÇÕES 2014. DOAÇÃO ACIMA DO LIMITE LEGAL. PESSOA FÍSICA. 1. O agravante reproduz as teses firmadas no recurso especial, sem infirmar especificamente os fundamentos da decisão agravada. Incidência do teor do verbete das Súmulas 26 do TSE e 182 do STJ. 2. O TRE/MG manteve a multa aplicada no valor de R$2.128,75, com base no art. 23, §3º, da Lei 9.504/97, em razão de doação para campanha eleitoral por pessoa física, no montante de R$2.000,00, ultrapassando em R$425,75 o limite de doação de 10% dos rendimentos auferidos pelo doador no ano anterior ao pleito de 2014.3. Segundo a jurisprudência do TSE, é inaplicável o princípio da insignificância em sede de representação por doação acima do limite legal, porquanto o ilícito se perfaz com mero extrapolamento, sendo irrelevante a quantia em excesso. Precedentes. 4. É inviável aplicar a presunção do limite de doação correspondente a 10% do teto de isenção do imposto de renda, visto que, no presente caso, o Tribunal de origem consignou que o agravante declarou expressamente ter auferido

ilícito de aferição objetiva e punível sem que seja necessária a comprovação da existência de dolo ou culpa. Dessa forma, não importa o valor do excesso, importa que houve o extrapolamento do limite de doação.[35]

É nessa esteira que também há jurisprudência consolidada sobre a impossibilidade de aplicação de multa inferior ao mínimo estabelecido por lei em caso de violação do limite de doação.[36] Na legislação anterior, a margem existente entre cinco e dez vezes o valor fazia o papel de uma "dosimetria" da sanção. Com as regras vigentes, deve-se aplicar multa no valor de 100% do excesso, não havendo espaço ao julgador para que proceda de outra forma.

5 A conturbada questão da competência

Questão polêmica muito debatida pela doutrina, a competência para o processamento e julgamento das representações por doação acima do limite ainda é objeto de impasse.

Em um primeiro momento, defendia-se que a competência era do órgão jurisdicional responsável pelo registro de candidatura e da análise da prestação de contas, considerando o disposto no art. 96, I a III da Lei nº 9.504/97.[37] Dessa forma, o artigo mencionado é claro no sentido de que essa é a regra geral para a fixação da competência, sendo que as exceções deveriam vir por meio de lei específica.

---

rendimentos menores, da ordem de R$15.742,58. Precedente: AgR-REspe 29-63, rel. Min. Herman Benjamin, DJe de 4.11.2016. Agravo regimental a que se nega provimento" (Agravo de Instrumento nº 3.109, Acórdão. Rel. Min. Admar Gonzaga. *DJe*, 22 set. 2017).

[35] Nessa linha, vid. ALVIM, Frederico Franco. *Curso de direito eleitoral*. 2. ed. Curitiba: Juruá, 2016. p. 477.

[36] "ELEIÇÕES 2014. AGRAVO REGIMENTAL NO AGRAVO EM RECURSO ESPECIAL ELEITORAL. DOAÇÃO DE RECURSOS ACIMA DO LIMITE LEGAL. PESSOA FÍSICA. RECEITA FEDERAL. INFORMAÇÕES. POSSIBILIDADE. QUEBRA DE SIGILO FISCAL. AUTORIZAÇÃO JUDICIAL. LICITUDE DA PROVA. NÃO INCIDÊNCIA DOS PRINCÍPIOS DA PROPORCIONALIDADE E RAZOABILIDADE PARA APLICAR A MULTA ABAIXO DO MÍNIMO LEGAL. MANUTENÇÃO DA DECISÃO AGRAVADA. DESPROVIMENTO. 1. Os postulados jusfundamentais da proporcionalidade e da razoabilidade não podem ser invocados para afastar multa abaixo do limite mínimo definido em lei, sob pena de se vulnerar os parâmetros normativos de doações de pessoas físicas e jurídicas às campanhas eleitorais. 2. O princípio da insignificância não encontra guarida nas representações por doação acima do limite legal, na medida em que o ilícito se perfaz com a mera extrapolação do valor doado, nos termos do art. 23 da Lei das Eleições, sendo despiciendo aquilatar-se o montante do excesso. [...]" (Agravo de Instrumento nº 2.667, Acórdão. Rel. Min. Luiz Fux. *DJe*, t. 237, p. 30-31, 7 dez. 2017).

[37] "Art. 96. Salvo disposições específicas em contrário desta Lei, as reclamações ou representações relativas ao seu descumprimento podem ser feitas por qualquer partido político, coligação ou candidato, e devem dirigir-se: I – aos Juízes Eleitorais, nas eleições municipais; II – aos Tribunais Regionais Eleitorais, nas eleições federais, estaduais e distritais; III – ao Tribunal Superior Eleitoral, na eleição presidencial".

Contudo, o TSE adota entendimento diverso, estabelecendo a competência para o juízo eleitoral do local em que o doador for domiciliado, e aqui é o domicílio civil, não o domicílio eleitoral do doador.[38] O impasse teve como origem as eleições de 2010. Até então, aplicava-se o teor do art. 96 da Lei nº 9.504/97, condicionando a apresentação das representações ao foro competente, segundo esse critério.[39] No entanto, em 2011, devido a uma questão de ordem (QO) suscitada pela Ministra Nancy Andrighi, decidiu que as representações contra doação irregular deveriam ser propostas no domicílio eleitoral do doador, perante os juízes eleitorais de primeiro grau, sob o fundamento de viabilizar a ampla defesa ao doador.[40] Após, o entendimento passou a compor o conteúdo da resolução referente ao tema.[41]

---

[38] "CONFLITO NEGATIVO DE COMPETÊNCIA. JUÍZOS ELEITORAIS VINCULADOS A TRIBUNAIS REGIONAIS ELEITORAIS DISTINTOS. REPRESENTAÇÃO ELEITORAL. DOAÇÃO ACIMA DO LIMITE LEGAL. PESSOA FÍSICA. PROCESSAMENTO E JULGAMENTO. COMPETÊNCIA. CRITÉRIO PARA FIXAÇÃO. JUÍZO ELEITORAL DO DOMICÍLIO CIVIL DO DOADOR. 1. É firme a orientação desta Corte Superior quanto a ser competência do Juízo Eleitoral do local do domicílio civil do doador nos casos de Representação Eleitoral por doação acima do limite legal realizada por pessoa física. É esse o lugar onde a pessoa natural estabelece residência com ânimo definitivo (art. 70 do Código Civil). Precedentes. 2. A utilização do local do domicílio civil do doador, nos casos das Representações Eleitorais, com fundamento no descumprimento do art. 23 da Lei 9.504/97, como critério definidor da competência tem por premissa assegurar a ampla defesa e o acesso à Justiça. 3. Hipótese em que, consoante as informações prestadas pelo MPE, o endereço civil do representado é no Município de Alto Santo, no Ceará. [...]" (Conflito de Competência nº 53.124, Acórdão. Rel. Min. Napoleão Nunes Maia Filho. *DJe*, 15 ago. 2017).

[39] "Tal competência é definida de acordo com o interesse público e, portanto, não está sujeita a alteração pela conveniência das partes, tratando-se de competência absoluta. A doação acima do limite legal, objeto da representação cuja competência é controvertida, ocorreu na circunscrição do Estado do Rio de Janeiro, nas Eleições 2006. Assim, não sendo o donatário candidato à Presidência da República, o Tribunal Regional competente para o processamento e julgamento da representação é o Tribunal Regional Eleitoral do Rio de Janeiro. Diante de tais fatores, tendo ocorrido a irregularidade nas Eleições 2006, na circunscrição do Estado do Rio de Janeiro, declaro o Tribunal Regional Eleitoral do Rio de Janeiro, o suscitado, o competente para o processamento e julgamento da representação por doação acima do limite legal em tela" (Conflito de Competência nº 208.079, Decisão Monocrática de 16.11.2010. Rel. Min. Aldir Guimarães Passarinho Junior. *DJe*, p. 28-29, 25 nov. 2010).

[40] "QUESTÃO DE ORDEM. REPRESENTAÇÃO. ELEIÇÕES 2010. DOAÇÃO DE RECURSOS DE CAMPANHA ACIMA DO LIMITE LEGAL. PESSOA JURÍDICA. PEDIDO DE LIMINAR. INCOMPETÊNCIA DO TSE. REMESSA DOS AUTOS AO JUÍZO COMPETENTE. 1. A competência para processar e julgar a representação por doação de recursos acima do limite legal é do juízo ao qual se vincula o doador, haja vista que a procedência ou improcedência do pedido não alcança o donatário. 2. Nos termos do art. 81, §3º, da Lei 9.504/97, a aplicação das sanções nele previstas pressupõe que o ilícito eleitoral seja reconhecido em processo no qual se assegure a ampla defesa, o que ocorrerá em sua plenitude se a representação for julgada pelo juízo eleitoral do domicílio do doador. 3. Questão de ordem resolvida no sentido de não conhecer da representação e determinar a remessa dos autos ao juiz eleitoral competente" (TSE. Rp nº 98.140, Acórdão. Rel. Min. Fátima Nancy Andrighi. *DJe*, p. 62, 28 jun. 2011).

[41] Como a Resolução TSE nº 23.406/2014 e a nº 23.462/15.

Por ser uma construção jurisprudencial, pode-se afirmar que esse entendimento contraria o disposto no art. 96 da Lei nº 9.504/97, uma vez que exceção à regra geral de competência deveria ser inserida unicamente por meio de disposições legais específicas, algo ausente. Além disso, lacunas legais na legislação eleitoral podem ser resolvidas com aplicação subsidiária do Código de Processo Civil. Como é uma questão eminentemente processual, a jurisprudência sempre procedeu a partir do uso subsidiário das regras do Código de Processo Civil, quando identificada a lacuna, bem como a compatibilidade daquelas normas com os princípios próprios do processo eleitoral, como o da celeridade.[42]

Se é assim, nos termos do art. 46 do Novo Código de Processo Civil,[43] parece que a fixação do domicílio do doador caminha bem, já que oportuniza a ampla defesa (tal como argumentado da QO) e evita que o doador responda pela irregularidade em diversos estados da Federação, algo oneroso e que iria contra a celeridade dos processos eleitorais.[44] O que se critica é o deslocamento para o juiz eleitoral de primeira instância, o que, segundo alguns autores, contraria frontalmente o art. 96 da Lei nº 9.504/97, principalmente porque a matéria é, atualmente, objeto de resolução e que, ao inovar o ordenamento jurídico, a Justiça Eleitoral estaria extrapolando seu poder regulamentar.[45]

Ainda que possam existir outros argumentos indicando a anti-juridicidade da posição jurisprudencial adotada pelo TSE no que tange à competência dessa representação, o fato de que existe uma norma legal que dispõe claramente sobre a opção do legislador, bem como estabelecendo que exceções à regra geral deverão, forçosamente, vir por meio de lei, por si só já justificaria uma oposição ao entendimento aplicado pela Corte Eleitoral. Como já mencionado, o poder regulamentar da Justiça Eleitoral não deve – nem pode – inovar o ordenamento jurídico,

---

[42] Vid. SANTOS NETO, Alex dos; SANTOS, Polianna Pereira dos. Um estudo sobre a representação por doação irregular de campanha sob o prisma da competência. *Revista Eletrônica Direito e Política*, Itajaí, v. 7, n. 1, 1º quadr. 2012. Disponível em: <www.univali.br/direitoepolitica>. Acesso em: 11 dez. 2017.

[43] "Art. 46. A ação fundada em direito pessoal ou em direito real sobre bens móveis será proposta, em regra, no foro de domicílio do réu".

[44] SANTOS NETO, Alex dos; SANTOS, Polianna Pereira dos. Um estudo sobre a representação por doação irregular de campanha sob o prisma da competência. *Revista Eletrônica Direito e Política*, Itajaí, v. 7, n. 1, 1º quadr. 2012. Disponível em: <www.univali.br/direitoepolitica>. Acesso em: 11 dez. 2017.

[45] Cf. TEIXEIRA, Ayrton Belarmino de Mendonça Moraes. Da competência em representação por doação de campanha acima do limite legal. *Revista Brasileira de Direito Eleitoral – RBDE*, Belo Horizonte, ano 9, n. 16, p. 9-25, jan./jun. 2017. p. 18-19.

já que isso é, também, violar a separação de poderes.[46] A única alegação que estaria lado a lado com o posicionamento atual sobre o tema é que a ampla defesa, por ser um direito fundamental dos mais clássicos e reconhecidos, foi contemplada no descolamento da competência para o domicilio do réu. No entanto, não pode se dizer o mesmo quando todas essas representações são direcionadas ao juiz eleitoral, não considerando o cargo para o qual a doação foi feita. Isso compromete o princípio do juiz natural, também um direito fundamental da mais alta importância e que não pode ser vulnerado, principalmente por meio de construção jurisprudencial.

6 O excesso de doação na jurisprudência – Outras situações diversas

Muitos são os outros detalhes que podem ser abordados em sede de aferição do limite de doação de pessoa física. Uma situação que é bastante comum é com relação aos cônjuges e regime de bens, para fins de fixação do limite. Nesse sentido, há jurisprudência consolidada de que somente em casos de comunhão universal de bens é que o limite será calculado com base nos rendimentos de ambos os cônjuges.[47] Sendo comunhão parcial ou separação de bens, cada um terá um limite pessoal de doação a partir do seu CPF, atendendo à sua declaração de rendimentos perante a Receita Federal.[48]

---

[46] Sobre o tema, cf. ALMEIDA NETO, Manoel Carlos de. *Direito eleitoral regulador*. São Paulo: Revista dos Tribunais, 2014. p. 101-114; e PAIM, Gustavo Bohrer. *Direito eleitoral e segurança jurídica*. Porto Alegre: Livraria do Advogado, 2016. p. 79 e ss.

[47] "Doação. Pessoa física. Rendimento bruto. – É possível considerar o rendimento bruto dos cônjuges, cujo regime de casamento seja o da comunhão universal de bens, para fins de aferição do limite de doação por pessoa física para campanha eleitoral. [...]" (Ac. de 20.3.2012 no REspe nº 183.569. Rel. Min. Arnaldo Versiani).

[48] "[...] Ação de investigação judicial eleitoral. Cargo. Prefeito. Vice-prefeito. Doação de recursos acima do limite legal. Pessoa natural. Impossibilidade de conjugação dos rendimentos do casal. Regime de comunhão parcial de bens. Limite de 10% sobre o rendimento bruto, isoladamente considerado, auferido no ano anterior ao da eleição. Art. 23, §1º, i, da Lei nº 9.504/97 [...] 1. A conjugação dos rendimentos do casal, para fins de verificação do limite de doação de campanha eleitoral, apenas é admitida na hipótese de regime de comunhão universal. 2. In casu, o TRE/PR consignou que os cônjuges adotaram regime de comunhão parcial de bens, nestes termos (fls. 377): 'Dilamar José Rodrigues da Silva extrapolou o limite legal, pois sua doação de R$51.000,00 não se encontra no limite de 10% a que se refere a legislação eleitoral, já que sua esposa teve rendimentos de R$17.530,00 (fls. 199), que somados aos seus rendimentos, considerando que é casado em regime de comunhão parcial (fls. 207), no montante de R$158.706,49 (fls. 197), totalizam a quantia de R$176.236,49'. 3. Ademais, a única jurisprudência do Tribunal Superior Eleitoral colacionada pelos Agravantes, a fls. 621, versa sobre a possibilidade de comunicação dos bens do casal, para servir de base de cálculo

Há também os casos de grupo familiar para a fixação do limite de doação. Nessa linha, não há solidariedade entre parentes em doações eleitorais, sendo, portanto, incabível falar em um limite conjunto de doação.[49]

Por outro lado, há também a questão dos isentos de imposto de renda. Caso a pessoa seja isenta do recolhimento desse imposto, o limite de 10% será calculado com base no valor-teto para a isenção,[50] segundo a jurisprudência.[51] Há julgados que, por outro lado, entendem que não podem realizar doações as pessoas físicas que não auferiram nenhuma receita no ano anterior ao do pleito.[52]

---

para as doações de campanha, que esteja submetido ao regime de comunhão universal de bens" (Ac. de 24.3.2015 no AgR-REspe nº 45.663. Rel. Min. Luiz Fux).

[49] "Representação. Doação. Limite legal. Pessoa física. Ascendente a descendente. Mãe e filho. Grupo familiar. Solidariedade inexistente. 1. A doação eleitoral não encera obrigação legal do ascendente para o descendente e não pode ser enquadrada no conceito de prestação de alimentos ou adiantamento de herança. 2. O princípio da solidariedade familiar não se aplica às doações eleitorais. 3. As doações eleitorais entre parentes mãe e filho no caso são limitadas ao valor de 10% do rendimento bruto auferido pelo doador no exercício anterior. Recurso especial provido" (Ac. de 19.8.2014 no REspe nº 59.116. Rel. Min. Henrique Neves).

[50] São isentos do imposto de renda aqueles que auferiram valores inferiores a 21.453,24 reais, segundo tabela para o ano de 2016 (<http://www.impostoderenda2016.org/tabela-imposto-de-renda-2016>).

[51] "[...] Representação. Doação acima do limite legal. Limite de isenção do imposto de renda pessoa física. Razoabilidade. 1. Constou do acórdão regional que a doadora estava isenta de apresentar declaração de imposto de renda no ano de 2013, premissa insuscetível de revisão em sede extraordinária. 2. Na linha da jurisprudência do Tribunal Superior Eleitoral, é ônus do representante comprovar que a doação extrapolou o limite legal, sendo razoável a adoção do limite de isenção de imposto de renda como parâmetro para aferir a existência de eventual excesso [...]" (Ac de 1.9.2016 no AgR-REspe nº 2.108. Rel. Min. Henrique Neves).

[52] Há posição sedimentada nesse sentido: "AGRAVO REGIMENTAL. RECURSO ESPECIAL. ELEIÇÕES 2014. DOAÇÃO ACIMA DO LIMITE. PESSOA FÍSICA. AJUSTE ANUAL DE IMPOSTO DE RENDA. CONTRIBUINTE ISENTO QUE DECLARA À RECEITA AUSÊNCIA DE RENDIMENTO. IMPOSSIBILIDADE DE FAZER DOAÇÕES. MULTA. DESPROVIMENTO. 1. Autos recebidos no gabinete em 20.4.2017.2. No caso, o agravante apresentou à Receita Federal declaração de ajuste de imposto de renda em 2013 informando nenhum rendimento no exercício. Como fez doações eleitorais no total de R$1.500,00 em 2014, foi condenado a pagar multa em patamar mínimo, de cinco vezes esse valor, no montante de R$7.500,00. 3. Descabe considerar o teto fiscal de isenção para aferir o limite de 10% de doações eleitorais por pessoa física, porquanto é inequívoco na espécie que o agravante não auferiu rendimentos. Precedentes. 4. Inaplicável princípio da insignificância à doação de pessoa física para campanhas eleitorais que excede parâmetro legal, porquanto o ilícito se perfaz com mero extrapolamento do valor doado, sendo irrelevante a quantia em excesso. Precedentes. 5. Agravo regimental não provido" (Recurso Especial Eleitoral nº 5.761, Acórdão. Rel. Min. Herman Benjamin. DJe, 27 out. 2017). "[...] Eleições 2010. Representação. Doação de recursos acima do limite legal. Pessoa física. Art. 23 da lei 9.504/97. Decadência não configurada. IRPF. Declaração de ausência de rendimentos em 2009. Impossibilidade de doação a campanhas eleitorais. [...] 3. A agravante declarou à Receita Federal que não auferiu rendimentos no exercício financeiro de 2009, de forma que não poderia ter realizado doações a campanhas eleitorais no pleito de 2010. Assim, a doação de R$300,00 ultrapassou o limite de 10% do art. 23, §1º, I, da Lei 9.504/97. 4. Não há como considerar a quantia de

Ainda sobre esse ponto, tem-se um debate, todavia não acabado, sobre qual o conceito a ser adotado pela Justiça Eleitoral para *rendimento bruto*, uma vez que a legislação eleitoral silencia a respeito. Essa não definição já levou o Ministério Público a ajuizar milhares de representações, por entender que esse termo abrange somente os rendimentos tributáveis. No entanto, essa visão pode ser superada diante da aplicação do conceito constante na Lei nº 7.713/1988, referente ao imposto de renda, em seu art. 3º, §1º, que dispõe expressamente:

> constituem rendimento bruto todo o produto do capital, do trabalho ou da combinação de ambos, os alimentos e pensões percebidos em dinheiro, e ainda os proventos de qualquer natureza, assim também entendidos os acréscimos patrimoniais não correspondentes aos rendimentos declarados.

Nesse sentido, para se auferir o limite de doação de uma pessoa física, não deve ser considerado apenas o valor tributável, mas também se deve incluir os não tributáveis, os isentos e os sujeitos à tributação exclusiva, inclusive eventuais ganhos de capital, participação nos lucros etc., sendo esta a posição de diversos Tribunais Regionais Eleitorais.[53]

Situação peculiar pode ocorrer quando o doador é brasileiro, porém residente no exterior, declarando seus rendimentos no seu país respectivo. Ou seja, ele segue com seus direitos políticos vigentes e deseja

---

R$17.215,08 – valor máximo de rendimentos fixado pela Receita Federal para fim de isenção do imposto de renda no exercício de 2009 – como base de cálculo para a verificação do limite legal de 10%, pois a agravante declarou expressamente que não auferiu rendimentos naquele ano [...]" (Ac. de 6.8.2013 no AgR-REspe nº 32.230. Rel. Min. Castro Meira).

[53] "Recurso eleitoral. Representação. Eleições de 2014. Doação, por pessoa física, acima do limite legal. Sentença de procedência do pedido e condenação à multa de cinco vezes o valor doado em excesso. Preliminar de inépcia da petição inicial. Alegação de que não teria sido anexada à inicial prova material e objetiva da conduta ilícita e de que não se exporiam com clareza os fatos ocorridos, o que impediria a efetivação do contraditório e da ampla defesa. Não ocorrência. Petição inicial acompanhada de documento suficiente para demonstrar a existência de indícios da prática da conduta ilícita apontada e subsidiar a propositura da ação. Imputação na exordial feita de forma clara, possibilitando a devida elaboração da defesa. Inexistência de causas de inépcia descritas no art. 295 do CPC. Petição inicial de acordo com os requisitos previstos na legislação. A decretação de nulidade em razão do cerceamento de defesa pressupõe a efetiva demonstração de prejuízo. Ausência de comprovação. Inépcia não configurada. Preliminar rejeitada. Mérito. Art. 23, §§1º e 3º, da Lei nº 9.504/1997. Produtor Rural. Apuração do rendimento bruto pela análise da declaração de imposto de renda. Consideração, pelo Juiz Eleitoral, apenas dos rendimentos líquidos. Equívoco. Integram a base de cálculo dos rendimentos brutos da pessoa física, para o cálculo do limite de doação previsto na legislação eleitoral, os rendimentos tributáveis, os rendimentos isentos e não tributáveis e os sujeitos à tributação exclusiva. Precedentes do TRE-MG. Doação efetuada dentro do limite de 10% dos rendimentos brutos da pessoa física. Reforma da sentença. Recurso a que se dá provimento. (Recurso Eleitoral nº 5.172, Acórdão de 27.1.2016. Rel. Geraldo Domingos Coelho. *DJEMG*, 4 fev. 2016).

realizar um aporte para uma campanha no Brasil. Nesse caso, a ele é permitido realizar essa doação, uma vez que não é estrangeiro – este sim absolutamente vedado pela norma em vigor. No entanto, a lei silencia sobre a base de cálculo nessas circunstâncias e, assim, a resposta cabe à jurisprudência, ainda muito ausente nessa questão. O ideal seria aplicar o limite de isenção de imposto de renda, utilizando-se o mesmo critério para os nacionais que o são, de fato. Dessa forma, haveria uma aplicação isonômica do raciocínio, sem resultar na exclusão direta desses doadores no seu direito de participação.

7 Considerações finais

Em tempos de escassez de recursos e de proibição de doações privadas de pessoas jurídicas, os aportes vindos de pessoas físicas voltam ao foco do debate, não só pelo necessário resgate de sua existência, mas também pela importante participação na dinâmica das finanças de candidatos e partidos.

Sabe-se dos problemas que causa o estabelecimento de um limite percentual sobre o rendimento bruto dos indivíduos no equilíbrio do financiamento da política. Somente a título de informação, ao considerar o valor de todas as doações de 2012 no *ranking* nacional, somente na 11ª posição é que figura uma pessoa física capaz de acompanhar os altos valores que constam dos *big donors* (já que naquele pleito ainda se admitia a doação de pessoas jurídicas): Jorge Alberto Vieira Studart Gomes (empresário, político pelo PSDB e membro do Centro Industrial do Ceará, doador de R$2.140.000,00); seguido por Guerino Ferrarin, na 23ª posição da lista (conhecido empresário do ramo da agricultura e pecuária do Grupo Ferrarin, doador de R$1.246.120,00).[54] Do total de doações realizadas em 2010 e 2012, cerca de 11% e 22,6%, respectivamente, corresponderam a doações de pessoas físicas, sendo quase todas praticamente referentes ao autofinanciamento,[55] outro tema que promete ser um ponto nevrálgico do sistema de financiamento pós-2017. Esses exemplos ilustram que, embora seja uma fonte permitida de arrecadação de valores, as doações de pessoas físicas ainda precisam ser fomentadas e democratizadas, para que realmente possam fazer frente às campanhas.

---

[54] ELEIÇÕES 2012. *Às Claras*. Disponível em: <www.asclaras.org.br>. Acesso em: 7 dez. 2017.

[55] RELATÓRIO PROJETO EXCELÊNCIAS. Quanto vale o voto? p. 4. Disponível em: <http://www.excelencias.org.br/docs/custo_do_voto.pdf>. Acesso em: 14 dez. 2017. p. 4.

No entanto, a necessidade de uma maior capilarização das doações de pessoas físicas não dispensa, em absoluto, a sua obrigatória fiscalização. Ações como a representação por doação acima do limite são importantes, ainda mais munidas com a possibilidade do cruzamento de dados entre órgãos de controle, o que denota a colaboração desses entes no alcance de uma maior transparência e coibição de irregularidades e ilícitos eleitorais. Porém, mesmo na esfera do monitoramento, não se pode tolerar atos à margem da lei, sob pena de se aplicar a expressão "os fins justificam os meios". E isso não se pode tolerar em um Estado de Direito.

Referências

ALMEIDA NETO, Manoel Carlos de. *Direito eleitoral regulador*. São Paulo: Revista dos Tribunais, 2014.

ALVIM, Frederico Franco. *Curso de direito eleitoral*. 2. ed. Curitiba: Juruá, 2016.

BACKES, Ana Luiza. Legislação sobre financiamento de partidos e de campanhas eleitorais no Brasil, em perspectiva histórica. *Câmara dos Deputados – Consultoria Legislativa*, Brasília, dez. 2001. Disponível em: <http://pdba.georgetown.edu/Parties/Brazil/Leyes/financiamento.pdf>. Acesso em: 4 dez. 2017.

BECKER, Gary S. Crime and punishment: an economic approach. *The Journal of Political Economy*, v. 76, n. 2, p. 169-217, mar./abr. 1968. Disponível em: <http://www.soms.ethz.ch/sociology_course/becker1968>. Acesso em: 4 dez. 2017.

BRASIL. Congresso Nacional. *Relatório Final da Comissão Parlamentar de Inquérito*. Brasília, 1992. Disponível em: <http://www2.senado.leg.br/bdsf/bitstream/handle/id/88802/CPMIPC.pdf?sequence=4>. Acesso em: 4 dez. 2017.

COASE, Ronald H. The problem of social costs. *The Journal of Law and Economics*, v. III, out. 1960. Disponível em: <http://www.econ.ucsb.edu/~tedb/Courses/UCSBpf/readings/coase.pdf>. Acesso em: 4 dez. 2017.

DONÁRIO, Arlindo. Análise econômica do direito – Probabilidade umbral. *Instituto Nacional de Administração*, 2010. Disponível em: <http://www.universidade-autonoma.pt/upload/galleries/probabilidade-umbral.pdf>. Acesso em: 4 dez. 2017.

ELEIÇÕES 2012. *Às Claras*. Disponível em: <www.asclaras.org.br>. Acesso em: 7 dez. 2017.

FERREIRA, Marcelo Ramos Peregrino. A constitucionalidade dos atos regulamentares que permitem o cruzamento de dado fiscal dos doadores de campanha eleitoral entre a Justiça Eleitoral e a Receita Federal e a possibilidade de seu compartilhamento com o Ministério Público: inexistência de violação à intimidade e à vida privada ou da reserva de jurisdição. *Revista Brasileira de Direito Eleitoral – RBDE*, Belo Horizonte, ano 5, n. 9, p. 83120, jul./dez. 2013.

FERREIRA, Marcelo Ramos Peregrino. *O controle de convencionalidade da Lei da Ficha Limpa*: direitos políticos e inelegibilidades. Rio de Janeiro: Lumen Juris, 2015.

FIANI, Ronaldo. *Teoria dos jogos*. 2. ed. Rio de Janeiro: Elsevier, 2006.

GARCÍA COTARELO, Ramón. *Los partidos políticos*. Madrid: Sistema, 1985.

GICO JR., Ivo T. Metodologia e epistemologia da análise econômica do direito. *Economic Analysis of Law Review*, v. 1, n. 1, p. 7-33. jan./jun. 2010.

GOLDSCHMIDT, Fabio Brun. *O princípio do não-confisco no direito tributário*. São Paulo: RT, 2003.

MACHADO, Hugo de Brito. *Curso de direito tributário*. 22. ed. São Paulo: Malheiros, 2003.

MACHADO, Hugo de Brito. *Natureza confiscatória das multas fiscais*. Disponível em: <http://www.agu.gov.br/page/download/index/id/892481>. Acesso em: 11 dez. 2017.

PAIM, Gustavo Bohrer. *Direito eleitoral e segurança jurídica*. Porto Alegre: Livraria do Advogado, 2016.

POSNER, Richard A. Values and consequences: an introduction to economic analysis of Law. *John M. Olin Law & Economics Working Paper*, Chicago, n. 53. Disponível em: <http://www.law.uchicago.edu/files/files/53.Posner.Values_0.pdf>. Acesso em: 4 dez. 2017.

RELATÓRIO PROJETO EXCELÊNCIAS. Quanto vale o voto? Disponível em: <http://www.excelencias.org.br/docs/custo_do_voto.pdf>. Acesso em: 14 dez. 2017.

SANTANO, Ana Claudia. A montanha russa do financiamento de campanhas eleitorais no Brasil: algumas considerações sobre o relatório parcial nº 3 da Comissão Especial para Análise, Estudo e Formulação de Proposições Relacionadas à Reforma Política (CEPOLITI). *Resenha eleitoral*, v. 21, n. 1, p. 9-28, 2018.

SANTANO, Ana Claudia. Menos proibição e mais transparência: as (falsas) promessas sobre a vedação de doações de pessoas jurídicas no financiamento de campanhas eleitorais. In: AIETA, Vânia; BORGES, Marcelle Mourelle Perez Diós (Org.). *Cadernos da Esdel*. Juiz de Fora: Editar, 2015. v. 1.

SANTANO, Ana Claudia. *O financiamento da política*: teoria geral e experiências no direito comparado. 2. ed. Curitiba: Íthala, 2016.

SANTOS NETO, Alex dos; SANTOS, Polianna Pereira dos. Um estudo sobre a representação por doação irregular de campanha sob o prisma da competência. *Revista Eletrônica Direito e Política*, Itajaí, v. 7, n. 1, 1º quadr. 2012. Disponível em: <www.univali.br/direitoepolitica>. Acesso em: 11 dez. 2017.

SANTOS, Maria Stephany dos. Do efeito confiscatório da multa do art. 23, §3º, da Lei nº 9.504/97. Da ofensa ao art. 150, IV, da Constituição Federal. *Revista Brasileira de Direito Eleitoral – RBDE*, Belo Horizonte, ano 9, n. 16, p. 99-115, jan./jun. 2017.

SARMENTO, Daniel; OSORIO, Aline. Uma mistura tóxica: política, dinheiro e o financiamento das eleições. In: SARMENTO, Daniel. *Jurisdição constitucional e política*. Rio de Janeiro: Forense, 2015.

TEIXEIRA, Ayrton Belarmino de Mendonça Moraes. Da competência em representação por doação de campanha acima do limite legal. *Revista Brasileira de Direito Eleitoral – RBDE*, Belo Horizonte, ano 9, n. 16, p. 9-25, jan./jun. 2017.

VERBA, Sidney; NIE, Norman H. *Participation in America* – Political democracy and social equality. New York: Harper & Row Publishers, 1972.

VERBA, Sidney; NIE, Norman H.; KIM, Jae On. *The models of democratic participation*: a cross-national comparison. Sage: Beverly Hills, 1971.

Informação bibliográfica deste texto, conforme a NBR 6023:2002 da Associação Brasileira de Normas Técnicas (ABNT):

SANTANO, Ana Claudia; CASTRO, Kamile Moreira. Um breve ensaio sobre a representação por excesso de doação eleitoral. In: PINHEIRO, Celia Regina de Lima; SALES, José Edvaldo Pereira; FREITAS, Juliana Rodrigues (Coord.). *Constituição e processo eleitoral*. Belo Horizonte: Fórum, 2018. p. 319-341. ISBN 978-85-450-0571-1.

A AÇÃO PENAL ELEITORAL
E SEUS CONTEXTOS

José Edvaldo Pereira Sales

Introdução

Não há a rigor grandes dificuldades, em comparação ao direito penal não eleitoral, em apresentar a ação penal eleitoral, pois sendo uma ação penal pública incondicionada, sua índole é a mesma, sua natureza jurídica, seus princípios norteadores e assim por diante. Os aspectos que a tornam peculiar estão ligados ao contexto em que se insere esse tipo especial de ação penal pública incondicionada, a saber, a legislação penal e processual penal eleitoral. Um microssistema fruto de leis esparsas e cujo texto principal ainda é o vetusto Código Eleitoral (Lei nº 4.737/65), que tem vários dispositivos revogados e outros totalmente ultrapassados pelo avanço tecnológico, que é uma grande marca da Justiça Eleitoral, sobretudo nos últimos anos.

O objetivo aqui, então, não é nem tanto focar a atenção sobre a ação penal eleitoral, mas em visualizá-la, num primeiro momento, a partir desse contexto específico da legislação eleitoral. O ponto inicial é uma ligeira contextualização dos crimes eleitorais no Código Eleitoral e na legislação eleitoral esparsa no intuito de indicar as fontes legislativas do direito material que será objetivo da ação penal eleitoral. Antes da propositura da ação, a fase preliminar da investigação dos crimes eleitorais, que pode decorrer de procedimentos específicos, é analisada, dando-se, em item específico, destaque para o procedimento investigatório criminal a cargo do Ministério Público (Eleitoral) e problemas decorrentes da instituição do chamado acordo de não persecução penal (Resolução nº 181/CNMP). Também, nesse âmbito, no início da investigação que decorre de auto de prisão em flagrante, é feita uma incursão sobre a audiência de custódia nos casos que envolvam crimes eleitorais.

Feitas essas considerações introdutórias à ação penal eleitoral, o tema central, então, é analisado a partir de seus aspectos gerais e de suas peculiaridades. Uma ação de natureza pública incondicionada, podendo, entretanto, em casos de inércia do Ministério Público Eleitoral, ser ajuizada a ação penal privada subsidiária da pública. São dados destaques a aspectos da ação penal eleitoral, como seus requisitos, suas condições (*condições da ação penal eleitoral*), seus princípios norteadores; em meio a esses temas, é formulada uma sugestão de solução para os casos que envolvam conexão entre crimes eleitorais e os de competência do Tribunal do Júri. A ação penal eleitoral, em seguida, é vislumbrada em quatro momentos distintos: a ação penal eleitoral proposta nos casos de crimes de menor potencial ofensivo, nas situações que envolvam a competência originária das Cortes Regionais Eleitorais, nos casos remanescentes e, de forma mais específica, a ação penal privada subsidiária. Um destaque é dado para um ponto que tem se demonstrado controvertido: a propositura de ação penal eleitoral diante de corrupção eleitoral (art. 299 do CE) e a discussão sobre a possibilidade ou não de denunciar e de ouvir os eleitores envolvidos na prática do ilícito como destinatários dos atos de corrupção.

No intuito de ampliar os contextos da ação penal eleitoral ou, na verdade, de contextualizá-la em temas mais recentes, as reformas implementadas no Código de Processo Penal, assim como o Novo Código de Processo Civil, são debatidas com o fito de identificar se e até que ponto influenciam e se aplicam no direito processual penal eleitoral. O texto termina com uma forma de apelo à urgente necessidade de *racionalização* dos crimes eleitorais; isto é, o ponto de partida deste texto será retomado ao final. A questão nevrálgica da ação penal eleitoral não é ela mesma, mas o direito penal eleitoral e gama de dificuldades que cercam os crimes eleitorais brasileiros tais quais estão atualmente disciplinados na legislação em vigor.

1 O ponto de partida da ação penal eleitoral: os crimes eleitorais

O texto principal de previsão dos crimes eleitorais é o Código Eleitoral (Lei nº 4.737, de 15.7.1965). Outras leis, posteriores ao código, também trazem em seus textos tipos penais eleitorais, a saber, Lei nº 6.091, de 15.8.1974; Lei nº 7.021, de 6.9.1982; Lei Complementar nº 64, de

18.5.1990; e a Lei nº 9.504, de 30.9.1997. Esta última, a Lei das Eleições, constitui-se no texto legal, no que se refere aos crimes eleitorais, mas importante depois do Código. Embora as resoluções do TSE, publicadas a cada eleição para regulamentar diversos temas eleitorais, nos limites (nem sempre) previstos no art. 105 da Lei nº 9.504/97, tragam em seus textos tipos penais eleitorais, isso se dá para fins meramente didáticos, uma vez que em matéria eleitoral o princípio da estrita legalidade se impõe com toda a força.

Nenhuma dessas leis apresenta uma classificação dos tipos penais eleitorais nem mesmo os apresenta a partir de um *nomen juris* com indicação do bem jurídico tutelado. As mais diversas classificações vêm da doutrina. Gomes, por exemplo, propõe uma classificação sem um critério específico, mas de modo pragmático, a fim de possibilitar um estudo sistemático. Por isso, mescla critérios considerados relevantes, expressos nos valores protegidos pelas normas penais eleitorais em interação com as fases do processo eleitoral em que os crimes venham a ser perpetrados, resultando no seguinte: crimes eleitorais concernentes à formação do corpo eleitoral; crimes eleitorais relativos à formação e ao funcionamento dos partidos políticos; crimes eleitorais em matéria de inelegibilidades; crimes eleitorais concernentes à propaganda eleitoral; crimes eleitorais relativos à votação; crimes eleitorais pertinentes à garantia do resultado legítimo das eleições; crimes eleitorais relativos à organização e ao funcionamento dos serviços eleitorais; crimes contra a fé pública eleitoral.[1]

Não é objetivo aqui apresentar uma descrição pormenorizada dos crimes eleitorais em espécie nem os classificar a partir de algum critério. Essa esfera material do direito penal eleitoral é deixada aqui como referência, como *locus*, para que no prosseguimento das considerações que seguem tenhamos noção mais exata da imputação jurídico-penal a que se refere a ação penal eleitoral, que, logo de início, em nada se diferencia das ações penais não eleitorais, salvo a especificidade da matéria e o caráter próprio desses tipos, isto é, o elemento finalístico-eleitoral.

2   A fase preliminar da ação penal eleitoral: a investigação dos crimes eleitorais

Nas leis eleitorais em vigor não há previsão de um procedimento investigatório para apurar a prática de crimes eleitorais. Nem

---

[1]   GOMES, Suzana de Camargo. *Crimes eleitorais*. São Paulo: Revista dos Tribunais, 2000. p. 68.

mesmo o Código Eleitoral ou a Lei das Eleições, textos normativos da mais alta relevância no direito brasileiro em matéria eleitoral, contêm dispositivos que disciplinem o tema. A regra geral de aplicação subsidiária ou supletiva prevista no art. 364 do Código Eleitoral não se refere expressamente à investigação dos crimes eleitorais, mas ao seu processo e julgamento. Embora, por força da omissão, necessariamente o Código de Processo Penal em vigor seja a fonte normativa para o procedimento investigatório. O Código Eleitoral limita-se a apontar uma regra específica (art. 356) no caso de comunicação pelo cidadão de prática de crime eleitoral ao juiz eleitoral, que, por sua vez, remetê-la-á ao Ministério Público Eleitoral. Contudo, isso não é suficiente. Há outras situações até mais corriqueiras, como o flagrante de prática de crime eleitoral e a necessidade de investigação mais aprofundada dos fatos que exigem medidas além da requisição de documentos complementares a que se reporta o referido artigo. É o manejo do inquérito policial e o envolvimento, em consequência, da polícia judiciária.

É nesse contexto que o Tribunal Superior Eleitoral publicou a Resolução nº 23.396, de 17.12.2013, que dispõe sobre a apuração dos crimes eleitorais. Houve, posteriormente, uma alteração pela Resolução nº 23.424, de 27.5.2014, para acrescer que o inquérito policial também pode ser instaurado mediante requisição do Ministério Público Eleitoral. Essa alteração foi resultado da decisão cautelar do Supremo Tribunal Federal, adotada na ADI nº 5.104, julgada em 21.5.2014, quando a Corte Suprema entendeu que o texto original da Resolução nº 23.396/ TSE, ao condicionar a instauração de inquérito policial eleitoral a uma autorização do Poder Judiciário, "instituiu modalidade de controle judicial prévio sobre a condução das investigações, em aparente violação ao núcleo essencial do princípio acusatório".

O Tribunal Superior Eleitoral, então, conjugando as disposições existentes do Código Eleitoral, no Código de Processo Penal e a decisão cautelar do Supremo Tribunal Federal, mantém em vigor Resolução nº 23.396, que, por tratar de direito processual, poderia ser taxada de inconstitucional, matérias típicas de lei e de competência do Congresso Nacional (CF/88, art. 22, I). Contudo, o texto da resolução é mera reunião de atos legislativos e do entendimento do STF sobre ponto específico (a requisição ministerial direta à polícia judiciária). É possível, com esse pequeno esforço, visualizar essa resolução como fonte adequada para disciplinar a omissão legislativa específica.

A resolução apresenta disciplina que pode ser assim sintetizada: a) a investigação dos crimes eleitorais cabe à Polícia Federal e, apenas supletivamente, às polícias civis dos estados; b) o inquérito policial será instaurado mediante flagrante ou requisição do juiz eleitoral ou do Ministério Público Eleitoral; ainda que a autoridade policial receba diretamente a informação sobre a prática de crime eleitoral, salvo o flagrante, deverá encaminhá-la a uma daquelas duas autoridades, não podendo fazer uso de portaria sem requisição para iniciar a investigação; c) os crimes de menor potencial ofensivo não estão sujeitos a flagrante e seguirão o procedimento próprio previsto na Lei nº 9.099/95; d) as diligências investigatórias como atos próprios da autoridade policial serão aquelas previstas no Código de Processo Penal (art. 6º e seguintes), devendo observar os prazos para conclusão da investigação conforme se trate de indiciado preso (10 dias) ou não (30 dias).

A investigação policial tem destinatário certo, o Ministério Público Eleitoral, que poderá requerer novas diligências imprescindíveis à análise final do caso, promover o arquivamento que será analisado pelo respectivo Juízo Eleitoral, ou ajuizar a denúncia, a peça inicial que corporifica a ação penal eleitoral. O correto é que as diligências sejam apontadas de forma objetiva, específica e clara, a fim de que a autoridade policial saiba exatamente o que pretende o Ministério Público, e que sejam imprescindíveis para a análise de fundo; pois as diligências não imprescindíveis podem ser requeridas na própria peça inicial da ação penal. O arquivamento, por sua vez, pode ter fundamentos os mais variados, que podem ser, por exemplo, desconhecimento de autoria, atipicidade[2] e causas extintivas da punibilidade (prescrição, morte etc.). Melhor análise dos requisitos para propositura, aceitação ou rejeição da ação penal eleitoral serão vistos mais adiante.

---

[2] Tanto a formal quanto a material. Por exemplo, é perfeitamente possível a aplicação do princípio da insignificância na análise de tipicidade material da conduta nos casos de crimes eleitorais. O Supremo Tribunal Federal reconhece que "[o] princípio da insignificância incide quando presentes, cumulativamente, as seguintes condições objetivas: (a) mínima ofensividade da conduta do agente, (b) nenhuma periculosidade social da ação, (c) grau reduzido de reprovabilidade do comportamento, e (d) inexpressividade da lesão jurídica provocada" (STF. Ag. Reg. no Habeas Corpus nº 142.200/MG. Rel. Luiz Fux, 1ª Turma, j. 26.5.2017, maioria. *DJe*, 20 jun. 2017). *Vide* ZILIO, Rodrigo López. *Crimes eleitorais*. Salvador: JusPodivm, 2014. p. 23-25. Embora, é verdade, o Tribunal Superior Eleitoral tenha precedente (sujeito à grave crítica doutrinária) no qual consignou: "[...] 1. A aplicação do princípio da insignificância condiciona-se à coexistência da mínima ofensividade da conduta do agente, da ausência de periculosidade social da ação, do reduzido grau de reprovabilidade do comportamento e da inexpressiva lesão ao bem jurídico. Precedentes do Supremo Tribunal Federal. 2. O crime tipificado no art. 39, §5º, inc. III, da Lei nº 9.504/97 encerra acentuada gravidade e inegável dano à sociedade, porque atenta contra a liberdade de escolha dos eleitores, traduzindo bem jurídico de elevada expressão. 3. Recurso provido" (TSE/RN. Recurso Especial Eleitoral nº 1.188.716. Rel. Cármen Lúcia Antunes Rocha, j. 3.5.2011, unânime. *DJe*, 13 jun. 2011).

2.1 O procedimento investigatório criminal a cargo do Ministério Público e os crimes eleitorais

Matéria que tem recebido intenso debate na doutrina e na jurisprudência é a possibilidade de investigação criminal pelo Ministério Público. Depois de um longo período de debates a respeito, o Supremo Tribunal Federal[3] apontou positivamente para essa possiblidade, assim como já o fazia o Superior Tribunal de Justiça.[4] Não há espaço aqui para retomar todos os aspectos que envolvem a discussão, nem é o objetivo deste texto. No entanto, não seria adequado passar sobre o tema sem fazer ainda que uma ligeira referência a essa possibilidade de investigação em se tratando de crimes eleitorais, embora não recomendável, não só pela falta de vocação e de aparato do Ministério Público Eleitoral para realizar investigações criminais, como também pelas circunstâncias muito peculiares pertinentes a esses ilícitos e às pessoas envolvidas, o que pode suscitar questionamentos sobre a própria isenção (político-eleitoral) do membro do Ministério Público Eleitoral. O Código Eleitoral (art. 356) possibilita ao Ministério Público Eleitoral receber comunicação de crime eleitoral e, se entender necessário, requisitar diretamente documentos e outros elementos para formar sua convicção. O mais adequado, nessa hipótese, é formalizá-lo por intermédio da instauração de um procedimento investigatório, a fim de que peças não fiquem "soltas" na promotoria e dificultem sua apresentação, inclusive para o investigado. O recomendável mesmo é a requisição de abertura de inquérito policial.

---

[3] "[...] Os artigos 5º, incisos LIV e LV, 129, incisos III e VIII, e 144, inciso IV, §4º, da Constituição Federal, não tornam a investigação criminal exclusividade da polícia, nem afastam os poderes de investigação do Ministério Público. Fixada, em repercussão geral, tese assim sumulada: 'O Ministério Público dispõe de competência para promover, por autoridade própria, e por prazo razoável, investigações de natureza penal, desde que respeitados os direitos e garantias que assistem a qualquer indiciado ou a qualquer pessoa sob investigação do Estado, observadas, sempre, por seus agentes, as hipóteses de reserva constitucional de jurisdição e, também, as prerrogativas profissionais de que se acham investidos, em nosso País, os Advogados (Lei 8.906/94, artigo 7º, notadamente os incisos I, II, III, XI, XIII, XIV e XIX), sem prejuízo da possibilidade – sempre presente no Estado democrático de Direito – do permanente controle jurisdicional dos atos, necessariamente documentados (Súmula Vinculante 14), praticados pelos membros dessa instituição'. [...]" (STF. Recurso Extraordinário – Repercussão Geral – nº 593.727/MG. Rel. Cezar Peluso. Rel. p/Acórdão Gilmar Mendes, Pleno, j. 14.5.2015, maioria. *DJe*, 4 set. 2015).

[4] "[...] 2. Não há se falar em nulidade da investigação conduzida pelo Ministério Público, uma vez que o Pleno do STF, no julgamento do RE n. 593.727/MG, firmou entendimento no sentido de que 'os artigos 5º, incisos LIV e LV, 129, incisos III e VIII, e 144, inciso IV, §4º, da Constituição Federal, não tornam a investigação criminal exclusividade da polícia, nem afastam os poderes de investigação do Ministério Público'" (STJ. HC nº 276.245/MG. Rel. Min. Reynaldo Soares da Fonseca, Quinta Turma, j. 13.6.2017, unânime. *DJe*, 20 jun. 2017).

No âmbito do Ministério Público Eleitoral existe apenas a Portaria nº 692,[5] de 19.8.2016, da Procuradoria-Geral da República, que disciplina o procedimento preparatório eleitoral (PPE) para investigação de ilícitos eleitorais de natureza não criminal. Resta, assim, a regulamentação estabelecida pelo Conselho Nacional do Ministério Público por intermédio da Resolução nº 181, de 7.8.2017, com as modificações realizadas pelo CNMP em 12.12.2017, que dispõe sobre instauração e tramitação do procedimento investigatório criminal a cargo do Ministério Público. Esse ato está voltado para o membro do Ministério Público que possui atribuições criminais (é o caso do Ministério Público Eleitoral) e objetiva apurar infrações penais de natureza pública (todas as infrações penais eleitorais têm essa natureza). Não é objetivo aqui analisar esse ato do CNMP e seus reflexos na matéria eleitoral, mas apenas apontar a possibilidade (remota) de seu uso a partir do aspecto positivo indicado no Código Eleitoral (art. 356) e o negativo da PGR (Portaria nº 692/2016), além de rechaçar completamente o chamado "acordo de não-persecução penal" previsto no art. 18[6] da Resolução nº 181/17 pela absoluta falta de previsão na Constituição ou em qualquer lei em vigor no país. O

---

[5] A origem dessa portaria decorre do fato de o Tribunal Superior Eleitoral ter realizado uma interpretação questionável sob vários aspectos, ao julgar o RO nº 474.642, em 26.11.2013, analisando o teor do art. 105-A da Lei nº 9.504/97, introduzido pela Lei nº 12.034/09, em que firmou a tese de que as provas obtidas pelo Ministério Público Eleitoral em inquérito civil eram ilícitas; logo, o uso desse instrumento de investigação ficou vedado. A decisão foi reiterada em vários julgados posteriores e levou à improcedência de diversas ações e recursos eleitorais. O procurador-geral da República, diante dessa perplexidade, publicou a Portaria nº 499, de 21.8.2014, que instituiu e regulamentou, no âmbito do Ministério Público Eleitoral, o Procedimento Preparatório Eleitoral – PPE, que foi revogada pela Portaria nº 692, de 19.8.2016, atualmente em vigor. Depois, entretanto, a Corte Superior Eleitoral, no REspe nº 54.588, julgado em 8.9.2015, voltou a admitir a licitude das provas obtidas em inquérito civil, desde que respeitados os direitos e garantias fundamentais.

[6] "Art. 18. Não sendo o caso de arquivamento, o Ministério Público poderá propor ao investigado acordo de não persecução penal, quando, cominada pena mínima inferior a 4 (quatro) anos e o crime não for cometido com violência ou grave ameaça a pessoa, o investigado tiver confessado formal e circunstanciadamente a sua prática, mediante as seguintes condições, ajustadas cumulativa ou alternativamente: I – reparar o dano ou restituir a coisa à vítima, salvo impossibilidade de fazê-lo; II – renunciar voluntariamente a bens e direitos, indicados pelo Ministério Público como instrumentos, produto ou proveito do crime; III – prestar serviço à comunidade ou a entidades públicas por período correspondente à pena mínima cominada ao delito, diminuída de um a dois terços, em local a ser indicado pelo Ministério Público; IV – pagar prestação pecuniária, a ser estipulada nos termos do art. 45 do Código Penal, a entidade pública ou de interesse social a ser indicada pelo Ministério Público, devendo a prestação ser destinada preferencialmente àquelas entidades que tenham como função proteger bens jurídicos iguais ou semelhantes aos aparentemente lesados pelo delito; V – cumprir outra condição estipulada pelo Ministério Público, desde que proporcional e compatível com a infração penal aparentemente praticada".

dispositivo traz sério vício de inconstitucionalidade sob qualquer viés.[7] Em tese, portanto, possível de ser esse "novo instituto" aplicado aos crimes eleitorais que preencham os requisitos indicados no art. 18, seus vícios impedem que isso seja feito, sem mencionar que, mesmo numa hipótese remota de "agasalhamento" desse acordo no direito penal brasileiro, não escapará ele daquilo que é típico do sistema penal – a absorção de institutos e o uso deles como símbolo exitoso do discurso penal para o público, mas que nas entranhas funcionam às avessas.

3   A prisão em flagrante e a audiência de custódia em casos de crimes eleitorais

O preso em flagrante pela prática de crime eleitoral e o auto de prisão em flagrante deverão obrigatoriamente ser apresentados ao Juiz Eleitoral no prazo de até 24 (vinte e quatro) horas após a prisão. A audiência de custódia foi disciplinada pelo Conselho Nacional de Justiça por intermédio da Resolução nº 213, de 15.12.2015, portanto, em data posterior à Resolução nº 23.396/TSE, aplicando-se em toda sua integralidade à matéria eleitoral. Se alguém tinha alguma dúvida sobre a necessidade de apresentação do preso por crime eleitoral ao Juiz Eleitoral naquele prazo, a decisão do CNJ dá resposta positiva sobre o tema. Embora, registre-se, por via transversa (resolução) e não por ato legislativo específico.

Apresentado o preso em audiência de custódia, o juiz eleitoral deverá seguir o procedimento previsto na Resolução nº 213/CNJ. Entre outros aspectos, ouvirá o preso sobre as circunstâncias da prisão, na presença do Ministério Público Eleitoral e da Defensoria Pública da União (ou advogado constituído/nomeado), assegurando-se o atendimento prévio com o defensor com todas as cautelas. Se houver ilegalidade (material ou formal) na prisão, esta deverá ser relaxada; não sendo caso de relaxamento, o preso será posto em liberdade com ou sem fiança; se for o caso, o juiz aplicará medidas cautelares diversas da prisão (CPP, art. 319); e, somente em última hipótese (*ultima ratio*) e preenchidos os requisitos específicos, o juiz converterá a prisão em flagrante em prisão preventiva.

---

[7]   *Vide* ações diretas de inconstitucionalidade nºs 5.790 e 5.793, do STF, de relatoria do Ministro Ricardo Lewandowski e de autoria da Associação dos Magistrados Brasileiros e do Conselho Federal da Ordem dos Advogados do Brasil, respectivamente, ainda em trâmite, sem decisão. Última tramitação: conclusão ao relator em 27.11.2017.

É certo que os requisitos para a prisão preventiva estão no art. 312 do CPP e podem ocorrer em se tratando de crimes eleitorais. Entretanto, muito raramente, a prisão preventiva poderá ser decretada. É que diversamente de crimes comuns que ensejam com frequência prisões preventivas (duvidosas, é verdade), os crimes eleitorais têm características muito peculiares, como penas pequenas, ausência de violência contra a pessoa e a condição pessoal favorável dos envolvidos. Apesar de sérias divergências a respeito na esfera doutrinária, entendemos que a conversão somente poderá ocorrer se houver requerimento nesse sentido feito pelo titular da ação penal eleitoral; caso contrário, e é o que ocorre amiúde, o órgão que seria inerte no processo age autonomamente numa verdadeira confusão de identidade no processo (acusatório).[8]

4 A ação penal eleitoral e suas feições

4.1 Aspectos gerais e peculiaridades

Como regra geral, é possível afirmar que o estudo da ação penal eleitoral em nada se difere daquela de natureza não eleitoral, isto é, a manejada no âmbito das infrações penais comuns.[9] Contudo, algumas peculiaridades podem ser destacadas. Não há no direito eleitoral ação penal exclusivamente privada nem a pública condicionada à representação. Todas, portanto, têm natureza pública incondicionada (CE, art. 355). O máximo que pode ocorrer, como mais adiante será visto, é o ajuizamento de ação penal privada subsidiária (CF/88, 5º, LIX; CPP, art. 29). Mesmo nos casos, por exemplo, dos crimes de calúnia, injúria e difamação, que na disciplina comum são, em regra, de ação

---

[8] Nesse mesmo sentido: "[...] não pode haver conversão de ofício da prisão em flagrante em preventiva (ou mesmo em prisão temporária). É imprescindível que exista a representação da autoridade policial ou o requerimento do Ministério Público. A 'conversão' do flagrante em preventiva equivale à decretação da prisão preventiva. Portanto, à luz das regras constitucionais do sistema acusatório (ne procedat iudex ex officio) e da imposição de imparcialidade do juiz (juiz ator = parcial), não lhe incumbe 'prender de ofício'. Para evitar repetições, remetemos o leitor a tudo o que já dissemos, anteriormente, sobre essas duas garantias. Ademais, o próprio art. 311 do CPP é expresso: somente caberá prisão preventiva decretada pelo juiz, de ofício, se no curso da ação penal. Ainda que não concordemos com a prisão preventiva no curso da 'ação' (o correto é no curso do processo), a opção do legislador é clara e não deixa espaço para prisão de ofício na fase pré-processual" (LOPES JR., Aury. *Direito processual penal*. 14. ed. São Paulo: Saraiva, 2017. p. 617).

[9] Sempre que ao longo do texto for feita essa distinção entre "comum" e "eleitoral", é apenas para o fim didático, uma vez que o eleitoral, tecnicamente, também é comum, isto é, são crimes e não infrações político-administrativas. E as distinções existentes decorrem de aspectos como previsão normativa, competência, procedimento etc., e não na substância ou natureza dessas infrações.

privada, a ação é pública incondicionada. E aqui basta lembrar que a legislação eleitoral brasileira não tem em seu rol contravenções penais nem infrações penais cuja ação seja de iniciativa privada. Todas as infrações são crimes eleitorais para os quais a ação respectiva é a pública incondicionada.

Outro aspecto que decorre da natureza dos crimes eleitorais é que a descrição da conduta tida como correspondente ao tipo penal eleitoral deve apontar especificamente a presença do elemento eleitoral, o que significa dizer que a conduta somente poderá caracterizar violação da norma penal eleitoral se houver uma correspondência formal (conduta-tipo) e finalística (o seu caráter eleitoral). Desse modo, se o Código Eleitoral (art. 357, §2º) prescreve como requisitos da denúncia a qualificação do denunciado ou esclarecimentos pelos quais possa ser identificado, a exposição do fato criminoso, a indicação do tipo penal e o rol de testemunhas,[10] a peça inicial acusatória deverá apontar especificamente onde está na conduta descrita o viés eleitoral, a partir do contexto geral dos fatos e elementos que servem de subsídio à denúncia, elemento subjetivo esse existente na descrição de quase todos os tipos penais eleitorais.[11] Por sua vez, a rejeição da denúncia ocorrerá quando o fato narrado evidentemente não constituir crime, já estiver extinta a punibilidade, pela prescrição ou outra causa, for manifesta a ilegitimidade da parte ou faltar condição exigida pela lei para o exercício

---

[10] *Vide* art. 41 do CPP.

[11] É o que a jurisprudência do Tribunal Superior Eleitoral refere a dolo específico em diversos julgados. É o caso do crime de transporte de eleitores (art. 11, III, da Lei nº 6.091/74): "O delito tipificado no art. 11, III, da Lei nº 6.091/74, de mera conduta, exige, para sua configuração, o dolo específico, que é, no caso, a intenção de obter vantagem eleitoral, pois o que pretende a lei impedir é o transporte de eleitores com fins de aliciamento. Circunstância necessária não descrita, ausente na peça acusatória indicação da possibilidade de existência do elemento subjetivo. Agravo regimental a que se nega provimento" (TSE/MA. Agravo Regimental em Recurso Especial Eleitoral nº 28.517. Rel. Marcelo Henriques Ribeiro de Oliveira. j. 7.8.2008, unânime. *DJ*, 5 set. 2008. p. 17). A doutrina mais recente reporta-se a *elementos subjetivos especiais*. "O dolo é o elemento subjetivo *geral* dos fatos dolosos, o programa psíquico que produz a ação típica, mas não é o único componente subjetivo dos crimes dolosos. O legislador penal contemporâneo inscreve, frequentemente, na dimensão subjetiva dos crimes dolosos, determinadas características psíquicas complementares diferentes do dolo, sob a forma de *intenções* ou de *tendências* especiais, ou de *atitudes pessoais* necessárias para precisar a imagem do crime ou para qualificar ou privilegiar certas formas básicas de comportamentos criminosos. Assim, não há furto na subtração de coisa alheia móvel sem intenção de apropriação; não há crime sexual se a ação típica não aparece impregnada de libido, como tendência interna voluptuosa etc. Hoje, já não se discute a existência dessas características subjetivas especiais, mas apenas sua inserção sistemática: o debate atual é polarizado por autores que distribuem referidas características entre o tipo subjetivo e a culpabilidade, e autores que atribuem tais características exclusivamente ao tipo subjetivo" (SANTOS, Juarez Cirino dos. *Direito penal*: parte geral. 2. ed. Curitiba: ICPC; Lumen Juris, 2007. p. 161. Grifos do original).

da ação penal (CE, art. 358). Os critérios reconhecidos pelo Código Eleitoral não afastam aqueles previstos no Código de Processo Penal que, com expressões mais amplas, possibilitam também a rejeição da denúncia, a saber, inépcia manifesta, falta de pressuposto processual ou condição para o exercício da ação penal ou falta de justa causa para o exercício da ação penal (art. 395).

O que há no direito processual penal eleitoral é a reprodução de uma roupagem de categorias do direito processual civil ao apontar requisitos para apresentação da ação penal eleitoral e, na ausência, hipóteses de rejeição da denúncia. Há trabalhos[12] de excelente qualidade que enfrentam o tema e afastam o direito processual penal (e aqui o eleitoral) a partir de categorias próprias. Seguindo Lopes Jr., para o qual remetemos o leitor, as condições da ação penal segundo categorias próprias do processo penal são: prática de fato aparentemente criminoso (*fumus commissi delicti*), punibilidade concreta, legitimidade de parte e justa causa.[13] Expondo esse raciocínio, Santos[14] resume também as condições da ação penal em tipicidade aparente, punibilidade concreta, legitimidade de parte e justa causa. A *tipicidade aparente* é o tipo de injusto, excluindo, assim, as ações atípicas e justificadas; a *legitimidade de parte* relaciona-se com as ações públicas e privadas; a *punibilidade concreta* atrai as hipóteses de extinção da punibilidade; e a *justa causa*, que é um conceito controvertido a ponto de poder abranger, inclusive, as condições já mencionadas (vide, por exemplo, a posição do STJ, ao entender que a falta de justa causa para a ação penal abrange a atipicidade do fato, a ausência de indícios a fundamentarem a acusação ou, ainda, a extinção da punibilidade (RHC nº 8.866/PR. Rel. Ministro

---

[12] Por todos, *vide* LOPES JR., Aury. *Fundamentos do processo penal*: introdução crítica. São Paulo: Saraiva, 2015.

[13] LOPES JR., Aury. *Fundamentos do processo penal*: introdução crítica. São Paulo: Saraiva, 2015. p. 234-241. O conceito de *justa causa*, ainda seguindo Lopes Jr., que se reporta a Maria Thereza Rocha Assis Moura, avizinha-se dos "conceitos-válvula" e figura como "antídoto, de proteção contra o abuso do Direito". Para Lopes Jr., "[a] justa causa identifica-se com a existência de uma causa jurídica e fática que legitime e justifique a acusação (e a própria intervenção penal). Está relacionada, assim, com dois fatores: existência de indícios razoáveis de autoria e materialidade de um lado e, de outro, com o controle processual do caráter fragmentário da intervenção penal" (LOPES JR., Aury. *Fundamentos do processo penal*: introdução crítica. São Paulo: Saraiva, 2015. p. 239). Para o Superior Tribunal de Justiça, o conceito de justa causa capaz de gerar o trancamento da ação penal abrange "a inépcia da denúncia, a atipicidade da conduta, a incidência de causa de extinção da punibilidade ou a ausência de indícios de autoria ou prova da materialidade do delito" (STJ. Habeas Corpus nº 276.245/MG (2013/0286545-5. Rel. Reynaldo Soares da Fonseca), 5ª Turma. *DJe*, 20 jun. 2017), o que está aquém da definição antes dada no que se refere à fragmentariedade.

[14] SANTOS, Juarez Cirino dos. *Direito penal*: parte geral. 2. ed. Curitiba: ICPC; Lumen Juris, 2007. p. 662-664.

Gilson Dipp, *DJU*, 22.11.1999). Em se tratando dos crimes eleitorais, a ressalva é quanto à legitimidade de parte ativa, uma vez que todos são de ação pública incondicionada e, portanto, o autor será o Ministério Público Eleitoral. Visualizar o processo penal nessa perspectiva, ainda seguindo Santos,[15] "não civilista", permite constatar que no processo penal não há *liberdade*, uma vez que o Ministério Público é vinculado à estrita legalidade e o acusado não adere ao processo voluntariamente, nem *igualdade*, na medida em que o Ministério Público representa o poder punitivo estatal, sempre superior a qualquer acusado.

Os princípios que regem a ação penal eleitoral não destoam do que se vê na ação penal não eleitoral, salvo em razão das particularidades dos crimes eleitorais. Com isso, o Ministério Público Eleitoral é o titular sempre das ações penais eleitorais (*oficialidade*), embora, como adiante será visto, seja possível o ajuizamento de ação penal eleitoral privada na qualidade de subsidiária; uma vez ajuizada a ação penal eleitoral, para o que o Ministério Público Eleitoral tem o dever e não a faculdade (*obrigatoriedade*), ressalvados os casos de diligências imprescindíveis e arquivamento, não poderá desistir dela (*indisponibilidade*), aplicando-se o mesmo raciocínio aos recursos interpostos como desdobramentos da ação (CPP, arts. 42 e 576); nesse ponto, há mitigações decorrentes da Lei nº 9.099/95 aplicável à maioria dos crimes eleitorais, que são de menor potencial ofensivo; e remetemos ao item sobre o crime de corrupção eleitoral, a menção à *(in)divisibilidade* da ação penal eleitoral.

Por regras expressas no Código Eleitoral, a Justiça Eleitoral detém competência para processar e julgar os crimes eleitorais e os comuns que lhes forem conexos (arts. 22, 29 e 35, lendo-os a partir do que foi recepcionado ou não pela CF/88). A distinção que aqui (e em outros lugares deste texto) se faz entre crimes eleitorais e comuns é apenas para se referir aos tipos penais previstos na legislação eleitoral e aos que se encontram fora da legislação eleitoral.[16] Essa competência por conexão

---

[15] SANTOS, Juarez Cirino dos. *Direito penal*: parte geral. 2. ed. Curitiba: ICPC; Lumen Juris, 2007. p. 663.

[16] Os crimes eleitorais são crimes comuns, que, por sua vez, recebem essa designação para que não sejam confundidos com os crimes de responsabilidade. O Supremo Tribunal Federal, em mais de uma ocasião, desde longa data, entende que os crimes eleitorais são comuns. No julgamento do Conflito de Jurisdição nº 00069715/110, o relator, Ministro Paulo Brossard, invoca diversos precedentes a respeito, entre os quais: "Crime eleitoral é reputado, na técnica constitucional, crime comum. O Deputado Federal, que o pratica, está sujeito a foro especial por prerrogativa de função [...]" (Reclamação nº 10. Rel. Min. Adalício Nogueira. Acórdão de 10.11.1971. *Boletim Eleitoral*, n. 258, p. 561); "Na técnica constitucional, a expressão crime comum, ditada em oposição a crime de responsabilidade (art. 32 §2º), compreende entre outros os crimes eleitorais" (Ações Penais nºs 216 e 217. Rel. Min. Thompson Flores. Acórdão de 22.4.1976); "De muito, firmou-se a jurisprudência desta Corte no sentido de que 'crime

é amplamente reconhecida pelo Tribunal Superior Eleitoral,[17] inclusive nos autos em que houver incidido a prescrição da pretensão punitiva em relação ao crime eleitoral.[18] Um ponto controvertido diz respeito à conexão entre crime eleitoral e crimes de competência do Tribunal do Júri. Há vasta literatura[19] a respeito que pode ser consultada com opiniões diversas que sustentam a competência da Justiça Eleitoral, do Tribunal Popular ou a cisão dos processos. Tanto a Justiça Eleitoral quanto o Tribunal do Júri têm assentos constitucionais e é do Texto Maior que decorre a competência de cada um desses órgãos do Poder Judiciário. Há vários pontos que podem servir de reflexão para uma proposta a respeito. O Código de Processo Penal (art. 79) impõe regra de unidade de processo e julgamento nos casos de conexão e continência, ressalvadas as situações que envolvem o concurso entre a justiça comum e a militar, a justiça comum e a infância e juventude, não fazendo, portanto

---

eleitoral é reputado, na técnica constitucional, crime comum' [...]" (Habeas Corpus nº 65.406. Rel. Min. Moreira Alves. Acórdão de 16.9.1987. *RTJ*, 123-122). Na ementa desse conflito de jurisdição ficou consignado: "A expressão crime comum, na linguagem constitucional, é usada em contraposição aos impropriamente chamados crimes de responsabilidade, cuja sanção é política, e abrange, por conseguinte, todo e qualquer delito, entre outros, os crimes eleitorais" (Conflito de Jurisdição nº 00069715/110. Rel. Min. Paulo Brossard. Acórdão de 30.10.1991. *DJ*, 21 fev. 1992, Ementário nº 1.650-1, Tribunal Pleno).

[17] "[...] 1. Conforme jurisprudência pacífica das Cortes Superiores, a dispensa de publicação de pauta de julgamento de habeas corpus não configura cerceamento de defesa. 2. Hipótese em que, a dispensa de publicação é, expressamente, prevista em norma regimental (art. 120 do RI-TRE/PA). 3. É da competência da Justiça Eleitoral processar e julgar os crimes eleitorais e os comuns que lhes forem conexos. Precedentes. 4. Assim, corretas as manifestações dos Tribunais de Justiça e Regional Eleitoral do Pará que, em sede de outros habeas corpus, assentaram a competência da Justiça Eleitoral para processar e julgar a ação penal proposta contra a paciente, considerando que os fatos estão relacionados com o processo eleitoral, não havendo falar em competência da Justiça Federal. Ordem denegada" (TSE/PA. Habeas Corpus nº 592. Rel. Carlos Eduardo Caputo Bastos. j. 20.5.2008, unânime. *DJ*, 16 jun. 2008, p. 28).

[18] "[...] Mesmo operada a prescrição em relação ao crime eleitoral, subsiste a competência desta Justiça especializada. Para configurar crime, previsto no §1º do art. 311 do Código Penal, exige-se que o agente tenha adulterado ou remarcado sinal identificador de veículo, impedindo a sua identificação. Na hipótese dos autos, a substituição da placa oficial pela denominada placa reservada foi autorizada pelo DETRAN e não impediu a identificação do veículo, devendo ser reconhecida a atipicidade da conduta (HC nº 566/RO. Rel. Min. Marcelo Ribeiro). O habeas corpus é meio idôneo para pleitear a extensão dos efeitos de decisão favorável ao corréu, se não for fundado em motivos de caráter exclusivamente pessoal (CPP, art. 580). Ordem concedida" (TSE/RO. Habeas Corpus nº 584. Rel. Marcelo Henriques Ribeiro de Oliveira, j. 18.3.2008, unânime. *DJ*, 8 abr. 2008. p. 7).

[19] *Vide*, entre outros, SANTANA, Jair Eduardo; GUIMARÃES, Fábio Luís. *Direito eleitoral*: para compreender a dinâmica do poder político. 4. ed. Belo Horizonte: Fórum, 2012. p. 255; CÂNDIDO, Joel José. *Direito penal eleitoral & processo penal eleitoral*. Bauru: Edipro, 2006. p. 583-584; GOMES, Suzana de Camargo. *Crimes eleitorais*. São Paulo: Revista dos Tribunais, 2000. p. 53-59; ZILIO, Rodrigo López. *Crimes eleitorais*. Salvador: JusPodivm, 2014. p. 13; BARROS, Francisco Dirceu. *Curso de processo eleitoral*. 2. ed. Rio de Janeiro: Elsevier, 2012. p. 327; GOMES, José Jairo. *Recursos eleitorais e outros temas*. São Paulo: Atlas, 2013. p. 233-234.

menção à Justiça Eleitoral; nos casos de concurso entre a competência do júri e a de outro órgão da jurisdição comum, o mesmo código (art. 78) prescreve que prevalecerá a competência do júri; contudo, a Justiça Eleitoral é justiça especializada da União; mesmo em casos de crimes dolosos contra a vida praticados por militares contra civis, nos termos do art. 9º do Código Penal Militar, com as modificações e ressalvas da Lei nº 9.299/96 e Lei nº 12.432/11, a competência será do Tribunal do Júri; entretanto, o Tribunal Popular poderá funcionar, a depender do envolvimento ou não de interesse da União, no âmbito da Justiça Comum Estadual ou Justiça Comum Federal.[20] Sendo ambas (Justiça Federal Comum e Justiça Eleitoral) integrantes do Poder Judiciário da União, estão na mesma categoria; e sendo os crimes eleitorais crimes "especiais" porque previstos em legislação especial, os dolosos contra a vida processados e julgados pelo Tribunal do Júri que funciona perante a Justiça Federal Comum são crimes comuns, o que parece gerar um conflito entre as soluções previstas no Código de Processo Penal (art. 78, I e IV). Dessa forma, se houver conexão entre crimes eleitorais e dolosos contra a vida, aqueles serão processados e julgados pela Justiça Eleitoral, enquanto estes, pelo Tribunal do Júri da Justiça Federal Comum, sendo inevitável a separação do processo e do julgamento.

4.2 Ação penal eleitoral: seus lugares e modos de propositura

Para fins meramente didáticos, seguem quatro momentos, a depender de circunstâncias próprias, em que a ação penal eleitoral poderá surgir proposta pelo Ministério Público Eleitoral: (i) em razão da natureza da infração (menor potencial ofensivo) perante o Juiz Eleitoral, que adotará o rito da Lei nº 9.099/95; (ii) em face da prerrogativa de foro do denunciado, atraindo a competência originária dos tribunais eleitorais

---

[20] "[...] I – A jurisprudência do Superior Tribunal Militar, bem assim a do Supremo Tribunal Federal são no sentido de ser constitucional o julgamento dos crimes dolosos contra a vida de militar em serviço pela Justiça Castrense da União, sem a submissão destes crimes ao Tribunal do Júri, nos termos do o art. 9º, III, 'd', do CPM. Unanimidade. II – Para caracterizar-se a premeditação deve estar configurado o mínimo planejamento. Não basta a simples explanação da vontade anterior ao evento criminoso. III – A motivação alegada de abuso sexual não afastada não pode ser considerada motivo fútil. Prevalecer-se de situação de serviço precisa ser condição preponderante para o intento criminoso para ser configurada no homicídio. IV – A atenuante da menoridade pode sobrepujar duas agravantes não preponderantes no caso concreto, devendo ser avaliada pelo Juiz em atenção ao artigo 75 do CPM. V – Cabe à defesa comprovar a alegada doença mental, cujos laudos não comprovem. Ônus da prova é de quem alega. Apelos não providos. Decisão unânime" (STM. Apelação nº 0000254-78.2013.7.01.0201/RJ. Rel. José Coêlho Ferreira. j. 21.6.2016. *DJe*, 31 ago. 2016).

e a disciplina da Lei nº 8.038/90, e nos demais casos não abrangidos pelos dois primeiros. Além disso, em quaisquer das situações, (iii) a ação penal eleitoral subsidiária da pública de autoria, evidentemente, (iv) e do particular diante da inércia do Ministério Público Eleitoral.

Conforme adiante será apontado em item específico, cerca de dois terços das infrações penais eleitorais são de menor potencial ofensivo segundo o critério adotado pela Lei nº 9.099/95. Crimes eleitorais que ocorrem com certa frequência no período eleitoral, como desobediência (art. 347 do CE) e "boca de urna" (Lei nº 9.504/95, art. 39, §5º), são de menor potencial ofensivo e não geram sequer a prisão em flagrante, devendo ser feita a apresentação perante a autoridade policial para fins de lavratura do termo de ocorrência circunstanciado com posterior e imediata liberação do autor da infração.

O termo circunstanciado será encaminhado ao Juiz Eleitoral, que seguirá o rito da Lei nº 9.099/95 designando audiência preliminar (art. 72) na qual, primeiramente, o Ministério Público Eleitoral avaliará se é o caso de arquivamento do termo de ocorrência; não sendo esse o caso, será avaliada a possibilidade de transação penal (art. 76) (a composição civil é inaplicável, pois, como visto, não há no direito eleitoral ação penal de iniciativa privada ou condicionada à representação); e, somente na hipótese de inviabilidade (não formalização ou não aceitação) da transação penal, é que o Ministério Público Eleitoral oferecerá denúncia oral (art. 78), seguindo-se a partir daí o procedimento específico previsto na Lei nº 9.099/95. Os requisitos da denúncia oferecida segundo esse rito sumaríssimo em nada se distingue daquela oferecida fora desse procedimento.

Os tribunais regionais eleitorais, em se tratando de prática de crime eleitoral por detentores de foro por prerrogativa de função,[21] como é o caso de prefeitos e deputados estaduais, serão competentes para processá-los e julgá-los. A denúncia será proposta pelo procurador regional eleitoral do respectivo Tribunal Regional Eleitoral. Não custa lembrar que o Tribunal Superior Eleitoral não detém competência originária em matéria criminal. Esse é um tema próprio da Constituição, que atribui competência ao Superior Tribunal de Justiça no caso de

---

[21] Súmula nº 704/STF: "Não viola as garantias do juiz natural, da ampla defesa e do devido processo legal a atração por continência ou conexão do processo do corréu ao foro por prerrogativa de função de um dos denunciados".

governadores (art. 105, I, "a")[22] e ao Supremo Tribunal Federal quanto aos membros do Congresso Nacional (art. 102,[23] I, "b"), por exemplo. As pessoas que, em razão do cargo/função que desempenham, possuírem o foro por prerrogativa de função, conforme previsão constitucional (federal ou estadual), serão investigadas e processadas segundo um procedimento distinto de acordo com a Lei nº 8.038/90. O inquérito policial possui a peculiaridade de ser instaurado e tramitar com autorização do órgão do Poder Judiciário competente para processar e julgar a respectiva ação penal se proposta,[24] sob pena de nulidade.[25] A ação penal eleitoral será proposta (subscrita) pelo Membro do Ministério Público Eleitoral que atuar junto à respectiva Corte Eleitoral ou pelo

---

[22] "Art. 105. Compete ao Superior Tribunal de Justiça: I – processar e julgar, originariamente: a) nos crimes comuns, os Governadores dos Estados e do Distrito Federal, e, nestes e nos de responsabilidade, os desembargadores dos Tribunais de Justiça dos Estados e do Distrito Federal, os membros dos Tribunais de Contas dos Estados e do Distrito Federal, os dos Tribunais Regionais Federais, dos Tribunais Regionais Eleitorais e do Trabalho, os membros dos Conselhos ou Tribunais de Contas dos Municípios e os do Ministério Público da União que oficiem perante tribunais; [...]".

[23] "Art. 102. Compete ao Supremo Tribunal Federal, precipuamente, a guarda da Constituição, cabendo-lhe: I – processar e julgar, originariamente: a) a ação direta de inconstitucionalidade de lei ou ato normativo federal ou estadual e a ação declaratória de constitucionalidade de lei ou ato normativo federal; b) nas infrações penais comuns, o Presidente da República, o Vice-Presidente, os membros do Congresso Nacional, seus próprios Ministros e o Procurador-Geral da República; c) nas infrações penais comuns e nos crimes de responsabilidade, os Ministros de Estado e os Comandantes da Marinha, do Exército e da Aeronáutica, ressalvado o disposto no art. 52, I, os membros dos Tribunais Superiores, os do Tribunal de Contas da União e os chefes de missão diplomática de caráter permanente; [...]".

[24] "[...] Na linha da Jurisprudência deste Tribunal, a 'tramitação direta de inquérito policial, sem supervisão do órgão competente para julgar eventual crime eleitoral, nos casos em que o investigado dispõe de prerrogativa de foro, contraria entendimento do Tribunal Superior Eleitoral e do Supremo Tribunal Federal'. (Nesse sentido: HC nº 368-78. Rel. Min. Luciana Lóssio, DJE de 24.11.2015; HC nº 573-78. Rel. Min. Luciana Lóssio, DJE de 28.10.2014; HC nº 6-45. Rel. Min. Gilson Dipp, DJE de 21.08.2012; REspe 289-81. Rel. Min. Marcelo Ribeiro, DJE de 06.11.2009). Agravo regimental a que se nega provimento" (TSE/PA. Agravo Regimental em Recurso Especial Eleitoral nº 26.865. Rel. Henrique Neves da Silva. j. 28.3.2017, unânime. *DJe*, 17 abr. 2017).

[25] "[...] 1. Insere-se na prerrogativa de foro – assegurada a determinadas autoridades – a investigação perante órgãos jurisdicionais de maior hierarquia. Precedentes do c. Supremo Tribunal Federal. 2. Inquérito instaurado diante de suposto crime eleitoral cometido por prefeito exige supervisão do órgão a quem compete processar e julgar a respectiva ação penal, sob pena de nulidade de todos os atos (precedentes do TSE e do STF). Esse entendimento visa proteger as instituições públicas, e não interesses de titulares de cargos eletivos. 3. Na espécie, o TRE/SC declarou nulos o inquérito e os atos posteriores, inclusive a denúncia. A Polícia Federal, atendendo a requerimento de promotor de justiça, instaurou inquérito em que, desde o início, um dos suspeitos era detentor do cargo de prefeito. Contudo, toda a investigação, que durou mais de dois anos, foi supervisionada pelo juízo singular, sem nenhuma ciência por parte da Corte Regional. [...]" (TSE/SC. Agravo Regimental em Recurso Especial Eleitoral nº 610. Rel. Antônio Herman de Vasconcellos e Benjamin. j. 23. 8.2016, unânime. *DJe*, 29 set. 2016).

Membro do Ministério Público que atuar perante o Superior Tribunal de Justiça ou pelo Procurador-Geral da República em se tratando do Supremo Tribunal Federal. O procedimento a ser adotado é o previsto na Lei nº 8.038/90, que disciplina o processo e julgamento da ação penal de competência originária dos tribunais, incluindo os casos que envolvam crimes eleitorais. Há distinções, com destaque para o recebimento da denúncia que não será ato monocrático de membro do respectivo tribunal, havendo, inclusive, sustentação oral do autor da denúncia e da defesa. Essa lei, ainda seguindo a sistemática anterior à Lei nº 11.719/08, colocou o interrogatório no início, antes da oitiva das testemunhas. Todavia, a inovação inserida no Código de Processo Penal é, sem dúvida, mais respeitosa ao direito de defesa e não há razão para não se estender aos mais diversos procedimentos penais. O Ministro Celso de Mello, no HC nº 107.795 MC/SP, em decisão de 28.10.2011, publicada no *DJe* de 7.11.2011, reconheceu a incidência do art. 400 do CPP, em sua nova redação, que torna o interrogatório, inclusive nos casos envolvendo a Lei nº 8.038/90, como último ato da fase de instrução probatória.[26] Se, todavia, tratar-se de infração penal de menor potencial ofensivo, o rito será o da Lei nº 9.099/95. Não importa se o autor do fato é ou não detentor de foro por prerrogativa de função.

Não sendo caso de crime de menor potencial ofensivo (Lei nº 9.099/95) nem de competência originária dos tribunais (Lei nº 8.038/90), a ação penal eleitoral, por exclusão, será proposta, em regra, a partir de autos de inquérito policial e perante o respectivo juízo eleitoral em que o crime foi praticado, conforme as regras de competência estipuladas no Código de Processo Penal (art. 69 e seguintes) ou, na hipótese negativa, no domicílio eleitoral do acusado, ou, ainda, não sendo possível definir a competência pelos dois critérios anteriores, incidirá a prevenção.[27]

---

[26] "Esta Suprema Corte, de outro lado, tendo presentes as inovações produzidas pelos diplomas legislativos que introduziram expressivas reformas em sede processual penal (Lei 11.689/2008 – Lei nº 11.690/2008 – Lei nº 11.719/2008), veio a adequar, mediante construção jurisprudencial, a própria Lei nº 8.038/90 (que já previa fase de contraditório prévio) ao novo modelo ritual, fazendo incidir, nos processos penais originários, a regra que, fundada na Lei nº 11.719/2008 (CPP, art. 400), definiu o interrogatório (qualificado como 'depoimento pessoal' pelo art. 359 do Código Eleitoral, na redação que lhe deu a Lei nº 10.732/2003) como o último ato da fase de instrução probatória, por entender que se tratava de medida evidentemente mais favorável ao réu" (BRASIL. Supremo Tribunal Federal. *Informativo nº 659/STF*. Disponível em: <http://www.stf.jus.br//arquivo/informativo/documento/informativo659.htm#transcricao1>. Acesso em: 2 dez. 2017).

[27] "[...] 1. Não se podendo aferir o juízo competente por meio do lugar da infração ou do domicílio do réu, previstos nos incisos I e II do art. 69 do CPP, por haver concorrência de juízos competentes, deve ser usado o critério da prevenção, que no caso em tela aponta

Como a maioria dos crimes eleitorais (pouco mais de dois terços) é de menor potencial ofensivo, o oferecimento de denúncia efetivamente dar-se-á por exclusão por corresponder ao remanescente.

A inércia do Ministério Público Eleitoral em não oferecer no prazo a ação penal eleitoral não só pode atrair penalidades ao desidioso (CE, art. 357, §§3º, 4º e 5º) como também dará ensanchas ao ajuizamento de ação penal privada subsidiária[28] da pública (CF/88, art. 5º, LIX; CPP, art. 29). Seguindo a disciplina do Código de Processo Penal – já que a legislação eleitoral é omissa –, oferecida a ação, será dada vista dos autos ao Ministério Público Eleitoral que poderá "aditar a queixa, repudiá-la e oferecer denúncia substitutiva, intervir em todos os termos do processo, fornecer elementos de prova, interpor recurso e, a todo tempo, no caso de negligência do querelante, retomar a ação como parte principal" (art. 29).

4.3 Ação penal eleitoral e os casos de corrupção eleitoral ativa e passiva

O Código Eleitoral reúne em um só dispositivo (art. 299) a corrupção eleitoral ativa e passiva, impondo a ambas a mesma pena. É crime sujeito ao oferecimento de denúncia, embora passível, se preenchidos os requisitos, de proposta de suspensão condicional do processo. Tratamento diverso é dado pelo Projeto do Novo Código Penal (Projeto de Lei nº 236/2012),[29] que traz em dispositivos distintos a corrupção eleitoral ativa (art. 335) e a corrupção eleitoral passiva (art. 336) e, quanto a esta, a possibilidade de perdão judicial diante de extrema miserabilidade. Não é, repita-se, a sistemática atual do Código Eleitoral em vigor.

Por ocasião do julgamento do HC nº 780-48.2011/MG, o Tribunal Superior Eleitoral, por maioria, julgado em 18.8.2011, tratou de um caso em que o Ministério Público Eleitoral ofereceu denúncia contra os corruptores ativos, mas não o fez contra os eleitores, os quais foram

---

para a 1ª Zona Eleitoral. 2. Conflito resolvido no sentido de fixar a competência da 1ª Zona Eleitoral para processar e julgar a Ação Penal nº 1513-91.2010.6.02.0000, proposta pelo Ministério Público Eleitoral de 1º Grau, determinando-se a remessa dos referidos autos àquela Zona para dar regular andamento ao feito" (TRE/AL. Conflito de Competência nº 3.948. Rel. Luciano Guimarães Mata, j. 9 ago. 2012, unânime. *DEJE*, 13 ago. 2012).

[28] *Vide*, por exemplo, SILVA, Amaury. *Ações eleitorais*: teoria e prática. 2. ed. Leme: J. H. Mizuno, 2016. p. 408.

[29] BRASIL. Senado Federal. *Projeto de Lei do Senado nº 236, de 2012 (Novo Código Penal)*. Disponível em: <https://www25.senado.leg.br/web/atividade/materias/-/materia/106404>. Acesso em: 2 dez. 2012.

arrolados para prestar depoimento e assim foi feito, tendo sido ouvidos na condição de informantes. O resultado foi a condenação dos acusados. A questão chegou à Corte Superior fundada, basicamente, em duas teses: a indivisibilidade da ação penal, não podendo o Ministério Público escolher quem denuncia, e a impossibilidade de oitiva daqueles que seriam corréus. Quanto à indivisibilidade, a partir de precedentes do STF, STJ e do próprio TSE, esta foi rejeitada sob o argumento de que esse aspecto da ação penal diz respeito à ação privada, que não é o caso da ação penal eleitoral, sempre pública incondicionada. Apesar disso, o não oferecimento da denúncia contra os eleitores e a oitiva deles conduziram o julgamento, que num primeiro momento apontava em sentido contrário ao resultado obtido, para não só reconhecer o caráter divisível da ação penal pública como também para assentar aspecto típico de política criminal, por via não legislativa, de que o Ministério Público Eleitoral pode deixar de oferecer denúncia contra eleitores nos casos do art. 299 do CE, se presentes elementos como a baixa escolaridade e a baixa condição social ("menos afortunados").

O debate não está encerrado. A solução adotada pelo Tribunal Superior Eleitoral, malgrado pareça de boa política criminal, não encontra assento na legislação, que dispõe exatamente em sentido contrário. O acórdão afunilou sua decisão quanto ao não oferecimento da denúncia em face da condição social dos eleitores, mas não relacionou, embora tenha sido ventilada a discussão, se, mesmo em casos de não inclusão na denúncia, tais eleitores poderiam ser ouvidos, em que condição e, se ouvidos, seus depoimentos poderiam ser levados em conta para fins de condenação. Realmente, é extremamente complicado querer sustentar uma resposta positiva para todos esses pontos. A ação penal eleitoral em casos de corrupção deve abranger todos (ativos/passivos) a fim de que seja dada a possibilidade, dentro do processo, de serem ouvidos, na condição de acusados, e, ao final da instrução, averiguar os elementos de prova, inclusive a incidência, por exemplo, de institutos como o *erro de proibição* em relação aos eleitores.

5 As reformas no Código de Processo Penal e o Novo Código de Processo Civil e seus reflexos no processo penal eleitoral

Desde a publicação da Lei nº 11.719/08, que introduziu diversas alterações no Código de Processo Penal, instaurou-se discussão no direito eleitoral sobre a incidência ou não das novas regras procedimentais ao processo penal eleitoral. A razão é que o Código Eleitoral apresenta um procedimento próprio (arts. 359, 360 e 361), incluindo a alteração introduzida pela Lei nº 10.732/03. Contudo, a Lei nº 11.719/08, ao modificar o art. 394, determinou em seu §4º que as disposições dos arts. 395 a 398 do CPP aplicam-se a todos os procedimentos penais de primeiro grau, incluindo os que possuem regulamentação específica fora do CPP, como é o caso dos crimes eleitorais. Mas não é só. A nova lei alterou o momento do interrogatório no processo penal, tornando-o o último ato da audiência de instrução e julgamento depois da oitiva das testemunhas (art. 400).

O Tribunal Superior Eleitoral firmou entendimento a respeito no art. 13 da Resolução nº 23.396, ao dispor no art. 13 que a "ação penal eleitoral observará os procedimentos previstos no Código Eleitoral, com a aplicação obrigatória dos artigos 395, 396, 396-A, 397 e 400 do Código de Processo Penal, com redação dada pela Lei nº 11.719, de 2008". O que restar quanto à disciplina posta no Código Eleitoral (arts. 359, 360 e 361) é que será aplicado como próprio ao processo eleitoral,[30] a saber, prazo de 5 (cinco) dias para alegações finais para cada uma das partes e sentença em 10 (dez) dias. Depois de divergências na doutrina e na jurisprudência, o Supremo Tribunal Federal, corretamente, em atenção à maior observância ao direito de defesa, reconheceu "a incidência do art. 400 do CPP comum a partir da publicação da ata do presente julgamento, aos processos penais militares, aos processos penais eleitorais e a todos os procedimentos penais regidos por legislação especial" em trâmite.[31]

O Novo Código de Processo Civil, por sua vez, trouxe uma nova sistemática para o direito processual civil brasileiro sob vários aspectos. Embora compartilhemos da tese de que o direito processual penal possui feições próprias e muitos dos equívocos atualmente existentes decorrem da aplicação de categorias do processo civil ao processo penal, como é o caso das condições da ação, antes vistas, é inegável que perspectivas novas inauguradas pelo novo código alcançarão ao longo do tempo todos os tipos de processos, inclusive o processo penal. O art. 15 do novo código prescreve claramente que

---

[30] A parte final do art. 13 da resolução não é muita clara. Limita-se a dizer "Após esta fase, aplicar-se-ão os artigos 359 e seguintes do Código Eleitoral". Contudo, o art. 359 do CE não apresentada procedimento distinto do CPP, embora se refira a "depoimento pessoal do acusado" (e não interrogatório). E o art. 360 do CE menciona apenas diligências requeridas e deferidas pelo Ministério Público Eleitoral, o que não pode excluir, evidentemente, as requeridas e deferidas pela defesa do acusado. Ademais, nada impede que todos os atos finais, incluindo alegações e sentença, sejam realizados em audiência.

[31] STF. Habeas Corpus nº 127.900/AM. Rel. Dias Toffoli, Tribunal Pleno, j. 3.3.2016. *DJe*, 3 ago. 2016.

"[n]a ausência de normas que regulem processos eleitorais, trabalhistas ou administrativos, as disposições deste Código lhes serão aplicadas supletiva e subsidiariamente"; embora sua leitura possa ser feita em relação ao processo não penal eleitoral, não há razão para afastar do processo penal inovações que o novo código inaugurou ou trouxe de forma mais explícita no plano normativo. Não é objetivo aqui indicar pontualmente todos esses aspectos; podem, entretanto, ser mencionados como exemplos, o que o novo código considera como não suficiente para que uma decisão seja tida como fundamentada (art. 489, §1º),[32] a necessidade de que os tribunais mantenham sua jurisprudência estável, íntegra e coerente (art. 926) e, para esse fim, que os integrantes do Poder Judiciário observem (art. 927), naquilo que for aplicável ao processo penal, as decisões do Supremo Tribunal Federal em controle concentrado de constitucionalidade, os enunciados de súmula vinculante, os acórdãos em incidente de assunção de competência ou de resolução de demandas repetitivas e em julgamento de recursos extraordinário e especial repetitivos, os enunciados das súmulas do Supremo Tribunal Federal em matéria constitucional e do Superior Tribunal de Justiça em matéria infraconstitucional, a orientação do plenário ou do órgão especial aos quais estiverem vinculados. Entre outros pontos, basicamente, destacamos aqui a exigência posta pelo novo código da construção de um sistema de precedentes e, em consequência, sua necessária observância. Tanto no processo civil quanto no processo penal ou em qualquer outro tipo de processo, os precedentes são fundamentais para a segurança jurídica. Em matéria penal, exatamente pelo conteúdo do processo, isso parece avultar mais,[33] embora isso deva ser feito ao longo do tempo e com muita cautela, pois, mesmo que pareça redundante, não custa dizer, processo penal não é processo civil. O aspecto de maior relevância, nessa relação entre Novo CPC e CPP, é o reconhecimento e

---

[32] "Art. 489. São elementos essenciais da sentença: [...] §1º Não se considera fundamentada qualquer decisão judicial, seja ela interlocutória, sentença ou acórdão, que: I – se limitar à indicação, à reprodução ou à paráfrase de ato normativo, sem explicar sua relação com a causa ou a questão decidida; II – empregar conceitos jurídicos indeterminados, sem explicar o motivo concreto de sua incidência no caso; III – invocar motivos que se prestariam a justificar qualquer outra decisão; IV – não enfrentar todos os argumentos deduzidos no processo capazes de, em tese, infirmar a conclusão adotada pelo julgador; V – se limitar a invocar precedente ou enunciado de súmula, sem identificar seus fundamentos determinantes nem demonstrar que o caso sob julgamento se ajusta àqueles fundamentos; VI – deixar de seguir enunciado de súmula, jurisprudência ou precedente invocado pela parte, sem demonstrar a existência de distinção no caso em julgamento ou a superação do entendimento".

[33] *Vide* DIDIER JR., Fredie (Coord.); CABRAL, Antonio do Passo; PACELLI, Eugênio; CRUZ, Rogério Schietti (Org.). *Coleção repercussões do Novo CPC*: processo penal. Salvador: JusPodivm, 2016.

a implementação de garantias no que se refere aos direitos do acusado no processo penal. Aqui residem as lentes do hermeneuta nessa tarefa. Quanto ao disciplinamento recursal[34] em matéria penal eleitoral, as leis extravagantes eleitorais são absolutamente silentes; já o Código Eleitoral traz um único dispositivo para se referir ao recurso de apelação de sentenças absolutórias ou condenatórias proferidas pelo juízo de primeiro grau, recurso que é dirigido aos tribunais eleitorais, cujo prazo para interposição é de 10 (dez) dias. É a chamada apelação criminal eleitoral (art. 362). Salvo isso, o art. 364 do Código Eleitoral atrai a incidência do Código de Processo Penal no processo, julgamento, recursos e execução[35] relacionados a crimes eleitorais. Sob esse aspecto, os recursos em espécie serão os mesmos previstos para o processo penal comum (não eleitoral), com ligeiras (e importantes) modificações, como é o caso dos embargos de declaração, que possuem prazo próprio no Código Eleitoral (art. 275), e do recurso extraordinário em matéria eleitoral, cujo prazo segue a sistemática dos recursos eleitorais em geral (CE, art. 258), conforme entendimento sumulado pelo STF.[36] Naquilo que não houver regramento específico, segue-se a sistemática do direito processual penal comum,[37] como exemplo, no que se refere ao mandado de segurança em matéria penal eleitoral, ao *habeas corpus*, à revisão criminal e aos mais diversos tipos de recursos que podem ser interpostos no processo penal.

6 A urgente necessidade de revisão/racionalização (redução) dos crimes eleitorais e seus consequentes efeitos na investigação policial e nas ações penais eleitorais

Os tipos penais eleitorais no Brasil são muitos e beiram a centena. Fora do período eleitoral, contudo, a prática de crimes eleitorais é quase

---

[34] *Vide* ALVIM, Frederico Franco. *Curso de direito eleitoral*: atualizado de acordo com as Leis 12.875/13, 12.891/13 e com as resoluções expedidas pelo Tribunal Superior Eleitoral para as eleições 2014. Curitiba: Juruá, 2014. p. 659-662.

[35] A propósito da execução, o Superior Tribunal de Justiça editou a Súmula nº 192: "Compete ao Juízo das Execuções Penais do Estado a execução das penas impostas a sentenciados pela Justiça Federal, Militar ou Eleitoral, quando recolhidos a estabelecimentos sujeitos à administração estadual".

[36] Súmula nº 728/STF: "É de 3 (três) dias o prazo para a interposição de recurso extraordinário contra decisão do Tribunal Superior Eleitoral, contado, quando for o caso, a partir da publicação do acórdão, na própria sessão de julgamento, nos termos do art. 12 da Lei 6.055/74, que não foi revogado pela Lei 8.950/94".

[37] Fonte importante são os regimentos internos das Cortes Eleitorais.

zero;[38] e, durante a disputa eleitoral, os tipos mais comuns não atingem uma dúzia. A disciplina dos crimes eleitorais pode ser avaliada a partir de critérios diversos que vão desde os dogmáticos, como o bem jurídico tutelado, passando pela pena, pois a maioria possui penas irrisórias a ponto de revelar a total desnecessidade da criminalização (e não a exasperação como solução), até critérios pragmáticos como a otimização da rotina da Justiça Eleitoral, do Ministério Público Eleitoral e da Polícia Federal.

Uma crítica geral aos crimes eleitorais é por nós realizada em trabalho específico, que pode ser, de forma muito sintética e panorâmica, apresentada a partir de pressupostos variados, a começar pela classificação dos tipos penais considerando-se a pena aplicada:[39]

a) Crimes de menor potencial ofensivo:
- Sujeitos só à pena de multa: 9.
- Sujeitos à pena privativa de liberdade ou multa: 15.
- Apenados com multa cumulada: 27.
- Apenados com pena privativa de liberdade: 1.
* Total de crimes eleitorais de menor potencial ofensivo: 52.

b) Crimes que não são de menor potencial ofensivo, mas estão sujeitos à suspensão condicional do processo, se atendidos os requisitos legais (Lei nº 9.099/95, art. 89): 14.

c) Crimes que não são de menor potencial ofensivo e não estão sujeito a qualquer benefício da Lei nº 9.099/95, mas sujeitos à substituição por penas restritivas de direito (CP, art. 44), evidentemente se preenchidos os requisitos: 11. Entre esses apenas um (1) crime eleitoral (art. 72 da Lei nº 9.504/97) possui pena mínima superior a quatro anos.

O Projeto do Novo Código Penal (Projeto de Lei nº 236/2012),[40] criticado com razão sob os mais diversos aspectos, traz uma proposta

---

[38] Desconhecemos pesquisas empíricas sobre esse quantitativo, mas a rotina de quem milita na Justiça Eleitoral parece revelar um verdadeiro esquecimento dos crimes eleitorais fora do ano de eleições.

[39] Os critérios utilizados para a classificação e os respectivos quantitativos podem ser lidos em obra específica (SALES, José Edvaldo Pereira. *A proteção do bem jurídico e a (des)criminalização no direito eleitoral*. Rio de Janeiro: Lumen Juris, 2013. p. 146-153). Aqui já são incluídas as modificações introduzidas pela Lei nº 13.488, de 6 de outubro de 2017, que acrescentou o inciso IV ao §5º do art. 39 da Lei nº 9.504/1997 e o art. 354-A ao Código Eleitoral, criando, assim, dois novos tipos penais eleitorais.

[40] BRASIL. Senado Federal. *Projeto de Lei do Senado nº 236, de 2012 (Novo Código Penal)*. Disponível em: <https://www25.senado.leg.br/web/atividade/materias/-/materia/106404>. Acesso em: 2 dez. 2012.

positiva no que se refere aos crimes eleitorais. É descriminalizante em relação ao que vigora atualmente, listando especificamente apenas 15 (quinze) tipos penais eleitorais,[41] embora o art. 325[42] possibilite um aumento significativo desse número.

Se é necessária ou não a intervenção do direito penal em matéria eleitoral é tema que discutimos noutro escrito.[43] Um ponto, contudo, que se mostra incontroverso (assim nos parece) é que a atual regulamentação é totalmente insatisfatória. A revisão é urgente e absolutamente necessária a fim de implementarmos um verdadeiro processo de racionalização desse microssistema penal, que terá reflexos na vida das pessoas, sobretudo, dos atores (diretos ou indiretos) da disputa eleitoral, mas também na rotina dos entes públicos – Justiça Eleitoral, Ministério Público Eleitoral e Polícia Federal. A racionalização com redução mais ousada que a ideia trazida pelo PL nº 236/2012 é a única via que se mostra de acordo com uma política criminal (constitucional) de tutela exclusiva de bens jurídicos relevantes.

Conclusão

Carecemos de dados estatísticos precisos a respeito, mas é possível afirmar a partir da rotina vivenciada no Ministério Público Eleitoral e, em consequência, na Justiça Eleitoral, que a ação penal eleitoral sofre de um verdadeiro *esquecimento* dentro e fora do período eleitoral (ano eleitoral). Fora de períodos eleitorais, diversos inquéritos policiais requisitados tramitam na Polícia Federal no intuito de cumprir diligências, que a rotina do volumoso trabalho policial acaba por dificultar a realização delas no prazo legal, quando isso ocorre, o que leva a um *esquecimento* ante outras prioridades; e, mesmo no período eleitoral, o *esquecimento* decorre de uma questão jurídico-processual: os

---

[41] Os tipos penais são: inscrição fraudulenta de eleitor (art. 326); induzimento ou colaboração ao eleitor que se inscreve fraudulentamente (art. 326, parágrafo único); retenção indevida de título eleitoral (art. 327); divulgação de fatos inverídicos (art. 328); inutilização de propaganda legal (art. 329); falsa identidade eleitoral (art. 330); violação do sigilo do voto ou da urna (art. 331); destruição de urna eleitoral (art. 332); interferência na urna eletrônica ou no sistema de dados (art. 333); utilização dos dados referidos no art. 333 (art. 333, parágrafo único); falsificação de resultado (art. 334); corrupção eleitoral ativa (art. 335); corrupção eleitoral passiva (art. 336); coação eleitoral (art. 337); uso eleitoral de recursos administrativos (art. 338). Existem dois casos de aumento de pena (art. 328, parágrafo único, e art. 338, parágrafo único).

[42] "Art. 325. São considerados crimes eleitorais específicos os que seguem, bem como os crimes contra a honra, a fé pública, a Administração Pública e a administração da Justiça, quando praticados em detrimento da Justiça Eleitoral, de candidatos ou do processo eleitoral".

[43] SALES, José Edvaldo Pereira. *A proteção do bem jurídico e a (des)criminalização no direito eleitoral.* Rio de Janeiro: Lumen Juris, 2013.

atores do processo eleitoral quando recorrem à Justiça Eleitoral, quase sempre, estão preocupados com sanções de natureza não penal eleitoral, como a cassação do registro de candidatura, a cassação do diploma e a ocorrência/incidência de inelegibilidade. No máximo, busca-se a aplicação de multa e/ou a cessão de condutas.

Por outro lado, os crimes eleitorais mais comumente praticados e, por isso, *lembrados* podem ser contados nos dedos da mão. Há no Brasil quase uma centena de tipos penais que, na sua maioria, não são *lembrados* durante todo o pleito eleitoral. Daqueles poucos que ocorrem, o maior número de ocorrências e de envolvidos diz respeito a crimes de menor potencial ofensivo, remetendo-se ao procedimento da Lei nº 9.099/95 com uma proposta de transação penal. Ou, quando há a ação penal eleitoral proposta, muitos casos comportam a suspensão condicional do processo. Vários outros aspectos que a rotina revela poderiam ser suscitados aqui para discutir a partir do plano fático-jurídico a ação penal eleitoral.

Por essas razões, o texto procurou discutir e apresentar vários contextos relacionados à ação penal eleitoral a fim de notarmos que o ponto central dos debates no direito penal e processual penal eleitoral reside na própria disciplina sobre os crimes eleitorais. Diferentemente, no âmbito do direito eleitoral não penal, as mudanças legislativas e os debates da doutrina e da jurisprudência têm sido muito maiores. Embora também nessa outra seara careça de uma disciplina mais adequada no plano legislativo, isto é, uma sistematização/regulamentação das representações eleitorais e as respectivas sanções que podem ser requeridas, o manejo dessas ações e os resultados alcançados se revelam muito mais interessantes em todos os aspectos, sobretudo no que se refere à proteção do bem jurídico, tema caro para o direito penal (eleitoral).

Portanto, os objetivos lançados no início deste texto foram estes – contextualizar a ação penal eleitoral e apontar seus aspectos controvertidos. Mais que discorrer sobre ela, o intuito foi nos levar a pensar sobre sua necessidade diante dos pontos problemáticos que o direito penal eleitoral nos oferece. Mesmo com a proposta existente no projeto do Novo Código Penal, que adota claramente um viés reducionista, é possível ir mais além na formulação de uma política criminal que realmente zele pela proteção de bens jurídicos relevantes e que observe com rigor princípios caros ao direito penal, como a subsidiariedade e a fragmentariedade.

Referências

ALVIM, Frederico Franco. *Curso de direito eleitoral*: atualizado de acordo com as Leis 12.875/13, 12.891/13 e com as resoluções expedidas pelo Tribunal Superior Eleitoral para as eleições 2014. Curitiba: Juruá, 2014.

BARROS, Francisco Dirceu. *Curso de processo eleitoral*. 2. ed. Rio de Janeiro: Elsevier, 2012.

BRASIL. Senado Federal. *Projeto de Lei do Senado nº 236, de 2012 (Novo Código Penal)*. Disponível em: <https://www25.senado.leg.br/web/atividade/materias/-/materia/106404>. Acesso em: 2 dez. 2012.

BRASIL. Supremo Tribunal Federal. *Informativo nº 659/STF*. Disponível em: <http://www.stf.jus.br//arquivo/informativo/documento/informativo659.htm#transcricao1>. Acesso em: 2 dez. 2017.

CÂNDIDO, Joel José. *Direito penal eleitoral & processo penal eleitoral*. Bauru: Edipro, 2006.

DIDIER JR., Fredie (Coord.); CABRAL, Antonio do Passo; PACELLI, Eugênio; CRUZ, Rogério Schietti (Org.). *Coleção repercussões do Novo CPC*: processo penal. Salvador: JusPodivm, 2016.

GOMES, José Jairo. *Recursos eleitorais e outros temas*. São Paulo: Atlas, 2013.

GOMES, Suzana de Camargo. *Crimes eleitorais*. São Paulo: Revista dos Tribunais, 2000.

LOPES JR., Aury. *Direito processual penal*. 14. ed. São Paulo: Saraiva, 2017.

LOPES JR., Aury. *Fundamentos do processo penal*: introdução crítica. São Paulo: Saraiva, 2015.

SALES, José Edvaldo Pereira. *A proteção do bem jurídico e a (des)criminalização no direito eleitoral*. Rio de Janeiro: Lumen Juris, 2013.

SANTANA, Jair Eduardo; GUIMARÃES, Fábio Luís. *Direito eleitoral*: para compreender a dinâmica do poder político. 4. ed. Belo Horizonte: Fórum, 2012.

SANTOS, Juarez Cirino dos. *Direito penal*: parte geral. 2. ed. Curitiba: ICPC; Lumen Juris, 2007.

SILVA, Amaury. *Ações eleitorais*: teoria e prática. 2. ed. Leme: J. H. Mizuno, 2016.

ZILIO, Rodrigo López. *Crimes eleitorais*. Salvador: JusPodivm, 2014.

Informação bibliográfica deste texto, conforme a NBR 6023:2002 da Associação Brasileira de Normas Técnicas (ABNT):

SALES, José Edvaldo Pereira. A ação penal eleitoral e seus contextos. In: PINHEIRO, Celia Regina de Lima; SALES, José Edvaldo Pereira; FREITAS, Juliana Rodrigues (Coord.). *Constituição e processo eleitoral*. Belo Horizonte: Fórum, 2018. p. 343-368. ISBN 978-85-450-0571-1.

PESQUISAS DE INTENÇÃO DE VOTO: EFEITOS SOBRE O COMPORTAMENTO ELEITORAL E HIPÓTESES DE CONTROLE JUDICIAL MEDIANTE O INSTRUMENTO DA REPRESENTAÇÃO

Frederico Franco Alvim
Alexandre Basílio Coura
Murilo Salmito Nolêto

Uma vez que a opinião pública não tem em si o critério da diferenciação nem a capacidade de elevar em si a dimensão substancial do saber definido, a independência em relação a ela constitui a primeira condição formal para algo de grande e de racional.

(Hegel)

1 Introdução

As pesquisas eleitorais são ferramentas de sondagem periódica que permitem aferir os estados de ânimo e as tendências básicas do eleitorado (AGOZINO, 1997, p. 368) em dado momento do ciclo político. Em teoria, destinam-se a permitir que candidatos e partidos verifiquem os níveis de aceitação e rejeição popular de seus postulantes e respectivos programas, modelando, revendo, aperfeiçoando ou intensificando seus planos de ação, a fim de incrementar as chances de sucesso no certame.[1]

---

[1] Ricardo Rodrigues (1994, p. 208) reporta que as pesquisas são primeiramente usadas como "bússolas para a orientação da campanha". Nesse sentido, indicam erros e acertos em suas

Paralelamente, alimentam uma necessidade natural do mercado de informações, permitindo que a comunidade interessada – grupos econômicos, entidades de classe e a própria população – acompanhe os desdobramentos da campanha e anteveja os possíveis destinos da disputa por espaços de poder.

Na prática, porém, o interesse nas pesquisas de intenção de voto vai além e perpassa a otimização das ações de *marketing* e a satisfação de compreensíveis interesses setoriais e jornalísticos.[2] Por razões variantes, os quadros apresentados pelas sondagens impactam de alguma forma a dinâmica eleitoral, tendo em vista que potencialmente pesam sobre as atitudes de concorrentes e eleitores e, inclusive, sobre a atratividade para a captação e a disponibilidade para a realização de doações eleitorais.[3]

Logo, é assente que os *players* carregam um interesse mais ou menos disfarçado na superestimação de seus desempenhos nos processos prévios de consulta popular. Com o fim de conter essa tendência, preservando a orientação do voto com base em realidades manufaturadas, o ordenamento cria regras destinadas à depuração dos instrumentos de pesquisa, prevendo respostas jurisdicionais que vão da proibição da divulgação de resultados ao reconhecimento de crimes, sem prejuízo da aplicação de sanções pecuniárias substanciais.

Nesse diapasão, o presente trabalho, ademais de apontar para os diferentes efeitos que as pesquisas de opinião podem surtir sobre o eleitorado, procura enumerar as principais espécies de fraudes e inconsistências nas pesquisas eleitorais, com a finalidade de sistematizar as possibilidades de realização de controle jurisdicional sobre essa ordem de transgressão particular.

2 Os efeitos das pesquisas de intenção de votos sobre o comportamento eleitoral

De acordo com Bea Franco (CAPEL, 2000, p. 80), as pesquisas de intenção de voto atendem a múltiplos objetivos. Em primeiro

---

táticas, sinalizando para a necessidade de desistências ou redirecionamento de estratégias, assim como para a composição de alianças. Em definitivo, as pesquisas eleitorais "fornecem elementos para os programas de governo e alteram as agendas dos candidatos".

2 Com apoio em Traugott, Pablo Antillano (2013, p. 03) explica o recorrente uso das pesquisas pelos veículos de comunicação. As pesquisas alimentam uma atmosfera de drama e conflito que produz um alto impacto sobre o público, elevando os níveis de audiência. Ademais, fornecem aos jornalistas dados que respaldam suas análises, reportagens e previsões.

3 "A depender dos resultados obtidos e do modelo de financiamento de campanhas eleitorais adotado pelo país, as pesquisas passam a desempenhar também um relevante papel na atração de contribuições financeiras. Aqueles que aparecem com maiores chances de vitórias nas pesquisas, contarão muito provavelmente com mais doadores" (OSORIO, 2017, p. 214).

lugar, intentam antecipar o resultado da eleição; em segundo lugar, servem como um canal de retroalimentação (*feedback*) da estratégia de propaganda, para determinar a sua efetividade e aplicar os corretivos necessários nas imagens que projetam; finalmente, podem operar como um meio inescrupuloso para confundir ou manipular a opinião pública.[4] O uso com diferentes finalidades confere às pesquisas uma natureza dual: ao tempo em que se revelam legítimos instrumentos de leitura sobre o clima político, surgem também como "verdadeiros fenômenos de corrupção", uma vez que podem ser usadas como "armas" para a indução de cidadãos que tendem a acompanhar o suposto ganhador (ANDRADE SÁNCHEZ, 2010, p. 56).[5]

Com efeito, embora as pesquisas não sejam instrumentos de propaganda, são como tal exploradas pelo conhecido potencial de influência exercível sobre os eleitores, sobretudo quanto à camada de indecisos, em especial à gama que acredita no mito de que o apoio a alternativas menos populares, com baixas chances de êxito, equivale à emissão de um "voto desperdiçado".[6] Seu impacto publicitário é tal que autores como Leôncio Martins Rodrigues (*apud* RODRIGUES, 1994, p.

---

[4] Pelo prisma do direito à informação, Aline Osorio (2017, p. 214) destaca que as pesquisas desempenham funções de extrema relevância no processo eleitoral: "Em primeiro lugar, elas apontam a posição dos candidatos diante da intenção de votos dos eleitores e conferem elementos para que os candidatos avaliem a necessidade de ajustes no direcionamento de suas campanhas, tanto com relação às plataformas políticas que defendem quanto no que se refere às regiões onde devem intensificar suas ações ou os perfis de eleitores aos quais devem se dirigir mais diretamente. [...] Em segundo lugar, as pesquisas de opinião veiculam informações sobre o que os cidadãos de determinada localidade e em um determinado momento pensam sobre diversos temas da agenda política e sobre os candidatos e partidos políticos em disputa. Essas sondagens trazem, assim, *imputs* relevantes para a tomada de decisões eleitorais por parte dos cidadãos. Os dados extraídos das pesquisas, somados às demais informações a quem têm acesso durante o pleito, permitem que os indivíduos possam tomar suas decisões de voto de maneira informada, inclusive no que tange à viabilidade prática de um candidato de sua preferência vir a ser eleito ou não. E mais: essas sondagens contribuem para o controle político das autoridades, na medida em que submetem os governantes e as políticas públicas por ele adotadas ao exame da população".

[5] Os possíveis efeitos negativos derivados das sondagens de opinião são bem explorados por Gálvez Muñoz (2001, p. 186-197). O letrado espanhol argumenta que divulgação das pesquisas de intenção de podem: (a) perverter a racionalidade do voto; (b) pressionar o voto; (c) distrair os eleitores do debate político; (d) menosprezar a igualdade das candidaturas; (e) desmobilizar o eleitorado; e (f) romper a unidade do ato eleitoral.

[6] Del Rey Morató (2007, p. 118) defende que a impressão sobre o voto desperdiçado advém de um jogo de linguagem que parte da premissa implícita de que nem todos os votos são úteis, argumento falso que apenas serve à cauda daqueles que o põem em circulação. Como adverte o autor: "todos los votos son útiles, y argumentar que el apoyo a una minoría política equivale a tirar el voto en la papelera atenta contra el sentido común y contra la cultura de la democracia".

208) chegam a afirmar que "esse instrumento de mensuração de opinião acabou por se tornar um [verdadeiro] ator político".[7]

De fato, os estados da concorrência revelados pelas pesquisas repercutem nos níveis de participação eleitoral e ainda na mente política em função de, pelo menos, cinco efeitos psicológicos identificados pelos especialistas, a saber: *efeito de variação estratégica; efeito de desmobilização; efeito de engajamento; efeito de contágio; efeito de solidariedade com a rejeição.*

2.1 Efeito de variação estratégica

Pedro Magalhães (2011, p. 99) leciona que as sondagens afetam a percepção que os eleitores fazem do apoio político de que cada partido dispõe, o que em alguns casos gera no comportamento eleitoral um chamado "efeito estratégico", pelo qual os indivíduos são levados "[...] a pensar não tanto em termos do partido que preferem, mas sim nas consequências do seu voto para eleição como um todo, retirando o seu voto a partidos que não têm hipótese de vencer para evitar um desfecho indesejável". Cuida-se, aí, da propagação do chamado "voto útil", traduzido no abandono do candidato predileto em favor de um outro supostamente mais apto a sagrar-se vencedor.

Desde os apontamentos de Maurice Duverger, observa-se o voto útil como uma tendência psicológica manifestada por eleitores que, crentes de que seu candidato preferido não se encontra em condições de vencer, acabam por redirecionar seus votos a adversários mais viáveis, com o fim de evitar a vitória de outro considerado pior (PASQUINO, 2009, p. 152). O voto tático se apresenta, assim, como produto do cálculo realizado por uma parte do eleitorado que, apoiando-se nos resultados das pesquisas, modifica a sua intenção de voto original com o objetivo de conferir a maior utilidade possível ao seu sufrágio (CASADEVANTE MAYORDOMO, 2014, p. 305). Segundo Rodrigues (1994, p. 209), este fenômeno:

> [...] tende a acontecer em eleições polarizadas, onde dois candidatos se destacam mais que os outros na corrida eleitoral. Com o acesso à informação proveniente da divulgação de resultados de pesquisas, o

---

[7] A necessidade de um controle sobre a fiabilidade e o rigor das pesquisas é bem ilustrada por José Andrade Pereira (2006, p. 55): "[...] se a publicação e difusão dos dados obtidos não é efectuado de forma a não falsear ou deturpar o seu resultado, sentido e limites, se tudo não decorrer com verdade e lisura, não temos verdadeiramente inquéritos nem sondagens de opinião e assistiremos ao espectáculo triste de cada órgão de comunicação social difundir resultados de pseudo-sondagens favoráveis à sua orientação política. Estamos então face a uma intolerável forma de pressão sobre os eleitores".

eleitor fica ciente de que as condições de um terceiro candidato de sua preferência suplantar um dos líderes são mínimas e, nesse caso, opta por votar em um dos líderes para não "perder" o seu voto.

Gálvez Muñoz (2011, p. 186), na esteira de diversos autores (Bettinelli; Zeno-Zencovich; Avril; Druon; Lazareff; Wert Ortega), aduz que o voto estratégico – "aquele determinado em função da valoração do seu rendimento" – é incompatível com o princípio do voto racional, entendido como a exigência de que os eleitores adotem no dia da votação a decisão eleitoral com a que mais se identifiquem pessoalmente. Para essa corrente, em perspectiva normativa as pesquisas eleitorais frustram o dogma democrático na medida em que potencialmente impedem que o ato eleitoral derive de uma "conduta expressiva da identidade política pessoal" formada a partir de "ideias e opiniões políticas mais íntimas e profundas".

Jairo Nicolau (2012, p. 10) explica que a emissão do voto útil é mais frequente em algumas espécies de sistemas eleitorais, como no caso de eleições majoritárias com turno único, nas quais o eleitor enfrenta a possibilidade de que a opção que rejeita seja, de pronto, a vencedora do certame. A inclinação para a incidência do voto útil em sistemas majoritários é corroborada pela pesquisa de Blais, Gidengil e Nevitte (2006, p. 263).[8] Wolfgan Donsbach (2001, p. 1), por seu turno, registra que nos pleitos proporcionais o voto estratégico faz-se mais presente em sistemas que adotam cláusulas de barreira, o que prejudica o desempenho das legendas de menor expressão, que perdem uma parcela de apoio pela suposição que muitos fazem de que não lograrão superar o umbral.

Exemplo recente do poder da variação estratégica promovida pelas pesquisas eleitorais pôde ser visto na eleição, em primeiro turno, de João Dória para o cargo de prefeito de São Paulo nas eleições de 2016. Com efeito, uma reportagem veiculada pela *Folha de S.Paulo*, no dia seguinte às eleições de 2016, asseverou que aquela

> foi a eleição do voto útil, da negação consciente da política e do eleitor conectado. Na véspera da votação, havia 25% de paulistanos que, mesmo indicando seu voto, admitiam ainda mudar. São os que aguardam os

---

[8] Os autores mencionam que, no Canadá, algumas investigações sobre pleitos específicos indicaram uma marcante presença do voto estratégico, o qual girava em torno de 5% (ALVAREZ; NAGLER, 2000; BLAIS; GIDENGIL; NEVITTE, 2006). No Brasil, um estudo sobre as eleições de 1989 estimou a presença do voto tático na casa dos 7,3% (NUNES; OLSÉN; STRAUBHAAR, 1993, p. 112).

últimos momentos, as últimas informações que recebem e buscam para tomar a decisão definitiva. (PAULINO, 2016)[9]

2.2 Efeito de desmobilização

Em algumas experiências, as pesquisas eleitorais podem desmobilizar os eleitores, ao lhes dar a impressão de que o certame já se encontra decido (MAGALHÃES, 2011, p. 98). Isso ocorre porque o estímulo que recebem os eleitores para votar é diretamente proporcional ao grau de incerteza existente em torno dos resultados eleitorais, ou seja, a maior indecisão a respeito da projeção da disputa aumenta no eleitorado a sensação de que a orientação do seu voto pode afetar de alguma forma o destino das eleições. Nessa quadra, quando as sondagens refletem um resultado claro, o exercício do voto tende a ser visto como inútil (GÁLVEZ MUÑOZ, 2011, p. 195).[10]

Como é cediço, o prenúncio de vitórias virtualmente irreversíveis tende a propagar alguma onda de desânimo, elevando os índices de abstenção política, o que em situações extremas pode, inclusive, conduzir a viradas surpreendentes, como no caso das eleições para a governadoria do estado mexicano de Querétaro, em 1996 (ANDREA SÁNCHEZ, 1998, p. 77). Nesse caso, verificou-se um alto índice de abstenção por parte do eleitorado do franco favorito, o que, entre outros fatores, contribuiu para que o resultado final coroasse um adversário que se acreditava virtualmente derrotado.

Como se intui, o efeito de desmobilização é mais facilmente presente em Estados que adotam o modelo de voto facultativo (IRWIN; VAN HOSTEYN, 2002, p. 97), tendo em vista que nos regimes de voto obrigatório o desestímulo gerado pelas previsões das pesquisas é, de algum modo, compensado pela existência de sanções em face do descumprimento das obrigações eleitorais, caso da aplicação de multas pecuniárias associada à privação de direitos, tal como se apura do art. 7º, do Código Eleitoral brasileiro.

---

[9] "Entre os eleitores de Russomanno que na véspera cogitavam mudar o voto, a maior parte (39%) escolhiam João Doria como a opção mais provável. O mesmo acontecia com os eleitores de Marta. Cerca de um terço acenava com a possibilidade de mudar para o tucano e outros 29% afirmavam que poderiam mudar para Haddad" (PAULINO, 2016).

[10] "Si ya se 'haganado' o se 'ha perdido', no hay a necesidad de molestarse en acudir a votar. ¿Por qué se va a tomarse uno el trabajo de acercarse a las urnas si, según los sondeos, el resultado es ya seguro y, por tanto, su esfuerzo no tiene posibilidad alguna de incidir en el resultado? Se produce, en gran parte del electorado, un *sentimiento de determinismo* o fatalidad, consistente en considerar, en expresión de un diputado belga [Risopoulos], que 'la partida está jugada de antemano'" (GÁLVEZ MUÑOZ, 2011).

2.3 Efeito de engajamento

Em contrapartida, cenários de disputa acirrada (com empates técnicos ou vantagens apertadas) produzem um efeito de engajamento ou adesão. Nesses contextos, as pesquisas eleitorais mobilizam o eleitorado, aumentando o interesse por uma campanha que se enxerga aberta e competitiva (MAGALHÃES, 2011, p. 99). O aumento da competitividade tende a incrementar os índices de comparecimento e, ainda, estimular a participação em nível horizontal, fazendo com que muitos eleitores adiram direta ou indiretamente às campanhas de suas preferências, buscando amealhar votos dentro de seus círculos sociais.

2.4 Efeito de contágio (*bandwagon effect*)

Também conhecido como "efeito manada", o efeito de contágio "[...] leva os indivíduos a apoiar os partidos que 'vão à frente'" (MAGALHÃES, 2011, p. 99). Para Ángel Cazorla (CRESPO MARTÍNEZ *et al.*, 2015, p. 36), o fenômeno encontra fundamento na ideia de que os meios de comunicação, ao propagarem os resultados estimados de determinada eleição, incrementam a possibilidade de que o indivíduo, para afirmar-se dentro de um grupo, comporte-se do mesmo modo que seus membros. Em outras palavras, implica que o indivíduo tenda a somar-se à expressão da maioria, na medida em que ninguém gosta de perder, e considerando uma previsão que desde logo mostra qual seria o "cavalo vencedor". Para Casadevante Mayordomo (2014, p. 304), o efeito *badwagon* se apresenta quando:

> [...] el elector se decide a apoyar con su voto a la formación política que aparece a la cabeza de las encuestas, posiblemente con el mero ánimo de "compartir con él la gloria del éxito [...] de disfrutar del placer de estar de parte del más fuerte, de aquél que ha conquistado el poder". De esta forma, los sondeos constituirían una profecía autocumplida, siendo determinante el resultado de los mismos para el desenlace del proceso electoral.

Ricardo Rodrigues (1994, p. 208-209) revisa a literatura especializada para apontar estudos que evidenciam a existência do efeito em questão. Em 1948, Lazarsfeld, Berelson e Gaudet concluíram que pesquisas eleitorais como fonte de mudanças de expectativas do eleitorado foram especificamente mencionadas por 42% de seus entrevistados. Crewe, em um estudo sobre as eleições inglesas de 1983, constatou que a liderança nas pesquisas encorajou votos adicionais à aliança formada pelo SDP com o Partido Liberal. Antes, De Bock (em 1976) concluíra que a divulgação de dados declinantes acerca de determinado candidato havia contribuído para que a sua dimensão de apoio caísse ainda mais. Esse argumento vai ao encontro de hipótese comprovada por Dizney e Roskens (em 1962), na esteira de que o efeito *bandwagon* pode ainda operar no sentido negativo, "inibindo o curso normal do processo de decisão democrática".[11]

2.5 Efeito de solidariedade com a rejeição (*underdog effect*)

Em oposição ao efeito de contágio, o *efeito underdog*[12] (ou "efeito azarão") tem origem no sentimento de lástima ou pena que despertam os candidatos que apresentam baixas probabilidades de vitória, o que pode despertar a simpatia de uma parte do eleitorado. É o que ensinam García Hípola e Cazorla (CRESPO MARTÍNEZ *et al.*, 2015, p. 351), os quais advertem que o sentimento de solidariedade pode, por vezes, mudar os destinos de um pleito, convertendo azarões em vencedores inesperados, especialmente quando a situação adversa é bem explorada pelos responsáveis políticos. Assim mesmo, Casadevante Mayordomo (2014, p. 304) descreve o efeito em tela como uma "reação de contracorrente", por meio da qual o eleitorado castiga a formação política que lidera as previsões, seja para suavizar um forte apoio, seja

---

[11] Contudo, encontra-se na academia a impressão geral de que o efeito *bandwagon* não é forte o suficiente para alterar convicções sólidas e estáveis, pelo que se acredita que o fenômeno opera com muito mais vigor sobre o eleitorado indeciso. Nesse sentido, p. ex., os argumentos de Lang e Lang, assim como o de Atkin (RODRIGUES, 1994, p. 209). Para Blais, Gidengil e Nevitte (2006, p. 264), embora a dimensão do *bandwagon* ainda não esteja muito bem conhecida, seria imprudente ignorar a possibilidade desses efeitos. Em suma, grassa uma impressão geral no sentido que o impacto existe, muito embora seja difícil precisar a sua exata extensão.

[12] "En un sentido amplio, el término *underdog* se refiere a la discriminación, precariedad o persecución que sufre un determinado grupo social motivo por el cual se ganaría la simpatía de la opinión pública. Ésta desarrollaría un sentimiento de solidariedad hacia la persona o personas más débiles debido a que pierden o están en posición de desventaja. [...] En el ámbito político el efecto *underdog* encuentra su explicación en contraposición con el efecto *bandwagon* en el que un grupo social aparece como claro vencedor lo que provoca que la opinión pública se sume a la idea colectiva de estar próximo a las ideas del ganador por miedo a quedarse aislado en lo que se conoce como la Teoría de la Espiral del Silencio (Noelle-Neumann, 1984). En este cenario, la imagen que proporcionan los médios de comunicación de masas son fundamentales ya que son los que ofrecen una visión del conflicto a la opinión pública y está hará una clasificación entre quiénes son los ganhadores y perdedores. Eso también sucedería con la publicación de encuestas donde los ciudadanos encontrarían las dinámicas ganador *vs.* perdedor de manera muy clara" (GARCÍA HÍPOLA; CAZORLA. In: CRESPO MARTÍNEZ *et al.*, 2015, p. 351).

como consequência de um ato de solidariedade para com as alternativas menos favorecidas pelos institutos de sondagem de opinião.

O efeito *underdog* pode ser reforçado por duas consequências secundárias: em primeiro lugar, pelo chamado efeito de "livre arbítrio" (ANDREA SÁNCHEZ, 1998, p. 78), verificado quando os eleitores votam "de maneira caprichosa", indo contra a "corrente imperante", com o propósito específico de provar que as pesquisas "compradas pelo *establishment*" estavam equivocadas;[13] em segundo lugar, pela postura de alguns eleitores que sufragam em favor dos azarões a fim de minar a soberba ou evitar o relaxamento de candidatos que vencem com distâncias acachapantes (PEREIRA, 2006, p. 54). O segundo caso ocorre quando a população decide passar ao representante eleito a impressão tácita de que se mantém vigilante.

A despeito de alguns exemplos históricos que comprovam a sua existência,[14] o efeito *underdog* é algo incomum. Em geral, os números apresentados pelas pesquisas não parecem motivar o eleitor para essa espécie de comportamento (FLEITA *apud* RODRIGUES, 1994, p. 209), sendo mais constante e volumosa a adesão em favor das alternativas que supostamente concentram a preferência da maioria. Em síntese, os resultados apresentados pelas pesquisas de intenção de voto produzem mais frequentemente a elevação do apoio do concorrente ponteiro, somente em alguns casos conduzindo a reação do adversário que se encontra atrás.

2.6 A extensão concreta dos impactos produzidos pelas pesquisas eleitorais

Os estudos dedicados ao dimensionamento dos efeitos das pesquisas sobre o voto são, em análise agregada, inconclusivos. Os resultados variam em função da metodologia aplicada e, ainda, em razão

---

[13] Conforme o autor, nesse cenário: "[...] el elector decide que 'las encuestas voy a votar de x manera, pues voy a votar de otra manera sólo porque 'se me pega la gana', y para ir contra la corriente imperante en la sociedad'. De esta manera, bajo este efecto distorsionador de las encuestas, ocasionado por el libre albedrío, se genera – para la verdadera democracia y su diseño institucional – una peligrosa actitud caprichosa y frívola que altera el proceso ecuánime y profundamente serio que debe ser la emisión del sufragio en las sociedades contemporâneas" (ANDREA SÁNCHEZ, 1998).

[14] Veja-se, entre outras, as eleições mexicanas para a governadoria do estado de Querétaro (mandato 1997-2003), vencidas pelo candidato Ignacio Loyola Vera, que acabou por surpreender um adversário amplamente majoritário segundo as primeiras pesquisas (ANDREA SÁNCHEZ, 1998, p. 77), assim como as eleições espanholas de 1996, nas quais o PSOE acabou por triunfar após superar um clima midiático hostil que lhe colocava na rabeira das pesquisas (BOUZA, 1998, p. 6).

das particularidades das conjunturas políticas locais.[15] Em geral, pode-se dizer que as repercussões existem e, em comparação com outras fontes de informação, como as noticiosas, são leves, tendendo a se concentrar no modelo de contágio (DONSBACH, 2001, p. 1).

À medida que os impactos produzidos pelas pesquisas variam no tempo e no espaço, qualquer aproximação sobre o fenômeno em exame é de ser realizada de forma localizada e específica. No Brasil, o universo acadêmico se ressente da falta de um estudo atual em nível nacional, *v.g.*, na linha do outrora realizado por Nunes, Olsén e Straubhaar (1993, p. 105 e ss.). Nesse esforço, os pesquisadores constataram que um número considerável de cidadãos manifestava alto (30%) ou médio (31%) interesse nos resultados das pesquisas, e que esses instrumentos gozavam de total credibilidade no conceito de 19% dos brasileiros. 42% dos entrevistados lhes conferiam uma credibilidade parcial, ao tempo em que apenas 34% se demonstraram absolutamente céticos diante do que revelam. Em paralelo, somente 24% dos entrevistados declararam que os dados das pesquisas não têm nenhuma utilidade para a definição do voto; em contrapartida, respectivamente 19% e 35% dos indivíduos reconheceram que as pesquisas ajudam muito ou ao menos um pouco na escolha do candidato.[16] Ao final, 15,7% dos entrevistados admitiram ter usado as pesquisas eleitorais em suas decisões de voto nas eleições de 1989 ou em eleições passadas. As informações colhidas por esse estudo permitem quantificar a dimensão de alguns dos efeitos anteriormente estudados. Assim:

(continua)

Votei no candidato que estava na frente (**bandwagon**)	5,3%
Votei em quem estava na frente para não perder meu voto (**voto útil**)	1,9%
Votei no candidato que tinha mais chance de vencer quem estava na frente (**voto estratégico**)	4,7%

---

[15] "Podem, assim, ser múltiplas as hipóteses em que o acesso aos dados das sondagens pode influir o comportamento último do eleitor. O que não significa necessariamente que essa influência altere o resultado da eleição, quer por não atingir número significativo de eleitores, quer porque, normalmente, ela se dirige em sentidos diversos ou opostos em termos de não alterar o resultado global. Acresce que as pessoas bem informadas sobre as sondagens são também aquelas que têm as convicções políticas mais firmes e, por isso, as menos influenciáveis" (PEREIRA, 2006, p. 54).

[16] Logicamente, as estatísticas sobre o estado da corrida eleitoral concorrem na mente do eleitor com outros muitos determinantes cognitivos (informações da mídia, conversas com familiares, amigos e colegas, exposição às campanhas eleitorais etc.), pelo que o seu peso na formação do convencimento acaba por ser reduzido. Esse peso tem relação direta com o índice de credibilidade conferido aos instrumentos de sondagem, de maneira que esses serão tanto mais eficientes como ferramentas de convencimento quanto mais se eleve a confiança de que gozem perante os cidadãos.

	(conclusão)
Votei no mais semelhante a meu candidato, que poderia vencer quem estava na frente (**voto estratégico**)	2,6%
Não votei ou anulei meu voto, porque meu candidato não tinha chance (**efeito de desmobilização**)	2,6%
Outros tipos de decisão	3,1%

Fonte: Nunes, Olsén e Straubhaar (1993, p. 112, com acréscimos em negrito).

Atualmente, a lacuna deixada pela falta de pesquisas nacionais tem sido preenchida com experimentos localizados. Por exemplo, em pesquisa realizada no estado de Pernambuco em 2010, 7,9% dos entrevistados declararam votar no candidato que se mostra à frente nas pesquisas, ao tempo em que outros 3,9% responderam que as pesquisas indicam qual é a decisão eleitoral "acertada" (OLIVEIRA; GADELHA JR.; COSTA, 2014, p. 247).[17] A sondagem, de fato, revela números bastante expressivos, capazes decidir muitos pleitos e que, por isso, afiançam as opiniões de Rodrigo López Zilio (2016, p. 365) e de José Jairo Gomes (2016, p. 458), para os quais as pesquisas podem operar como fortes elementos de indução de eleitores, devendo ser combatidas sempre que realizadas de modo irregular.

A opinião de que as pesquisas devem ser objeto de regulamentação é amplamente compartilhada pela doutrina, inclusive internacional, a exemplo do que fazem, na Espanha, Casadevante de Mayordomo (2014, p. 285) e, no México, Fernández Ruiz (2010, p. 236), que assinala:

> En la práctica, los resultados de las encuestas sulene alterarse con fines aviesos; por ejemplo, en el caso de las encuestas electorales, se falsean sus resultados con el propósito de influir en el ánimo de un sector amplio del electorado, bajo el supuesto de que los integrantes de la masa electoral carecen de intensión propia de voto, y desean sumar su voto al de la mayoría a efecto de sentirse triunfadores; en esa masa electoral la intención individual de voto se desvanece para dar passo a una intención colectiva, la de la masa electoral, cuyos miembros se sumarán a la que creen que es la intención de la mayoría. De esta suerta, la encuesta electoral falseada se convierte en un instrumento de publicidad enganosa, con el propósito de producir un efecto de movimiento ondulatório, que a semejanza de la piedra que cae en el agua de una alberca, se genere en la intención colectiva del voto.

---

[17] Na Espanha, em pesquisa pós-eleitoral tradicionalmente realizada pelo Centro de Investigações Sociológicas (CIS), apurou-se que 13,59% dos entrevistados reconheceram que os seus votos haviam sido influenciados pelas pesquisas. Segundo Casadevante Mayordomo (2014, p. 306), esse percentual tem se mantido mais ou menos estável há muitos pleitos (2000, 2004 e 2008).

Em última instância, é preciso frisar que os influxos sobre o imaginário do eleitor somente se apresentam como problemas quando os seus dados exsurjam como produtos de falhas ou irregularidades calculadas, as quais evidenciem distorções ou, ao menos, coloquem a credibilidade de seus resultados em flagrante xeque. Logo, não é dado tomar as pesquisas eleitorais como elementos intrinsecamente prejudiciais ao bom andamento do processo democrático.

Por certo, não preocupa ao direito que alguns cidadãos abandonem critérios mais nobres ou racionais para a seleção de seus candidatos. Como avalia Aline Osorio (2017, p. 216):

> [...] a própria ideia de que o eleitor é capaz de determinar seu voto *unicamente* de acordo com a sua consciência e sem quaisquer influências é, antes de tudo, irreal. Diversos fatores não racionalizados e até mesmo irracionais são determinantes para o voto.[18] Desde os laços de identificação partidária, plataformas políticas e amizades, até as pesquisas de opinião. Nenhum deles, porém, pode ser julgado ilegítimo, sob pena de se violar, além da liberdade de expressão, a soberania popular e a própria democracia.

Nesse caminho, pontua Donsbach (2001, p. 3) que a moderna democracia constitucional conduz o Estado a crer na responsabilidade de seus próprios cidadãos,[19] o que inclui acreditar que os eleitores têm a capacidade de selecionar, com independência, entre todas as informações disponíveis, aquelas que se mostram realmente relevantes para a moldura definitiva de suas decisões.[20] Afinal, é imprescindível ter em mente que, no campo eleitoral:

> [...] a adoção de uma visão paternalista é [...] intrinsecamente incompatível com a democracia, uma vez que nega aos indivíduos a autonomia

---

[18] Nessa senda, Zippelius (2016, p. 402) registra a insustentabilidade do argumento cunhado por teóricos liberais do século XIX, no sentido de que as decisões políticas haveriam de estar apartadas de irreflexões e espíritos emocionais. O autor alemão é categórico ao afirmar que tanto a "opinião irracionalmente formada" como a "opinião racionalmente formada pela via da argumentação" representam meros "tipos ideais", considerando que a realidade "permite supor que na formação da opinião pública concreta concorrem tantos factores racionais como irracionais".

[19] Assim também a opinião de Meyer (1989): "A democracia que tenta proteger seus eleitores da informação sob o pretexto de que estes poderiam utilizá-la irracionalmente, deixa de ser uma democracia. A decisão eleitoral não pode e nem deveria ser definida em um ambiente estéril e livre de informações" (NUNES; OLSÉN; STRAUBHAAR, 1993, p. 100).

[20] E entre essas, é justo que se inclua a opinião do resto dos cidadãos (GARCÍA SORIANO, 2010, p. 110).

fundamental à própria ideia de autogoverno e de soberania popular, tratando-lhes como "eternas crianças imaturas". (OSORIO, 2017, p. 221)

Em conclusão, tanto o legislador como os órgãos jurisdicionais devem, em princípio, assumir posições simpáticas à circulação de dados provenientes das pesquisas, em respeito à plena liberdade de informação que exsurge como um componente da legitimidade das eleições. O cuidado haverá de se concentrar tão somente em evitar a massificação de pesquisas notadamente fingidas, forjadas, direcionadas ou, no limite, eivadas de falhas tão evidentes e grotescas que as descredenciem como instrumentos matemáticos, reduzindo-as a meras peças de propaganda ornadas em trajes pseudocientíficos.

3 Falibilidade e confiabilidade das pesquisas de intenção de voto

Atualmente, as reações propiciadas pelos resultados das pesquisas são aproveitadas em táticas que partidos e candidatos se apressam em usar, com a intenção de lucrar no mercado político como capital que elas proporcionam (GARCÍA HÍPOLA; CAZORLA, 2015, p. 351).

Nessa linha, Giovanni Sartori (2012, p. 668) recorre ao humor para definir a atual democracia como o governo das pesquisas (*sondeocracia*),[21] realidade bastante deletéria, haja vista que as opiniões recolhidas têm um baixo valor intrínseco. Segundo Sartori, as respostas dadas devem ser vistas com ressalvas, uma vez que, em geral, são: (a) *débeis*, pois não decorrem de reflexões intensas; *voláteis*, pois podem mudar um pouco depois;[22] (b) *improvisadas*, inclusive porque os entrevistados

---

[21] Impressão semelhante é partilhada por Herstgaard, que critica o fato de que os cidadãos acabam por irrefletidamente ser governados por números, ao ditar: "As pesquisas de opinião reinam como soberanas. Quinhentos americanos são continuamente interrogados para dizer a outros 250 milhões o que eles devem pensar" (ALVIM, 2016, p. 358).

[22] A alta *volatilidade* das respostas conferidas às pesquisas foi demonstrada em estudo realizado por Zaller e Feldman (1992 *apud* MAGALHÃES, 2011), como registra Pedro Magalhães (2011, p. 84): "[...] as opiniões expressas pelas mesmas pessoas às mesmas perguntas num intervalo relativamente curto de tempo tendem a mostrar grande instabilidade. Estudos de painel, fazendo as mesmas perguntas à amostra com um intervalo de apenas seis meses, mostram que apenas cerca de metade dos inquiridos mantiveram as mesmas respostas nas duas vagas do inquérito". O mesmo estudo evidenciou ainda a *debilidade* das opiniões externadas: "[...] os inquiridos parecem extraordinariamente sensíveis a pequenas variações na formulação das perguntas ou mesmo à introdução de perguntas diferentes introduzindo uma questão. Questionada metade da amostra [...] sobre se jornalistas russos deveriam poder entrar nos EUA, 37% dos inquiridos responderam afirmativamente. Contudo, para a outra metade, a mesma pergunta foi precedida de uma questão prévia sobre se os jornalistas *americanos*

tendem a responder mesmo sem opinião, para fugir da má impressão que causa o reconhecimento da ignorância; e, sobretudo, (c) *induzidas*, muitas vezes consistindo em um "rebote" do que propagam os meios de comunicação. O mestre italiano considera, enfim, que a maioria das respostas recolhidas é "frágil e inconsistente", o que não impede que produzam fortes impactos na opinião pública.[23]

Obviamente, nem toda pesquisa que se revela equivocada pode ser tratada como fruto de manipulação. As pesquisas – lembra Rolando Franco (CAPEL, 2000, p. 271) – só permitem refletir o sentimento das pessoas no momento em que são entrevistadas. Na realidade, o entrevistado declara "em qual candidato votaria se a eleição fosse hoje". É indubitável que qualquer pessoa pode responder a essa pergunta. Por outro lado, dificilmente pode o entrevistado dizer em quem vai votar em uma eleição que se realizará muito tempo depois. Quanto mais próximo o momento do pleito, mais provável que os resultados coincidam. Sem embargo, na reta final muita coisa acontece e podem produzir-se alterações importantes nas preferências do voto. Daí que nada é certo. Como dito por George Gallup: "são pesquisas, não profecias".[24] A legislação sobre o tema apenas sanciona levantamentos defeituosos, produzidos com acentuada atecnia ou má-fé.

A respeito das debilidades, Pedro Magalhães (2011, p. 91) expõe que as pesquisas naturalmente se sujeitam a problemas, o que não as invalida nem decresce o seu alto valor agregado. Em seu magistério, para que todas as sondagens gerassem resultados iguais entre si e coincidissem na antecipação exata do resultado eleitoral:

---

deveriam poder entrar na Rússia. O apoio à entrada dos russos nos EUA, na pergunta subsequente, subiu nessa metade da amostra para 73%".

[23] Sartori (2012, p. 675-681) ilustra a fragilidade das respostas a pesquisas citando Newmnan e Bishop. O primeiro sustenta que de cada dez questões de política nacional, o cidadão médio terá preferências fortes e coerentes por uma ou duas, e virtualmente nenhuma opinião sobre os demais assuntos. Isso, contudo, não é obstáculo para que quando um entrevistador comece a perguntar surjam opiniões inventadas no momento. Na mesma linha, Bishop brinca que o entrevistador que interpele sobre uma "lei dos metais metálicos", ou sobre uma absurda e fantástica "lei sobre assuntos públicos de 1975" não volta para a casa com as mãos vazias: obterá a valoração de um terço ou mesmo de dois terços dos entrevistados.

[24] Pedro Magalhães (2011, p. 90) reputa equivocado tachar de falhas as pesquisas que não acertam os resultados de uma eleição: "O comportamento de uma determinada população no dia de uma eleição não tem de ser igual às intenções de voto nessa população a 2, 10, 30 ou 100 dias da eleição, e muito menos aos resultados provenientes de uma amostra dessa população nesses diferentes momentos no tempo. Pelo que a acusação de que as sondagens são falhas não é susceptível de ser confirmada ou infirmada. Nenhuma pessoa no mundo tem acesso à informação que poderia ser usada como critério para determinar esses alegados 'falhanços'", em última instância, porque ninguém saberá quais são as verdadeiras intenções de voto da população no momento em que os questionários são aplicados. Logo, as acusações de falhas "[...] são inverificáveis. Fim de conversa".

[...] não poderia haver erro amostral. Não poderia haver problemas de cobertura, não-contato e não-resposta na construção de uma amostra. As intenções de voto teriam de ser atributos externa e objetivamente verificáveis de um eleitor, em vez de algo que tem de ser recolhido através de um inquérito e que tem de ser declarado pelo eleitor, estando sujeitos a vários tipos de medição. Aquilo que é medido, as intenções de voto, não poderia mudar ao longo do tempo. E a relação entre aquilo que o eleitor afirma tencionar fazer numa sondagem e aquilo que acaba por fazer posteriormente teria de estar completamente sobre o seu controlo, e nada poderia ocorrer entre o momento de medição da intenção e o momento do comportamento que pudesse modificar a primeira. O leitor que me acompanhou até aqui já sabe que tudo isto é implausível e absurdo.[25]

Não obstante, conquanto defectivas, as pesquisas de opinião suscitam uma grande credibilidade popular, sendo esse o ponto atrativo das preocupações acadêmicas, políticas e normativas. De fato, entende-se que os dados numéricos e os gráficos representativos conferem às pesquisas uma "autoridade científica" que lhes confere primazia em comparação com os outros elementos do mercado político da informação. Nesse diapasão, as pesquisas não são criticadas apenas porque seus resultados estimulam a realização do voto estratégico, nem somente por sua possível incapacidade para aferir, com certeza, o verdadeiro estado da opinião pública eleitoral: as pesquisas são questionadas, principalmente, pela excessiva influência que a auscultação realizada é capaz de ter sobre a cidadania, e que pode terminar por afetar e comprometer a livre escolha de cada um, ofendendo as regras mais elementares do sistema democrático (GÁLVEZ MUÑOZ, 2001, p. 189-190).

Atento a potenciais efeitos colaterais disparados pelas pesquisas, o legislador intentou, quando da minirreforma eleitoral implementada pela Lei nº 11.300/06, proibir a sua divulgação na última quinzena antes do pleito. A vedação, inserida por meio do art. 35-A, LE, foi, porém, declarada inconstitucional pelo STF, que entendeu que os dispositivos em estudo não constituem fator de perturbação do certame. Em nova investida, o tema afeto às pesquisas sofreu algumas alterações na minirreforma de 2013, sendo a mais importante a proibição, durante o período eleitoral, da realização de enquetes a respeito do pleito (art.

---

[25] Para um estudo mais aprofundado acerca de por que as pesquisas "erram", recomenda-se a leitura do trabalho de Bouza (1998).

33, §5º, LE).[26] Quanto às pesquisas, visando a minimizar a contrafação, estabelece a legislação que a partir de 1º de janeiro do ano eleitoral todas as pesquisas destinadas ao conhecimento público devem ser registradas na Justiça Eleitoral, e que a partir do dia 18 de agosto os nomes de todos os candidatos registrados devem constar dos questionários que serão submetidos aos entrevistados (arts. 2º, *caput*, e 3º, Resolução TSE nº 23.549/17).

No ponto, interessante anotar uma brecha existente na citada resolução que, em tese, autoriza discreta forma de manipulação eleitoral.

A regulamentação realizada pelo TSE obriga as empresas a incluir todos os nomes registrados na disputa apenas após os seus registros na Justiça Eleitoral. Ocorre que, havendo má-fé, elas podem ignorar notórios pré-candidatos durante todo o primeiro semestre do ano da eleição. A jurisprudência pacífica do Tribunal Superior Eleitoral atesta a desnecessidade de consulta a esses nomes.[27]

4 O controle judicial sobre as pesquisas de intenção de voto

4.1 Introdução

Diante do quadro apresentado, as pesquisas eleitorais constituem objeto de preocupação da legislação eleitoral, sendo regulamentados pela Lei nº 9.504/97 (Lei das Eleições) e, a cada pleito, por resolução específica expedida pelo Tribunal Superior Eleitoral (neste ano a Resolução. TSE nº 23.549/17).

Em termos gerais, as irregularidades apuradas em pesquisas podem ser levadas ao conhecimento do Poder Judiciário mediante a formalização de representações, as quais se processam conforme o rito

---

[26] ADI nº 3.741/DF. *DJ*, 23 fev. 2007.

[27] "REPRESENTAÇÃO. PESQUISA ELEITORAL. NÃO INCLUSÃO DE NOME DE PRÉ-CANDIDATO DEFINIDO POR PARTIDO POLÍTICO. REALIZAÇÃO EM DATA ANTERIOR A 5 DE JULHO DO ANO DAS ELEIÇÕES. AUSÊNCIA DE OBRIGATORIEDADE. AGRAVO REGIMENTAL. RECEBIMENTO COMO RECURSO INOMINADO. DESPROVIMENTO. 1. Na representação ajuizada com arrimo em artigo da Lei nº 9.504/97, que siga o rito processual do artigo 96 do referido diploma legal, é cabível o recurso inominado previsto no §8º deste último dispositivo legal, que guarda apenas semelhança com o agravo regimental previsto no art. 36, §8º, do RITSE. 2. Nos termos da jurisprudência desta Corte, inexiste obrigatoriedade de, antes de 5.7.2010, data última para o registro de candidatura, constarem nas pesquisas os nomes de todos os possíveis ou pré-candidatos (Rp nº 32.350/DF, DJe de 18.2.2010, rel. Min. Henrique Neves; Rp nº 56.424/SP, DJe de 9.4.2010, rel. Min. Aldir Passarinho Júnior; Rp nº 70.628/DF, DJe de 9.4.2010, rel. Min. Aldir Passarinho Júnior). 3. Recurso desprovido" (AgR-RP nº 1.030-18. Rel. Min. Joelson Dias. *DJe*, 9 jun. 2010).

desenhado pelo art. 96 da Lei nº 9.504/97 (Lei das Eleições). Os casos mais graves – notadamente a divulgação de pesquisas fraudulentas e a imposição de obstáculos a ações que visem à checagem de regularidade – recebem tratamento mais rígido, possibilitando em paralelo a instalação de persecuções penais, uma vez que o quadro normativo os eleva à condição de crime.

No que tange às hipóteses de cabimento, a impugnação de pesquisas eleitorais tem um espectro relativamente amplo. O ordenamento em princípio abdica de fórmulas cerradas, prevendo a possibilidade de questionamento diante de quaisquer transgressões às normas de regência, constem elas de lei ou resolução. Contudo, sendo de mister perceber que as hipóteses de aplicação de multa são, pelo contrário, bastante específicas, toca reparar que o princípio da legalidade impede, como regra, a imposição de sanções pecuniárias na maioria dos casos de desvios em pesquisas. Com bastante frequência, as providências jurisdicionais estarão limitadas a medidas que acrescentem notas explicativas ou, em casos mais graves, impeçam ou interrompam a propagação de resultados maliciosos.

À vista do menu regulatório, nota-se que o instrumento de impugnação de pesquisas de opinião pública pode, a depender dos contornos fáticos, veicular cinco diferentes espécies de pedidos de providência, a saber:

- suspensão temporária ou permanente da divulgação da pesquisa (art. 16, da Resolução TSE nº 23.549/2017);
- inclusão de esclarecimentos na divulgação dos resultados (art. 16, §1º, da Resolução TSE nº 23.549/2015;
- veiculação de retificação de dados incorretos (art. 34, §3º, LE);
- retirada de pesquisas ou enquetes difundidas de modo permanente (art. 41, LE);[28]
- aplicação de multa (art. 33, §3º, LE; art. 17 da Resolução TSE nº 23.549/17).

As hipóteses de cabimento são imprecisas, carecendo de melhor sistematização. A maioria se baseia em problemas intrínsecos aos esforços da pesquisa, ao tempo que outras fincam pé em elementos

---

[28] No ponto, defende-se a ideia de que a presença de irregularidades que desqualificam enquanto tais os instrumentos de pesquisa acabam por, reflexamente, desnudá-los daquela condição, fazendo com que subsistam apenas como instrumentos irregulares de propaganda. Por esse raciocínio, entende-se aplicável às pesquisas irregulares o regramento relativo ao exercício de poder de polícia sobre a propaganda eleitoral.

externos àqueles trabalhos, aludindo, por exemplo, a falhas burocráticas ou de exibição. No primeiro caso, fala-se de vícios substanciais que comprometem a própria higidez do produto extraído da amostra; no segundo caso, a mácula assenta sobre o descumprimento de protocolos normativos, sendo irrelevante o grau de qualidade da pesquisa em si.

Deve-se atentar ao fato, também, de que dos dois principais tipos de pesquisas eleitorais, de intenção de voto e de opinião pública[29] (que se destina a consultar os eleitores a respeito de outros aspectos que não a intenção de voto), tem-se uma dificuldade de controle elevado desta última, considerando o subjetivismo das perguntas a que o eleitor é exposto.

Em síntese, as pesquisas podem ser impugnadas com base em ao menos dez distintas causas de pedir:

Vícios formais (extrínsecos)	Vícios substanciais (intrínsecos)
1. Omissão de requisitos essenciais ao registro	1. Falhas técnicas ou metodológicas graves
2. Omissão de requisitos essenciais à divulgação	2. Simulação de pesquisas (pesquisas falsas)
3. Indução a erro na divulgação de dados no horário eleitoral gratuito	3. Indicação de fraude
4. Realização extemporânea de enquetes	4. Indicação de manipulação
5. Publicação antecipada de pesquisas de boca de urna	5. Uso de pesquisas como disfarce para a realização de propaganda negativa (*push polls*)

5   Impugnações e representações à pesquisa eleitoral

5.1   Acesso aos dados internos de controle

Em ordem cronológica, a primeira forma de manifestação processual relacionada às pesquisas eleitorais é quanto ao requerimento de acesso aos seus dados internos de controle, previsto no art. 34, §1º da Lei nº 9.504/97, combinado com o art. 13 da Res. nº 23.549/2017, que deve tramitar por petição encaminhada pelo PJE (processo judicial eletrônico)

---

[29] Pesquisas de opinião pública são concebidas para avaliar os mais variados temas junto ao eleitor, mas ligados à eleição. Dado o quadro atual da política brasileira, essas pesquisas são usadas até para descobrir a opinião do leitorado em relação a supostas denúncias de corrupção e desvios que pesam contra os pré-candidatos. *Vide* RP nº 0600077-24. Rel. Min. Sérgio Banhos.

informando o número de identificação da pesquisa e distribuído ao juiz competente para processá-la e julgá-la, conforme as eleições em disputa.

A legislação garante ao Ministério Público, aos candidatos e aos partidos políticos o acesso aos dados internos de controle das pesquisas eleitorais de forma a oportunizar que possam vistoriá-las. Mesmo quando a pesquisa houver sido realizada por dispositivos eletrônicos, deve ser garantida a auditoria e controle também por meio eletrônico.

Cada um desses legitimados pode solicitar o acesso ao sistema interno de controle, à verificação e à fiscalização de coleta de dados das entidades e das empresas que divulgarem pesquisas de opinião relativas aos candidatos e às eleições.

O acesso aos dados internos da pesquisa se estende ainda à identificação dos entrevistadores, nunca dos entrevistados, além da inspeção por meio da escolha livre e aleatória de planilhas individuais, mapas ou equivalentes, podendo confrontar e conferir os dados publicados.

Apresentado e deferido o requerimento, a empresa responsável pela realização da pesquisa será intimada para disponibilizar de imediato o acesso aos documentos solicitados, os quais ainda poderão ser encaminhados para endereço eletrônico ou por mídia digital fornecida pelo requerente no prazo de dois dias, conforme o art. 13, §§3º e 4º da Res. nº 23.549/17.

Cabe aos responsáveis pela pesquisa eleitoral permitir que todos os legitimados tenham acesso amplo aos dados de controle da pesquisa, bem como ao relatório entregue aos contratantes da consulta e ao modelo do questionário aplicado, de forma que fique facilitada a conferência das informações divulgadas (Res. TSE, art. 13, §1º). O desrespeito a tal previsão bem como a prática de qualquer ato que vise a retardar, impedir ou dificultar a ação fiscalizadora dos partidos constituem crime previsto no art. 34, §2º da Lei nº 9.504/97.

Após a obtenção do acesso aos dados internos de controle, encontrando o requerente qualquer irregularidade nas informações publicadas, os responsáveis estarão sujeitos às penas de seis meses a um ano, com alternativa de prestação de serviços à comunidade pelo mesmo prazo, e multa no valor de dez a vinte mil Ufir, sem prejuízo da obrigatoriedade da veiculação dos dados corretos no mesmo espaço, local, horário, página, caracteres e outros elementos de destaque, de acordo com o veículo de comunicação utilizado (art. 34, §§2º e 3º da Lei nº 9.504/97).

Em que pese o art. 34, §1º, da Lei nº 9.504/97 fazer menção ao acesso ao sistema interno de controle das entidades que divulgaram pesquisas de opinião relativas às eleições, não há óbice legal para que o acesso interno aos dados seja realizado antes de sua própria divulgação, desde que, por óbvio, após o registro da pesquisa. Isso pode possibilitar, inclusive, a suspensão da publicação da pesquisa eleitoral, quando a comprovação de irregularidade nos dados ou na metodologia tiver como fundamento a análise realizada a partir do requerimento de acesso às informações internas da pesquisa.

5.2 Impugnação ao registro ou à divulgação de pesquisa

O art. 15 da Resolução TSE nº 23.549/2017 dispõe sobre a possibilidade de duas formas individuais de impugnação. A primeira delas é a impugnação ao próprio registro da pesquisa no prazo decadencial de 30 dias, conforme aduz o art. 33, §2º da Lei nº 9.504/97. A segunda é a impugnação à divulgação da pesquisa, no prazo decadencial de 5 dias, previsto no art. 33, *caput*, da Lei nº 9.504/97.

A impugnação ao registro da pesquisa pode ocorrer sempre que não forem atendidas as exigências contidas na resolução, bem como aquelas previstas no art. 33 da Lei nº 9.504/97, gerando como resultado a suspensão da sua divulgação até que se retifique a falha e reabra-se o prazo de 5 dias para publicação; ou a proibição da divulgação por meio do cancelamento do registro, caso o equívoco nas informações apresentadas seja insanável, sendo necessário novo registro.

Neste ponto é preciso diferenciar uma pesquisa sem registro de uma pesquisa com registro incompleto. O Tribunal Superior Eleitoral (TSE) vem entendendo de forma recorrente, em respeito ao princípio da legalidade, pela não aplicação de penalidades para a apresentação de registro parcial da pesquisa eleitoral. O caso mais recorrente diz respeito ao art. 2º, §6º, da Res. TSE nº 23.549/17, cujo teor obriga a empresa ou entidade responsável pela pesquisa a complementar, até o sétimo dia seguinte ao registro da pesquisa, as informações relativas aos municípios e bairros abrangidos. Em caso de ausência de delimitação de bairros, deverá ser identificada a área em que foi realizada.

Originariamente, essas informações de delimitação de bairros ou área de realização das entrevistas eram entregues logo após a divulgação da pesquisa, como mostra o texto da resolução de pesquisas aplicada às eleições de 2006 em seu art. 1º, §1º:

§1º Os dados relativos aos municípios e bairros em que realizada a pesquisa deverão ser encaminhados à Justiça Eleitoral após a sua divulgação; no caso de municípios que não possuírem bairros devidamente identificados, deverá ser informada a área em que realizada a pesquisa.

Após uma consulta apresentada pelo Ibope (Instituto Brasileiro de Opinião Pública e Estatística) em 2006, por meio da Petição nº 2.381, que resultou na negativa do TSE em afastar a necessidade de informar os bairros onde fora realizada a pesquisa nas eleições gerais ou substituir essa informação pelo fornecimento apenas dos municípios onde as entrevistas ocorreram, os ministros do TSE abriram a possibilidade de se conceder um prazo maior para que tal informação fosse juntada ao registro do sistema, o que foi feito na Res. TSE nº 22.623/2008, na qual ficou determinado um prazo de 24 horas para complementação e, em seguida, com a Res. nº 23.400/2014 esse prazo foi estendido para o sétimo dia após a efetivação do registro da pesquisa.

Com a evolução de tal interpretação, entendeu o Min. Tarcísio Vieira no julgamento do Recurso Especial nº 185-15/2016 – PR que a ausência das informações de delimitação de bairros e áreas em que ocorreram as entrevistas não é capaz de atrair a aplicação da sanção do art. 33, §3º, da Lei nº 9.504/97, gerando, tão somente, a suspensão da publicação da pesquisa.

O ministro relator fundamentou sua interpretação no fato de que a própria resolução excepciona a obrigatoriedade prévia dessas informações no registro, possibilitando que elas ocorram no sétimo dia após a efetivação do registro, razão pela qual não figura o art. 2º, §5º da resolução de pesquisas eleitorais entre as informações essenciais a que alude o art. 33, §3º, da Lei das Eleições.

Ademais, o art. 33, §3º, da Lei nº 9.504/97 faz menção à penalidade para a divulgação de pesquisa sem o prévio registro das informações de que trata aquele artigo. Contudo, como dissemos alhures, a complementação de bairros não é prévia à divulgação da pesquisa, o que dificulta seu enquadramento na exigência para aplicação da sanção prevista.

Nessa toada, entende o TSE que a multa prevista no §3º do art. 33 da Lei nº 9.504/97 somente incide se houver divulgação de pesquisa não registrada perante a Justiça Eleitoral, o que não se confunde com a hipótese de divulgação de pesquisa registrada feita sem referência a todas informações previstas no *caput* do dispositivo citado, esclarecendo que, nesse último caso, cabe apenas a suspensão da publicação, algo que consideramos de baixa efetividade, sobretudo quando a divulgação ocorrer às vésperas do pleito.

Dessa forma, cabe a suspensão da publicação da pesquisa, bem como o cancelamento do registro quando houver a ausência dos itens previsos no art. 2º da Res. TSE nº 23.549/17, cabendo a aplicação da multa apenas quando a publicação ocorrer sem que haja a efetivação do registro.

Porquanto, são obrigatórias as exigências elencadas a seguir quando do registro da pesquisa, sendo cabível a impugnação prevista no art. 15 da resolução quando faltarem as seguintes informações obrigatórias, seja de forma isolada, seja de forma combinada para gerar a suspensão da publicação: a) contratante da pesquisa e seu número de inscrição no Cadastro de Pessoas Físicas (CPF) ou no Cadastro Nacional de Pessoas Jurídicas (CNPJ); b) valor e origem dos recursos despendidos no trabalho; c) metodologia e período de realização da pesquisa; d) plano amostral e ponderação quanto a sexo, idade, grau de instrução, nível econômico do entrevistado e área física de realização do trabalho a ser executado, nível de confiança e margem de erro, com a indicação da fonte pública dos dados utilizados; e) sistema interno de controle e verificação, conferência e fiscalização da coleta de dados e do trabalho de campo; f) questionário completo aplicado ou a ser aplicado; g) quem pagou pela realização do trabalho e seu número de inscrição no CPF ou no CNPJ; h) informação da condição de pagamento da pesquisa, se faturado ou parcelado, hipóteses em que as entidades e as empresas devem apresentar a(s) respectiva(s) nota(s) fiscal(is), tão logo ocorra a quitação integral do pagamento faturado ou da parcela vencida. Sendo o pagamento realizado à vista, deve ser juntada cópia da respectiva nota fiscal com valor discriminado e individualizado para o pagamento da cada pesquisa, quando for o caso; i) nome do estatístico responsável pela pesquisa, acompanhado de sua assinatura com certificação digital e o número de seu registro no Conselho Regional de Estatística competente; j) indicação do estado ou unidade da Federação, bem como dos cargos aos quais se refere a pesquisa; k) anexação ao registro no sistema PesqEle do PDF (Portable Document Format) com todas as informações obrigatórias; l) anexação ao sistema PesqEle, até o sétimo dia após o registro da pesquisa, dos dados relativos aos municípios e bairros abrangidos pela pesquisa. Não sendo possível a delimitação por bairros, deve ser identificada a área em que foram realizadas as entrevistas; m) permissão da auditoria nos dispositivos eletrônicos portáteis, tais como *tablets* e similares, quando utilizados para a realização da pesquisa.

A depender do momento da impugnação, além da efetiva garantia da normalidade do pleito, dois objetivos podem ser pretendidos pelos requerentes. O primeiro seria retardar a divulgação da pesquisa, impugnando-a antes de sua divulgação e requerendo a correção ou inserção de dados postos em seu registro. Conforme já dito, quando necessário retificar as informações registradas, abre-se novo prazo para divulgação da pesquisa, reiniciando os 5 (cinco) dias obrigatórios entre registro e publicação. Com isso, os dados apresentados pelo resultado da pesquisa podem não mais refletir a realidade da intenção de voto daquela população, perdendo sua efetividade.

Caso a pesquisa já tenha sido divulgada, pode-se buscar a desmoralização do candidato que a contratou, cancelando sua divulgação e determinando sua retirada de todos os *sites* na internet em virtude das irregularidades nos dados do registro, ou determinando que sejam novamente publicadas as informações corretas. Isso pode desestabilizar a disputa e retirar a credibilidade dos resultados e do instituto de pesquisa.

5.3 Impugnação à divulgação de pesquisa sem as informações obrigatórias

Até 2004 a resolução do TSE era clara em determinar que a divulgação de pesquisas eleitorais deveria, obrigatoriamente, conter informações mínimas aptas a garantir a sua confiabilidade científica. Dizia o art. 6º da Res. TSE nº 21.343/2004:

> Art. 6º Na divulgação dos resultados de pesquisas, atuais ou não, serão informados, obrigatoriamente, o período da realização da coleta de dados, a margem de erro, o número de entrevistas, o nome de quem a contratou e o da entidade ou empresa que a realizou e o número dado à pesquisa pelo juízo eleitoral.

Nos casos de desobediência a esse preceito havia também na própria resolução a interpretação dos ministros do TSE, no sentido de que ausentes os dados obrigatórios atraída estaria a multa prevista no art. 33, §3º, da Lei nº 9.504/97, conforme previa expressamente o art. 7º da Res. TSE nº 21.343/2004.

Contudo, não havia no texto do art. 33 da Lei nº 9.504/97 qualquer menção à sanção sobre a divulgação de pesquisas sem os dados obrigatórios. A disposição legal incidia, tão somente, sobre a publicação de pesquisas sem registro, havendo clara criação de punição por meio de resolução, verdadeira violação ao princípio da legalidade. Com isso, a Resolução TSE nº 22.143/2006 reparou a violação à ausência de capacidade legislativa plena do TSE que vinha ocorrendo até então,

Vale observar que a Res. TSE nº 21.343/2004 mencionava a aplicação de sanção para a *divulgação de pesquisas sem observância das disposições daquela instrução*, sendo bastante abrangente sua previsão. Com a Res. nº 22.143/2006 foi revista a análise da legalidade daquele texto, sendo, a partir de então, prevista a aplicação da sanção tão somente para os casos em que houver a *divulgação sem o prévio registro das informações*. Essa singela alteração, mesmo nos dias de hoje, continua trazendo repercussão, em razão das inúmeras representações contra a divulgação de pesquisas eleitorais sem as informações obrigatórias. Nesse caso, continuam valendo as regras previstas na resolução sobre as informações obrigatórias a acompanhar a publicação da pesquisa, contudo, sem aplicação da sanção prevista no art. 33, §3º da Lei das Eleições, possibilitando, tão somente, a suspensão daquela publicação nos canais de rádio e televisão até que se retifique ou insira os dados obrigatórios, a retirada do ar quando em ambientes digitais ou a republicação da pesquisa com os dados corretos, quando possível.

Para as eleições de 2018, todas as pesquisas divulgadas devem trazer os seguintes dados obrigatórios, conforme o art. 10 da Res. nº 23.549/2017:

> Art. 10. Na divulgação dos resultados de pesquisas, atuais ou não, serão obrigatoriamente informados:
>
> I – o período de realização da coleta de dados;
>
> II – a margem de erro;
>
> III – o nível de confiança;
>
> IV – o número de entrevistas;
>
> V – o nome da entidade ou da empresa que a realizou e, se for o caso, de quem a contratou;
>
> VI – o número de registro da pesquisa.

Até a Res. TSE nº 23.364/2011 havia uma exceção à regra da totalidade das informações obrigatórias nas publicações de pesquisas eleitorais. A resolução do TSE utilizada até as eleições de 2012 previa que as pesquisas divulgadas durante o horário eleitoral gratuito estavam desobrigadas de mencionar os nomes dos adversários políticos, desde que o modo de apresentação dos resultados não induzisse o eleitor a erro quanto ao desempenho do candidato em relação aos demais, sendo obrigatória apenas a informação clara quanto ao período de realização da pesquisa e a sua margem de erro.

A partir de então, já na Res. TSE nº 23.400/2013, tornou-se obrigatória a menção a todas as informações obrigatórias para a publicação, exigindo-se que a divulgação das pesquisas no horário eleitoral sigam as mesmas regras para publicação em qualquer outro meio, lembrando que, nesse caso, a mera citação de ranqueamento dos candidatos nas últimas pesquisas sem a citação das informações obrigatórias pode ensejar uma representação por divulgação de pesquisa sem registro, sendo necessária a máxima cautela. Além de tudo isso, não se pode olvidar das obrigações pertinentes ao próprio guia eleitoral, em especial a tradução simultânea para a língua brasileira de sinais.

A Res. nº 23.549/17 assim dispõe sobre a divulgação de pesquisas no horário eleitoral gratuito:

> Art. 14. Na divulgação de pesquisas no horário eleitoral gratuito não será obrigatória a menção aos nomes dos concorrentes, desde que o modo de apresentação dos resultados não induza o eleitor a erro quanto ao desempenho do candidato em relação aos demais, devendo ser informados com clareza os dados especificados no art. 10.

Vale lembrar, como já dito anteriormente, que as pesquisas possuem força de convencimento. Os números fascinam e sempre fascinaram a humanidade. Quando ditos em forma de percentuais, por si só atraem confiança e geram credibilidade. Em razão disso, pode o relator, considerando a relevância da questão e a possibilidade de prejuízo de difícil reparação, determinar a suspensão da divulgação dos resultados da pesquisa impugnada ou a inclusão de esclarecimentos na divulgação de seus resultados sem que com isso ocorra qualquer tipo de censura prévia ou violação à liberdade de manifestação e expressão do pensamento. É o que prevê o art. 16, §1º da Res. nº 23.549/17.

5.4 Divulgação de enquetes eleitorais

Os professores Dr. G. Terry Madonna e Dr. Michael Young contam que a primeira busca pela previsão dos resultados de uma eleição aconteceu por meio de uma enquete produzida pelo jornal *Harrisburg Pennsylvanian*, em 1824, a qual acertara a vitória de Andrew Jackson sobre Quincy Adams com boa liderança. No entanto, uma vez que ninguém havia alcançado maioria absoluta, o sistema da época levava o segundo turno para decisão da Câmara dos Deputados, na qual John Quincy Adams venceu a disputa.

Durante 110 anos as enquetes foram a única forma de se vislumbrar os possíveis resultados das próximas eleições e por muito tempo elas foram aceitas, em que pese a ausência de método científico e os constantes erros apontados pelas previsões.

Um fato histórico importante ocorreu durante as eleições de 1936. A revista *Literary Digest* havia previsto o resultado de algumas eleições anteriores, tornando-se sucesso de vendas. Na disputa presidencial entre Franklin Roosevelt e Alf Landon, a editora enviou 10 milhões de questionários aos americanos com uma enquete sobre em quem votariam para presidente. Desses, apenas 20% retornaram respondidos. Com esse levantamento a *Digest* apontou Alf Landon como o próximo presidente americano.

Ao mesmo tempo, George Gallup, até então desconhecido no meio de antecipação de resultados por meio da estatística e da probabilidade, utilizando um número de entrevistados quase inexpressivo do ponto de vista leigo, declarou com acerto quase decimal a vitória de Franklin Roosevelt.

Terminadas as eleições, ocorreu a redenção de George Gallup, anteriormente ridicularizado por alegar ser possível prever o resultado de uma disputa eleitoral com uma fração muito pequena do eleitorado, por meio de uma amostra representativa do todo. Com a divulgação do resultado e acerto quase preciso de suas previsões, os eleitores americanos se curvaram diante do novo rigor científico dado às pesquisas eleitorais, dando surgimento à indústria das pesquisas e a um dos maiores institutos desse tipo nos Estados Unidos, The American Institute of Public Opinion, posteriormente chamado de Gallup Inc., em homenagem ao seu fundador.

Em que pese sua falibilidade, o uso das enquetes não desapareceu. Como não havia na legislação brasileira qualquer vedação à sua divulgação, elas continuaram sendo utilizadas até que a Res. TSE nº 21.576/2003 veio a discipliná-las para que fossem diferenciadas das pesquisas com rigor científico e criação de amostras estratificadas.

Previa o art. 19 da Res. TSE nº 21.576/2003 que a divulgação de enquetes poderia ocorrer desde que fosse devidamente informado não se tratar de pesquisa eleitoral, mas, tão somente, de levantamento de opiniões sem controle de amostra, o qual não utiliza método científico para a sua realização, dependendo apenas da participação espontânea do interessado. Caso a publicação não disponibilizasse tais informações, considerar-se-ia divulgação de pesquisa sem registro, cabendo a famigerada multa prevista no art. 33, §3º da Lei das Eleições.

Contudo, para a maioria dos eleitores, não é possível diferenciar o resultado de uma pesquisa dos resultados de uma enquete, mesmo quando alertados por uma diminuta observação no rodapé da publicação chamando a atenção para a falseabilidade dos resultados da enquete.

Em razão disso, o próprio legislador por meio da Lei nº 12.891/13 decidiu por criar o §5º do art. 33 da Lei das Eleições, excluindo de uma vez por todas as enquetes eleitorais do período de campanha eleitoral.

Uma curiosidade relacionada a essa alteração legislativa é que ela somente foi publicada em 11.12.2013. Em outras palavras, considerando o princípio da anualidade eleitoral, ela não teria eficácia para a eleição de 2014. Ocorre que o então relator das instruções para o pleito de 2014, Min. Dias Toffoli, como tinha conhecimento de que existia projeto de lei em estado avançado vedando os citados instrumentos, fez constar na sua minuta de resolução o banimento das enquetes e das sondagens, no exercício do poder regulamentar do TSE. A "inovação" foi submetida aos interessados em audiência pública ocorrida no dia 28.10.2013 e, entre os que compareceram, não houve nenhuma manifestação em favor de sua manutenção.

Por ocasião da aprovação plenária da minuta, apenas o Ministro Henrique Neves votou contra a inovação, tendo prevalecido o argumento do relator favorável à vedação. Segue um trecho da fundamentação:

> Por fim, a falta de menção expressa às enquetes e sondagens foi pontuada pela representante das Organizações Globo por ocasião da audiência pública, tendo a Ordem dos Advogados do Brasil, por intermédio de representantes do Conselho Federal e da Seccional do Distrito Federal, sugerido a inclusão da disciplina conforme previsto em instruções de pleitos passados. Ressaltou-se que estariam autorizadas pela Lei nº 9.504/97, em que pese o texto da minirreforma eleitoral – recentemente sancionado (Lei nº 12.891, de 11.12.2013) – prever a proibição. Contudo, estou convencido de que qualquer divulgação de intenção de voto, dada a influência que pode exercer sobre o eleitorado, deve ser tratada como pesquisa eleitoral a ser regulamentada por esta Instrução, não havendo qualquer dificuldade, no meu entender, em se fazer constar a vedação às enquetes, conforme consta do artigo 24 da proposta, independentemente de ter sido prevista de forma expressa somente com o advento da Lei nº 12.89112013.

A lei, contudo, não especificou o que seria período de campanha eleitoral e, desde então, novas teses surgiram para definir qual período seria esse. Algumas teses mais inclusivas defenderam que as enquetes estariam vedadas a partir de janeiro do ano eleitoral, tendo em vista a necessidade do registro das pesquisas a partir do primeiro dia daquele mês. Contudo, essa tese não se compatibilizava com o tal período de propaganda campanha eleitoral. Em razão disso houve quem defendesse que as enquetes só estariam vedadas a partir do primeiro dia de campanha eleitoral, aquele definido pela Lei das Eleições como 15 de agosto.

Entretanto, em que pese toda essa discussão, quem define o que significa período de campanha eleitoral é a própria Resolução

TSE nº 23.555/2017, que deslinda cronologicamente o calendário eleitoral de atividades a serem executadas paras as eleições em curso. Segundo essa resolução, as enquetes só estarão permitidas até a data de 20.7.2017, período a partir do qual são iniciadas as convenções e as propagandas intrapartidárias, aquelas utilizadas pelos pré-candidatos para convencimento de seus correligionários sobre quais nomes serão lançados candidatos. Da mesma forma, é o período a partir do qual todos os nomes que constem do edital de registros de candidatura deverão ser incluídos nas pesquisas realizadas com a apresentação dos candidatos ao entrevistado nas entrevistas.

Por conta disso, resta assente a definição da expressão período de campanha eleitoral externalizada quando da proibição de enquetes eleitorais pela Lei das Eleições.

A polêmica, então, gira em torno da punição advinda da publicação de enquetes no período eleitoral. Embora pareça lógica a aplicação da multa relativa à publicação de pesquisas sem o devido registro, a jurisprudência do TSE tem se limitado a determinar a retirada da enquete do ar, sob pena da incidência de mula eventualmente fixada em astreintes. A multa de 53 a 106 mil reais especificamente válida para "pesquisas" irregulares não tem sido aplicada em caso de enquetes em respeito ao princípio da legalidade.[30]

5.4.1 Enquetes e as mídias sociais

Por décadas apenas os veículos de comunicação preocupavam-se com as regras sobre divulgação de pesquisas eleitorais, em razão de manterem a exclusividade das prerrogativas de informar e comunicar. Com o surgimento de novos meios de comunicação social e com a popularização das mídias sociais, qualquer cidadão corre o risco de violar as regras eleitorais. Prova disso é o número crescente de penalidades aplicadas a simples eleitores que divulgaram pesquisas sem registro ou enquetes transmitidas por meio de programas de comunicação síncrona ou publicadas em suas páginas e perfis pessoais nas mídias sociais.

É importante considerar o julgamento do TSE no REspe nº 7.464/RN, quanto às redes sociais como Twitter, Facebook e Instagram, só para citar as mais utilizadas. Naquela oportunidade, frisou a Corte Eleitoral que, em respeito à liberdade de expressão e de manifestação do pensamento, não cabe nenhuma representação contra o autor da postagem se aquela publicação ocorre de forma privada, ou seja, quando

---

[30] Nesse sentido: Agr-REspe nº 376-58/GO. Rel. Min. Luiz Fux, j. 19.12.2017.

apenas os amigos da rede social em questão podem visualizar e discutir sobre tal postagem. Entendeu a corte que os ambientes privados no mundo virtual se equiparam e atraem a inviolabilidade do domicílio, esfera em que o eleitor tem o direito de discutir qualquer tema, mesmo que voltado às eleições.

Evidente que tal postagem deve ser analisada para cada um dos que a compartilharam, sendo possível a punição para todos aqueles que inobservaram as regras para divulgação de pesquisas e enquetes em postagens definidas como públicas, assim reconhecidas aquelas publicações nas redes sociais acessíveis a todos, indiferentemente do relacionamento na rede social entre o leitor e publicador.

Nesse sentido decidiu a Min. Luciano Lóssio no REspe nº 346-94/2014/MG, no qual entendeu não configurar divulgação de pesquisa sem registro a troca de mensagens por aplicativo de mensagens do Facebook, em razão de a comunicação se estabelecer de forma privada.

Com a mesma compreensão, o Ministro Luiz Fux, no REsp nº 933-59/2015, oriundo da Paraíba, manteve a multa aplicada pelo Regional, em razão de a divulgação da pesquisa eleitoral sem registro ter ocorrido em perfil público, aberto a qualquer usuário da rede social. O ministro manteve o entendimento da Corte do TSE, acostando-se a decisão anteriormente proferida pelo Ministro Henrique Neves, na qual defende:

> o fato de a divulgação das informações ter ocorrido por intermédio da página do Facebook não retira a ilicitude da divulgação da pesquisa sem o prévio registro na Justiça Eleitoral, cuja obrigatoriedade está estampada no caput do art. 33 da Lei nº 9.504/97 e alcança qualquer meio de propagação de informação. (REspe nº 354-79/MG. Rel. Min. Henrique Neves. *DJe*, 12 set. 2014)

6 Suspensão de pesquisas eleitorais no exercício de poder de polícia do juiz

Em função do possível uso malicioso das pesquisas como instrumento de indução do eleitorado, questiona-se a possibilidade de aplicação do poder de polícia dos juízes eleitorais quando da divulgação de pesquisas em formato de propaganda eleitoral, sem observância das regras a elas pertinentes. Em sentido contrário decidiu o TSE no acórdão de 1º.10.2004, na Rcl nº 357, quanto à impossibilidade de o magistrado proibir a publicação de pesquisa eleitoral, mesmo sob alegação do exercício do poder de polícia, devendo, por meio de representação específica manejada pelos legitimados, determinar as falhas que possibilitem a suspensão da divulgação ou cancelamento do registro.

Além disso, ainda que o art. 240 do Código Eleitoral determine a cessação de toda a propaganda eleitoral no período da antevéspera das eleições, as resoluções de pesquisas (após o imbróglio trazido pela Lei nº 11.300/2006 quanto à vedação da divulgação das pesquisas nos 15 dias anteriores ao pleito e sua posterior inconstitucionalidade reconhecida pelo STF na ADI nº 3.741) vêm entendendo a possibilidade de divulgação das pesquisas mesmo no dia das eleições, conforme dispõe o art. 11 da Res. TSE nº 23.549/17:

> Art. 11. As pesquisas realizadas em data anterior ao dia das eleições poderão ser divulgadas a qualquer momento, inclusive no dia das eleições, desde que respeitado o prazo de 5 (cinco) dias previsto no art. 2º desta resolução e a menção às informações previstas no art. 10.

Apesar disso, não são incomuns os abusos ocorridos por meio de veículos de comunicação que exploram tal possibilidade prevista na resolução e divulgam insistentemente os resultados favoráveis de uma pesquisa a um candidato cujo benefício da eleição se quer garantir, caso em que, além da ação específica quanto ao abuso do uso dos veículos de comunicação, cabe a aplicação do art. 16, §1º da própria resolução, suspendendo a divulgação, conforme já dito alhures.

7 Conclusão

Na curta vivência democrática sob a égide da Constituição de 1988, torna-se cada vez mais importante que todos os atores do processo eleitoral, inclusive os institutos de pesquisa, empenhem-se no sentido de construir um ambiente político-eleitoral mais justo, ético e transparente.

Os recentes acontecimentos da política nacional, consubstanciados em um verdadeiro teste de estresse nos poderes constituídos, já contaminaram o processo eleitoral que será realizado em 2018.

Assim, os institutos de pesquisa devem se ater ao papel de verificador prévio da vontade do eleitor, abandonando a tentação de interferir no processo eleitoral por meio da fabricação de realidades por encomenda.

Nesse diapasão, impende reforçar a importância da fiscalização a ser realizada pela Justiça Eleitoral e, por óbvio, por todos os candidatos e partidos políticos, a fim de que sejam expurgados do ambiente em que se formam as preferências políticas os elementos de informação viciados, capazes de captar adesões eleitorais com base na apresentação de climas de opinião forjados ou deficientes.

Referências

AGOZINO, Adalberto C. *Ciencia política y sociología electoral*. Buenos Aires: Universidad, 1997.

ALCUBILLA, Enrique Arnaldo. Encuestas electorales. In: ALCUBILLA, Enrique Arnaldo; GARCÍA-CAMPERO, Manuel Delgado-Iribarren. *Diccionario electoral*. Madrid: La Ley, 2009.

ALMEIDA, Roberto Moreira. *Curso de direito eleitoral*. 11. ed. Salvador: JusPodivm, 2017.

ALVIM, Frederico Franco. *Curso de direito eleitoral*. 2. ed. Curitiba: Juruá, 2016.

ANDRADE SÁNCHEZ, Eduardo. *Derecho electoral*. Ciudad de México: Oxford University, 2010.

ANDREA SÁNCHEZ, Francisco José de. Los sondeos electorales. Sus efectos deformadores de la opinión pública. *Biblioteca Jurídica Virtual del Instituto de Investigaciones Jurídicas de la Unam*, 1998. Disponível em: <https://archivos.juridicas.unam.mx/www/bjv/libros/6/2967/9.pdf>. Acesso em: 20 set. 2017.

ANTILLANO, Pablo. La encuesta electoral y su improbable efecto persuasivo. *Research Gate*, 2013. Disponível em: <https://www.researchgate.net/publication/255687451>. Acesso em: 20 set. 2017.

ATIENZA ALEDO, Julián. Encuesta. In: MARTÍNEZ, Ismael Crespo *et al*. *Diccionario enciclopédico de comunicación política*. Madrid: CEPC, 2015.

BLAIS, André; GIDENGIL, Elisabeth; NEVITTE, Neil. Do polls influence the vote? In: BRADY, Henry; JOHNSTON, Richard. *Capturing campaign effects*. Ann Arbor: Michigan University Press, 2006.

BOUZA, Fermín. Comunicación política: encuestas, agendas y procesos cognitivos electorales. *Praxis Sociológica*, n. 3, p. 49-58, 1998.

BRAUD, Philippe. Sondagens de opinião. In: HERMET, Guy *et al*. *Dicionário de Ciência Política e das Instituições Políticas*. Lisboa: Escolar Editora, 2014.

CAPEL – CENTRO INTERAMERICANO DE ASESORÍA Y PROMOCIÓN ELECTORAL. *Diccionario electoral*. San José: IIDH, 1988.

CASADEVANTE MAYORDOMO, Pablo Fernández de. *La Junta Electoral Central*. La libertad de expresión y el derecho a la información en período electoral. Madrid: Centro de Estudios Políticos y Constitucionales, 2014.

CONEGLIAN, Olivar. *Propaganda eleitoral*. 11. ed. Curitiba: Juruá, 2012.

CRESPO MARTÍNEZ, Ismael *et al*. *Diccionario enciclopédico de comunicación política*. Madrid: CEPC, 2015.

DEL REY MORATÓ, Javier. *Comunicación política, internet y campañas electorales*: de la teledemocracia a la ciberdemocracia. Madrid: Tecnos, 2007.

DONSBACH, Wolfgang. *Who's afraid of election polls?* Normative and empirical arguments for freedom of pre-election surveys. Amsterdam: ESOMAR, 2001.

ESMERALDO, Elmana Viana Lucena. *Manual dos candidatos e partidos políticos*. Leme: JH Mizuno, 2012.

GÁLVEZ MUÑOZ, Luis. *El régimen jurídico de la publicación de las encuestas electorales*. Madrid: Congreso de los Diputados, 2002.

GARCÍA SORIANO, María Vicenta. *Elementos de derecho electoral*. 3. ed. Valencia: Tirant lo Blanch, 2010.

GOMES, José Jairo. *Direito eleitoral*. 12. ed. São Paulo: Atlas, 2016.

HUFF, Darrell. *Como mentir com estatística*. Rio de Janeiro: Intrínseca, 2016.

IRWIN, Galen A.; VAN HOSTEYN, Joop J. M. According to the polls: the influence of opinion polls on expectations. *The Public Opinion Quarterly*, v. 66, n. 1, p. 92-104, 2002.

MAGALHÃES, Pedro. *Sondagens, eleições e opinião pública*. Lisboa: FFMS, 2011.

MARTÍNEZ SILVA, Mario; SALCEDO AQUINO, Roberto. Encuestas electorales. *Diccionario Electoral INEP*. Disponível em: <http://diccionario.inep.org/E/ENCUESTAS-ELECTORALES.html>. Acesso em: 3 out. 2017.

MARTÍNEZ, Valentín C. *Diseño de encuestas de opinión*. Madrid: RA-MA, 2004.

NICOLAU, Jairo. *Sistemas eleitorais*. 6. ed. Rio de Janeiro: FGV, 2012.

NOGUEIRA, Erico Ferrari. As pesquisas eleitorais como condicionantes do jogo democrático. *Revista da Faculdade de Direito da UFMG*, n. 60, p. 95-119, jan./jun. 2012.

NUNES, Márcia Cavallari; OLSÉN, Örjan; STRAUBHAAR, Joseph. O uso de pesquisas eleitorais em decisões de voto. As eleições de 1989. *Opinião Pública*, v. I, n. 2, p. 98-119, 1993.

OLIVEIRA, Adriano (Coord.). *Eleições não são para principiantes*. Interpretando eventos eleitorais no Brasil. Curitiba: Juruá, 2014.

OLIVEIRA, Adriano; ROMÃO, Maurício Costa; GADELHA, Carlos. *Eleições e pesquisas eleitorais*: desvendando a caixa-preta. Curitiba: Juruá, 2012.

OSORIO, Aline. *Direito eleitoral e liberdade de expressão*. Belo Horizonte: Fórum, 2017.

PASQUINO, Gianfranco. *Curso de ciência política*. 2. ed. Lisboa: Principia, 2009.

PAULINO, Mauro. Negação da política e voto útil definem eleição de Doria. *Folha de S.Paulo*, 3 out. 2016. Disponível em: <http://www1.folha.uol.com.br/poder/eleicoes-2016/2016/10/1819195-negacao-da-politica-e-voto-util-definem-eleicao-de-doria.shtml>. Acesso em: 4 mar. 2018.

PEREIRA, José Andrade. As pesquisas de opinião e a influência na escolha do eleitor. *Assuntos Eleitorais*, n. 9, p. 49-58, set. 2005.

RODRIGUES, Ricardo. Pesquisas eleitorais: impacto e regulamentação. *Revista de Informação Legislativa*, ano 31, n. 124, p. 205-217, out./dez. 1994.

SARTORI, Giovanni. *Homo videns*. Madri: Taurus, 2012.

ZILIO, Rodrigo López. *Direito eleitoral*. 5. ed. Porto Alegre: Verbo Jurídico, 2016.

ZIPPELIUS, Reinhold. *Teoria geral do Estado e ciência política*. São Paulo: Saraiva, 2016.

Informação bibliográfica deste texto, conforme a NBR 6023:2002 da Associação Brasileira de Normas Técnicas (ABNT):

ALVIM, Frederico Franco; COURA, Alexandre Basílio; NOLÊTO, Murilo Salmito. Pesquisas de intenção de voto: efeitos sobre o comportamento eleitoral e hipóteses de controle judicial mediante o instrumento da representação. In: PINHEIRO, Celia Regina de Lima; SALES, José Edvaldo Pereira; FREITAS, Juliana Rodrigues (Coord.). *Constituição e processo eleitoral*. Belo Horizonte: Fórum, 2018. p. 369-401. ISBN 978-85-450-0571-1.

SOBRE OS AUTORES

Alexandre Basílio Coura
Analista Judiciário do TRE/RS. Especialista em Direito Eleitoral. Graduando em Ciência Política pelo Centro Universitário Internacional de Curitiba e em Ciências da Computação pela UFPB. Coautor dos livros: *Reforma Política, Diálogos e Reflexões* (2016) e *Participação Política, Balanços e Perspectivas* (2017), ambos da Editora Instituto Memória. Professor de Direito Eleitoral em Pós-Graduações. Palestrante e Membro da Academia Brasileira de Direito Eleitoral e Político (Abradep).

Ana Claudia Santano
Professora do Programa de Mestrado em Direitos Fundamentais e Democracia do Centro Universitário Autônomo do Brasil – Unibrasil. Pós-Doutora em Direito Público Econômico pela Pontifícia Universidade Católica do Paraná. Doutora e mestre em Ciências Jurídicas e Políticas pela Universidade de Salamanca, Espanha. Pesquisadora do Observatório de Financiamento Eleitoral, do Instituto Brasiliense de Direito Público, IDP. Autora de diversos trabalhos acadêmicos sobre o tema do financiamento político. Currículo *lattes*: <http://lattes.cnpq.br/6241908411721255>.

Anderson Alarcon
Advogado. Graduado em Direito pela Universidade Estadual de Maringá (UEM). Especialista em curso internacional de *Derecho Electoral* pela *Facultad de Estudios Superiores Aragón, Fes Aragon* – México. Especialista em Direito Público pela Faculdade Processus Brasil. Mestre em Ciências Sociais – Universidade Estadual de Maringá (UEM). Doutorando em Direito pela Universidade Federal do Paraná (UFPR). Professor, Procurador-Geral da União dos Vereadores do Brasil (UVB). Membro-fundador e coordenador da Academia Brasileira de Direito Eleitoral e Politico (ABRADEP).

Andréa Ribeiro de Gouvêa
Analista Judiciário/Área-Fim do Tribunal Regional Eleitoral da Paraíba. Assessora-Chefe do Gabinete do Juiz Federal Eleitoral com assento no TRE/PB no período de 2013 a 2014. Atualmente, presta assessoria ao Gabinete da Ministra Maria Thereza de Assis Moura, no Tribunal Superior Eleitoral. Presidente da Comissão Científica da Escola Judiciária Eleitoral da Paraíba entre 2010 a 2014. Instrutora do TRE/PB. Membro Fundador da Abradep – Academia Brasileira de Direito Eleitoral e Político.

Diana Patrícia Lopes Câmara
Pós-Graduada em Direito e Processo Eleitoral (Unissau). Secretária da Comissão Especial de Direito Eleitoral do Conselho Federal da OAB. Presidente do Instituto de Direito Eleitoral e Público de Pernambuco – Ideppe. Membro

Fundador da Academia Brasileira de Direito Eleitoral e Político – Abradep. Secretária Executiva de Assuntos Jurídicos da Prefeitura do Recife (2013/2014). Conselheira Estadual eleita da OAB/PE. Autora de livros jurídicos.

Diogo Rais
Advogado. Doutor em Direito Constitucional pela PUC-SP pelo projeto "CNJ Acadêmico", da Capes em parceria com o Conselho Nacional de Justiça. Mestre em Direito Constitucional pela PUC-SP (bolsista Capes), com cursos de extensão em Justiça Constitucional pela Université Paul Cézanne (Aix-en-Provence, França). Coordenador do MackEleições e do Portal Eleitoralize.com. br. Professor de Direito Eleitoral da Universidade Presbiteriana Mackenzie.

Eneida Desiree Salgado
Doutora em Direito do Estado. Professora de Direito Constitucional e de Direito Eleitoral na Universidade Federal do Paraná. Pesquisadora do Núcleo de Investigações Constitucionais (<www.ninc.com.br>).

Frederico Franco Alvim
Assessor-Chefe da Assessoria Especial da Presidência do Tribunal Superior Eleitoral. Doutor em Ciências Jurídicas e Sociais (Umsa). Mestre em Direito (Unimep). Especialista em Direito Eleitoral (UFG/Unam). Autor do livro *Curso de Direito Eleitoral* (Editora Juruá, 2ª edição, 2016). Professor de Direito Eleitoral. Membro Fundador da Academia Brasileira de Direito Eleitoral (Abradep).

Geórgia Ferreira Martins Nunes
Advogada. Procuradora-Geral do Município de Teresina/PI. Professora. Mestre em Direito Público pela Unisinos/RS. Especialista em Direito Público, em Direito Privado e em Direito Eleitoral pela UFPI. Membro Fundador e Coordenadora-Geral da Academia Brasileira de Direito Eleitoral e Político – Abradep.

Guilherme Barcelos
Mestrando em Direito pela Universidade do Vale dos Sinos (Unisinos/RS). Especialista (Pós-Graduado) em Direito Constitucional e em Direito Eleitoral. Graduado em Direito pela Universidade da Região da Campanha (Urcamp/ RS). Membro Fundador da Academia Brasileira de Direito Eleitoral e Político (Abradep). Membro do Grupo de Pesquisa "Observatório Eleitoral" da Escola Superior de Direito Eleitoral da UERJ (Esdel-UERJ/RJ). Parecerista da *Revista Ballot* da Escola Superior de Direito Eleitoral da UERJ (Esdel-UERJ/ RJ). Advogado. Sócio do Escritório Barcelos Alarcon Advogados Associados (Brasília/DF).

José Edvaldo Pereira Sales
Doutorando e Mestre em Direito (PPGD/UFPA). Promotor de Justiça (Estado do Pará).

Júlia Rocha de Barcelos
Mestranda em Direito Político pela Universidade Federal de Minas Gerais. Especialista em Direito Constitucional pelo Instituto para o Desenvolvimento

Democrático. Bacharela em Direito pela Universidade Federal de Minas Gerais. Diretora Tesoureira da Associação Visibilidade Feminina. Membro da Academia Brasileira de Direito Eleitoral e Político. Assessora na Procuradoria da República em Minas Gerais. *E-mail*: <jrdbl@hotmail.com>. Currículo *lattes*: <http://lattes.cnpq.br/3131128538666304>.

Juliana Rodrigues Freitas
Doutora em Direito pela Universidade Federal do Pará, com pesquisa realizada na Universidade de Pisa, na Itália, e na Universidade Diego Portales, em Santiago, Chile. Mestre em Direito pela Universidade Federal do Pará. Pós-Graduada em Direito do Estado pela Universidade Carlos III de Madri, Espanha. Advogada. Professora da Graduação e Mestrado do Centro Universitário do Pará.

Kamile Moreira Castro
Advogada. Juíza Substituta do TRE/CE (biênio 2016/2018). Especialização em Direito Processual Penal – Unifor. Especialista em Direito e Processo Eleitoral – Esmec. Membro da Comissão de Direito Eleitoral da OAB/CE.

Ludgero Liberato
Mestre em Direito pela Ufes. Professor da Pós-Graduação em Direito Eleitoral da Faculdade Baiana de Direito. Membro da Academia Brasileira de Direito Eleitoral e Político. Advogado.

Luiz Fernando Casagrande Pereira
Doutor e Mestre pela Universidade Federal do Paraná. Advogado.

Margarete de Castro Coelho
Advogada. Professora. Doutoranda em Direito pelo Uniceub. Mestre em Direito Público pela Unisinos/RS. Vice-Governadora do Estado do Piauí. Membro Fundador da Abradep. Especialista em Direito Processual pela UFSC e em Direito Eleitoral e Constitucional pela UFPI. Deputada Estadual (2010/2014). Conselheira Federal da OAB (2013/2015). Autora do livro *A democracia na encruzilhada: reflexões acerca da legitimidade democrática da Justiça Eleitoral brasileira para a cassação de mandatos eletivos* (2015) e coautora do livro *Estado contemporâneo: direitos humanos, democracia, jurisdição e decisão* (2014).

Murilo Salmito Nolêto
Assessor do Gabinete de Apoio aos Ministros Substitutos do Tribunal Superior Eleitoral. Especialista em Direito Eleitoral (Uniceub/ESADF) e em Direito Civil e Processual Civil (UCBB). Professor de Direito Eleitoral em cursos de Pós-Graduação.

Nicole Gondim Porcaro
Pós-Graduanda em Direitos Fundamentais pelo Instituto Brasileiro de Ciências Criminais em parceria com Ius Gentium Conimbrigae/Centro de Direitos Humanos (IGC) da Faculdade de Direito da Universidade de Coimbra. Diretora Administrativa da Associação Visibilidade Feminina. *E-mail*: <nicoleporcaro08@gmail.com>.

Orlando Moisés Fischer Pessuti

Advogado. Consultor Jurídico. Mestrando em Direito Constitucional pela Unibrasil. Pós-Graduado em Direito Administrativo pelo Instituto de Direito Romeu Felipe Bacellar. Especialista em Direito e Processo Eleitoral pela Unicuritiba. Membro Fundador e atual Presidente do Instituto Paranaense de Direito Eleitoral – Iprade. Membro Fundador e Ex-Secretário Adjunto da Academia Brasileira de Direito Eleitoral e Político – Abradep. Membro da Comissão de Direito Eleitoral e da Comissão de Gestão Pública, Controle e Transparência da OAB/PR. Professor convidado de Direito Eleitoral da Universidade Positivo. Coautor dos livros: *O Abuso nas Eleições. A conquista Ilícita de Mandato Eletivo* (Editora Quartier Latin, 2008); *Lei de Responsabilidade Fiscal. Uma análise da Lei Complementar n⁰ 101/2000* (OAB – Conselho Federal, 2016); *Conexões Eleitoralistas* (Editora Abradep, 2016); e *Justiça Eleitoral, Controle das Eleições e Soberania Popular* (Editora Íthala, 2016).

Paula Bernardelli

Advogada. Graduada pela Universidade Federal do Paraná (UFPR). Pesquisadora do Grupo Política por/de/para Mulheres (UFPR/UERJ). Coordenadora de Comunicação da Academia Brasileira de Direito Eleitoral e Político (Abradep). Membro da Comissão Permanente de Direito Político e Eleitoral do Instituto dos Advogados de São Paulo (IASP).

Polianna Pereira dos Santos

Mestra em Direito Político pela Universidade Federal de Minas Gerais – UFMG. Especialista (Pós-Graduação *lato sensu*) em Ciências Penais pelo Instituto de Educação Continuada na Pontifícia Universidade Católica de Minas Gerais (IEC PUC Minas). Diretora Presidente da Associação Visibilidade Feminina. Sócia Fundadora do Instituto de Ensino Jurídico e Consultoria – IEJC. Membro Fundador e Coordenadora de Comunicação da Academia Brasileira de Direito Eleitoral e Política – Abradep. Professora de Pós-Graduação em Direito Eleitoral na PUC Minas, ESA-OABMG, IDDE e CAD. Autora do livro *Voto e Qualidade da Democracia: as Distorções do Sistema Proporcional Brasileiro* e de diversos artigos. *E-mail:* <poliannasantos@gmail.com>. Currículo *lattes:* <http://lattes.cnpq.br/4179420034009072>.

Rafael Morgental Soares

Mestre em Direito – UFRGS (2015). Especialista em Direito Público – IDC (2009). Advogado.

Rafaele Balbinotte Wincardt

Bacharela em Direito pela Universidade Federal do Paraná. Membro Fundador da Rede Iberoamericana Juvenil de Direito Administrativo.

Esta obra foi composta em fonte Palatino Linotype, corpo 10
e impressa em papel Offset 75g (miolo) e Supremo 250g (capa)
pela Laser Plus Gráfica, em Belo Horizonte/MG.